年度案例
50佳

律师实务系列

商事·刑事·行政卷

《年度案例50佳》编选组 编

人民法院出版社

图书在版编目（CIP）数据

年度案例50佳. 律师实务系列. 商事・刑事・行政卷/《年度案例50佳》编选组编. -- 北京 : 人民法院出版社, 2024.9

ISBN 978-7-5109-4023-1

Ⅰ. ①年… Ⅱ. ①年… Ⅲ. ①案例－汇编－中国 Ⅳ. ①D920.5

中国国家版本馆CIP数据核字(2024)第025998号

年度案例50佳（律师实务系列）商事・刑事・行政卷

《年度案例50佳》编选组　编

策划编辑　赵　刚
责任编辑　杨佳瑞
封面设计　姜安琪
出版发行　人民法院出版社
地　　址　北京市东城区东交民巷27号（100745）
电　　话　（010）67550638（责任编辑）　67550558（发行部查询）
65223677（读者服务部）
客服QQ　2092078039
网　　址　http://www.courtbook.com.cn
E－mail　courtpress@sohu.com
印　　刷　三河市国英印务有限公司
经　　销　新华书店

开　　本　787毫米×1092毫米　1/16
字　　数　503千字
印　　张　28
版　　次　2024年9月第1版　2025年8月第2次印刷
书　　号　ISBN 978-7-5109-4023-1
定　　价　98.00元

《年度案例50佳（律师实务系列）》

专家委员会

前言

PREFACE

为深入学习贯彻落实党的二十大精神，认真践行习近平法治思想，充分发挥典型案例在统一法律适用、法治宣传、社会预期引领等方面的积极作用，人民法院出版社与教授加案例研究中心联合策划出版“年度案例50佳”丛书。

本丛书的策划及出版主要具有如下几个特点：

高规格

为了保障入选案例的高质量和典型性，征稿之初即组建了“年度案例50佳”专家委员会，从科研院校法学专家、行业协会、学术团体、法律媒体中邀请了59名专家学者，他们不仅多为博士生导师，且是各法学专业领域顶级学者。专家委员会紧贴司法实际需求，围绕稿件所涉法学领域，注重理论与实务结合，对每个入选案例均作出了专业、到位的专家点评。

严选拔

本丛书全部入选案例，皆经过《年度案例50佳》秘书处初选、专家评审、专家复核等多个环节反复论证，层层筛选，确保精品。其中有些案例稿件反复发给作者不断修改完善，做到精益求精。

新体例

“年度案例50佳”的律师实务系列包括“民事·知产卷”和“商事·刑事·行政卷”两种。图书内容经历了反复打磨和推敲，最终从读者的角度及需求出发，回归“书是用来读”的本质来设计图书体例，被誉为“用案例培养法律新人的范式”。体例基本与“法官系列”统一，仍采取了以下创新性的设计，但根据案件类型又有所区别：

民商事类、行政类案件设置【当事人各方观点及思维分析】一栏，分别概述各方当事人观点、理由及思维，让各当事人的观点和想法一目了然，做到知“己”知“彼”；刑事案件则设置【控辩双方观点及思维分析】栏目。

【代理/辩护思路】简要阐述律师对于本案的代理/辩护思路，“透视”律师的代理/辩护思维及适用法律进路。

【代理/辩护点睛】作者提炼案件代理/辩护的亮点及价值，直击该案“灵魂”，体现专业核心竞争力。

同时，允许作者根据案件实际情况（如可能为非诉案件），设置贴合写作思路和案件特点的特殊体例，以达到明晰案情，说理充分，论述多面，效果更佳。

大推广

积极对接新华网、央视网、光明网、法治网、中国法院网、中国网、环球网、今日头条、凤凰网等权威主流媒体，对于入选的作者及案例进行全方位宣传报道，拟开通年度案例50佳短视频平台，让“年度案例50佳”作者的影响力及标签，广而告之，深入人心。

本书作为“年度案例50佳”律师实务系列的其中一卷——商事·刑事·行政卷，收录了50篇来自全国优秀律师事务所积极推选的优秀案例分析，经过严格选拔、专家评审、编审校对，最终集结成册。本书能够顺利出版，得益于专家委员会的各位专家的评审与点评，特别是中国人民大学张新宝教授为本丛书命名更起到了“画龙点睛”的作用。在此对参与本书案例编选的各位专家学者表示由衷的感谢。对上海市律师协会、四川省律师协会、广东省律师协会、浙江省律师协会、江苏省律师协会、贵州省律师协会、湖南省律师协会、湖北省律师协会、福建省律师协会、江西省律师协会、黑龙江省律师协会、安徽省律师协会、陕西省律师协会等律师协会对推选优秀案例工作的大力支持，深表谢意。此外，非常感谢人民法院出版社和教授加案例研究中心各位老师为丛书体例、内容编辑作出的努力和贡献。

目前，首届《年度案例50佳》系列丛书已经陆续面世，我们有理由相信并期待：每年的《年度案例50佳》投稿、评选、出版，会拨动法律精英人士的心弦，也将成为法律人士的一大盛事！

《年度案例50佳》编选组
二〇二四年七月

CONTENTS 目录

商事篇

刑事篇

行政篇

商事篇

1 某鹰创业投资合伙企业（有限合伙）诉李某平、某成（福建）科技股份有限公司股份回购合同纠纷案

——特殊投资条款等金融监管规定不应泛化适用

案件索引

一审：福建省福州市中级人民法院（2021）闽01民初984号（2022年3月13日）

基本案情

某鹰创业投资合伙企业（有限合伙）（以下简称某鹰创投）系投资方。李某平系某成（福建）科技股份有限公司（以下简称某成科技公司）的实际控制人。某成科技公司系在全国中小企业股份转让系统有限责任公司（以下简称股转公司）挂牌交易的股份有限公司。

2016年9月，某成科技公司（甲方、发行人）与某鹰创投（乙方、认购人）签订《股份认购协议》，约定：甲方以定向发行股票的方式向乙方发行人民币普通股股票，乙方同意全部以现金认购甲方本次定向发行股票624万股，认购价格为3.43元/股。同日，某鹰创投（甲方）与某成科技公司（乙方）、李某平（丙方）签订《补充协议》。其中第4条“股份回购或转让”约定：

“4.1 本次增资完成后，但下列任一情形发生时，甲方有权要求按第4.2条至第4.8条约定的方式转让甲方所持有的公司全部或部分股份：

“（1）公司2017年后（含当年）任一年度的财务数据未能获得各方认可的证券从业资格会计师事务所出具的无保留意见的审计报告；

“（2）乙方及丙方违反其承诺与保证内容；

“（3）乙方经营情况发生重大不利变化或乙方或实际控制人出现重大违法

违规行为、重大诉讼、股权纠纷而导致公司无法正常经营；

“（4）乙方实际控制人发生变更；

“（5）乙方被申请清盘、解散或终止；

“（6）乙方通过股东大会决议案、董事会决议案以进行清盘、解散或终止等情形；

“（7）乙方的控股股东、实际控制人及其控制的企业，开展与公司具有同业竞争性质的业务；

“（8）投资方发现乙方或丙方隐瞒对乙方经营活动或财务状况可能造成重大不利影响的信息，或出现投资方不知情的大额账外现金销售收入、丙方及其关联公司挪用大额公司资金的情形；

“（9）投资方在正式投资日起六年内无法实现退出；投资方实现退出的方式包括但不限于通过乙方公开上市实现流通、股份转让、股份回购和公司清算；

“（10）发生其他可能影响投资方投资权益的事件（包括但不限于实际存在不为甲方或投资方知晓的公司现有股东投资补充协议、实际存在不为投资方知晓的现有股东股权产权不确定性等）。

“4.2 丙方应按本补充协议约定的价格，受让甲方持有的股份。丙方对于本条约定中受让甲方持有的全部或部分股份的义务互相承担连带担保责任。

“4.3 回购或转让价格为‘投资方的投资款 ×（1+8%× 投资年限）’与‘投资方按持股比例参与分配的资产价款’中较高者，且回购或转让价格不得低于投资方投资款本金。

“投资年限 = 投资方实际缴纳出资日起至乙、丙方实际支付回购价款之天数 ÷365。

“4.4 若甲方要求回购或转让股权时乙方无法进行妥善安排，则甲方有权要求丙方根据上述回购或转让价格进行现金回购，以确保甲方退出。

“4.5 丙方对于该等转让价款的支付承担连带担保责任。

“4.6 回购或转让价款的支付时间应为在收到甲方回购或转让通知后 3 个月内支付。

“4.7 在相关方支付回购或转让价款后，甲方应当提供并签署股权变更所需的全部资料和文件。各方一致同意：丙方的回购行为不足以补偿甲方的全部损失的，甲方将保留向丙方追究全部损失的权利，乙方对于本条款项下丙方的损失赔偿义务承担无限连带担保责任。

“4.8 如果相关方未按期支付回购或转让价款的，则各方一致同意，公司应于付款日届满后 30 日内通过股东会（股东大会）决议，进行利润分配，并将应支付给丙方的款项直接支付给甲方，若不足以支付的，则股东会（股东大会）决议应通过减少注册资本或清算的决议，用于支付回购或转让价款。”

2016 年 9 月 6 日，某鹰创投分两次向某成科技公司转账支付 21403200 元，依约认购了案涉股份。

2017 年 12 月 15 日，某成科技公司发布《公司权益变动报告书（二）》。报告披露：2017 年 12 月 15 日，李某平将其所持某成科技公司 920 万股股份转让给福建省某某产业股权投资合伙企业（有限合伙）。

2019 年 9 月 3 日，某成科技公司财务负责人林某坤辞职。2020 年 8 月 27 日，李某平辞去某成科技公司董事长职务，施某航辞去董事会秘书职务。

2020 年 9 月 1 日，某成科技公司发布《股票因公司不能披露 2020 年半年度报告被停牌的进展公告》。公告披露：因某成科技公司无法完成半年报的编制工作，未能于 2020 年 8 月 31 日前披露 2020 年半年度报告，公司股票已于 2020 年 9 月 1 日起被停牌。

因《补充协议》第 4.1 条约定的股份回购条件已经触发，2020 年 12 月 3 日，某鹰创投委托律师事务所向李某平、某成科技公司发出律师函称：根据某成科技公司披露的公告文件，公司业绩持续下滑并自 2018 年以来连续亏损，公司已发生经营困难，董事长及董事会秘书相继离职，人员流失严重，并确认无法完成 2020 年半年度报告的编制和披露工作。根据《全国中小企业股份转让系统业务规则（试行）》等的规定，公司股票将被终止挂牌，公司未按期披露 2020 年半年度报告可能导致公司及相关人员存在被行政处罚的风险，且某成科技公司和李某平还存在未经董事会、股东大会决策程序擅自变更公司住所、修改公司章程等违约行为，已发生《补充协议》第 4 条约定的股份回购情形，请李某平于收函之日起 3 个月内回购某鹰创投所持某成科技公司全部股份并按《补充协议》约定支付股份回购价款。2020 年 12 月 5 日，李某平、某成科技公司收到前述函件。

2021 年 1 月 18 日，因某成科技公司未按时编制并披露 2020 年中期报告，全国中小企业股份转让系统有限责任公司给予某成科技公司公开谴责的纪律处分，给予李某平公开谴责的纪律处分，给予刘某出具警示函的自律监管措施。2021 年 3 月 22 日，某成科技公司被终止股票挂牌。

2021 年 4 月，某鹰创投遂向福建省福州市中级人民法院提起诉讼，请求被告李某平应当立即按照“21403200元×（1+8%×投资年限）”的标准向原告某鹰创投支付股份转让价款（注：投资年限按照“自原告某鹰创投实际缴纳出资日即自2016年9月6日起至被告李某平实际支付股份转让价款之日止的天数÷365天”计算），并支付资金占用利息，请求被告某成科技公司承担连带清偿责任。[①]

核心争议焦点

全国中小企业股份转让系统有限责任公司发布的《挂牌公司股票发行常见问题解答（三）——募集资金管理、认购协议中特殊条款、特殊类型挂牌公司融资》[以下简称《解答（三）》]、《挂牌公司股票发行常见问题解答（四）——特殊投资条款》[以下简称《解答（四）》]，能否作为认定案涉股份回购合同效力的直接依据？

当事人各方观点及思维分析

被告李某平辩解：《补充协议》包含股份回购等特殊投资条款，违反金融监管规定，扰乱金融市场交易秩序，违背公序良俗，应当认定无效。根据股转公司《解答（三）》《解答（四）》的规定，挂牌公司股票发行认购协议中签订的业绩承诺及补偿、股份回购、反稀释等特殊投资条款，应当满足以下监管要求：（1）认购协议应当经过挂牌公司董事会与股东大会审议通过。（2）认购协议不存在以下情形：①挂牌公司作为特殊条款的义务承担主体。②限制挂牌公司未来股票发行融资的价格。③强制要求挂牌公司进行权益分派，或不能进行权益分派。④挂牌公司未来再融资时，如果新投资方与挂牌公司约定了优于本次发行的条款，则相关条款自动适用于本次发行认购方。⑤发行认购方有权不经挂牌公司内部决策程序直接向挂牌公司派驻董事或者派驻的董事对挂牌公司的经营决策享有一票否决权。⑥不符合相关法律法规规定的优先清算权条款。⑦其他损害挂牌公司或者挂牌公司股东合法权益的特殊条款。《补充协议》之违规内容包括以挂牌公司作为特殊条款之义务承担主体、

---

① 本案中，某成科技公司的保证责任亦有重大争议，某鹰创投代理律师亦通过努力取得部分胜诉判项。但是受篇幅所限，本文选择重点着墨于特殊投资条款问题。

限制挂牌公司未来股票发行融资价格、派驻董事等，且《补充协议》未提交挂牌公司董事会、股东大会审议，也未进行信息披露，严重违反了监管规定，违背了金融、证券市场交易秩序等公序良俗。

原告某鹰创投反驳：《补充协议》约定在一定条件触发时某鹰创投有权要求李某平受让股份，李某平的受让义务及其触发条件，未违反法律、行政法规的效力性强制性规定，亦未违反社会公共利益或者违背公序良俗，应当认定有效。第一，股转公司《解答（三）》《解答（四）》是特指以下“特殊条款”：（1）挂牌公司作为特殊投资条款所属协议的当事人，但投资者以非现金资产认购或发行目的为股权激励等情形中，挂牌公司作为受益人的除外；（2）限制挂牌公司未来股票发行融资的价格或发行对象；（3）强制要求挂牌公司进行权益分派，或者要求不能进行权益分派；（4）挂牌公司未来再融资时，如果新投资方与挂牌公司约定了优于本次发行的特殊投资条款，则相关条款自动适用于本次发行认购方；（5）发行认购方有权不经挂牌公司内部决策程序直接向挂牌公司派驻董事，或者派驻的董事对挂牌公司经营决策享有一票否决权；（6）不符合相关法律法规规定的优先清算权、查阅权、知情权等条款；（7）触发条件与挂牌公司市值挂钩；（8）其他损害挂牌公司或者其股东合法权益的特殊投资条款。第二，《补充协议》的有关约定内容，均是投资人依法保护自身投资权益的正当要求，根本不属于所谓的“特殊条款”。第三，《补充协议》第 4.2 条约定的回购义务主体是某成科技公司实际控制人李某平而不是某成科技公司。第四，案涉股份转让价格，锁定合理的补偿收益率，并与价款实际支付日期挂钩，这是创业投资和股权融资的通常做法。第五，退一步说，《解答（三）》《解答（四）》只是股转系统公司为“提升发行融资效率”的“引导性”自律性文件，不能作为认定合同效力的法律依据。

代理思路

认定合同无效，仍然应当坚持以法律、行政法规的强制性效力性规定为准则，适用规章必须慎重。只有法律、行政法规，由于其制定经过了严格的立法程序，广泛征求人民群众意见，才能确保正确地判断社会公共利益或者公序良俗，而规章天然地不具有这种正当性。法律个案的判决或者仲裁，则更难以从单个案件中正确判断出社会公共利益或者公序良俗，尤其当法官或者仲裁员不太熟悉某个专业领域时更要慎重。

正确理解和适用《全国法院民商事审判工作会议纪要》(以下简称《九民纪要》)第31条的规定，禁止向一般条款逃逸。该条规定："违反规章一般情况下不影响合同效力，但该规章的内容涉及金融安全、市场秩序、国家宏观政策等公序良俗的，应当认定合同无效。人民法院在认定规章是否涉及公序良俗时，要在考察规范对象基础上，兼顾监管强度、交易安全保护以及社会影响等方面进行慎重考量，并在裁判文书中进行充分说理。"首先，这只是"一般条款"，里面提到的"金融安全""市场秩序""国家宏观政策"等，都高度抽象，还不具有可操作性。最高人民法院也要求遵循"禁止向一般条款逃逸原则"，不能仅仅据此便认定合同无效。[①] 其次，该条自身也已经明确要求"要在考察规范对象基础上，兼顾监管强度、交易安全保护以及社会影响等方面进行慎重考量"，"并在裁判文书中进行充分说理"。最后，最高人民法院特别强调："要考察规章中有无刑事犯罪的规定。如果违反规章的后果仅仅是导致行政处罚，说明监管强度较弱，一般不宜以违反规章为由否定合同效力。""要考察社会影响，只有当违反规章的行为可能造成严重的社会后果，如导致系统性金融风险时，才可以违背善良风俗为由认定合同无效。"[②]

避免泛化和滥用金融监管规定，不能将金融监管规章作为认定合同效力的直接依据。最高人民法院始终坚持底线，比如证监会规章可作为依据，排除了证监会规范性文件，更不包括股转公司制定的"红头文件"。最高人民法院审判委员会副部级专职委员、二级大法官刘贵祥在全国法院金融审判工作会议上强调："公序良俗是一个极度抽象、弹性的条款，法官判断和适用时理应充分阐明理由。""要避免'公序良俗'条款泛化，成为滥用裁量权、司法恣意妄为的'挡箭牌'。""金融监管规章不能作为认定合同效力的直接依据。""在适用或参照金融规章时要区别情况，精准把握。""对某一金融监管规章的违反是否构成违背公序良俗产生争议，应当向上级法院请示，必要时可层报最高人民法院予以指导，由最高人民法院按一定程序征求有关监管部

① 参见最高人民法院民事审判第二庭编著：《〈全国法院民商事审判工作会议纪要〉理解与适用》，人民法院出版社2019年版，第256页。

② 参见最高人民法院民事审判第二庭编著：《〈全国法院民商事审判工作会议纪要〉理解与适用》，人民法院出版社2019年版，第257页。

门的意见，以形成共识。”[①] 这实际上是要引入立法广泛征求意见的机制，防止个人偏见。

股转公司发布的《解答（三）》《解答（四）》只是行业自律性文件，效力位阶低于部门规章，更不能作为认定合同效力的直接依据。股转公司只是一家为全国中小企业股份公司提供股份转让场所和设施的服务机构，不是法律法规规章的制定机关。其制定的行业自律性文件，相关市场参与人如果未执行，股转系统公司可以不予提供相关服务，但不能据以作出行政处分或者处罚，更不能据以认定民事法律行为的效力。[②]

2018 年《公司法》第 126 条[③] 和《证券法》第 3 条虽然规定了“三公原则”，《补充协议》虽然未向其他股东和社会大众披露，但是不应当仅仅依此认定合同无效。首先，“三公原则”是一般条款，最高人民法院要求遵循“禁止向一般条款逃逸原则”。[④] 其次，不能仅仅因为法律规定了“应当”，就理解成强制性效力性规范。最高人民法院认为：包含“应当”“必须”“不得”“禁止”等字样，只是可以先作为首要的形式标准，但还必须具体分析。带有“应当”字样的规范还包括裁判性规范与倡导性规范，因此不可简单根据形式标准来认定某一规定就是强制性规定。某些情况下“必须”并不具有表征规范性质的意义，而是“很有必要”的意思，不能作为认定规范形态的依据。带有“不得”字样的规定包括裁判规范、倡导性规范或者半强制性规范的情形，因而也不能简单地凭语义加以识别。[⑤] 最后，即使根据股转公司的规定，确需提交股东会审议决定和披露《补充协议》，披露义务主体也应当是案涉股份公司及其实际控制人。

新三板“挂牌公司”不是“上市公司”，法律和监管部门对二者的要求有“质”的区别，不在一个层面上。很多规定只适用于上市公司而不适用于“挂牌公司”，或者只对上市公司有强制性要求但对“挂牌公司”并无强

---

① 刘贵祥：《关于金融民商事审判工作中的理念、机制和法律适用问题》，载《法律适用》2023 年第 1 期。

② 参见福建省福州市中级人民法院（2021）闽 01 民初 984 号民事判决、上海市高级人民法院（2020）沪民再 29 号民事判决。

③ 参见 2023 年修订的《公司法》第 143 条。

④ 参见最高人民法院民事审判第二庭编著：《〈全国法院民商事审判工作会议纪要〉理解与适用》，人民法院出版社 2019 年版，第 256 页。

⑤ 参见最高人民法院民事审判第二庭编著：《〈全国法院民商事审判工作会议纪要〉理解与适用》，人民法院出版社 2019 年版，第 249 ~ 251 页。

制性要求，或者刚开始只对上市公司有要求后来再逐步对“挂牌公司”也有要求。

代理点睛

随着最高人民法院有关参照金融监管规定认定合同无效的个别案例公布，特别是《九民纪要》宣示“穿透式审判思维”，规定了第31条之后，出现了一种倾向：泛化适用“社会公共利益”或者“公序良俗”，不当干预合同自由，动辄将金融监管规定作为认定金融投资融资合同效力的依据。本案对于纠正这一新的错误倾向，具有一定的实务参考价值。

审判观点

福建省福州市中级人民法院于2022年3月13日作出（2021）闽01民初984号民事判决。法院认为，根据《股份认购协议》和《补充协议》的约定，某鹰创投认购某成科技公司的股票，某成科技公司的实际控制人李某平对某成科技公司的经营状况和经营业绩作出承诺，若某成科技公司的经营业绩未达标或发生约定的经营异常状况，则某鹰创投有权要求李某平回购股份、补偿损失，并要求某成科技公司就其损失承担连带担保责任。前述约定中除某成科技公司提供担保以外的其他条款，均系当事人的真实意思表示，亦未违反法律、行政法规的强制性规定，应认定为合法有效，当事人应依约履行各自义务。《补充协议》签订时，《解答（四）》尚未发布，且该解答与当时已经施行的《解答（三）》均系股转公司对新三板挂牌公司进行监管的行业自律性文件，其中均没有关于股权回购的禁止性规定，《补充协议》的内容亦不存在违反解答相关禁止性规定的情形。故某成科技公司关于《补充协议》无效的辩解不能成立。

被告李某平、某成科技公司未提起上诉，法院的上述判决已经发生法律效力。

案例编写人　北京大成（福州）律师事务所　黄奕新

专家点评

刘凯湘　　北京大学法学院教授、博士生导师，中国法学会商法学研究会副会长

本案律师发表的代理意见有较高的专业水平，并且得到了法院的支持，值得肯定。

代理人抓住了本案的争议焦点，律师代理意见非常中肯地分析了股转公司发布的《解答（三）》《解答（四）》能否作为认定案涉股份回购合同效力的依据问题，正确地得出了上述“解答”不能作为认定股份回购合同效力的依据之结论，坚持合同有效的主攻策略。

律师代理意见敏感地指出了司法实践中存在的机械性地适用《九民纪要》第31条之现象，为承办法官正确理解“穿透式监管”的审判思维增添了积极的力量。

另外，律师代理意见非常妥当地提出了“认定合同无效，仍然应当坚持以法律、行政法规的强制性效力性规定为准则，适用规章必须慎重”之观点。

相关法条

《中华人民共和国公司法》（2018年修正）

第一百二十六条[①]　股份的发行，实行公平、公正的原则，同种类的每一股份应当具有同等权利。

同次发行的同种类股票，每股的发行条件和价格应当相同；任何单位或者个人所认购的股份，每股应当支付相同价额。

《中华人民共和国证券法》

第三条　证券的发行、交易活动，必须遵循公开、公平、公正的原则。

《全国法院民商事审判工作会议纪要》

31.【违反规章的合同效力】违反规章一般情况下不影响合同效力，但该规章的内容涉及金融安全、市场秩序、国家宏观政策等公序良俗的，应当认定合同无效。人民法院在认定规章是否涉及公序良俗时，要在考察规范对象

---

① 参见2023年修订的《公司法》第143条。

基础上，兼顾监管强度、交易安全保护以及社会影响等方面进行慎重考量，并在裁判文书中进行充分说理。

《挂牌公司股票发行常见问题解答（三）——募集资金管理、认购协议中特殊条款、特殊类型挂牌公司融资》（2016年8月8日）

二、挂牌公司股票发行认购协议中签订的业绩承诺及补偿、股份回购、反稀释等特殊条款（以下简称“特殊条款”）应当符合哪些监管要求？

答：挂牌公司股票发行认购协议中存在特殊条款的，应当满足以下监管要求：

（一）认购协议应当经过挂牌公司董事会与股东大会审议通过。

（二）认购协议不存在以下情形：

1. 挂牌公司作为特殊条款的义务承担主体。

2. 限制挂牌公司未来股票发行融资的价格。

3. 强制要求挂牌公司进行权益分派，或不能进行权益分派。

4. 挂牌公司未来再融资时，如果新投资方与挂牌公司约定了优于本次发行的条款，则相关条款自动适用于本次发行认购方。

5. 发行认购方有权不经挂牌公司内部决策程序直接向挂牌公司派驻董事或者派驻的董事对挂牌公司经营决策享有一票否决权。

6. 不符合相关法律法规规定的优先清算权条款。

7. 其他损害挂牌公司或者挂牌公司股东合法权益的特殊条款。

（三）挂牌公司应当在股票发行情况报告书中完整披露认购协议中的特殊条款；挂牌公司的主办券商和律师应当分别在“主办券商关于股票发行合法合规性意见”“股票发行法律意见书”中就特殊条款的合法合规性发表明确意见。

《挂牌公司股票发行常见问题解答（四）——特殊投资条款》（2019年4月19日）[①]

一、投资者参与挂牌公司股票发行时约定的特殊投资条款，应当符合哪些监管要求？

答：投资者参与挂牌公司股票发行时约定的特殊投资条款，不得存在以下情形：

（一）挂牌公司作为特殊投资条款所属协议的当事人，但投资者以非现金

① 该规定现已失效。

资产认购或发行目的为股权激励等情形中，挂牌公司作为受益人的除外；

（二）限制挂牌公司未来股票发行融资的价格或发行对象；

（三）强制要求挂牌公司进行权益分派，或者不能进行权益分派；

（四）挂牌公司未来再融资时，如果新投资方与挂牌公司约定了优于本次发行的特殊投资条款，则相关条款自动适用于本次发行认购方；

（五）发行认购方有权不经挂牌公司内部决策程序直接向挂牌公司派驻董事，或者派驻的董事对挂牌公司经营决策享有一票否决权；

（六）不符合相关法律法规规定的优先清算权、查阅权、知情权等条款；

（七）触发条件与挂牌公司市值挂钩；

（八）其他损害挂牌公司或者其股东合法权益的特殊投资条款。

② 王某诉李某股权转让纠纷案

——运用穿透式审判思维对股权转让对价进行认定

案件索引

一审：上海市浦东新区人民法院（2022）沪0115民初21061号（2023年2月1日）

二审：上海市第一中级人民法院（2023）沪01民终5689号（2023年6月28日）

基本案情

某公司成立于2009年2月27日，注册资本1000万元。

2015年7月1日，王某、李某及黄某、蒲某等签署《某公司持股决议》，该决议载明："为了激励融入和伴随公司成长和发展的优秀员工，经过公司核心运营管理团队以及董事会的决议，达成本决议的股权激励方案，本协议员工以技术入股的形式成为某公司股东……从2015年7月1日起获得股权激励的员工王某获赠某公司275万股股份，某公司原始股为1000万股（李某900万股、王某50万股和蒲某50万股），截至本次股权激励实施完毕后，公司总股份为1375万股，折算比例约为李某65.45%、王某20%、黄某3.64%、蒲某3.64%、曹某3.64%、尹某1.45%、陈某1.45%、朱某0.73%……准确持股比例以实际的数量为准……本协议员工离职后所获股份也随之无效……"

2015年7月21日，被告李某将其持有的27.5%股权作价275万元转让给原告王某。2015年7月29日，完成工商登记变更，变更后某公司的股权结构为：李某出资625万元，出资比例62.5%；王某出资275万元，出资比例27.5%；黄某出资50万元，出资比例5%；蒲某出资50万元，出资比例5%。

2019年2月26日，王某、李某签订《股权转让协议》，约定王某将其持有的某公司7.5%的股权作价75万元转让给李某，李某应于本协议签订之日起30日内向王某付清全部股权转让款。同日，蒲某与李某签订《股权转让协议》，约定蒲某将其持有的某公司5%股权作价50万元转让给李某。

2019年3月25日，某公司工商登记的出资股权发生变更，即：李某出资750万元，出资比例75%；王某出资200万元，出资比例20%；黄某出资50万元，出资比例5%。

2019年某公司对其2015年的利润进行了分配，王某的分红比例为20%。

王某向法院提起诉讼，请求判令被告李某向原告王某支付股权转让款人民币75万元。

核心争议焦点

原告王某向被告李某转让系争某公司7.5%的股权，被告李某是否应当按照系争《股权转让协议》的约定向原告王某支付股权转让款75万元？

当事人各方观点及思维分析

一、原告/被上诉人观点及思维分析

原告王某认为，被告李某应该按照系争《股权转让协议》的约定向原告王某支付股权转让款75万元。

原告王某曾持有某公司27.5%的股权。2019年2月26日，原、被告签订《股权转让协议》后，原告即依约履行，并配合被告办理股权变更登记。经过变更，原告的股权比例为20%。然而，被告却未将股权转让款支付给原告，给原告造成了巨大的经济损失。

不论双方私下签署过多少其他的协议，最终应以相应的经过工商登记的协议为准。这是符合股权登记制度并有公示效力的。

二、被告/上诉人观点及思维分析

被告李某不同意原告王某提出的支付75万元股权转让款的诉讼请求。

股权激励实施后，原告王某被授予某公司275万股股份，某公司自行确认的股份共有1375万股，故王某真实的股权比例应为20%（王某被授予的

275万股股份/某公司自行确认的1375万股股份）。但工商登记时，因混淆了注册资本、股权比例、自行确认的股份、激励股份等相关概念，导致王某的股权比例被错误登记为27.5%（王某被授予的275万股股份/某公司的注册资本1000万元）。

系争《股权转让协议》实际上是为了将王某的股权恢复至真实的20%，在工商备案登记时提交的版本，并非双方真实的意思表示，因此被告李某无须向原告王某支付任何股权转让款项。

代理思路

一、原告王某的股权取得方式为公司的股权激励授予，其真实受赠股权比例一直为20%

1.原告王某并非公司的原始股东，其于2015年7月1日入职，担任总经理。公司为激励包括原告王某在内的优秀员工，对原告王某等人进行了股权激励，并于其入职当天签订了《某公司持股决议》。可见，原告王某的股权来源于公司的股权激励授予，根据其获赠的275万股，占股权激励实施完毕后总股份1375万股的20%，至此，已经非常明确原告王某的获赠股份数以及股权比例。

2.《某公司持股决议》明确约定“本协议员工离职后所获股权也随之无效”。据此可以得知，即便原告王某离职前进行了股权任何形式的变更（包括案涉所谓的股权转让），均是在此背景之下进行的，即不会涉及任何股权转让对价的支付，仅仅是公司内部的安排，作为股权获赠方的原告王某也应按照公司安排予以配合。

3.通过被告李某提供的证据“邮件—2015年利润分配”“银行付款通知单及微信聊天记录”可以看出，某公司在2019年1月28日进行利润分配时，一直明确原告王某的持股比例为20%，实际上也是按照该邮件显示的比例进行支付。更重要的是，本次利润分配就是原告王某担任总经理期间决定的，其在事关股东最重要的分红时，不可能在股权比例为27.5%的情况下不对此提出任何异议。

二、关于原告王某获赠激励股权后，却在工商登记处变更为 27.5% 的真实情况

原告王某通过股权激励获赠的股权本身仅享有对应的分红权，并无其他实际股东权利义务。但原告王某为其自身权益考虑，提出“持股决议”无法保障，要求进行工商备案登记，并按照所获赠的 275 万股进行备案登记。

但因公司注册资本为 1000 万元，并非股权激励自行确认的 1375 万股，所以对于原告王某的 275 万股，按照注册资本折算，只能登记为 27.5%。

这里其实涉及公司注册资本、工商持股比例，以及公司激励股份、激励股份比例二者之间的区别认定问题。公司在本次股权激励以及后续工商登记时将二者混淆在了一起，才导致工商登记出现不真实的情况。

规范来说，应按照其获赠的股权比例 20% 进行登记，那么转换为工商层面应该为注册资本 1000 万元对应的 20%，也就是说，原告王某出资额应为 200 万元。正是因为公司股权激励与工商变更登记的认识有误，以及计算时的混淆、标准不统一，才导致了原告王某工商登记股权与实际获赠股权不一致的问题，也就是工商登记所显示的，2015 年 7 月 21 日《股权转让协议》“甲方（被告李某）将所持标的公司 27.5% 股权作价 275 万元人民币转让给乙方（原告王某）”。

以上，就是原告王某在股权激励之后，最初的工商变更登记所显示的 27.5% 股权的真实来源和计算过程，但其实际获赠股权比例仍一直为 20%。

三、关于案涉《股权转让协议》签订及工商变更登记的真实情况

原告王某在本次诉讼中所提交的《股权转让协议》，实际是为将其股权比例恢复至获赠的 20%，向工商备案登记机构提交的版本。

如上所述，工商登记中的王某持股比例为 27.5% 是不准确的。因此，在某公司营业期限届满（至 2019 年 2 月 26 日）需更换新营业执照这一时机，加之该公司核心持股员工离开，公司用于激励的总股份数也相应减少，经与原告王某确认，按照其真实的股权比例 20% 进行备案登记，原告王某对此也是同意的，并配合签订了案涉《股权转让协议》，将备案登记多余的 7.5% 股权转让给被告李某，其中的所谓股权转让对价 75 万元，也纯粹是代办机构统一按照工商模板填写的，并非双方协商过达成真实合意的金额。

四、应探求当事人的真实意思表示，以“高度盖然性”为标准，运用“穿透性思维方式”，驳回原告王某对于股权转让的请求

首先，公司在对包括原告王某在内的员工进行股权激励时，存在股权激励方式不规范，对激励股份数额、股权比例的备案登记认识理解有误、计算标准不统一等问题。但原告王某股权来源于公司的股权激励，而非通过支付股权转让对价受让取得，这是真实发生的，也是原告王某无法否认的。

其次，在授予原告王某激励股权时，被告李某作为出让方与原告王某作为受让方于2015年7月21日签订的《股权转让协议》，同样约定了“……作价275万元……受让方应于本协议签订之日起30日内，向出让方付清全部股权转让价款”。但是，原告王某至今也没有支付过任何股权转让款，当然，被告李某也没有要求过支付，因为双方均知晓该《股权转让协议》仅为工商备案登记之目的，并非真实的意思表示。

最后，按照代办公司办理工商备案登记提供的版本，双方于2019年2月26日签订案涉《股权转让协议》，约定“受让方应于本协议签订之日起30日内，向出让方付清全部股权转让价款”。签订后由代办公司提交工商部门，并于30日后即2019年3月26日出具《准予变更（备案）登记通知书》。在这30日内，原告王某从未向被告李某提出过任何一次支付股权转让款的要求，而且直至本次起诉前，原告王某也从未提出过任何一次支付股权转让款的要求，这也说明案涉《股权转让协议》仅为工商备案登记所用，并非双方真实意思表示。

我国民事诉讼一般采用高度盖然性的证明标准。本案中，原告王某仅凭一份工商备案的《股权转让协议》，而且是在其离职并与公司产生纠纷之后才提出支付所谓的股权转让款。不仅不合常理，而且在公司提供大量反驳证据的情况下，已经还原了案件背后的真实事实。高度盖然性证明标准要求“一个理性的人不再怀疑或者看起来其他的可能性都被排除了”，但结合本案已查明的事实和现有的证据来看，并不能达到“不再怀疑”或“其他可能性都被排除了”的结果。

同时，在股权转让纠纷中，对于真实股权转让价款的争议应运用“穿透性思维方式”，查明当事人的真实意思，探求真实法律关系，在出让方仅依据工商备案股权转让协议诉请转让款的情况下，应结合股权转让间当事人关系、交易的真实目的、股权转让背景、协议签订时点的激励股权数额、出让方是否主张过股权转让款等事实，准确判定当事人在股权转让项下的权利义务关系，不能仅凭形式上的股权转让协议即认定股权转让对价，以规范市场主体的行为，建立公平诚信的交易秩序。

代理点睛

《全国法院民商事审判工作会议纪要》明确提出通过穿透式审判思维，查明当事人的真实意思。在一审、二审的代理过程中，本案被告 / 上诉人的代理人始终围绕着股权转让当事人的关系、交易的真实目的、股权转让背景、协议签订时点的激励股权数额、出让方是否主张过股权转让款等事实进行举证、质证并发表意见，以期法院准确判定当事人在股权转让项下的权利义务关系，反对仅凭形式上的股权转让协议认定股权转让对价。此即穿透式审判思维在股权转让纠纷案件中的具体应用，本案具有典型意义。

审判观点

二审法院生效裁判认为，本案争议焦点在于王某向李某转让系争某公司 7.5% 的股权时，李某是否应当按照系争《股权转让协议》的约定向王某支付股权转让款 75 万元。法院对比评析如下：

（1）2015 年 7 月 1 日《某公司持股决议》记载：王某从 2015 年 7 月 1 日起通过股权激励持有某公司 275 万股股份，某公司原始股为 1000 万股，截至本次股权激励实施完毕后，公司总股份为 1375 万股，折算比例约为李某 65.45%、王某 20%、黄某 3.64%、蒲某 3.64%、曹某 3.64%、尹某 1.45%、陈某 1.45%、朱某 0.73%。因此，某公司内部股东确认的股东持股比例是各股东持有股份数 / 公司总股份数，《某公司持股决议》确认王某的 20% 持股比例是其受赠 275 万股股份 / 公司总股份 1375 万股股份得出。

（2）2015 年 7 月 29 日，工商登记的某公司股东情况（李某出资 625 万元持股 62.5%、王某出资 275 万元持股 27.5%、黄某出资 50 万元持股 5%、蒲某出资 50 万元持股 5%）与《某公司持股决议》确认的股东及持股比例不符，《某公司持股决议》中确认的曹某等多名股东未被登记为某公司股东。

（3）《某公司持股决议》确认王某因股权激励取得某公司 20% 股权，而王某登记持有 27.5% 股权系根据其与李某于 2015 年 7 月 21 日签订的《股权转让协议》，但王某实际未按该《股权转让协议》向李某支付任何股权转让款（特别是差额 7.5% 股权的转让款），李某亦未向王某主张过该股权转让款。

（4）2019 年某公司对 2015 年的利润进行了分配，王某的分红比例为 20%，王某未提出过异议。因此，工商登记中载明的王某持有 27.5% 股权不能直接证明王某当时实际取得某公司 27.5% 的股权，李某认为登记王某持有 27.5% 股权系某公司内部安排，并非王某实际持股 27.5% 的主张，法院可以采信。

（5）系争《股权转让协议》仅在工商备案，作为股权转让双方的王某和李某均未持有，且对于 7.5% 股权的转让对价未进行评估或计算，仅是按照某公司注册资本 1000 万元的 7.5% 确定，与股权转让的惯例不符。而且，系争《股权转让协议》签订时，王某尚未离开某公司，王某未能明确其将 7.5% 股权转让给李某的原因。故，李某认为王某实际持股 20%、系争股权转让仅为在公司股东有变化之时对王某实际持有的 20% 股权予以恢复并登记的主张，法院可予采信。李某认为其无须向王某支付系争股权转让款 75 万元的上诉请求，能够成立。

案例编写人 上海君澜律师事务所 张 涛

专家点评

金可可　　华东政法大学法律学院院长、教授、博士生导师，中国法学会民法学研究会常务理事

本案《某公司持股决议》表明，王某应得股权比例为总股份 1375 万股中之 20%，后股权过户登记却为 27.5%。持股决议是根据对公司实际资产状况所作股权分配，嗣后的股权过户登记系对此决议之落实。按决议内容，王某应得股权比例系激励所得，但双方在过户时却约定 27.5% 的股权作价 275 万元，且其比例、金额均仅对应于公司注册资本，而非公司实际资产状况，且持股比例的变化并未有新的《持股决议》作为依据。由此可知，其过户时所作表示仅是为配合过户登记审查要求，具有高度可能性；所谓 27.5% 的股权作价 275 万元系通谋虚伪意思表示，双方真实意思乃无偿移转 20% 股权。若是如此，登记有误，应予以纠正，王某有义务配合相应的更正登记手续；反之，若认为双方真实意思即在移转27.5%的股权，则按《某公司持股决议》，构成多余给付，王某有义务返还多给付的7.5%股权（包括办理相应的恢复过户登记手续）。双方于2019年签订股权买卖合同，约定作价75万元回购让与的7.5%股权，就王某本应无偿返还的股权，为何要作价购回，其理不明；结合案件其他证据材料，该交易只是为配合办理股权恢复义务或相应手续所作，同样具有高度的可能性；所谓作价同样属于通谋虚伪表示。本案代理意见及判决结果值得赞同。

相关法条

《最高人民法院关于民事诉讼证据的若干规定》

第八十五条 人民法院应当以证据能够证明的案件事实为根据依法作出裁判。

审判人员应当依照法定程序，全面、客观地审核证据，依据法律的规定，遵循法官职业道德，运用逻辑推理和日常生活经验，对证据有无证明力和证明力大小独立进行判断，并公开判断的理由和结果。

《最高人民法院关于适用〈中华人民共和国民事诉讼法〉的解释》

第一百零八条第一款、第二款 对负有举证证明责任的当事人提供的证据，人民法院经审查并结合相关事实，确信待证事实的存在具有高度可能性的，应当认定该事实存在。

对一方当事人为反驳负有举证证明责任的当事人所主张事实而提供的证据，人民法院经审查并结合相关事实，认为待证事实真伪不明的，应当认定该事实不存在。

③ 苏州安洁科技股份有限公司诉练某桂等业绩对赌合同纠纷案

——对赌期间，标的公司经营权归属对缔约各方业绩对赌责任承担之影响

案件索引

一审：江西省宜春市中级人民法院（2020）赣09民初100号（2020年11月26日）

二审：江西省高级人民法院（2021）赣民终164号（2021年6月25日）

重审一审：江西省宜春市中级人民法院（2021）赣09民初110号（2022年5月27日）

重审二审：江西省高级人民法院（2022）赣民终869号（2023年3月27日）

基本案情

2017年，练某桂等惠州市威博精密科技有限公司（以下简称威博公司）5名原股东与苏州安洁科技股份有限公司（以下简称安洁公司）签订《苏州安洁科技股份有限公司发行股份及支付现金购买资产协议》，约定：练某桂等威博公司5名原股东将合计持有的威博公司100%的股权转让给安洁公司，安洁公司以发行股票和支付现金的方式支付转让对价34亿元，其中30%的用现金支付，70%的用股票支付。练某桂将其持有的威博公司11.88%股权转让给安洁公司。

5名原股东还与安洁公司签订了《利润补偿协议》，约定：威博公司原股东承诺威博公司2017—2019年度净利润合计不低于12.8亿元。如经营业绩不达标，则原股东应对安洁公司进行利润补偿。

威博公司股权交割后，安洁公司即开始以上市公司集团化管理为由全方面控制威博公司的各项经营管理活动。

2017 年度、2018 年度，威博公司净利润均未达标。威博公司 5 名原股东已向安洁公司履行利润补偿义务，即安洁公司以 1 元价格回购并注销威博公司 5 名原股东持有的部分安洁公司股票。

2019 年度，威博公司净利润亦未达标。按《利润补偿协议》约定，威博公司 5 名原股东仍需继续向安洁公司履行利润补偿义务。

2019 年对赌期结束后，除练某桂以外的威博公司其他 4 名原股东与安洁公司签订《债权债务抵销协议》《承诺函》，自愿履行了 2019 年度的利润补偿义务。

但是，练某桂并不同意按《利润补偿协议》约定继续向安洁公司履行 2019 年度的利润补偿义务，主张威博公司 2019 年度净利润未达标的责任在于安洁公司，其不应承担 2019 年度利润补偿义务。

安洁公司遂以练某桂违反《利润补偿协议》约定义务为由，向江西省宜春市中级人民法院（以下简称宜春中院）提起诉讼，请求练某桂承担 2019 年度的业绩补偿责任（即利润补偿义务），并返还应回购股票部分的现金分红。宜春中院追加了威博公司作为第三人参与诉讼。

练某桂委托北京德恒（深圳）律师事务所律师代理本案诉讼事宜。

练某桂代理人认为：对赌期间，安洁公司全面控制并实际行使了威博公司经营决策权，根据公平原则和权利义务相一致原则，2019 年威博公司业绩未达标的全部责任（100% 利润补偿义务）应由安洁公司自行承担，练某桂无须向安洁公司履行利润补偿义务。

宜春中院经开庭审理后，采纳了练某桂代理人的代理意见，判决练某桂仅需承担 2019 年度业绩补偿 40% 的责任，返还安洁公司 40% 的现金分红。

练某桂及安洁公司均不服一审判决，双方上诉至江西省高级人民法院（以下简称江西高院）。江西高院裁定撤销原判，发回重审。

宜春中院在重审一审中追加威博公司其余 4 名原股东参与诉讼。经开庭审理，作出重审一审判决，判决结果与原一审判决一致，即练某桂仅需承担 2019 年度业绩补偿 40% 的责任，返还安洁公司 40% 的现金分红。

安洁公司不服重审一审判决，再次上诉至江西高院，请求撤销原判，改判支持其全部诉讼请求。江西高院审理后作出终审判决：驳回上诉，维持原判。

核心争议焦点

1. 练某桂是否应向安洁公司履行2019年度业绩补偿义务？

2. 能否免除或减轻练某桂2019年度的业绩补偿责任？

3. 练某桂应承担的2019年度业绩补偿之具体金额？

当事人各方观点及思维分析

一、安洁公司观点

1. 对赌协议（即《利润补偿协议》）合法有效，练某桂是对赌期间威博公司的经营者，利润补偿条件已成就，练某桂应按对赌协议约定承担100%的业绩补偿责任。

2. 对赌期间，安洁公司未恶意干预练某桂等原股东行使经营权，并未对威博公司的业绩实现造成实质性不利影响，也未妨碍威博公司经营、损害威博公司利益。

3. 当法律条文有具体规则规定时，法院不应当适用公平原则等原则进行裁判。

二、练某桂观点

对赌协议虽然合法有效，各方均应信守；但是，对赌期间，威博公司由安洁公司实际控制并行使经营决策权，因此2019年业绩未达标的业绩补偿责任应由安洁公司自行承担，练某桂无须承担，具体分述如下：

1. 对赌期间，威博公司股东会、董事会行使了威博公司的经营决策权，练某桂等经理层行使的所谓经营执行权，实为履行威博公司股东会、董事会经营决策事项之义务，而非享有权利。

2. 对赌期间，安洁公司未将威博公司的经营决策权让渡给练某桂等原股东行使，导致双方约定的业绩对赌的前提和基础已不复存在。

3. 对赌责任实际就是经营者责任，是无过错责任，应由标的公司经营者对经营行为的后果负责。

4. 本案系平等主体之间的合同纠纷，应当适用合同法相关规则，不应当适用调整公司内部治理纠纷的《公司法》及其下位法，如上市公司相关监管规定等。

5. 安洁公司违反诚信原则，违反善意协助义务。

6. 安洁公司存在损害威博公司利益的行为，主观恶意明显。

代理思路

本案中，练某桂代理律师的代理思路主要是：

1. 对赌期间，安洁公司系威博公司唯一股东和实际控制人。

2. 对赌期间，安洁公司通过制定威博公司章程控制了威博公司的经营权。经营权本质是通过公司治理机构对经营机构（经营者）分配企业经营权利义务的权利，通过股东会、董事会、经理层等公司治理机构赋予每个层级的经营者对应的经营职权（对上为义务、对下为权利）。股东会、董事会行使经营决策权，经理层行使经营执行权。

3. 在设置业绩对赌的股权并购交易中，投资人取得公司控制权后需要让渡经营决策权与标的公司原股东，本案从商业逻辑、公平原则、合同漏洞填补原则和合同解释方法来看，安洁公司都应将威博公司的经营决策权让渡给练某桂等原股东行使。

4. 威博公司控制权由安洁公司取得，且安洁公司未将经营决策权让渡给练某桂等原股东独立行使，双方对赌的前提和基础已不复存在。

5. 对赌责任实际就是经营者责任，通常不考虑经营者经营行为的是非对错、主观上的善意或恶意，而是由经营者对经营行为的后果及经营市场及商业风险等承担责任，这也正是对赌的前提和一般做法，也是“谁的行为由谁负担行为后果”的朴素生活常识，更是权利和义务相一致的民法原则的体现。

6. 本案系因对赌协议的订立、履行发生的争议，是平等民事主体之间的合同纠纷，应当适用合同法相关规则。本案不是公司与其董监高作为非平等主体之间的公司内部责任纠纷，不应当适用《公司法》。

7. 从合同解释的角度，保持威博公司主营业务不变、赋予威博公司原股东独立的经营权，应为利润补偿条款的默示条件，但在对赌期间，前述事项均未实现，本案的业绩补偿条款的默示条件未能成就，安洁公司应该承担经营者责任。

8. 根据并购重组交易习惯，对赌期间，标的公司经营权一般由业绩承诺方行使，投资人一般享有知情权、监督权和建议权，投资人不应干预业绩承诺方对标的公司独立行使经营权，更不得剥夺业绩承诺方的经营决策权；如果业绩承诺方无法实际控制标的公司的经营活动，会导致其丧失履行对赌的前提和基础。此时若仍然要求业绩承诺方对经营结果负责，承担业绩补偿责任，则明显加重了业绩承诺方所应承担的风险，也违反了民法的公平原则、权利义务相一致等原则。

安洁公司剥夺了练某桂等原股东对威博公司的重大经营事项决策权，深度干预了练某桂行使经营执行权，因此本案从合同履行结果的公平原则及诚信原则出发，业绩补偿责任也应由安洁公司自行承担。

9. 对赌期间，安洁公司存在损害威博公司利益的行为，主观恶意明显。

10. 通过本案，并购重组资本市场上将掀起一股倡导诚实守信、遵法守法、权责相当、公平交易的清风，引导资本向善。

代理点睛

一、明确业绩对赌中，经营决策权归属对业绩对赌责任承担之影响

在过往其他并购对赌案件中，部分案件代理人及法官关注到投资方干预或参与标的公司经营对业绩对赌责任承担之影响问题，但并未结合对赌机制设定的原因及商业惯例思考经营权的本质及定义。

本案中，练某桂的代理人提出“在设置业绩对赌的股权并购交易中区分经营决策权和经营执行权，把握享有经营决策权系标的公司原股东作出业绩承诺的前提，投资人取得公司控制权后需将标的公司经营决策权让渡给业绩承诺方系投资人的内在附随义务”的观点。该观点被江西高院采纳，将对未来并购交易各方在交易文件中明确约定并购后标的公司经营决策权归属及行使方式具有警示意义和引导作用；对于投资人而言，并非让渡总经理及以下高管层面的日常管理权即可避免承担业绩对赌责任，而应谦抑地行使标的公司“控制权”，善意地履行附随义务；对标的公司原股东而言，需在交易协议及对赌期间积极争取标的公司的经营决策权，避免因丧失标的公司经营决策权，最终对投资方的经营后果负责，在权利义务不对等的情形下承担全部业绩补偿责任。

二、明确“谁负责经营谁承担责任”的价值观，突破此前类似案例仅关注投资方主观恶意与否与对赌责任承担关系的裁判规则

在过往的对赌案件中，法院侧重于审理投资人在参与或干预标的公司经营管理时是否存在主观恶意，其参与经营的行为与标的公司经营不善之结果是否存在因果关系及原因力大小。

本案中，练某桂方代理人创新性地提出：对赌期间，应由标的公司实际经营者承担标的公司的经营责任，该责任的承担不应区分经营者的经营行为的是非对错、主观上的善意或恶意，而是由经营者对自己经营行为的后果及经营过程中的市场及商业风险等承担责任。这也正是对赌的前提和一般做法，也是权利和义务相一致的民法原则的体现。

三、请求司法机关在权利义务失衡的对赌纠纷个案中适用公平原则，对缔约双方的权利义务进行司法调整

练某桂代理人认为：本案不应机械地按照合同约定的内容确定各方权利义务，而是应当遵循民法的公平原则、权利义务相一致原则和诚信原则，由人民法院酌情调整、分配投资人与标的公司原股东之间的对赌责任。该观点被审理法院采纳，亦将鼓励其他人民法院在日后审理类似对赌纠纷案件时追求司法实践公正性与资本市场并购重组实践公平性的统一衔接。

四、明确对赌协议作为商事合同，其相关问题在商法和传统民法中的具体适用关系

练某桂代理人认为：虽然本案所涉对赌协议系商事合同，其法律适用具有特殊性，请求权基础具有交叉性，但是，本案是基于协议本身的订立、履行发生的争议，是平等主体之间的合同纠纷，应当优先适用合同法等传统民法。本案不是公司与其董监高作为非平等主体之间的公司内部治理（管理）纠纷，不应当适用《公司法》。该观点为日后其他法院在审理类案时提供了借鉴和参考。

审判观点

一、基本事实认定

安洁公司收购威博公司100%的股权，并与练某桂等威博公司原股东签署案涉《利润补偿协议》，该协议约定了交易条件、对价支付、业绩对赌及安洁公司提名并重组威博公司董事会、总经理，推荐财务总监、违约责任等合同内容。

安洁公司收购威博公司后，重组并控制了威博公司董事会，通过威博公司董事会会议确定了威博公司诸多管理制度；威博公司财务工作由安洁公司委派的财务总监负责；威博公司董事会选聘威博公司高管；威博公司总经理及管理层要听从威博公司董事会指令并须不折不扣地执行，总经理练某桂与威博公司董事会意见不一致时，以威博公司董事会意见为准；安洁公司通过威博公司董事会决策改变了威博公司主营业务方向，并改变了原承诺将用于威博公司的募投资金用途；不顾威博公司经营资金短缺，单方决定抽取资金用于安洁公司的股东分红；安洁公司过度干预原股东独立经营权，导致练某桂与安洁公司实控人等发生争议，退出威博公司新董事会，被安洁公司罢免总经理3个月等。

同时，安洁公司未兑现并购前承诺的将为威博公司引入客户等资源支持之承诺。

安洁公司财务顾问对本次并购交易发表了第三方意见，认为并购后练某桂等原股东不再对威博公司未来的生产经营产生决定性影响，对威博公司未来的业绩事实上不具有全面负责的能力。

法院进一步确认了威博公司2019年度对赌业绩未达标的情况、本次并购交易对价的支付等情况。

二、法律适用的选择、理由

1. 案涉协议合法有效，本案“对赌协议”所附的业绩补偿条件已成就，练某桂应向安洁公司履行利润补偿义务。

2. 本案对赌协议涉及两层法律关系：第一，收购法律关系，安洁公司应当根据上市公司相关规定对全资子公司威博公司进行监管；第二，“对赌”关系，收购法律关系所附的条件为：练某桂等原股东需承担业绩补偿义务，据此形成附条件的股权转让法律关系。对赌协议所附条件的要求，表现在外部形式上是一种典型的经营权与所有权相分离的商业形式。对赌期间一般由业绩承诺方行使标的公司的经营权，享有目标公司的经营决策权是原股东作出业绩承诺的前提。对赌期间目标公司的经营及风险交由原股东承担，这符合对赌双方的利益驱动，也符合双方业绩对赌的初衷。

3. 案涉协议并未就对赌期间标的公司经营权行使主体作出约定，根据原《民法总则》第 6 条、第 7 条、第 142 条，以及原《合同法》第 61 条的规定，从补充性合同解释方法、合同设立“对赌”目的、商业惯例、权利义务相一致原则、公平原则及诚信原则等角度出发，收购方在对赌期间让渡经营决策权与作出业绩承诺是对赌协议的应有之义，是对赌协议中收购方的内在附随义务，这与必须按照上市公司监管规定对标的公司进行管理控制并不矛盾。如此，才能确保案涉协议的公平性并使当事人之间的权利义务处于平衡状态。

4. 安洁公司的股东权是一种公司所有者权益，包含股东身份权和公司治理经营等权利，其本着对资金负责的原则和上市公司监管的需要，按照协议对威博公司经营进行监督和管理并无错误，但应谦抑地行使其所有者权益，监督和管理应限于保证其进入资金的安全性；对于威博公司的经营决策权则应让渡于业绩承诺方，以激发原股东的主观能动性，利用其既往经验、对标的企业比较熟悉等因素，努力实现其承诺的业绩目标。威博公司原股东之所以出具业绩承诺也是基于对企业的经营决策权的把控。

5. 对赌期间，从威博公司的董事会构成、人事任免权、重大事项决议程序、财务权限分配及业务经营情况等来看，威博公司的经营管理实际由威博公司董事会负责，威博公司原股东虽然有一定的经营管理权，但安洁公司并未完全让渡对威博公司的经营决策权，安洁公司的管理控制已经影响、妨碍了原股东及威博公司的经营决策，原股东对威博公司的业绩事实上已不具有全面负责的能力，对赌双方权利义务关系失去平衡。

6. 安洁公司改变收购威博公司中信息披露的募集资金用途损害了练某桂等 5 名原股东的信赖利益。

7. 根据原《民法总则》第 6 条、原《合同法》第 5 条，以及从公平原则出发，如果练某桂等 5 名原股东在对赌期间未能独立行使标的公司的经营决策权，而要求其完全承担对赌期间的经营后果有违权利义务相一致及公平原则。

8. 练某桂等 5 名原股东对于安洁公司实质参与威博公司经营未采取妥当方式解决，其 5 人对标的公司的经营仍然具有一定的作用力，因股权转让享受了一定的利益。此外，威博公司未实现约定利润的原因，包括外部所处市场竞争环境的变化及内部管理经营的变化，但无法判断上述因素对公司业绩产生的影响强度。因此就市场风险造成的业绩下滑，练某桂应承担业绩补偿责任；就内部经营管理变动造成的业绩下滑，安洁公司、练某桂等5名原股东均负有责任。据此，认定安洁公司负主要责任（60%），练某桂等5名原股东负次要责任（40%）较为公平、合理。

9. 对赌结束后，威博公司其他4名原股东与安洁公司自愿达成的业绩补偿协议系当事人对其自身权利的处分，不影响练某桂与安洁公司之间的权利义务关系。

案例编写人 北京德恒（深圳）律师事务所 熊晓军 金小雨

专家点评

赵旭东　　中国政法大学民商经济法学院教授、博士生导师，中国法学会商法学研究会会长

本案律师的代理意见具有较高的专业水平，并且得到了法院的支持与肯定。

本案案涉协议系为公司原股东与收购方之间签订的业绩补偿型对赌协议，是实践中非常常见的对赌协议类型。本案的特殊之处在于，在对赌协议签订之后，公司的经营决策权实质上为收购方所有，而没有达到约定利润的补偿责任则由原股东承担。在此情况下，法院将业绩下滑的责任区分为市场风险责任和经营管理责任，前者主要由原股东承担，后者主要由拥有经营管理权的收购方承担。本案的裁判为我们昭示了收购方在对赌期间让渡经营决策权于业绩承诺者是对赌协议中收购方的附随义务。在此基础上，法院较为合理地对原股东与收购方的责任进行了分配，具有一定的创新性和参考价值。

相关法条

《中华人民共和国民法总则》

第六条[①] 民事主体从事民事活动，应当遵循公平原则，合理确定各方的权利和义务。

第七条[②] 民事主体从事民事活动，应当遵循诚信原则，秉持诚实，恪守承诺。

第一百四十二条第一款[③] 有相对人的意思表示的解释，应当按照所使用的词句，结合相关条款、行为的性质和目的、习惯以及诚信原则，确定意思表示的含义。

《中华人民共和国合同法》

第五条[④] 当事人应当遵循公平原则确定各方的权利和义务。

第六条[⑤] 当事人行使权利、履行义务应当遵循诚实信用原则。

第六十一条[⑥] 合同生效后，当事人就质量、价款或者报酬、履行地点等内容没有约定或者约定不明确的，可以协议补充；不能达成补充协议的，按照合同有关条款或者交易习惯确定。

---

① 该法已失效，本条对应《民法典》第 6 条。

② 该法已失效，本条对应《民法典》第 7 条。

③ 该法已失效，本条对应《民法典》第 142 条第 1 款。

④ 该法已失效，本条参见《民法典》第 6 条。

⑤ 该法已失效，本条参见《民法典》第 7 条。

⑥ 该法已失效，本条对应《民法典》第 510 条。

❹ 甲公司诉乙公司、张某及李某股权转让纠纷案

——一致行动人责任承担的认定问题

案件索引

一审： 江西省新余市中级人民法院（2021）赣05民初199号（2022年5月6日）

二审： 江西省高级人民法院（2022）赣民终字709号（2022年9月14日）

基本案情

2020年7月，甲公司作为股权受让方与乙公司、张某作为股权转让方签订了《股份转让协议》，约定乙公司、张某将其持有某上市公司的股权转让给甲公司，并且在《股份转让协议》中约定某上市公司2020年、2021年和2022年扣除非经常性损益后的净利润（以下简称扣非净利润）应该不低于2019年的扣非净利润，否则违约方应该承担股权转让价款20%的违约金。

李某在股份转让之前系某上市公司和乙公司的实际控制人。在股份转让之后，乙公司仍持有某上市公司的部分股权，而张某不再持有某上市公司的任何股权。李某不再是某上市公司的实际控制人，但仍为乙公司的实际控制人，并且与张某系夫妻关系。

根据某上市公司2020年年报显示，2020年的扣非净利润低于2019年的扣非净利润，原告甲公司以2020年的扣非净利润低于2019年为由，诉请被告乙公司、张某承担违约责任，并主张李某与乙公司、张某构成一致行动人，应当一并承担《股份转让协议》项下的义务及责任。

一审法院认为：根据《上市公司收购管理办法》第83条之规定，李某与乙公司、张某系一致行动人，在上市公司收购过程中，一致行动人的行为应当视为一人行为，因此，李某应为本案适格主体，应当与乙公司和张某一并

承担《股份转让协议》的义务及责任。

李某不服一审判决，向二审法院提起上诉。二审法院认为李某与乙公司、张某不属于一致行动人，法律也没有规定认定一致行动人的法律后果需共同承担责任，一审法院判决李某承担违约责任适用法律错误，最终改判李某无须承担《股份转让协议》项下的违约责任。

核心争议焦点

李某不是《股份转让协议》项下的当事人，能否依据《上市公司收购管理办法》第 83 条的规定认定李某与张某、乙公司为一致行动人，进而认定李某为《股份转让协议》项下相关责任的承担主体？

当事人各方观点及思维分析

原告甲公司认为，在《股份转让协议》签订时，李某是某上市公司的董事和实际控制人，其拥有上市公司 9.31% 股份。李某与张某系夫妻关系，张某拥有某上市公司的股份。李某是乙公司的第一大股东，乙公司拥有某上市公司的股份。根据《上市公司收购管理办法》第 83 条之规定，李某与张某、乙公司系一致行动人，在某上市公司的收购过程中，一致行动人的行为应当视为一人行为，因此，李某应当与乙公司、张某一并承担股份转让协议的义务及责任。

原告甲公司主张，当事人之间根据《上市公司收购管理办法》构成一致行动人的，《上市公司收购管理办法》可以作为突破合同相对性的法律依据，从而要求李某就《股份转让协议》项下的合同责任承担责任。

被告李某认为，李某、张某以及乙公司并不构成一致行动人。退一步假设，即使认为李某、张某以及乙公司构成一致行动人的，《上市公司收购管理办法》并没有规定，一致行动人应该为其他一致行动人的行为承担责任，所以甲公司依据《上市公司收购管理办法》请求李某承担责任的，不能成立。此外，李某并非合同的当事人，本案也不存在任何突破合同相对性的事由，所以甲公司主张突破合同相对性，请求非合同当事人承担违约责任，缺乏事实依据和法律依据。

代理思路

作为被告李某的代理人，笔者对于本案的代理思路如下：

一、关于依据《上市公司收购管理办法》的规定，李某与张某、乙公司是否构成一致行动人的问题

首先，从《上市公司收购管理办法》第83条分析一致行动人的构成要件。构成一致行动人的要件之一为投资者与其他投资者共同扩大上市公司的表决权。也就是说，只有存在与其他投资者“共同扩大上市公司表决权”的情形，才能互为一致行为人，即只有上市公司的收购方才有可能被认定为一致行动人。

其次，案涉《股份转让协议》已对“一致行动”作出了定义。案涉《股份转让协议》约定：“一致行动”是指通过协议、其他安排，与其他投资者共同扩大其所能够支配的一个目标公司股份表决权数量的行为或者事实。本案各方当事人已在《股份转让协议》中对一致行动的定义进行了明确的限定，也就是指投资者之间存在共同扩大表决权的事实。

但是，本案张某和乙公司系共同减持了某上市公司的股权，减少了对某上市公司的表决权，并不存在与李某共同扩大某上市公司表决权的情形。二审法院最终采纳了代理人的观点，认为只有存在与其他投资者共同扩大上市公司表决权的情形，才能互为一致行动人，即上市公司的收购方才可能被认定为一致行动人。

二、《上市公司收购管理办法》明确认定相关当事人构成一致行动人的，其中一位是否应为其他一致行动人承担责任的法律后果问题

首先，从对一致行动进行规制的立法目的来看，收购方在收购过程中如果是以获得目标公司的控制权为目的的，很有可能会故意不披露其关联关系。在法律没有对收购方进行规制的情形下，收购方和关联方超过法律规定应该披露的持股数额却没有进行任何公告，收购方完全能够在目标公司以及中小投资者不知情的情况下转移目标公司的控制权，对目标公司股东和证券市场的秩序影响甚大，违背了上市公司法规保护广大中小股东利益的宗旨。就证券市场而言，法律应该保障投资者的知情权，使得投资者尤其是中小投资者能够获得充分的市场信息。只有在市场信息对称的前提下，投资者才有权根据自己意志作出投资决策。因此,《上市公司收购管理办法》才会有必要对一致行动进行规制，要求一致行动人承担法定的信息披露义务。结合《上市公司收购管理办法》的立法背景和目的，根本无法推导出一致行动人应该为其他一致行动人的行为共同承担责任。

其次，从《上市公司收购管理办法》认定为一致行动人所产生的法律后果来看,《上市公司收购管理办法》第 83 条第 3 款规定:“一致行动人应当合并计算其所持有的股份。投资者计算其所持有的股份，应当包括登记在其名下的股份，也包括登记在其一致行动人名下的股份。”依据上述法律规定，如果被认定为一致行动人，一致行动人之间仅需合并计算持有目标公司的股份。一致行动人合并计算的股份达到一定的法定比例时，应该履行报告义务、信息披露义务，并不是指一致行动人的所有行为都应该视为一人行为。

在《上市公司收购管理办法》关于“监管措施与法律责任”章节中规定了中国证监会可以责令改正，采取监管谈话、出具警示函、责令暂停或者停止收购等监管措施。在改正前，相关信息披露义务人不得对其持有或者实际支配的股份行使表决权，所以《上市公司收购管理办法》已经明确规定了投资者及与其一致的行动人违反该收购管理办法的法律后果。《上市公司收购管理办法》并没有规定“一致行动人的行为应当视为一人行为”，更没有规定“互为一致行动人的，应该对其他一致行动人的行为共同承担责任”。换言之,《上市公司收购管理办法》没有规定一致行动人在责任的承担上应该视为一人行为。

三、关于李某并非合同当事人，甲公司是否可以依据《上市公司收购管理办法》突破合同相对性而请求李某承担违约责任的问题

首先，合同相对性原则系合同制度的基石，除了法律另有规定外不可以随意突破合同相对性原则。合同相对性原则是指合同的权利义务原则上由合同当事人承受，而第三人并不承担合同约定的义务，合同相对性的突破应该由法律规定，只有法律明确规定的情形才可以突破合同相对性。这里的“法律”应该仅指狭义上的法律。换言之,“法律”应该是指全国人民代表大会及其常务委员会制定的规范性法律文件，不包括行政法规、部门规章等，行政法规不能规定非合同当事人承担法律责任的相关内容。所以,《上市公司收购管理办法》在效力层级上仅为部门规章，原告甲公司不能仅依据部门规章作为可以突破合同相对性的法律依据。

其次，突破合同相对性原则的情形应是“法律”的明确规定。例如，《民法典》第522条第2款规定：“法律规定或者当事人约定第三人可以直接请求债务人向其履行债务，第三人未在合理期限内明确拒绝，债务人未向第三人履行债务或者履行债务不符合约定的，第三人可以请求债务人承担违约责任；债务人对债权人的抗辩，可以向第三人主张。”在真正的利益第三人合同中，非合同当事人可以请求债务人承担违约责任。

最后，《最高人民法院关于裁判文书引用法律、法规等规范性法律文件的规定》第4条规定：“民事裁判文书应当引用法律、法律解释或者司法解释。对于应当适用的行政法规、地方性法规或者自治条例和单行条例，可以直接引用。”依据上述规定，裁判文书可以直接引用法律、司法解释、地方性法规等规范性文件作为民事审判的裁判依据，但不得直接引用部门规章作为法院审理民事案件的裁判依据。《上市公司收购管理办法》在法律位阶上应该为部门规章，也不能作为当事人承担责任的裁判依据。

综上所述，《上市公司收购管理办法》作为部门规章，不能作为突破合同相对性的依据。更何况，《上市公司收购管理办法》也并没有规定一致行动人应该为其他一致行动人的所有行为承担责任。原告甲公司要求非合同当事人李某承担责任缺乏事实依据和法律依据。

代理点睛

本案中，代理人根据《上市公司收购管理办法》第83条的规定分析一致行动人构成要件，特别是结合《股份转让协议》的特别约定进行论证，认为本案中的李某与张某、乙公司不能认定为一致行动人，而且《上市公司收购管理办法》并没有规定一致行动人应该为其他一致行动的行为人承担责任。

《上市公司收购管理办法》在效力层级上仅是部门规章，即使《上市公司收购管理办法》规定了一致行动人的法律后果包含共同承担责任，也不能突破合同法律制度的基础。本案原告并没有厘清《上市公司收购管理办法》关于一致行动的构成要件及其所产生的法律效果，选择了错误的请求权基础，所以，原告的诉请不具备法律上的合法性、合理性。虽然原告请求非合同相对人就违约责任承担共同支付责任的主张，得到了一审法院的支持，但二审法院经过审理后，最终采纳了笔者的代理意见，认为一审法院适用法律错误，改判李某无须承担责任。

本案具有典型性、新颖性，一致行动人的认定不单是个案问题，还涉及上市公司收购活动中一致行动人群体的责任承担问题。本案代理意见论述全面，层次分明，逻辑严密。代理人分别从案件事实、《上市公司收购管理办法》立法背景和立法目的、合同相对性原则、法律适用、行业影响层面等多个方面，充分论述一致行动人之间不应互相承担责任。代理意见最终被二审法院采纳，改判李某无须承担责任。

该案件的判决对统一该类型案件的裁判标准具有指导意义，对上市公司中被认定为一致行动人是否需要为其他一致行动人承担责任的问题，作出了具有前瞻性的有益探索，对于同类案件的审理具有借鉴意义。

审判观点

一、一审法院的审判观点

在案涉《股份转让协议》签订时，李某是某上市公司的股东和实际控制人，其占某上市公司总股本的9.31%股份。李某与张某系夫妻关系，张某占某上市公司总股本的4.8%股份。李某是乙公司的第一大股东，乙公司占某上市公司总股本的39.3%股份。根据《上市公司收购管理办法》第83条之规定，李某与张某、乙公司系一致行动人，在上市公司收购过程中，一致行动人的行为应当视为一人行为，因此，李某应为本案适格主体，应当与乙公司、张某一并承担《股份转让协议》的义务及责任。

二、二审法院的审判观点

首先，李某与乙公司、张某不构成一致行动人。根据《上市公司收购管理办法》第83条规定："本办法所称一致行动，是指投资者通过协议、其他安排，与其他投资者共同扩大其所能够支配的一个上市公司股份表决权数量的行为或者事实。在上市公司的收购及相关股份权益变动活动中有一致行动情形的投资者，互为一致行动人……"依据上述规定可知，只有存在与其他投资者共同扩大上市公司表决权的情形，才能互为一致行为人，即上市公司的收购方才有可能被认定为一致行动人。本案中，张某、乙公司不是收购方，而是出让方，张某、乙公司在本次股份收购中，减持了上市公司的股份，减少了对上市公司的表决权。因此，在案涉股份收购中，李某与张某、乙公司均不存在《上市公司收购管理办法》规定的共同扩大上市公司表决权的行为或事实，不属于一致行动人。

其次，法律未明确规定认定构成一致行动人的法律后果需共同承担责任。根据《上市公司收购管理办法》第83条的规定，在股份收购中，一致行动人在行使表决权时，股份数量应合并计算。当股份数量合并计算达到法定比例时，应该履行信息披露义务。对一致行动人的规定是为了规范上市公司的收购活动，从而规定在以获得目标公司控制权的收购活动中，一致行动人超过法律规定的持股数额应履行信息披露义务以保障中小投资者的知情权。同时，规定投资者及其一致行动人违反该收购管理办法的法律后果为，“中国证监会可以责令改正，采取监管谈话、出具警示函、责令暂停或者停止收购等监管措施。在改正前，相关信息披露义务人不得对其持有或者实际支配的股份行使表决权”。《上市公司收购管理办法》没有规定互为一致行动人的，应该对其他一致行动人的行为共同承担责任。最后，认定李某与乙公司、张某共同承担《股份转让协议》项下的义务及责任违反了合同相对性原则。根据合同相对性原则，合同的义务和责任应由合同当事人承担，非合同当事人原则上不承担合同项下的义务及责任。本案中，李某并不是《股份转让协议》项下的合同当事人，该《股份转让协议》对其没有法律约束力。一审法院判决李某与张某、乙公司一并承担《股份转让协议》的责任，违反了合同相对性的基本原则。因此，一审法院认定“一致行动人的行为应当视为一人行为，就应该一并承担《股份转让协议》项下的义务及责任”，缺乏法律依据，应予以纠正。李某主张其不应当共同承担《股份转让协议》项下的义务及责任的上诉理由成立，二审法院予以支持。

案例编写人　广东华商律师事务所　黄晓霞　陆奕君

专家点评

吴晨　　中华全国律师协会公司法专业委员会主任

在商事纠纷中向关联第三方追责已渐成趋势，法人人格否认、第三方侵害债权、董监高和公司实际控制人对第三人的信义义务违反等新型商事案件类型层出不穷。这一趋势为建立诚实守信的社会经济规则营造了良好的氛围。本案对法律理论与现实需求之间的矛盾及冲突提出了挑战。本案也是向第三方追责的案件，其典型意义在于厘清了一致行动人对外担责的合同法边界，即在这一问题上要严守合同相对性，不应让一致行动人承担合同责任。而本案另一层面的意义在于开启了对一致行动人的侵权责任、一致行动人责任和关联人责任的区别等问题进行更有价值的深入研究和讨论。在新《公司法》修订并实施的背景下，商事活动中的第三人责任问题将成为社会关注的热点问题，而法律界基于公平正义原则对此类案件作出的代理和审判尝试也必将为经济高质量发展作出一定的贡献。

相关法条

《中华人民共和国民法典》

第四百六十五条 依法成立的合同，受法律保护。

依法成立的合同，仅对当事人具有法律约束力，但是法律另有规定的除外。

《上市公司收购管理办法》

第八十三条 本办法所称一致行动，是指投资者通过协议、其他安排，与其他投资者共同扩大其所能够支配的一个上市公司股份表决权数量的行为或者事实。

在上市公司的收购及相关股份权益变动活动中有一致行动情形的投资者，互为一致行动人。如无相反证据，投资者有下列情形之一的，为一致行动人：

（一）投资者之间有股权控制关系；

（二）投资者受同一主体控制；

（三）投资者的董事、监事或者高级管理人员中的主要成员，同时在另一个投资者担任董事、监事或者高级管理人员；

（四）投资者参股另一投资者，可以对参股公司的重大决策产生重大影响；

（五）银行以外的其他法人、其他组织和自然人为投资者取得相关股份提供融资安排；

（六）投资者之间存在合伙、合作、联营等其他经济利益关系；

（七）持有投资者 30% 以上股份的自然人，与投资者持有同一上市公司股份；

（八）在投资者任职的董事、监事及高级管理人员，与投资者持有同一上市公司股份；

（九）持有投资者30%以上股份的自然人和在投资者任职的董事、监事及高级管理人员，其父母、配偶、子女及其配偶、配偶的父母、兄弟姐妹及其配偶、配偶的兄弟姐妹及其配偶等亲属，与投资者持有同一上市公司股份；

（十）在上市公司任职的董事、监事、高级管理人员及其前项所述亲属同时持有本公司股份的，或者与其自己或者其前项所述亲属直接或者间接控制的企业同时持有本公司股份；

（十一）上市公司董事、监事、高级管理人员和员工与其所控制或者委托的法人或者其他组织持有本公司股份；

（十二）投资者之间具有其他关联关系。

一致行动人应当合并计算其所持有的股份。投资者计算其所持有的股份，应当包括登记在其名下的股份，也包括登记在其一致行动人名下的股份。

投资者认为其与他人不应被视为一致行动人的，可以向中国证监会提供相反证据。

《最高人民法院关于裁判文书引用法律、法规等规范性法律文件的规定》

第四条　民事裁判文书应当引用法律、法律解释或者司法解释。对于应当适用的行政法规、地方性法规或者自治条例和单行条例，可以直接引用。

5 正商公司诉韩某甲、C公司等损害公司债权人利益责任纠纷案

——股东利用关联公司转移公司资产时股东及关联公司责任的认定

案件索引

一审： 山东省青岛市中级人民法院（2021）鲁02民初1847号（2022年2月25日）

二审： 山东省高级人民法院（2022）鲁民终1183号（2022年7月12日）

基本案情

山东省青岛市中级人民法院（以下简称青岛中院）于2020年5月22日受理正商公司诉A公司、B公司、韩某甲合资、合作开发房地产合同纠纷案。2020年11月16日青岛中院作出（2020）鲁02民初1130号民事判决书，判令A公司向正商公司支付本金27077025.44元和相应利息及违约金36825000元，驳回正商公司其他诉讼请求。正商公司和A公司不服该判决，均向山东省高级人民法院提出上诉，A公司未就本金提出上诉，仅就利息和违约金提出上诉。山东省高级人民法院于2021年1月21日立案，于2021年4月7日作出（2021）鲁民终232号民事判决：驳回上诉，维持原判。

青岛中院于2021年6月23日作出（2021）鲁02执1883号执行通知书，通知A公司执行案件已立案，责令A公司自通知书送达之后5日内履行（2021）鲁民终232号生效判决确定的义务。2021年12月10日，青岛中院出具（2021）鲁02执1883号执行裁定书，认定被执行人没有依法报告其财产状况，经执行司法查控系统两次查询，被执行人无其他可供执行的财产，申请执行人同意终结本次执行程序。

2021年1月7日青岛市某区人民法院（以下简称某区法院）受理A公司

起诉青岛市某社区居委会（以下简称某居委会）土地租赁合同纠纷案，某区法院于2021年1月25日出具民事调解书，确认解除土地租赁合同；某居委会应退租金、逾期付款利息、违约金、损失赔偿金合计21173380元，于2021年1月30日前支付，指定收款账户为C公司青岛银行的账户；A公司返还剩余土地。2021年1月29日，C公司收取了全部调解款项。

2019年12月20日，A公司作为甲方与C公司作为乙方签订合作投资协议，约定乙方负责选定投资项目，甲方确定每个项目的投资比例和投资金额。甲方发现投资项目发生经营性困难或其他无法保证投资回报的情况时，有权随时通知乙方收回投资款。甲方A公司于10日内一次性将投资款转入C公司青岛银行的账户。投资期限自2020年1月1日至2023年1月1日。

被告C公司的法定代表人为韩某乙，股东包括韩某乙持股40%，普爱公司持股60%。普爱公司的法定代表人为韩某甲，股东包括韩某甲持股40%，韩某乙持股20%，A公司持股40%。A公司的法定代表人为韩某甲，股东包括王某持股20%，韩某甲持股80%。韩某甲与韩某乙系亲兄弟关系。

D公司成立于2021年1月27日，股东韩某丙持股97%，韩某丙系韩某甲之女。本案庭审过程中，C公司、韩某甲、A公司称，在调解（某居委会与A公司之间土地租赁合同纠纷）达成时A公司与逄某某之间有另案纠纷，双方之间一直互相查封财产，A公司要求某居委会将款项直接支付给C公司，C公司收到投资款后直接投资给了D公司。另，案外人海青公司等申请执行A公司等被执行人的案件，青岛中院已裁定终结本次执行程序。

2021年8月正商公司向青岛中院起诉被告韩某甲、C公司及第三人A公司，要求判令C公司、韩某甲对山东省高级人民法院（2021）鲁民终232号民事判决书判令第三人A公司应承担的债务中的21173380元承担连带赔偿责任。

2022年2月25日，青岛中院作出（2021）鲁02民初1847号民事判决书，判决C公司、韩某甲对山东省高级人民法院（2021）鲁民终232号民事判决书判令第三人A公司应承担的债务中的21173380元承担连带赔偿责任。C公司、韩某甲不服一审判决提起上诉，后在二审阶段撤回上诉。2022年7月12日，山东省高级人民法院作出（2022）鲁民终1183号民事裁定书，准许C公司、韩某甲撤回上诉，一审判决自裁定书送达之日起发生法律效力。

核心争议焦点

1. 被告C公司、韩某甲是否存在利用关联关系转移A公司财产的行为？
2. 被告C公司、韩某甲是否应在转移资产范围内承担连带赔偿责任？

当事人各方观点及思维分析

正商公司方观点及理由：C公司、韩某甲应承担连带赔偿责任。原因如下：C公司是A公司的关联公司。韩某甲明知A公司与某居委会达成调解时，正商公司对A公司至少享有27077025.44元的债权（A公司虽提起上诉但并未就本金上诉，明确认可一审所判本金债务），而且A公司还对案外人海青公司等负有已进入执行程序的未结债务，韩某甲却不将调解款项用于偿还在先债务，明显具有转移资产、逃避债务的主观恶意。韩某甲滥用股东权利，削弱了A公司的偿债能力，损害了债权人的利益，而C公司作为关联公司对此明知或应知，仍共同实施该财产转移行为，属于共同侵权，韩某甲与C公司均应在转移资产的范围内向正商公司承担连带责任。

韩某甲方观点及理由：韩某甲与本案无关，不应承担赔偿责任。原因如下：韩某甲与正商公司无债权债务关系，韩某甲作为A公司法定代表人行使公司职权，不存在损害债权人利益的个人行为。

C公司方观点及理由：正商公司诉求无事实和法律依据，应予驳回。原因如下：C公司与A公司彼此独立，不存在关联关系。涉案款项系A公司委托C公司进行投资经营的投资款，C公司已按照合作投资协议的约定将该笔款项投入D公司运营之中。

A公司方观点及理由：某区法院作出的民事调解书未损害正商公司利益。原因如下：A公司处置调解款项时，正商公司的债权尚未形成，所依据的判决尚未生效，也未对此款项采取任何查扣冻措施，其无权干涉A公司的正常投资运营，正商公司的诉求无事实依据和法律依据，其诉请应予驳回。

代理思路

笔者代理本案原告正商公司，本案代理过程中主要面临三个问题：（1）C公司、韩某甲是否存在利用关联关系转移A公司财产的行为；（2）股东与公司尚未达到人格混同的情况下，能否依据2018年《公司法》第20条[①]的相关规定，主张股东对公司债务承担连带责任；（3）参与逃避债务履行的关联公司应否承担连带责任及其依据。

首先，关于第一个问题。韩某甲明知A公司与某居委会达成调解时，正商公司对A公司至少享有27077025.44元的债权（A公司虽提起上诉但并未就本金上诉，明确认可一审所判本金债务），而且A公司还对案外人海青公司等负有已进入执行程序的未结债务。韩某甲作为A公司法定代表人，不将调解款项用于偿还在先债务，而是以委托投资名义将调解款转入关联公司C公司，通过C公司又转入自己女儿控股设立的D公司。C公司、韩某甲明显存在利用关联关系转移A公司资产的行为。

其次，关于第二个问题。最高人民法院在（2019）最高法民终960号民事判决书中曾有过类似认定：作为凯利公司股东的张某男在未能证明其与凯利公司之间存在交易关系或者借贷关系等合法依据的情况下，接收凯利公司向其转账2951.8384万元，虽然不足以否定凯利公司的独立人格，但该行为在客观上转移并减少了凯利公司资产，降低了凯利公司的偿债能力，张某男应当承担相应的责任。北京市第二中级人民法院在（2020）京02民终5062号民事判决书中也有过类似认定：北京国能公司代替超扬公司清偿债务的行为，明显降低了北京国能公司的偿债能力，损害了巨融公司的利益。故超扬公司关于巨融公司利益未受损害的上诉理由不能成立（一审判决超扬公司应当对北京国能公司欠付巨融公司的货款承担连带责任），法院不予支持。根据上述裁判观点，可见，在股东与公司尚未达到人格混同的情况下，如果股东滥用股东权利，不合理地降低了公司的偿债能力，损害了债权人的利益，股东也应在公司所降低偿债能力的范围内（转移资产的范围内）向债权人承担连带清偿责任。本案韩某甲利用关联公司转移A公司资产后，客观上也的确造成了A公司偿债能力下降、正商公司申请的执行案件因无财产可供执行而被终本的损害结果。因此，韩某甲应就其对正商公司债权的损害承担相应责任，如此认定也与2018年《公司法》第20条第3款[②]的立法精神相符。

最后，关于第三个问题。损害公司债权人利益责任纠纷的本质也是侵权责任纠纷的一种。对此，最高人民法院曾在（2018）最高法民辖162号民事

① 参见2023年修订的《公司法》第21条、第22条、第23条。

② 参见2023年修订的《公司法》第23条第1款。下同。

裁定书中，对于该案的损害公司债权人利益责任之诉的管辖直接适用《民事诉讼法》关于侵权责任之诉的相关规定进行判定。以生效裁判的形式再次确认了损害公司债权人利益责任之诉实际上也属于侵权之诉的一种。既然其实质属于侵权之诉，那么相关损害行为也就同属于侵权行为。根据《民法典》侵权责任编的相关规定，如果是二人以上共同实施侵权行为，造成他人损害的，其当然应当承担连带责任。该种法律适用在（2019）最高法民终 960 号民事判决书、（2020）京 02 民终 5062 号民事判决书中也同样有所体现。因此，鉴于 C 公司与韩某甲共同实施了转移 A 公司资产、降低 A 公司偿债能力、损害债权人正商公司合法权益的行为，C 公司亦应承担共同侵权责任。

代理点睛

近年来，逃避债务、规避执行的失信行为在司法实践中屡见不鲜，尤其是公司法人作为被执行人的案件。我国《公司法》虽设定了公司人格否定制度，但“人格否定”在司法实务中举证要求较高，很多涉公司案件因未达到“人格否定”的标准，进而无法追究相关股东的法律责任。本案的裁判规则对股东利用关联公司转移公司资产但尚未达到“人格否定”程度时股东及关联公司的责任如何认定具有一定的借鉴与指导意义。当股东滥用股东权利，利用关联关系转移公司资产，降低公司偿债能力，损害债权人合法权益时，认定该名股东与共同实施侵权行为的关联公司应在转移资产的范围内向债权人承担连带责任，既符合公平、诚信原则，也符合 2018 年《公司法》第 20 条第 3 款的立法精神。

整顿诚信缺失已成为优化营商环境的当务之急。青岛中院对本案被告失信行为的裁判既体现了“以事实为依据，以法律为准绳”的基本原则，又体现了“诚信为本、失信必究”的司法理念。同时，该案判决对该类失信行为在本地区的司法评判还具有一定的指导意义，也有助于营商环境的提升与改善。

审判观点

关于第一个焦点问题，即被告 C 公司、韩某甲是否存在利用关联关系转移第三人 A 公司财产。法院认为：第一，韩某甲作为第三人的控股股东、法定代表人，且在被告C公司间接持股43%，韩某乙与韩某甲系亲兄弟关系，在C公司持股40%，韩某甲、韩某乙兄弟二人可以实际控制被告C公司。根据2018年《公司法》第216条的规定，可以认定C公司与A公司之间存在关联关系。第二，2021年1月时，法院已作出（2020）鲁02民初1130号民事判决书，正商公司、A公司对法院认定的欠款本金27077025.44元均无异议，但对利息、违约金不服，均已向山东省高级人民法院提出上诉。2021年1月7日，A公司向某区法院起诉土地租赁合同纠纷一案，在短短十几天内，双方达成调解协议由C公司收款，并在4天内履行完毕，二被告及当事人认可其是为了避免债权人查封，即其目的是逃避债务。即使A公司在调解中约定由C公司收取调解款的目的不是逃避正商公司的债务，其在客观上也损害了包括正商公司在内的所有债权人的利益。第三，根据《合作投资协议》的约定，A公司应在协议签订后10日内一次性将投资款转给C公司。《合作投资协议》显示签订时间为2019年12月20日，即A公司应于2019年12月30日将投资款一次性转给C公司，而C公司收取调解款的时间为2021年1月29日，与《合作投资协议》约定的投资时间不符。C公司称，其收到投资款（调解款）后直接投资给了D公司。经查，D公司成立于2021年1月27日，韩某甲之女韩某丙持股97%。C公司称，C公司投资项目需要成立项目公司，成立D公司是为了直播平台项目的操作。但D公司的成立时间为2021年1月27日，距离《合作投资协议》约定向C公司支付投资款的时间——2019年年底相差一年多，却恰恰在A公司与某居委会达成调解协议并履行的时间段之内。

综上所述，可以认定C公司、韩某甲为了逃避债务，利用关联关系转移A公司的财产。

关于第二个焦点问题，即被告C公司、韩某甲是否应在转移资产范围内承担连带赔偿责任。第一，韩某甲作为第三人的控股股东、法定代表人，且在被告C公司间接持股43%，其在明知第三人欠原告正商公司及其他债权人巨额款项的情况下，通过指定C公司代为收取调解款项的方式，逃避债务，转移第三人财产，损害债权人利益。A公司欠正商公司巨额债务，且无法履行，对此，法院已作出（2021）鲁02执1883号执行裁定书，裁定终结本次执行程序。按照2018年《公司法》第20条第3款的规定，公司股东滥用公司法人独立地位和股东有限责任，逃避债务，严重损害公司债务人利益的，应当对公司债务承担连带责任。虽然本案中C公司收取的调解款只有一笔，不足以否认 A 公司的人格，但案涉不当转移公司财产的行为，造成 A 公司的偿债能力下降，损害了债权人的利益，应当参照 2018 年《公司法》第 20 条第 3 款的规定，在转移款项范围内承担连带清偿责任。第二，被告 C 公司作为第三人的关联公司，收取原属于第三人的调解款，且其主张投资的 D 公司系由韩某甲的女儿韩某丙持股 97%，与第三人 A 公司和被告 C 公司间亦存在关联关系，上述关联公司之间所谓投资行为缺乏充分依据，实为逃避债务。按照《民法典》第 1168 条的规定，二人以上共同实施侵权行为，造成他人损害的，应当承担连带责任。上述行为系 C 公司与韩某甲为逃避债务，转移 A 公司资产，共同损害债权人利益的行为，亦应参照适用 2018 年《公司法》第 20 条第 3 款的规定，在其收取调解款的范围内承担连带赔偿责任。

案例编写人 山东雅君律师事务所 江 超

专家点评

郑金都 中华全国律师协会副会长、浙江省律师行业党委副书记、浙江省律师协会会长

本案是非常典型的股东利用关联公司转移公司资产以逃避民事责任的案例。近几年，公司大股东或实际控制人将公司财产或利润转移到自己的关联公司从而降低公司偿债能力或盈利能力，以达到损害债权人或其他股东合法权益的案例屡见不鲜，但苦于举证困难，最后都不了了之。

本案中，人民法院在查明事实的情况下，判决支持债权人的诉请，要求协助转移财产的第三方对债务人的债权在转移财产的范围内承担连带赔偿责任，能对故意利用关联公司逃避债务的相关方起到威慑作用。既符合公平、诚信原则，也符合《公司法》的立法精神，为公司诚信经营指明方向，有助于营商环境的优化，具有积极的指导意义。

相关法条

《中华人民共和国民法典》

第一千一百六十八条 二人以上共同实施侵权行为，造成他人损害的，应当承担连带责任。

《中华人民共和国公司法》

第二十条[①] 公司股东应当遵守法律、行政法规和公司章程，依法行使股东权利，不得滥用股东权利损害公司或者其他股东的利益；不得滥用公司法人独立地位和股东有限责任损害公司债权人的利益。

公司股东滥用股东权利给公司或者其他股东造成损失的，应当依法承担赔偿责任。

公司股东滥用公司法人独立地位和股东有限责任，逃避债务，严重损害公司债权人利益的，应当对公司债务承担连带责任。

第二百一十六条[②] 本法下列用语的含义：

（一）高级管理人员，是指公司的经理、副经理、财务负责人，上市公司董事会秘书和公司章程规定的其他人员。

（二）控股股东，是指其出资额占有限责任公司资本总额百分之五十以上或者其持有的股份占股份有限公司股本总额百分之五十以上的股东；出资额或者持有股份的比例虽然不足百分之五十，但依其出资额或者持有的股份所享有的表决权已足以对股东会、股东大会的决议产生重大影响的股东。

（三）实际控制人，是指虽不是公司的股东，但通过投资关系、协议或者其他安排，能够实际支配公司行为的人。

（四）关联关系，是指公司控股股东、实际控制人、董事、监事、高级管理人员与其直接或者间接控制的企业之间的关系，以及可能导致公司利益转移的其他关系。但是，国家控股的企业之间不仅因为同受国家控股而具有关联关系。

---

① 参见2023年修订的《公司法》第21条、第22条、第23条第1款。

② 参见2023年修订的《公司法》第265条。

6 满某诉某证券有限责任公司财产损害赔偿纠纷案

——金融机构适当性义务的认定

案件索引

一审： 上海市浦东新区人民法院（2021）沪 0115 民初 76585 号（2022 年 2 月 14 日）

二审： 上海金融法院（2022）沪 74 民终 886 号（2022 年 11 月 30 日）

再审： 上海市高级人民法院（2023）沪民申 1463 号（2023 年 6 月 6 日）

基本案情

2017 年 2 月 16 日，满某（原告）与某证券有限责任公司（被告）签订《某集合资产管理计划资产管理合同》（以下简称资管合同），约定某证券有限责任公司作为资管计划管理人，满某认购某证券有限责任公司发行的“某集合资产管理计划”（以下简称资管计划）的 120 万元份额，同日汇款 120 万元。

某证券有限责任公司为发起设立涉案资管计划出具了《尽职调查报告》，载明报告期内资管计划下的信托贷款的保证人开某无对外担保情况，但实际上开某存在多笔未履行完毕的担保债务。资管计划成立后，自 2017 年 2 月 23 日起，某证券有限责任公司通过第三人将资金以信托贷款的方式出借给某环保（集团）股份有限公司（以下简称环保公司）。2018 年 5 月 16 日，因环保公司资金周转困难未能偿还部分到期债务，第三人向环保公司宣布贷款提前到期。2018 年 5 月 21 日，第三人向被告发出通知函，将信托财产以债权形式交还给被告，并将《信托贷款合同》和《保证合同》项下债权转让给被告。2018 年 6 月 29 日，被告公告宣布资管计划于 2018 年 5 月 21 日提前终止。

满某于 2021 年 8 月 16 日向上海市浦东新区人民法院提起诉讼，后一审法院判决某证券有限责任公司赔偿满某损失，证券公司不服提起上诉，后又申请再审。

核心争议焦点

某证券有限责任公司作为涉案资产管理计划的管理人，履职过程中是否尽到了金融机构的适当性义务及谨慎勤勉的管理义务，是否存在违约行为。

当事人各方观点及思维分析

满某方观点：某证券有限责任公司尽职调查失职，有违审慎、尽责原则，具体包含以下几方面：（1）隐瞒融资人环保公司持有某股票的受限和质押情况、担保人开某存在大量担保的事实，夸大融资人和担保人还款能力。（2）被告刻意隐瞒已经掌握的融资人环保公司的资金流动性风险、被挪用风险，未向原告等委托人披露，导致投资者无法准确识别、判断投资风险。（3）被告未对融资人融资项目进行充分的尽职调查，融资项目涉嫌重复融资。（4）尽职报告财务数据错误、混乱，导致融资方偿债能力个别指标好于实际情况。（5）被告未对融资方的经营状况进行深入的分析和判断，错误判断融资方还款能力，有违审慎和风险管控原则，未履行诚信、勤勉尽责义务。（6）被告面对融资人的财务风险、财务危机和重大诉讼，没有立即采取措施保障资管计划安全，直至其主要账户、有效资产、股权等因涉诉被冻结、扣押，或者查封，才启动借款催收程序，存在投后管理严重失职；被告不依法披露信息且披露的信息存在虚假记载、误导性陈述并存在重大遗漏。

某证券有限责任公司方观点：判断被告是否存在信息披露不及时的违法行为应以《资管合同》作为判断依据，该条款赋予了管理人重大事项判断权；因案涉资产管理计划不是随时可以赎回份额的二级市场产品，出现风险及时采取措施也不能立即回款，管理人要求提前偿付必须要根据当时的实际情况进行判断，不能按照现在的结果推算当时的判断是否存在问题；被告按照《资管合同》的约定跟踪项目进展情况，督促实际融资人偿还利息，及时向原告等投资者进行收益分配和信息披露，不存在任何违反法律法规、监管规范的行为，达到了管理人的勤勉尽责标准。

代理思路

笔者作为原告代理律师，主要代理思路如下：

第一，从适当性义务的角度出发，根据2019年《全国法院民商事审判工作会议纪要》（以下简称《九民会议纪要》）第72条的规定，适当性义务是指卖方机构在向金融消费者推介、销售银行理财产品、保险投资产品、信托理财产品、券商集合理财计划、杠杆基金份额、期权及其他场外衍生品等高风险等级金融产品，以及为金融消费者参与融资融券、新三板、创业板、科创板、期货等高风险等级投资活动提供服务的过程中，必须履行的了解客户、了解产品、将适当的产品（或者服务）销售（或者提供）给适合的金融消费者等义务。卖方机构承担适当性义务的目的是确保金融消费者能够在充分了解相关金融产品、投资活动的性质及风险的基础上作出自主决定，并承受由此产生的收益和风险。在推介、销售高风险等级金融产品和提供高风险等级金融服务领域，适当性义务的履行是“卖者尽责”的主要内容，也是“买者自负”的前提和基础。

第二，金融机构了解产品义务要求金融机构应当充分了解其所推荐的金融产品或服务的特性、交易结构和风险等，不能推荐自己不了解、不熟悉的产品。有的金融机构在推介材料中介绍资管产品投资结构时，机械地引用第三方机构对被投企业的预测分析，并声明对相关数据的真实性、准确性、完整性不作保证。由此引发一系列投资者认为销售机构不了解产品甚至存在销售误导的纠纷。证券公司为发起设立涉案资管计划出具了《尽职调查报告》，载明报告期内资管计划下的信托贷款的保证人开某无对外担保情况，但实际上开某存在多笔未履行完毕的担保债务。金融机构的尽职调查不够审慎，未尽充分了解产品的义务，应承担相应赔偿责任。

代理点睛

一、本案实现的社会效果

1. 提升了公众的法律意识：通过案件的审理和宣传，公众对于资管产品的相关法律法规有了更加深入的了解，提高了投资者的法律意识和风险意识，可以监督资产管理公司是否按照合同约定的投资策略进行投资操作，风险管理方面是否存在疏忽和不足，能否及时调整投资策略以适应市场变化，保护投资者的合法权益。

2. 规范资管产品秩序：该案的处理对于维护资管产品的公平、公正和透明具有积极意义，有助于遏制市场中的不法行为，促进市场健康发展。为了避免类似纠纷的发生，投资者在选择资产管理公司时应进行充分的调查和评估，确保公司的信誉和专业能力符合自己的要求。

3. 保护了投资者的合法权益：案件的胜诉使得投资者的合法权益得到了有效维护，增强了投资者对于资管产品的信心。

二、本案实现的法律效果

1. 明确了法律责任：法院通过审理，明确了证券公司在本案中的法律责任，为类似案件的处理提供了有益的参考。

2. 完善了法律制度：该案的审理和判决有助于推动相关法律制度的完善，为投资者提供更加全面、有效的法律保障。

三、做到代理工作充分、清晰、得当

1. 代理意见充分：代理律师充分分析了案件的事实和法律依据，提出了有理有据的代理意见，为当事人争取了最大的合法权益。

2. 代理思路清晰：代理律师在代理过程中，始终保持清晰的思路，紧密围绕案件的核心问题展开论述，使得法院的审理更加顺畅。

3. 代理策略得当：代理律师根据案件的具体情况，制定了合适的代理策略，有效应对了对方的抗辩，为当事人赢得了有利的诉讼结果。

四、本案代理的意义和价值

1. 提高诉讼效率：清晰、有力的代理意见和代理思路有助于法院更加快速地理解案件的核心问题，从而提高诉讼效率。

2. 保障当事人权益：优秀的代理意见和代理思路能够最大限度地保障当事人的合法权益，使得当事人在诉讼过程中得到公正、公平的对待。

3. 推动法治进步：通过展示专业、精准的代理意见和代理思路，代理律师在维护当事人权益的同时，也为推动法治进步作出了贡献。

综上所述，本案在社会效果、法律效果等方面均取得了显著的成效。该案不仅为投资者提供了有力的法律保障，也促进了资管产品的健康发展，同时也展现了代理律师的专业素养和价值。

审判观点

法院认为：某证券有限责任公司作为专业的金融机构，在案涉资管计划的风险控制上应当尽到专业审慎的注意义务。一方面，某证券有限责任公司在运作和管理涉案资管产品的过程中并未充分履行勤勉的管理义务，存在诸多违约行为，包括：某证券有限责任公司为发起设立案涉资管计划，对该项目进行尽职调查并形成的《尽职调查报告》载明报告期内案涉信托贷款的保证人开某无对外担保情况，与环保公司财务报表所载“开某作为担保方，担保环保公司债务多笔，且绝大部分担保尚未履行完毕”显然不符，某证券有限责任公司的尽职调查不够审慎；关于某证券有限责任公司的信息披露义务，融资方于 2018 年 4 月公告调整了主体评级、新增诉讼、股东股份被冻结、公司被证监局采取行政监管措施等事项，某证券有限责任公司于 2019 年 5 月才将相关信息披露告知投资者，某证券有限责任公司对上述重大风险信息迟延披露已违反谨慎勤勉的信息披露义务；在环保公司及担保人多次发生影响偿债能力、担保能力的事件时，某证券有限责任未能及时控制相关风险，亦未立即采取包括要求提前解除合同收回贷款在内的各种积极有效的措施维护投资者的合法权益，违反了管理人应尽的谨慎勤勉管理义务，存在违约事实。另一方面，监管部门亦指出某证券有限责任公司在运作和管理案涉资管产品过程中存在销售不规范和内部控制不到位等问题。因此，法院判决某证券有限责任公司赔偿满某的损失。该案取得了良好的社会效果，上海市高级人民法院于 2022 年 10 月 11 日将该案列为金融资管案件审判白皮书中的典型案例。

案例编写人 北京市京师律师事务所 刘建忠

专家点评

刘凯湘　　北京大学法学院教授、博士生导师，中国法学会商法学研究会副会长

本案代理律师的专业服务水平较高，所提出的法律意见中肯，值得肯定。

第一，代理思路清晰。代理律师紧紧扣住金融机构的“适当性义务”这一核心问题，充分论证本案中被告作为涉案资管计划的管理人，违反了“适当性义务”，进而应当承担相关的法律责任。

第二，举证有极强的针对性。律师通过查明案件事实，举示出被告存在的诸如隐瞒融资人所持股票的受限与质押情形、担保人存在大量担保，隐瞒已经掌握的融资人资金流动性风险，未对融资人融资项目进行充分的尽职调查，尽调报告财务数据错误混乱等事实，足以证明被告在履职过程中未能尽到金融机构的适当性义务，存在明显的违约行为。

第三，律师不仅举证证明了被告在缔约过程中存在的瑕疵，还举证证明了被告在履行过程中存在的违约行为，如被告未能按照《资管合同》的约定跟踪项目进展情况、督促实际融资人偿还利息等，以此证明被告未能达到管理人的勤勉尽责标准，进而使得被告的抗辩不能为法院所采信。

相关法条

《中华人民共和国合同法》

第六十条[①] 当事人应当按照约定全面履行自己的义务。

当事人应当遵循诚实信用原则，根据合同的性质、目的和交易习惯履行通知、协助、保密等义务。

第一百零七条[②] 当事人一方不履行合同义务或者履行合同义务不符合约定的，应当承担继续履行、采取补救措施或者赔偿损失等违约责任。

第一百一十三条第一款[③] 当事人一方不履行合同义务或者履行合同义务不符合约定，给对方造成损失的，损失赔偿额应当相当于因违约所造成的损失，包括合同履行后可以获得的利益，但不得超过违反合同一方订立合同时预见到或者应当预见到的因违反合同可能造成的损失。

---

① 该法已失效，本条对应《民法典》第509条。
② 该法已失效，本条对应《民法典》第577条。
③ 该法已失效，本条对应《民法典》第584条。

《中华人民共和国证券投资基金法》

第九条第一款 基金管理人、基金托管人管理、运用基金财产，基金服务机构从事基金服务活动，应当恪尽职守，履行诚实信用、谨慎勤勉的义务。

《最高人民法院关于适用〈中华人民共和国民法典〉时间效力的若干规定》

第一条第二款 民法典施行前的法律事实引起的民事纠纷案件，适用当时的法律、司法解释的规定，但是法律、司法解释另有规定的除外。

7 张某磊诉丁某、马某等股东损害公司债权人利益责任纠纷案

——债权人对股东认缴出资享有期待利益是股东承担补充清偿责任的法理基础

案件索引

一审：江苏省苏州工业园区人民法院（2022）苏0591民初10465号（2022年11月23日）

二审：江苏省苏州市中级人民法院（2023）苏05民终3374号（2023年6月6日）

基本案情

2021年5月，原告张某磊因买卖合同纠纷起诉K公司，经江苏省苏州工业园区人民法院初审及江苏省苏州市中级人民法院终审，判决K公司应向原告返还货款58万元并承担所有诉讼费用。初审判决时间为2021年12月31日，终审判决时间为2022年5月17日。

判决生效后，K公司未在判决规定期限内履行还款义务，原告申请强制执行。因K公司无可供执行财产，江苏省苏州工业园区人民法院于2022年7月27日下达执行终本裁定。终本裁定书记载，在执行过程中，K公司未在财产报告令限定期限内进行财产申报；执行干警前往该公司住所地苏州工业园区某路某号实地调查，经上门走访未发现该公司存在经营迹象。

K公司成立于2013年，注册资本为3000万元，其中500万元于注册时完成实缴，另2500万元为认缴，认缴出资期限为2035年5月18日，出资方式为货币。但K公司三名股东于2021年11月10日提前完成了2500万元的认缴出资，出资方式为知识产权。

根据K公司的市场管理备案材料记载：

K公司原厂房位于苏州工业园区某路某号，面积为2948平方米，月租金为64856元。2021年11月19日，三股东通过股东会决议并修改公司章程，变更经营地址为苏州工业园区东某路43号某号楼4楼479室，年租金仅2500元。在企业信用信息系统内查询显示，至少还有另外四家公司以该地址作为经营地址。

K公司原法定代表人、执行董事、总经理为大股东丁某，2021年11月15日变更法定代表人、执行董事、总经理为孟某。

原告张某磊委托代理人向苏州工业园区人民法院提起诉讼，要求三名股东对K公司对原告所负债务承担清偿责任，并向法院申请保全了股东丁某名下的财产。

诉讼过程中，三股东提交了北京某资产评估事务所、会计师事务所出具的《资产评估报告书》《验资报告》以及《非专利技术转让协议》以证明其已在一审判决前履行了出资义务，不应对K公司的债务承担清偿责任。且K公司拥有三股东用以出资的非专利技术，评估价值为2500万元，原告应申请恢复执行而不是起诉股东要求股东清偿，请求法院驳回原告诉请。

根据《资产评估报告书》记载的评估流程，评估机构于2021年10月下旬接受委托，收集资料，在2021年11月上旬对委估资产进行清查核实，之后进行评定估算、分析验证，并通过三级审核形成评估报告。而该报告记载的出具时间为2021年10月30日。评估报告所记载的评估流程中无进行现场调查的记录。

核心争议焦点

1. 股东更改出资方式是否能够对抗形成在先的债权？

2. 股东提交专业机构出具的《资产评估报告书》《验资报告》以及《非专利技术转让协议》是否足以证明其已完成出资义务？

3. 当债权人提出股东存在虚假出资时，应由谁承担举证责任？

当事人各方观点及思维分析

一、一审阶段当事人各方观点及分析

一审中，原告方认为三被告在原告对K公司的债权形成之后转移公司资产，更改出资方式，且以虚假出资的方式逃避债务，损害了公司债权人的利益。诉请法院判决三被告连带对K公司对原告的债务在其原认缴出资范围内承担补充清偿责任。

三被告辩称：原告诉请无事实和法律依据，应予以驳回。理由如下：首先，其以知识产权出资合法有效，且已全部实缴到位。三被告用以出资的知识产权——非专利技术通过北京某资产评估事务所的资产评估和北京某会计师事务所验资，且已交付公司使用并且办理了相应的权利人变更，并由工商行政管理机关审核通过，应认定为合法有效的出资。其次，K公司召开股东会的时间早于原被告买卖合同纠纷裁判作出的时间，并无逃避债务之意。最后，本案不符合原告所称“虚假出资”情形，且“虚假出资”属于公司登记机关的行政管理事由，不属于民事案件的管辖范围。

二、二审阶段当事人各方观点及分析

被告在一审败诉后上诉认为：一审判决存在事实认定和法律适用错误，应将本案发回重审，或依法改判驳回一审原告的诉请。理由如下：

其一，评估机构拥有合法有效的评估资质，评估报告中存在的笔误系轻微内容瑕疵，不影响该报告的核心结论。一审据此否定评估报告的效力，实属错误；即便评估机构存在违规行为，也不能否定委托人的正当利益。

其二，三股东在一审结束后委托苏州某资产评估机构出具了专家意见书。专家意见认为，本案资产评估报告符合相关规定，评估结论未见明显错误。

其三，一审要求三股东申请对非专利技术的价值进行鉴定，加重了原审被告方的举证责任。

其四，三股东提前完成认缴出资，积极履行出资义务，充实了公司的责任财产，该行为应予以肯定，不应被认定为存在逃避债务的主观故意。

其五，因K公司合法拥有三股东用以出资的非专利技术，价值达2500万元，因此，K公司仍存在清偿能力，上诉人应当申请恢复执行，在执行程序中处理K公司的上述资产，三股东也无须承担补充清偿责任。

其六，一审判决可能影响股东以非货币出资的信心、公司登记制度，以及资产评估机构和会计师事务所的执业效果。

被上诉人（原审原告）辩称：在本案一审之后，撰写本案评估报告的评估机构因出具多份虚假评估报告，受到了北京市财政局的行政处罚。在执法检查中虽未抽检到本案涉及的评估报告，但行政处罚理由与原告所指出的本案评估报告中存在的违规之处完全一致，包括评估专业人员未对评估对象进行现场调查、评估方法选择不合理、用作参照物的交易实例选择不合理、部分资产评估值明显不合理等问题。这足以证明本案中的资产评估报告系该机构出具的虚假评估报告之一。

在资产评估报告效力存疑的情况下，三股东理应就其已履行出资义务承担举证责任。在张某磊与K公司之间的合同纠纷案件执行过程中，K公司未在财产报告令限定期限内进行财产申报，且没有证据可以证明上诉人所称的非专利技术存在市场价值。本案系股东通过虚假出资损害债权人利益，与K公司是否存在清偿能力无关，且事实上K公司未履行还款义务，执行过程中也无财产可供执行。故一审判决三股东对K公司债务承担补充清偿责任并无不当。

代理思路

笔者作为原告张某磊的代理人，通过梳理合同纠纷诉讼过程中的相关证据，查阅K公司的法人、高级管理人员及出资变更等材料，判断K公司股东确实采取了转移公司资产、虚假出资的方式以逃避债务。因此，主要提出了如下代理思路：

一、债权人对于股东认缴出资享有期待利益

股东认缴出资金额和出资方式作为公司的法定公示项目，使得交易对象在与公司交易时对其具有合理的期待利益，即交易对象有理由相信，在法定情形下，股东认缴出资应当作为公司的责任财产，用于履行公司的合同义务或偿还债务。对于该期待利益的保护，应追溯至债权人选择以该公司作为交易对象的时间点。若在交易过程中，或者因交易而产生债务之后，股东以不利于债权人利益实现，甚至损害债权人利益的方式修改出资方式、出资期限、出资金额等，应认定为其不能对抗形成在先的债权。否则，有违诚信原则，也不利于维护交易安全。

二、股东实施了转移公司资产等逃废债行为，损害了债权人的合法利益

K公司在2013年成立时即实缴出资500万元，经过近10年的经营，拥有近3000平方米的厂房和先进的制造设备及技术，系有关部门认定的高新技术企业，在行业内具有较高的知名度。在诉讼过程中，三股东作为K公司的实际控制人，通过转移公司资产等方式使公司停业，经营地址变更为挂靠地址，系公司股东滥用公司法人独立地位和股东有限责任，逃避债务，违反了《公司法》的相关规定。

三、资产评估报告存在众多错误和违规之处，为虚假出资

（一）评估流程存在重大错误

评估流程记载，评估机构在2021年11月上旬对委估资产进行清查核实，却在2021年10月30日即出具了评估报告。由此，说明评估机构在尚未对该6项非专利技术进行基本的权属调查的情况下即出具了评估报告，为虚假评估。

（二）未对非专利技术进行有效性评估

对三股东用于出资的6项非专利技术进行价值评估之前，需要对非专利技术进行有效性评估，即该等技术不能是现有已公开的技术，不能是公知常识，也不能是他人拥有专利权保护的技术，且能够产生经济效益，资产评估事务所显然缺乏这方面的专业资质及专业知识。《资产评估执业准则——资产评估程序》第16条规定："超出资产评估专业人员专业能力范畴的核查验证事项，资产评估机构应当委托或者要求委托人委托其他专业机构或者专家出具意见。"评估报告中并无评估机构对6项专利技术进行有效性评估的记载。

与原告代理人提交的、已经授权公开的几份发明专利及实用新型专利相比，该6项非专利技术明显缺乏新颖性和创造性，有2项非专利技术明显落入已授权专利的保护范围，侵犯了他人的合法权利。

（三）违反基本的评估准则

现场调查是《资产评估执业准则》所规定的八大基本程序之一。在评估报告所记载的时间点，K公司已经停止经营，该评估机构在未进行现场调查的前提下，仅用5天时间即出具价值高达2500万元的非专利技术评估报告，违背了基本的评估准则。

评估模拟数据的选取也十分随意，评估结论无任何参照依据，既未参照

同行业上市公司的财务指标，也未参照同类产品的利润率水平。评估目的为"增资扩股"，但评估出的价值却与三股东的认缴出资金额分毫不差，违反自然规律和日常生活经验。

（四）用于出资的非专利技术属于K公司资产

该6项技术与K公司日常业务高度相关，三股东均为K公司高管，原告有理由认为，该6项技术实际上系执行K公司任务或者主要是利用K公司的物质技术条件所完成的发明创造，属于职务发明，产权应归K公司所有，不能用于股东对公司的出资。

基于上述理由，原告有理由认为该出资为虚假出资，根据《最高人民法院关于适用〈中华人民共和国公司法〉若干问题的规定（三）》[以下简称《公司法司法解释（三）》]第20条的规定，三股东应当就其已履行了出资义务承担进一步的举证责任。

综上所述，原告张某磊对K公司的债权形成于2021年11月之前，三被告作为K公司的股东，对于该债权完全知情；而且明白若公司资产不足以偿还债务，股东将面临丧失认缴出资期限利益、承担补充清偿责任的风险。K公司的三名股东利用转移公司资产，在债权形成后更改出资方式，虚假出资等方式逃避债务，违反了2018年《公司法》的相关规定，应对公司债务承担连带或者补充清偿责任。

代理点睛

代理人首先提出，债权人对于公司股东的认缴出资享有期待利益。这种期待利益是公司不能偿还到期债务时，债权人向股东主张以其认缴出资偿还公司债务的法理基础。

代理人代理该案时，发现该案存在以下几个难点：

1. 缺乏直接证据证明股东转移了公司资产以逃避债务。

2. 三股东变更出资方式并完成出资系在一审判决作出前，且提供了《资产评估报告书》《验资证明》《非专利技术转让协议》等证据。

3. 针对诉讼过程中股东将认缴出资方式由货币改为知识产权，且在一审判决作出前完成出资的情形，各地法院裁判标准并不统一。有多地法院判决因股东已履行出资义务，无须对公司债务承担清偿责任。

4. 虽然6项非专利技术评估价值为2500万元存在较大的疑问，但由于非专利技术评估专业性强，且相关标准并不十分完善，如对于非专利技术的界定、有效性评估并无明确规定，采用收益现值法进行价值评估时对模拟收益数据的选取主观性较大。在无其他第三方机构的鉴定评估情况下，很难从技术本身出发对其进行实质性的否定。

代理人将本案重点放在说服法官相信被告在实质上具有逃避债务且实施了相关行为的主观恶意。

由此，代理人采取多层次的代理思路，首先通过举证证明K公司原先经营状况良好，而在2021年11月却成为一家空壳公司，证明股东存在转移公司资产以逃避执行的行为，主要目的是让法官在审理过程中形成股东恶意逃避债务的心证。再利用代理人本身具有的专利代理师资格的专业知识，通过检索并举证其他已经获得授权的专利技术，否定股东出资的6项非专利技术的有效性；并通过查找资产评估报告中的错误以及违规之处，将履行出资义务的举证责任转移给K公司的三名股东。

基于大量的证据以及充分的说理，法官采纳了代理人的意见，认为三名股东对在诉讼过程中更改出资方式不能作出合理解释，不符合债权人对于股东认缴出资的期待利益。评估报告存在重大错误，三股东不能证明已履行出资义务，且一系列的行为表明其存在逃避债务的主观恶意，从而判决三股东应对K公司债务承担补充清偿责任。

审判观点

一审法院判决认为：《公司法司法解释（三）》第20条规定，当事人之间对是否已履行出资义务发生争议，原告提供对股东履行出资义务产生合理怀疑证据的，被告股东应当就其已履行出资义务承担举证责任。《公司法》赋予股东用非货币财产出资，但非货币出资应依法评估作价并办理权属变更手续，否则认定未依法全面履行出资义务。

本案中，原告张某磊作为第三人K公司的债权人主张K公司的股东被告丁某、张某丽、马某未出资到位，依法应当由三被告承担已履行出资义务的举证责任，三被告应举证证明用以出资的非专利技术实际价值与公司章程所确定的价值相当。首先，第三人K公司经生效判决确认对原告张某磊负有债务，三名股东变更出资方式系在一审诉讼过程中，双方债权债务关系已发生，以货币方式出资符合债权人的期待利益，三名股东变更出资方式为非货币出资，降低了财产价值的流动性，债权人有权利要求三被告证明其变更后的出资方式与经营风险相匹配，公司偿债能力与原出资方式相当，且在生效判决作出后穷尽执行措施K公司已无财产可供执行，具备破产原因，三名股东存在出资加速到期的风险，其对在此前变更出资方式是否符合债权人的期待利益亦应负有合理说明与证明义务。其次，从评估价格的合理性来看，根据《资产评估报告书》评估流程的记载，评估机构在2021年11月上旬对委托评估资产进行清查核实与出具评估报告的时间2021年10月30日存在矛盾之处，对三被告作为出资的非专利技术评估价格存疑。最后，在评估报告内容存疑的情况下，经法院要求，三被告未提供资产评估公司联系方式以便质询，原告明确表示申请法院启动审计鉴督程序系合理要求，法院向被告释明后，三被告拒绝重新评估，未能就股东履行出资义务进一步履行举证义务以消除合理怀疑，应承担举证不利的后果。综上所述，在第三人K公司债务不能清偿的情况下，第三人K公司作出股东会决议，变更出资方式，以非货币财产案涉非专利技术出资，但对于其价值与货币出资价值相当不能提供充分证据予以证明，虽然三被告新增注册资本的出资期限尚未届满，但其行为已违反《公司法》第20条之规定，系滥用公司法人独立地位、股东有限责任，未依法全面履行出资义务，逃避债务，损害了债权人的合法利益，被告丁某、张某丽、马某应在应缴出资范围内对张某磊的债权就K公司不能清偿之部分承担补充清偿责任。

二审法院经审理后认为：二审被上诉人张某磊提交的行政处罚决定书等证据证明案涉评估、验资机构及相关人员存在相关造假情况，并受到行政处罚。一审判决认定事实清楚，适用法律正确，驳回上诉，维持原判。

案例编写人 上海申宜禾律师事务所 李海权

专家点评

肖胜方　　中华全国律师协会副会长、广东省律师行业党委副书记、广东省律师协会会长

本案中，原告因K公司未按生效判决履行义务而申请强制执行，但由于K公司无可供执行财产，法院作出终本裁定。代理人通过对案件事实的敏锐观察发现，K公司股东在诉讼期间转移公司资产并通过提前变更出资方式主张其不应对K公司债务承担清偿责任，实质目的是逃避债务。本案涉及合同法中买卖合同纠纷，公司法中法人人格否认、股东虚假出资及抽逃出资，专利法中专利技术评估等复杂问题。

在代理技术上，代理人通过对案件事实细节的挖掘、对案情时间节点的关注、对证据规则的准确运用、对多部门法的严密论证，将多层次的代理思路科学铺排，精准有效地将代理观点向合议庭展示，并被合议庭采纳。

总体而言，这是一个复合且复杂的民商事争议解决案件。代理人综合运用了合同法、公司法和专利法及其他部门法，并采取了合适的策略，达到了诉讼目的，取得了圆满的代理效果。

相关法条

《中华人民共和国公司法》

第二十条[①] 公司股东应当遵守法律、行政法规和公司章程，依法行使股东权利，不得滥用股东权利损害公司或者其他股东的利益；不得滥用公司法人独立地位和股东有限责任损害公司债权人的利益。

公司股东滥用股东权利给公司或者其他股东造成损失的，应当依法承担赔偿责任。

公司股东滥用公司法人独立地位和股东有限责任，逃避债务，严重损害公司债权人利益的，应当对公司债务承担连带责任。

《最高人民法院关于适用〈中华人民共和国公司法〉若干问题的规定（三）》

第九条 出资人以非货币财产出资，未依法评估作价，公司、其他股东或者公司债权人请求认定出资人未履行出资义务的，人民法院应当委托具有合法资格的评估机构对该财产评估作价。评估确定的价额显著低于公司章程所定价额的，人民法院应当认定出资人未依法全面履行出资义务。

第二十条 当事人之间对是否已履行出资义务发生争议，原告提供对股东履行出资义务产生合理怀疑证据的，被告股东应当就其已履行出资义务承担举证责任。

① 参见2023年修订的《公司法》第21条、第22条、第23条第1款。

8 某照明公司收购某光电公司涉及重大资产重组暨关联交易案

——A股市场中同一国资控制下上市公司控股权合并的国内首创探索

基本案情

某照明公司（A股上市公司）以现金方式收购集团公司（中国企业500强）及其所属控股企业持有的某光电公司（A股上市公司）股份，本次交易金额逾人民币15亿元，属于构成重大资产重组和关联交易的项目。2022年2月，交易各方完成了某光电公司的股份交割工作。

项目重组前，某照明公司持有某光电公司1014900股股份，占某光电公司总股本的0.16%；项目重组完成后，某照明公司及其全资子公司合计持有某光电公司132819895股股份，占某光电公司总股本的21.48%，某照明公司成为某光电公司的控股股东。

笔者团队作为某照明公司（国内领先的照明企业）重大资产重组暨关联交易项目的专项法律顾问，为本项目提供全程法律服务。笔者自2021年8月起接受委托，专门安排共6名律师及助理提供法律服务。2021年10月完成上报深交所，短短3个月完成对4家交易主体及2家交易标的企业（含7家下属控股子公司）的法律尽职调查工作、重大资产重组方案制订工作、3份资产收购协议拟定及签订工作、2份法律意见书及3份专项核查意见拟定工作等。2021年11月至12月，短短2个月完成本次重大资产重组涉及的经营者集中申报工作、深交所问询回复及补充法律意见书拟定等工作。2022年2月，协助某照明公司完成资产过户手续。

项目实施核心问题

一、是否适用非公开协议转让

本次交易的各方均为国家出资企业或国有控制企业，属于《上市公司国有股权监督管理办法》第29条第3款规定的情形，可以适用非公开协议转让，直接转让持有上市股份部分无须经过评估程序，交易定价为不低于提示性公告日前30个交易日的每日加权平均价格的算术平均值或最近一个会计年度上市公司经审计的每股净资产值二者之中的较高者；同时，购买标的资产的，持有另一标的资产上市公司某光电公司股份的某公司（国企）100%的股权，涉及《上市公司国有股权监督管理办法》第6章国有股东所持上市公司股份间接转让的相关规定，应当按照上述非公开协议转让的规定确定其所持上市公司股份的价值，上市公司股份价值确定的基准日应与国有股东资产评估的基准日一致，且与国有股东产权直接持有单位对该产权变动决策的日期相差不得超过一个月。

二、是否需要开展经营者集中申报工作

根据《反垄断法》《国务院关于经营者集中申报标准的规定》，本次交易需向国家市场监督管理总局申请进行经营者集中审查。经国家市场监督管理总局反垄断局审核认为，本次交易虽存在控股股东变更，但实际控制人未发生变更，不属于《反垄断法》第20条所规定的经营者集中情形，无须进行申报。

三、是否需要出具业绩承诺或签署补偿协议

《上市公司重大资产重组管理办法》第35条规定："采取收益现值法、假设开发法等基于未来收益预期的方法对拟购买资产进行评估或者估值并作为定价参考依据的，上市公司应当在重大资产重组实施完毕后三年内的年度报告中单独披露相关资产的实际盈利数与利润预测数的差异情况，并由会计师事务所对此出具专项审核意见；交易对方应当与上市公司就相关资产实际盈利数不足利润预测数的情况签订明确可行的补偿协议。"因本次交易涉及的标的资产为上市公司某光电公司的股票，各方中介机构最终确定以期权法的方式对某光电公司的股票价值进行估值，出具估值报告的评估方案。因为期权

法不属于收益现值法、假设开发法等基于未来收益预期的评估方法，故本次交易不属于上述规定中需要出具业绩承诺或签署补偿协议的情形。

代理思路

本项目时间短、任务重、要求高。在交易周期具有紧迫性的情况下，要求律师具有较高的专业水平和丰富的经验。笔者团队加强与委托方沟通，结合其需求化解交易设计中的难题，具体内容如下：

一、了解预设目标

本项目具有一定的时间紧迫性，鉴于本次交易各方均为国家出资企业或国有控制企业，某照明公司希望充分运用好上市公司国有股权方面的规定，在合法合规的情形下尽可能地加快进度，尽早完成收购。

二、确定办理思路

基于对预设目标的理解，笔者团队确定了如下办理思路：

1. 建立与委托方及项目其他中介机构（券商、会计师事务所、评估机构、财务顾问）的沟通联络机制，尤其是针对重大问题加强与券商之间的工作对接，加大研判力度。

2. 参与设计本次交易方案，并对交易方案进行合法、合规性分析，根据需要对交易方案和国资审批程序提供法律意见。

3. 本次交易涉及上市公司重大资产重组，作为收购方的某照明公司需要依据《上市公司重大资产重组管理办法》履行相应的程序；同时，被收购的标的资产某光电公司也是上市公司，收购方还需要根据《上市公司收购管理办法》的规定履行相应的信息披露程序。笔者作为代理律师，需对涉及上市公司重大资产重组事宜出具法律意见书，并就相关的信息披露程序提供法律意见。

4. 本次交易属于关联交易，就关联方的认定和关联交易的决策程序，需提供相应的法律意见。

5. 本次交易可能涉及经营者集中，需同步开展经营者集中申报工作并取得国家市场监督管理总局反垄断局的反馈意见。

三、设计交易方案

在确定办理思路后，为达到尽快完成收购的预设目标，需要重点解决交易方式的选择、经营者集中申报工作、是否需要出具业绩承诺或签署补偿协议等问题。笔者团队通过与委托方及券商多次沟通、开展法律研判等多种方式，设计交易方案、化解过程中的难点与风险点。

（一）选择非公开协议转让方式

如本次交易不能适用非公开协议转让方式，采取进场交易模式将会延长交易时间。经笔者团队分析并出具法律意见，认为依据《上市公司国有股权监督管理办法》第29条第3项的规定，本项目属于为实施国有资源整合或资产重组，在国有股东、潜在国有股东之间转让，可以适用非公开协议转让的方式。

（二）同步开展经营者集中申报工作

根据《反垄断法》《国务院关于经营者集中申报标准的规定》，本次交易需向国家市场监督管理总局申请进行经营者集中审查。如经审查认为需要申报的，也将延长本次交易的时间。笔者团队整合律所反垄断板块资源，同步开展经营者集中申报工作，经国家市场监督管理总局反垄断局审核认为，本次交易虽存在控股股东变更，但实际控制人未发生变更，不属于《反垄断法》第20条所规定的经营者集中情形，无须进行申报，并最终取得《经营者集中反垄断审查同意撤回申报通知书》，为尽早完成收购取得关键性突破。

（三）论证不予出具业绩承诺或签署补偿协议的合规性

本次交易是否需要出具业绩承诺或签署补偿协议是解决交易方案合规性的问题，避免因不予出具业绩承诺或签署补偿协议而承担违规风险。经笔者团队分析并出具法律意见，认为本次交易涉及的标的资产为上市公司某光电公司的股票，各方中介机构最终确定以期权法的方式对某光电公司的股票价值进行估值，出具估值报告的评估方案，而期权法不属于收益现值法、假设开发法等基于未来收益预期的评估方法，故本次交易不属于《上市公司重大资产重组管理办法》第35条规定中需要出具业绩承诺或签署补偿协议的情形。

四、加强沟通合作

除委托方外，本项目中的其他中介机构主要是证券公司、会计师事务所，笔者团队主动加强与委托方、中介机构的沟通，各方同步建立工作群，包括项目沟通群、尽调沟通群、中介沟通小群、经营者集中申报群、部门联络群等，同步资料、同步信息、实时沟通。此外，笔者团队与证券公司、会计师事务所同时驻场办公、同时到尽调对象处开展尽调工作，确立了紧密的协同沟通机制，能及时同步项目开展过程中发现和出现的问题、难题，并及时沟通、研判和解决问题，使项目得以在短时间内合法合规完成。

五、出具法律意见书

出具法律意见书是律师参与该类项目的重要工作之一。笔者团队基于对项目需求的了解、前期法律尽调情况、交易方案设计情况，为配合项目的推进，其间，分别针对交易方案和国资审批程序、关联方的认定和关联交易的决策程序、涉及上市公司重大资产重组等不同事项出具了法律意见书，为项目重点和难点问题提供了法律支持，助力委托方通过内部决策和外部审核。

实务建议

该项目经中国经济网、每日经济新闻、同花顺、东方财富网、新浪等多家媒体及公众号进行报道，广受行业关注。本项目获得了2022年《亚洲法律杂志》华南地区、华中地区并购交易大奖提名以及入选泰和泰律师事务所2022年度十大案例。

本案例属于同一国资控股企业的资产重组，底层标的资产为上市公司某光电公司的股份，属于A股上市公司收购A股上市公司的特殊案例，目前的A股市场未出现此类同一国资控制下的上市公司取得另一上市公司控股权的案例。另外，本次交易所采用的评估方法不同于上市公司重大资产重组通常采用的收益法，而是采用期权法对某光电公司的股份价值进行估值，由于未采用收益法进行资产评估，因此本次交易虽然是关联交易但不属于重大资产重组管理办法规定的必须进行业绩承诺的情形，该案例目前在深交所也属于首例，对今后相关案件的办理具有启示和借鉴意义。

本次交易涉及的标的资产涉及国有控股的有限公司股权（涉及国有股东所持上市公司股份间接转让）和上市公司股份（构成国有股东所持上市公司股份非公开协议转让），虽然二者适用的法律规定不同，但有限公司和上市公司的定价依据、协议文件、国资程序等皆有一定的区别，对律师的专业能力要求较高。建议日后经办该类项目的律师多加熟悉并掌握国有股东持有上市公司股份的转让规定，以及上市公司的监管法律法规要求等内容，以保证项目交易符合多层次监管的规定，确保项目合法合规。

案例编写人 泰和泰（广州）律师事务所 张 吕

专家点评

张双根　　北京大学法学院副教授、博士生导师

本案属于律师职业的非诉业务范畴，且从本案结果看，本案律师参与的交易设计无疑是成功的。但既然是优秀案例，那么在有限的经验交流文字内，读者尤其是同行所希望看到的，不仅是其辛苦付出，更希望看到其参与过程，尤其是如何化解交易设计中的难题。具体来说，客户最初预设的项目目标是什么、针对客户目标如何设计交易方案、方案设计中的难点与风险点又是如何一一予以克服、在方案设计与落实中律师团队所起的作用是什么、律师又是如何与客户以及其他专业团队合作等，均是本案所应呈现的亮点。唯有如此，本案才能展现出其“首案”的价值，才能为今后的同类业务发挥典范作用。

相关法条

《上市公司国有股权监督管理办法》

第二十九条　符合以下情形之一的，国有股东可以非公开协议转让上市公司股份：

（一）上市公司连续两年亏损并存在退市风险或严重财务危机，受让方提出重大资产重组计划及具体时间表的；

（二）企业主业处于关系国家安全、国民经济命脉的重要行业和关键领域，主要承担重大专项任务，对受让方有特殊要求的；

（三）为实施国有资源整合或资产重组，在国有股东、潜在国有股东（经本次国有资源整合或资产重组后成为上市公司国有股东的，以下统称国有股东）之间转让的；

（四）上市公司回购股份涉及国有股东所持股份的；

（五）国有股东因接受要约收购方式转让其所持上市公司股份的；

（六）国有股东因解散、破产、减资、被依法责令关闭等原因转让其所持上市公司股份的；

（七）国有股东以所持上市公司股份出资的。

《上市公司重大资产重组管理办法》

第三十五条 采取收益现值法、假设开发法等基于未来收益预期的方法对拟购买资产进行评估或者估值并作为定价参考依据的，上市公司应当在重大资产重组实施完毕后三年内的年度报告中单独披露相关资产的实际盈利数与利润预测数的差异情况，并由会计师事务所对此出具专项审核意见；交易对方应当与上市公司就相关资产实际盈利数不足利润预测数的情况签订明确可行的补偿协议。

预计本次重大资产重组将摊薄上市公司当年每股收益的，上市公司应当提出填补每股收益的具体措施，并将相关议案提交董事会和股东大会进行表决。负责落实该等具体措施的相关责任主体应当公开承诺，保证切实履行其义务和责任。

上市公司向控股股东、实际控制人或者其控制的关联人之外的特定对象购买资产且未导致控制权发生变更的，不适用前两款规定，上市公司与交易对方可以根据市场化原则，自主协商是否采取业绩补偿和每股收益填补措施及相关具体安排。

❾ Y公司诉L公司、D某公司解散纠纷案

——外方股东主体消亡情况下中外合作企业的司法解散途径

案件索引

一审：上海市第一中级人民法院（2020）沪01民初297号（2021年12月13日）

二审：上海市高级人民法院（2022）沪民终140号（2023年4月28日）

基本案情

新加坡ADW国际公司（以下简称ADW公司）于1992年9月在新加坡设立。1998年6月，ADW公司（甲方）与Y公司（乙方）签订《上海L化工有限公司合同书》，合作设立L公司，该合同约定："合作公司的经营范围是：生产和经营销售各种清洁剂、洗涤剂及中间体与附属设备；合作公司的生产规模为：年产值800万元人民币；合作公司的投资总额为50万美元；甲方提供5亩土地使用权作为合作条件，乙方以其50万美元的现汇作为使用条件；从合作公司开始营业之日起，乙方保证合作公司每年付给甲方利润5万元人民币，并每三年递增一次，递增幅度为5%，递增期限为20年，满20年不再递增。若合作公司的税后利润不足以支付上述款项或合作公司发生亏损，每年负责补偿给甲方上述款项收益。"

上海市人民政府于1998年颁发《中华人民共和国外商投资企业批准证书（以下简称《批准证书》）》，批准设立L公司，《批准证书》显示，L公司的投资者为Y公司及ADW公司，其中L公司以土地使用权作为出资，ADW公司以50万美元作为出资，经营期限为38年。

L公司的章程约定：L公司的董事会由四名董事组成，其中Y公司委派一名，ADW公司委派三名；另外，"合作公司出现下列情况之一时，经董事

会会议一致通过，并报原审批机构批准，可提前终止合作：（1）由于出现自然灾害等不可抗力因素，致使公司无法继续经营；（2）合作公司发生严重亏损，而且无法弥补；（3）合作未达到预期目的，同时又无发展前途，终止企业符合甲、乙双方最大利益时。”

L 公司自 2006 年 9 月召开董事会决议变更地址后，再未召开过董事会。L 公司在未召开董事会的情况下于 2014 年投资设立上海 ZY 有限公司。且自 2006 年起，L 公司未按《上海 L 化工有限公司合同书》的约定向 Y 公司支付利润，也未按《上海 L 化工有限公司合同书》约定的经营范围进行生产经营。

经查询，ADW 公司于 2011 年 12 月在新加坡被注销，注销前的独资企业主 / 合伙人仍为 D 某，D 某为中国国籍。基于此，Y 公司认为 L 公司已陷入公司僵局，向法院提起诉讼要求解散 L 公司。

一审法院认为：Y 公司提供的证据不能充分证明 L 公司的经营管理已发生严重困难，外方合作方被注销，亦不构成中外合作公司被依法解散的法定事由。各方可通过其他合法途径予以解决，故驳回 Y 公司诉请。Y 公司不服一审判决，提起上诉。二审认为 L 公司符合法律规定的公司解散条件，判决撤销一审判决，并判决解散 L 公司。

核心争议焦点

1. Y 公司是否有权请求解散 L 公司？
2. L 公司是否符合公司解散条件？

当事人各方观点及思维分析

Y 公司认为：中外合作企业作为一种特殊的企业形式，在 Y 公司作为中方合作者提供了土地使用权作为合作条件的情况下，作为合作一方有权请求解散 L 公司，不应受表决权的限制。L 公司作为一家中外合作企业，虽不设有股东会，但设立的董事会是此类公司的决策机构。L 公司的董事会期限届满后，因 ADW 公司注销无法再委派新董事，董事会无法再形成有效的决议，L 公司也势必陷入经营管理无法正常进行的状态。在此情况下，L 公司经营即陷入非常态模式，Y 公司作为投资人，其权益也陷入了长期无法行使的状态，L 公司继续存续会使 Y 公司利益遭受重大损失。

L公司与D某则主张：Y公司未达到法律规定的股东提起公司解散之诉的10%股权比例，无权提起诉讼。L公司董事会成员齐全、任职合法有效，三名外方董事的委派期限均为长期，L公司的董事会仍能正常运营。L公司四位董事中的三位董事均为外方委派，只要L公司召开董事会，就一定能形成有效的经营决策，永远不会陷入无法形成董事会决议的僵局状态。

代理思路

针对本案争议焦点，笔者作为Y公司的代理人提出以下代理意见：

首先，L公司是本案的适格原告。因为在中外合作经营企业中，中方通常以土地使用权、工业产权、非专利技术等作为合作条件，外方则以现金或实物投资，这种合作形式决定了通常不以出资比例和份额来确定合作各方的权利义务（包括表决权），因此，原告基于当时的《中外合作经营企业法》[①]及实施细则或合作经营企业合同、章程的规定而提起的解散公司之诉，不应受到表决权比例的限制。

其次，L公司符合公司解散的法定情形，理由是：

1. 中外合作企业的成立，是基于合作各方的意思表示一致，在合作一方已经注销的情况下，合作基础也一并丧失，即使第三人D某确为ADW公司的承继者，但也不能当然地自动递补成为L公司的另一方合作者或股东。

2. L公司的董事会作为企业的权力机构、决策机构已丧失了合法基础，从而也无法再依法正常运转：

（1）ADW公司于2006年9月对外方董事进行的最后一次委派的董事期限届满后，ADW公司再未委派新的董事，直至2011年ADW公司注销。L公司虽称所有董事在委派之初的任期是长期，不需要再另行委派，但除去L公司章程中本身对于董事的任期只有4年的明确约定，当时的《中外合作经营企业法实施细则》[②]第27条明确规定“董事或者委员的任期由合作企业章程规定；但是，每届任期不得超过3年。董事或者委员任期届满，委派方继续委派的，可以连任”。2018年《公司法》第45条也同样明确规定：“董事任期由

① 本法已废止。

② 该实施细则已废止。

公司章程规定，但每届任期不得超过三年。董事任期届满，连选可以连任。”[①] 因此，L 公司的董事的任期也不因所谓履历表格上填写了“长期”而当然地认定在董事任期届满后可以自动延长任期。

（2）外方股东 ADW 公司委派董事的行为本质是一种委托，委托合同因委托人死亡或终止而终止。因外方 ADW 公司已经被注销，也就是终止，即使 ADW 公司当时对三名董事的委托是长期的，该委托也已经在其注销时自动失效。故现阶段，ADW 公司原委派的董事已不具有董事资格。

因此，L 公司存在 2018 年《公司法》第 182 条[②] 及《最高人民法院关于适用〈中华人民共和国公司法〉若干问题的规定（二）》第 1 条所规定的公司解散的法定情形。

再次，虽然 L 公司一再强调 Y 公司的实际利益没有受到损失，但 Y 公司认为，股东利益不应仅限于实际利益，还应包括期待利益，此处的期待利益实际上就是股东投资公司所要追求的投资目的，或者是预期获得收益的目的。本案中，代表中方的 Y 公司愿意与 ADW 公司共同投资设立 L 公司，其目的在于通过公司经营获得相应投资收益，但在外方股东已然注销、L 公司的董事会长期缺失、董事会决议难以形成的情况下，合作公司经营处于一个不确定的状态，甚至难以继续，这直接影响 Y 公司作为股东投资目的的实现，符合继续存续会使股东利益受到重大损失的要件。

最后，2018 年《公司法》第 182 条规定的“通过其他途径不能解决”，其设立的目的系防止中小股东滥用公司司法解散制度，鼓励当事人通过其他非诉讼途径解决僵局，但不应将其理解为是公司解散的前置程序。该条设置的目的首先是寄希望于公司能够通过公司自治等方式解决股东、董事之间的僵局，从而改变公司瘫痪的状态，在性质上应当是一种引导当事人之间进行合意性解决僵局的尝试。因此，将用尽其他途径认定为前置程序，若未予履行则不能予以受理或者不支持解散公司的请求，此种理解违背了其本意与性质。且关于其他途径的范围，主要是指自力救济、行政管理、仲裁等司法外手段。但即使有诸多方法，也不可能要求公司解散请求人全部尝试，实践中也缺乏可操作性，要求证明其他途径已经用尽亦对请求人过分苛责，违背商事纠纷解决快捷高效、注重效率的原则。因此，法院对于穷尽其他途径的审查只是

① 参见 2023 年修订的《公司法》第 70 条第 1 款。

② 参见 2023 年修订的《公司法》第 231 条。

一种形式审查，并非要求对于公司僵局的处理必须以穷尽其他救济途径为前提。本案中，Y公司曾通过向市场监督管理部门、外资委等部门咨询的方式，希望能找到一条化解矛盾的道路，一审法院也曾组织调解，均未果。而且，作为以人合性为主要特征的中外合作形式的有限责任公司，在外方股东已经被注销，无法再委派董事的情况下，已经不可能再通过召开全体董事会表决的方式实现变更或注销L公司的组织架构。因此，Y公司已穷尽所有途径解决L公司的僵局，只能通过司法强制解散的方式解决L公司的僵局。

代理点睛

一、案件代理的亮点

（一）Y公司的原告主体资格

代理人认为，L公司作为中外合作企业，根据当时的《中外合作经营企业法》而成立，只设置了董事会，不设股东会，中方通常以土地使用权、工业产权、非专利技术等作为合作条件，外方则以现金或实物投资，这种合作形式决定了通常不以出资比例和份额来确定合作各方的权利义务（包括表决权），因此，Y公司作为中外合作经营企业的一方，基于合作经营企业合同、章程的规定而提起的解散公司之诉，法院应予受理，不受表决权比例的限制。即使要受表决权比例的限制，董事会作为L公司的决策机构，Y公司委派了一名董事进入L公司的董事会担任董事一职，Y公司在董事会中享有四分之一的表决权，属于《公司法》规定的持有公司全部股东表决权10%以上的股东，有权请求人民法院解散公司。

（二）L公司是否已经达到了《公司法》规定的“经营管理发生其他严重困难，公司继续存续会使股东利益受到重大损失”的法定解散情形

代理人从L公司的董事会因ADW公司被注销无法继续委派新董事、Y公司作为股东的利益受到的损失不仅包括实际损失，还应包括期待利益损失出发等角度论证了若L公司董事会真空将会对Y公司投资公司所要追求的预期利益产生重大影响。代理人同时提出《公司法》规定的“通过其他途径不能解决的”应仅限于形式审查，不能要求提出解散的一方对于公司僵局的处理必须以穷尽其他救济途径为前提。

二、案件代理的价值

L 公司系中外合作经营企业，依据《中外合作企业法》设立，其作为外商投资企业的一种特殊形式具有不同于一般公司的特性，其决策机构是董事会而非股东会，公司的重大决策均由董事会作出，而随着 2021 年 1 月 1 日《外商投资法》的实施，与之相配套的《外商投资法实施条例》第 44 条明确规定，《外商投资法》施行前依照《中外合资经营企业法》《外资企业法》《中外合作经营企业法》设立的外商投资企业，在《外商投资法》施行后 5 年内，可以依照《公司法》《合伙企业法》等法律的规定调整其组织形式、组织机构等，并依法办理变更登记，也可以继续保留原企业组织形式、组织机构等。自 2025 年 1 月 1 日起，对未依法调整组织形式、组织机构等，并办理变更登记的现有外商投资企业，市场监督管理部门不予办理其申请的其他登记事项，并将相关情形予以公示。代理人认为，在 2025 年 1 月 1 日到来前，将有一大批依据原《中外合资经营企业法》《外资企业法》《中外合作经营企业法》设立的外商投资企业面临办理变更登记手续，而在出现外方股东被注销、董事缺位，且投资者无法就变更达成新的协议的情况下，这类企业如何通过司法解散达到注销的目的，也将成为司法难点，这一判决能对该类案件作出明确的指引。

审判观点

上海市高级人民法院认为：本案系中外合作经营企业解散纠纷，本案中 ADW 公司系注册于新加坡的企业，故本案具有涉外因素。根据《涉外民事关系法律适用法》第 14 条第 1 款“法人及其分支机构的民事权利能力、民事行为能力、组织机构、股东权利义务等事项，适用登记地法律”之规定，L 公司为在中华人民共和国境内注册成立的法人，故以中华人民共和国法律作为本案的准据法。

L 公司系根据原《中外合作经营企业法》设立的中外合作经营企业，不设股东会，Y 公司作为合作条件提供的土地使用权亦未体现在工商登记的出资比例上。根据 L 公司章程规定，合作企业设董事会，董事会是合作企业的最高权力机构；董事会由四名董事组成，其中 Y 公司委派一名，ADW 公司委派三名；董事会会议应由三分之二以上董事或其代表出席方能举行，除公司章程修改、公司终止解散、注册资本增加转让及公司合并事项须经董事会一致通过外，其他事宜应由董事会与会董事三分之二及以上票数表决通过。可见，Y公司在董事会中享有四分之一的表决权，属于《公司法》规定的持有公司全部股东表决权10%以上的股东，有权请求人民法院解散公司。

《最高人民法院关于适用〈中华人民共和国公司法〉若干问题的规定（二）》第1条第1款规定："单独或者合计持有公司全部股东表决权百分之十以上的股东，以下列事由之一提起解散公司诉讼，并符合公司法第一百八十二条规定的，人民法院应予受理：……（四）经营管理发生其他严重困难，公司继续存续会使股东利益受到重大损失的情形。"判断公司是否陷入僵局、公司经营管理是否发生严重困难应从公司治理结构的运行现状进行综合分析。"公司经营管理发生严重困难"的侧重点在于公司管理方面存在严重内部障碍，如股东会或董事会机制失灵、无法就公司的经营管理进行决策等，不应片面理解为公司资金缺乏、严重亏损等经营性困难。

就本案而言，第一，L公司作为中外合作经营企业，以董事会为最高决策机构，L公司自2007年以来未召开过董事会议。第二，L公司的外方股东ADW公司已于2011年注销，即L公司的外方股东主体已消灭。D某抗辩称按照新加坡法律，ADW公司与D某是同一实体，因此，ADW公司的注销不影响D某作为L公司的股东存在。对此法院认为：D某提供的关于个人独资企业的新加坡法律即使属实，并不能由此认定新加坡的个人独资企业直至企业经营者死亡才解散，亦不能由此直接推导出作为股东的个人独资企业注销后其企业所有者当然地继受其股东地位。我国法律对非自然人的股东注销以后其权利义务继受人是否当然地承继其股东资格并无明确规定，L公司章程亦未对此作出规定，其权利义务继受人并未记载于股东名册或者登记为公司股东，并不能直接将其认定为公司股东。股东是公司存在的基础，L公司自2011年ADW公司被注销以来，已逾10年处于控股股东缺位的非正常状态。第三，L公司的董事会机制已失灵。虽然在L公司工商备案的董事登记事项表中显示，董事的任期为长期委派，股东与董事之间的委派关系本质上是委托关系，在ADW公司已注销的情况下，委托关系因委托人的消灭而终止。故L公司董事会长期处于董事缺位的状态，无法就公司的经营管理作出有效决议，即公司的决策机制已失灵。第四，L公司已长期处于控股股东缺位的非正常运营状态，体现公司自治的公司治理结构亦处于失灵状态，即使公司尚未处于亏损状况，也不能改变公司的经营管理已发生严重困难的事实。Y公司在L公司利润分配上体现为固定收益，但不能就此排除其他股东权利，在该公司所面临的现状下，L 公司继续存续会使 Y 公司股东利益受到重大损失。法院出于慎用司法手段强制解散公司的考虑，积极组织各方进行调解，但各方无法对通过其他途径解决纠纷达成一致。在此情况下，法院认为 L 公司符合法律规定的公司解散条件，对 Y 公司请求解散 L 公司的诉讼请求予以支持。

案例编写人 上海汉盛律师事务所 马嫄媛

专家点评

章恒筑 华东政法大学国际金融法律学院教授、中国法学会商法学研究会理事

二审法院判决解散中外合作企业 L 公司，具体考虑了以下因素：一是外方股东已经消亡，其委派的董事履职失去正当性基础。二是对《公司法》规定的提起解散公司申请的须是“持有公司全部股东表决权百分之十的股东”不应机械理解。在外方股东已经消亡且公司治理陷入僵局的情况下，中方股东申请公司解散，是作为公司实际上唯一股东应尽的责任。三是已经消亡的外方股东委派的董事不具有阻却公司解散的诉讼资格。四是涉案企业 L 公司系 1998 年批准成立的中外合作企业，《外商投资法》自 2021 年 1 月 1 日起施行，二审判决结合相关因素考量，判决解散 L 公司，不实质损害利益相关方的合法权益。二审法院对过渡期临近的外商投资企业组织机构和组织形式的变更所采依法“加速到期”的裁判思路，对类案具有借鉴价值。

相关法条

《最高人民法院关于适用〈中华人民共和国公司法〉若干问题的规定（二）》

第一条第一款 单独或者合计持有公司全部股东表决权百分之十以上的股东，以下列事由之一提起解散公司诉讼，并符合公司法第一百八十二条规定的，人民法院应予受理：

……

（四）经营管理发生其他严重困难，公司继续存续会使股东利益受到重大损失的情形。

⑩ A 银行诉 B 公司、C 公司等金融借款合同纠纷案

——应收账款质押及保证金质押的司法认定

案件索引

一审：四川省成都市中级人民法院（2021）川 01 民初 6763 号（2022 年 10 月 25 日）

二审：四川省高级人民法院（2023）川民终 40 号（2023 年 3 月 26 日）

基本案情

一、借款的事实

2019 年 12 月 2 日，A 银行（原告）与 B 公司（被告一）签订《综合授信合同》，主要约定：A 银行为 B 公司提供授信额度人民币 17000 万元；授信期限为 2019 年 12 月 3 日至 2020 年 12 月 2 日。

2020 年 11 月 27 日至 2020 年 12 月 1 日期间，A 银行与借款人 B 公司分三次签订了三份《流动资金贷款借款合同》，共计借款金额为人民币 14805 万元；借款期限为 6 个月，最晚一笔贷款至 2021 年 5 月 30 日到期；贷款利率为固定利率 5.7%；逾期利率为贷款利率上浮 50%；罚息利率为贷款利率上浮 100%；对不能按时支付的借款本金按照逾期利率计收逾期罚息，对不能按时支付的利息和逾期罚息，按逾期利率按月计收复利。在签订《流动资金贷款借款合同》后，A 银行向 B 公司共计发放贷款人民币 14805 万元。

二、抵押担保的事实

2019 年 12 月 3 日，A 银行与抵押人 C 公司（被告二）签订《最高额抵押

合同》，主要约定：主合同为前述《综合授信合同》；最高债权本金数额为人民币 17000 万元；被担保主债权的发生期间为 2019 年 12 月 3 日至 2020 年 12 月 2 日（皆含本日）；抵押物为位于天府新区某土地，权证号：川（2018）某市不动产权第 ××× 号，土地使用权面积为 87821.81 平方米。各方对上述抵押物办理了抵押登记，并于 2019 年 12 月 9 日取得上述抵押物抵押权登记的《不动产登记证明》。

三、应收账款质押担保及账户资金质押担保的事实

2019 年 12 月 3 日，A 银行与出质人 B 公司签订《应收账款最高额质押合同》，主要约定：主合同为前述《综合授信合同》；最高本金额为人民币 17000 万元；质押担保范围是从 2019 年 12 月 3 日至 2020 年 12 月 2 日内发生的所有主合同项下的债务；质押财产为出质人 B 公司与 D 集团公司（包括下属省分公司、地市州分公司）现在及未来签订的所有合同项下的全部应收账款。双方同时约定：出质人在 A 银行开立尾号为 6430 的应收账款质押贷款回款专用账户，专门用于归集债务人对出质人支付的应收账款，B 公司以该专用账户内的资金向 A 银行提供最高额质押担保，未经 A 银行同意，出质人无权使用该专用账户内的任何款项。各方之后办理了上述应收账款质押的登记手续。

2019 年 12 月 12 日，A 银行与出质人 B 公司签订《资金监管协议》，主要约定：B 公司在 A 银行成都分行营业部开立尾号为 6430 的监管账户；A 银行通过添加账户标识及网银落地监控方式，对账户进行控制；B 公司承诺，该监管账户为应收账款回款唯一账户，未经 A 银行书面同意，不变更回款账户等。

2019 年 12 月 11 日，B 公司与 A 银行共同向 D 集团公司四川分公司（被告五）发出《应收账款确认函》，告知应收账款质押事实，并请求 D 集团公司四川分公司将应收账款转入前述监管账户。D 集团公司四川分公司在《应收账款付款人 / 付款方确认回复》中确认 D 集团公司四川分公司将遵守《应收账款确认函》的全部内容，确认截至 2019 年 12 月 10 日的应付货款为 150929223.01 元并承诺按照确认函约定的收款账户向应收账款债权人支付款项。自此之后，D 集团公司四川分公司定期向 A 银行确认应付货款余额并确认将应付款项支付至上述指定账户。

2019 年 12 月 11 日，B 公司与 A 银行共同向 D 集团公司云南分公司（被

告六）发出《应收账款确认函》，告知应收账款质押事实，并要求D集团公司云南分公司将应收账款转入前述监管账户。D集团公司云南分公司在《应收账款付款人/付款方确认回复》中确认D集团公司云南分公司将遵守《应收账款确认函》的全部内容，确认截至2019年12月11日的应付货款为30592331.19元并承诺按照确认函约定的收款账户向应收账款债权人支付款项。自此之后，D集团公司云南分公司定期向A银行确认应付货款余额并将应付款项支付至上述指定账户。

2021年2月8日，D集团公司四川分公司再次向A银行出具《应收账款付款人/付款方确认回复》，确认截至2021年1月31日的应付货款为133766177.82元并承诺按照确认函约定的收款账户向应收账款债权人支付款项。

四、违约的事实

因上述贷款均已到期但被告B公司却一直未能偿还贷款，经催告后借款人仍未归还，担保人也未履行担保责任，故A银行向四川省成都市中级人民法院提起诉讼，要求法院判令：

1. 被告B公司向A银行偿还贷款本金、利息和罚息；

2. 请求判令确认A银行对C公司提供的抵押物享有抵押权，并有权对抵押物及地上建筑物依法变卖、拍卖并在最高额范围内优先受偿；

3. 请求判令确认A银行对与D集团公司及其下属子公司已签订的，以及未来签订的所有合同项下产生的应收账款享有质权，并有权要求D集团公司及其子公司在最高额范围内直接清偿给A银行；

4. 请求判令确认A银行对B公司开设的尾号为6430的应收账款回款账户享有质权，并有权在最高额范围内优先受偿。

核心争议焦点

1.A银行对案涉应收账款的质权是否已经有效设立，并有权就案涉应收账款优先受偿？

2.A银行对B公司开设应收账款回款账户是否享有质权？

3.A银行对案涉抵押土地上的建筑物是否一并享有抵押权？

当事人各方观点及思维分析

一、原告意见及理由分析

1. A 银行对案涉应收账款的质权已经有效设立，并有权就案涉应收账款优先受偿。

首先，A 银行和 B 公司签订了书面《最高额质押担保合同》，并办理了应收账款质押登记，案涉应收账款的质权已有效设立。

其次，办理质押登记之后，D 集团公司下属分公司多次定期向 A 银行书面确认了应收账款金额，并承诺按照确认函约定的收款账户向应收账款债权人支付款项。

故根据《最高人民法院关于适用〈中华人民共和国民法典〉有关担保制度的解释》(以下简称《担保制度解释》)第 61 条第 1 款的规定："以现有的应收账款出质，应收账款债务人向质权人确认应收账款的真实性后，又以应收账款不存在或者已经消灭为由主张不承担责任的，人民法院不予支持。"D 集团公司下属分公司在多次确认应收账款金额的基础上，该应收账款质权已经有效设立。

2. A 银行对 B 公司在 A 银行开设的应收账款回款账户享有质权，具体理由如下：

首先，A 银行和 B 公司就该质权签订了《最高额质押合同》。

其次，A 银行对质押账户及资金进行了实质性的控制和占有。

依据上述合同的约定，A 银行不仅在账户信息中进行了标注、设置了出款控制，依据 A 银行提供的《内部业务联系单》，A 银行也对案涉账户资金享有控制监管权，即 B 公司在满足《资金监管协议》约定的可以用款的情况下，操作出款也必须经过 A 银行的同意。据此，A 银行已经实际对账户形成了控制。

最后，基于 A 银行对 B 公司应收 D 集团公司及其各分公司应收账款的质押法律关系来看，A 银行也对应收账款回款账户内资金享有在应收账款质押项下的优先权。

基于第一部分的陈述，A 银行与 B 公司签订了《应收账款最高额质押合同》并办理了应收账款的质押登记手续，依据《担保制度解释》第 61 条第 4 款，对于应收账款的回款账户内的资金，A 银行也应享有优先权。

3. A银行对案涉抵押土地上的建筑物一并享有抵押权。理由如下：

依据A银行提交的关于抵押物的《房地产抵押估价报告》，证明在办理土地抵押登记时，抵押土地估价对象对应的建筑物面积合计24117.83平方米，建筑物的主体工程、砌体工程均已完工。

根据《民法典》第397条的规定，虽然在办理案涉土地抵押登记时，并未对土地上的建筑物办理抵押登记，但依据上述规定，A银行对土地上的建筑物一并享有抵押权。

二、被告意见

1. 原告在本案中主张的应收账款质权，并未依法成立。

被告提出，根据《民法典》和《应收账款质权登记办法》，以及各地法院的生效裁判，以应收账款出质需满足质押权标的物明确的特定前提条件。因此，应收账款质押合同及出质登记均需对应收账款的有关要素进行详细记载，包括金额、期限、支付方式、债务人的名称和地址、产生应收账款的基础合同、基础合同的履行程度等。但本案中，原告与B公司签订质押合同并进行质押登记时，并未明确应收账款的基础合同、基础合同的履行程度等。故案涉应收账款质权因标的物不明确，质权未依法成立，原告主张其对应收账款享有质权和优先受偿权的诉讼请求应当被驳回。

2. 即便质押合同成立，原告也并非就D集团公司四川分公司、云南分公司在《应收账款确认函》中回复的双方往来合同价款金额享有全部质权。

D集团公司云南分公司、四川分公司在询证函中回复的应付款金额并非案涉应收质押账款的最终欠付金额，而仅为各工程的合同暂列金额汇总。该部分案涉应收质押账款的最终金额应当为扣除工程款、劳务费等成本后剩下的最终“利润”金额，才能作为应收账款质押的金额。

3. D集团公司云南分公司提出，其对于B公司的应收账款已经被云南省嵩明县人民法院扣划，目前已经没有应收账款，进而该应收账款质押无效。

4. 原告对尾号6430的账户并不享有质权，也不享有优先权。

被告认为，该账户中的资金还存在其他第三方权利，如应付的农民工工资等，故原告对该账户资金不享有质权。

5. 被告C公司认为：由于A银行并未办理对抵押土地上建筑物的抵押权，故对于土地的抵押权，不能覆盖地上建筑物，A银行对地上建筑物没有优先权。

代理思路

本案争议较大，并涉及多个执行异议和执行异议之诉，作为 A 银行的代理人，律师在梳理《民法典》相关规定的基础上，进行了详细的案例检索，并在案例检索基础上归纳了相关类案认定的生效要素，并结合案件进行分析，具体代理思路如下：

一、关于应收账款质押效力

1. 依据《民法典》第 440 条以及《担保制度解释》第 61 条的规定，质权人可以现有的应收账款以及将有的应收账款进行出质，这为本案《最高额质押担保合同》中约定的以现有及将签订的合同项下应收账款质押提供了法律依据。

2. 上述应收账款质押同时办理了质押登记，满足《民法典》关于应收账款质押的生效要件。

3. 关于 A 银行、B 公司向 D 集团公司下属分公司定期进行应收账款余额的确认。《担保制度解释》第 61 条第 1 款规定："以现有的应收账款出质，应收账款债务人向质权人确认应收账款的真实性后，又以应收账款不存在或者已经消灭为由主张不承担责任的，人民法院不予支持。"据此，在 D 集团公司下属分公司定期进行应收账款余额确认的基础上，其在法庭上否认应收账款存在的抗辩不成立，该应收账款质押有效。

4. 针对关于 D 集团公司云南分公司提出的应收账款已经被法院另案扣划的问题。

基于前述分析，在 D 集团公司下属分公司已经对应收账款进行了确认，且 A 银行和 B 公司对应收账款已签订协议并办理登记的情况下，应收账款质押本身已经有效成立。

依据《最高人民法院关于人民法院执行工作若干问题的规定（试行）》第 31 条"人民法院对被执行人所有的其他人享有抵押权、质押权或留置权的财产，可以采取查封、扣押措施。财产拍卖、变卖后所得价款，应当在抵押权人、质押权人或留置权人优先受偿后，其余额部分用于清偿申请执行人的债权"之规定，即便 D 集团公司下属分公司的应收账款被法院扣划，但该扣划行为并不影响 A 银行对于该部分款项的应收账款优先权。

同时，经代理人与相关法院沟通，该部分扣划款项仍在法院账上，也即

D集团公司下属分公司提出的云南省嵩明县人民法院对于应收账款进行了扣划，反而证明了D集团公司下属分公司确实存在对于B公司的应收账款。在应收账款质押有效的情况下，即便进行了扣划，A银行也应对该应收账款享有优先权。

二、关于尾号6430账户质权

关于认定A银行对尾号6430的账户是否享有质权，存在两条认定思路：

1.《担保制度解释》第70条第1款规定，债务人或者第三人为担保债务的履行，设立专门的保证金账户并由债权人实际控制，债权人主张就账户内的款项优先受偿的，人民法院应予支持。

（1）账户质押的形式构成要件。依据查明的事实，A银行和B公司就该账户质权签订了《最高额质押合同》和《专项资金监管协议》，B公司向A银行提供了应收账款以及监管账户内的资金作为质押担保，同时，A银行与B公司在书面的《专项资金监管协议》中对账户资金的监管及使用方式进行了明确的约定，且在账户标记上，已经标注了对于账户出款的限制性措施，故A银行对于账户及资金的质权已经有效设立。

（2）账户质押的实质构成要件。A银行对质押账户及资金进行了实质性的控制和占有。

依据查明的事实，A银行不仅在账户信息中进行了标注、设置了出款控制，依据A银行提供的《内部业务联系单》，A银行也对案涉账户资金享有控制监管权，即B公司在满足《资金监管协议》约定的可以用款情况下，B公司也必须经过A银行同意后才能出款。据此，A银行已经实际对账户形成控制。

因此，依据《担保制度解释》第70条的规定，A银行对该账户的质权成立。

2.《担保制度解释》第61条第4款规定："以基础设施和公用事业项目收益权、提供服务或者劳务产生的债权以及其他将有的应收账款出质，当事人为应收账款设立特定账户，发生法定或者约定的质权实现事由时，质权人请求就该特定账户内的款项优先受偿的，人民法院应予支持；特定账户内的款项不足以清偿债务或者未设立特定账户，质权人请求折价或者拍卖、变卖项目收益权等将有的应收账款，并以所得的价款优先受偿的，人民法院依法予以支持。"

上述规定系对于担保物权物上代位性的规定，在应收账款质押的情况下，应收账款回款到指定账户后，该应收账款的形式就变更为账户内的货币资金；作为一种金钱债权，应收账款已经偿还的部分，实际上对应债权也即质押标的物的替代物或等价物。应收账款质押是担保物权的一种，其优先性也应及于应收账款的等价物或替代物。故应收账款的替代物本身也应作为应收账款质押的部分之一。

据此，我们认为，即便基于应收账款的质押法律关系，由于目前账户内的资金均为应收账款回收后的货币化表现，A 银行也应对于应收账款替代物即账户内的资金享有优先权。

三、关于 A 银行对抵押土地地上建筑物优先权

《民法典》第 397 条规定，以建筑物抵押的，该建筑物占用范围内的建设用地使用权一并抵押。以建设用地使用权抵押的，该土地上的建筑物一并抵押。抵押人未依据前款规定一并抵押的，未抵押的财产视为一并抵押。对此，代理人提交了关于抵押物的《房地产抵押估价报告》，证明在办理土地抵押登记时，抵押土地估价对象对应的建筑物面积合计 24117.83 平方米，建筑物的主体工程、砌体工程均已完工，且 C 公司和 B 公司均确认该工程不存在拖欠工程款情形和其他法定优先权。因此，A 银行对抵押土地及其地上建筑物均享有优先权。

代理点睛

司法实践中，应收账款质押和账户质权的效力问题，往往受多方面因素的影响，该等因素包括但不限于应收账款是否真实、应收账款债务人对应收账款债权人的单独清偿是否有效、质权人对账户质押的监管是否履行等。由此，有关应收账款质押和账户质押的案件，往往存在多方面的争议。

本案中，被告及应收账款债务人均提出了多方面的抗辩。但本案代理律师在基于对应收账款质押及账户质押生效要素的大量法律分析 / 案例检索的基础上，提炼最高人民法院关于该等生效要件的认定标准，并结合本案进行代理，最终取得案件的胜诉。故本案的胜诉在于对鉴定式案例分析的实践。

尤其是在 D 集团公司抗辩其应收账款已经被其他法院另案进行扣划的情况下，代理人仍然依据《最高人民法院关于人民法院执行工作若干问题的规

定（试行）》第40条规定并结合案例检索报告，主张应收账款本身的合法有效，进而为后续款项的追回提供了依据。

同时，对于账户质押的效力方面，代理人也在保证金质押的基础上，依据《担保制度解释》第61条第4款的规定，基于应收账款的回款账户，主张A银行对于该账户的优先权。

审判观点

一、关于应收账款质押的效力

A银行与B公司签订的两份《应收账款最高额质押合同》系双方当事人的真实意思表示，内容不违反法律或行政法规的强制性规定，应属有效。该质押也办理了出质登记。《担保制度解释》第61条第1款规定："以现有的应收账款出质，应收账款债务人向质权人确认应收账款的真实性后，又以应收账款不存在或者已经消灭为由主张不承担责任的，人民法院不予支持。"本案中，A银行向D集团公司四川分公司、云南分公司发出《应收账款确认函》，D集团公司四川分公司、云南分公司不止一次回函确认存在B公司对其享有的应收账款，故D集团公司四川分公司、云南分公司在本案诉讼中又提出以其确认的应收账款数额不准确及并非最终利润等为由的抗辩意见不能成立。A银行有权向B公司对于D集团公司四川分公司、云南分公司所享有的应收账款在应收账款质押登记载明的质押财产价值2亿元范围内主张优先受偿权。根据《应收账款最高额质押合同》及《专项资金监管协议》的约定，B公司对D集团公司云南分公司享有之财产收益被人民法院执行裁定书裁定扣划的事实并不影响A银行对B公司对于D集团公司云南分公司所拥有的应收账款依法享有质权。

二、关于账户质押

对于A银行要求对B公司在A银行成都分行营业部开立的尾号为6430的应收账款监管账户中的款项享有质权的诉讼请求，法院认为：根据《担保制度解释》第61条第4款"以基础设施和公用事业项目收益权、提供服务或者劳务产生的债权以及其他将有的应收账款出质，当事人为应收账款设立特定账户，发生法定或者约定的质权实现事由时，质权人请求就该特定账户内的款项优先受偿的，人民法院应予支持；特定账户内的款项不足以清偿债务或者未设立特定账户，质权人请求折价或者拍卖、变卖项目收益权等将有的应收账款，并以所得的价款优先受偿的，人民法院依法予以支持”之规定，从本案查明事实可知，案涉应收账款监管账户中款项的支取需要经过 B 公司的申请和 A 银行的审核，A 银行对该账户内资金实现了实质意义上的控制，故 A 银行对该账户内的款项依法享有质权。

三、关于对抵押土地的地上建筑物的权利

对于 A 银行主张 C 公司应当承担的抵押担保责任，法院认为：双方签订的《最高额抵押合同》系双方真实意思表示，不违反法律或行政法规的强制性规定，应属有效。抵押的土地使用权依法办理了抵押登记，抵押权已设立。因查明在抵押权设立时抵押土地上已有建筑物，故依据《民法典》第 397 条“以建筑物抵押的，该建筑物占用范围内的建设用地使用权一并抵押。以建设用地使用权抵押的，该土地上的建筑物一并抵押。抵押人未依据前款规定一并抵押的，未抵押的财产视为一并抵押”及《最高人民法院关于适用〈中华人民共和国民法典〉有关担保制度的解释》第 51 条“当事人仅以建设用地使用权抵押，债权人主张抵押权的效力及于土地上已有的建筑物以及正在建造的建筑物已完成部分的，人民法院应予支持”之规定，案涉抵押土地使用权抵押时，地上已有的建筑物及在建建筑物已完工部分应视为一并抵押。因此，A 银行对案涉土地使用权的抵押权及于抵押设立时地上已有的建筑物及在建建筑物已完工部分。

案例编写人 中豪（成都）律师事务所 柴 佳

专家点评

沈田丰　　中华全国律师协会常务理事兼金融专业委员会主任、杭州市律师协会会长

相较于原《物权法》,《民法典》最大的变化是将现有的应收账款扩张至将有的应收账款，极大地扩张了应收账款质押的范围。本案所涉《应收账款最高额质押合同》设计了两项质押：一项是现有的和将有的应收账款质押，另一项是应收账款专户质押。由此也衍生出本案主要争议的两个问题：案涉应收账款质押是否有效、债权人是否对专户享有质权。

应当看到，案涉质押合同系签订在《民法典》施行之前，当时对于保证金质押，是动产质押还是债权质押存在一定的争议。代理律师也坦言，在代理时，分别依据《担保制度解释》第70条、第61条第4款向法院提出了两种思路，法院最终采纳了后者，由此可见代理律师深厚的理论功底以及全面的办案思路。本案颇值得细细研究、反复学习。

相关法条

《中华人民共和国民法典》

第三百九十七条 以建筑物抵押的，该建筑物占用范围内的建设用地使用权一并抵押。以建设用地使用权抵押的，该土地上的建筑物一并抵押。

抵押人未依据前款规定一并抵押的，未抵押的财产视为一并抵押。

第四百四十条 债务人或者第三人有权处分的下列权利可以出质：

……

（六）现有的以及将有的应收账款；

（七）法律、行政法规规定可以出质的其他财产权利。

第四百四十五条第一款 以应收账款出质的，质权自办理出质登记时设立。

《最高人民法院关于适用〈中华人民共和国民法典〉有关担保制度的解释》

第六十一条 以现有的应收账款出质，应收账款债务人向质权人确认应收账款的真实性后，又以应收账款不存在或者已经消灭为由主张不承担责任的，人民法院不予支持。

以现有的应收账款出质，应收账款债务人未确认应收账款的真实性，质权人以应收账款债务人为被告，请求就应收账款优先受偿，能够举证证明办理出质登记时应收账款真实存在的，人民法院应予支持；质权人不能举证证明办理出质登记时应收账款真实存在，仅以已经办理出质登记为由，请求就应收账款优先受偿的，人民法院不予支持。

以现有的应收账款出质，应收账款债务人已经向应收账款债权人履行了债务，质权人请求应收账款债务人履行债务的，人民法院不予支持，但是应收账款债务人接到质权人要求向其履行的通知后，仍然向应收账款债权人履行的除外。

以基础设施和公用事业项目收益权、提供服务或者劳务产生的债权以及其他将有的应收账款出质，当事人为应收账款设立特定账户，发生法定或者约定的质权实现事由时，质权人请求就该特定账户内的款项优先受偿的，人民法院应予支持；特定账户内的款项不足以清偿债务或者未设立特定账户，质权人请求折价或者拍卖、变卖项目收益权等将有的应收账款，并以所得的价款优先受偿的，人民法院依法予以支持。

第七十条 债务人或者第三人为担保债务的履行，设立专门的保证金账户并由债权人实际控制，或者将其资金存入债权人设立的保证金账户，债权人主张就账户内的款项优先受偿的，人民法院应予支持。当事人以保证金账户内的款项浮动为由，主张实际控制该账户的债权人对账户内的款项不享有优先受偿权的，人民法院不予支持。

在银行账户下设立的保证金分户，参照前款规定处理。

当事人约定的保证金并非为担保债务的履行设立，或者不符合前两款规定的情形，债权人主张就保证金优先受偿的，人民法院不予支持，但是不影响当事人依照法律的规定或者按照当事人的约定主张权利。

⑪ 精功集团有限公司等九公司实质合并申请破产重整案

——创新上市公司控股股东重整样板，确保核心产业健康稳定发展

案件索引

浙江省绍兴市柯桥区人民法院（2019）浙0603破23号（2022年11月28日）

基本案情

一、企业基本情况

精功集团有限公司（以下简称精功集团）始创于1968年，总部位于浙江绍兴，控股参股的公司多达96家，其中上市公司有会稽山（601579.SH）、精功科技（002006.SZ）、轻纺城（600790.SH）等，产业基地分布于北京、上海、浙江、安徽、湖北、陕西、内蒙古等地，其中绍兴黄酒、钢结构建筑、装备制造、碳纤维等产业在国内同行业中均保持领先地位，曾连续多年入选中国企业500强、中国民营企业500强、中国企业集团竞争力500强、中国诚信民营企业100强。

二、破产审理及案件办理情况

精功集团因发生流动性危机，于2019年7月出现债券实质性违约。考虑到区域经济和上市公司的稳定，2019年9月17日，浙江省绍兴市柯桥区人民法院（以下简称柯桥法院）及时裁定受理精功集团等九公司破产重整申请，并依法指定浙江越光律师事务所担任管理人。

2019年11月6日，第一次债权人会议召开。会议共有149位债权人申

报债权514亿元，涉及金融借款、公司债券、融资租赁、定向融资工具等债权类型，相关债权结构复杂，遍布全国各地，对权益实现诉求存在较大差异。本次会议通过了《重整投资人招募方案》(以下简称《招募方案》)，为后续投资人招募工作奠定了坚实基础。

2020年8月14日，经听证，柯桥法院裁定精功集团等九公司合并重整。

本着“市场化、法治化”的原则，考虑到精功集团等九公司重整体量以及核心产业特点，柯桥法院指导管理人于2021年7月30日发布《重整预招募公告》，于2022年4月15日发布《重整投资人招募公告》，通过公开市场招募重整投资人。同时，管理人通过资本市场和债券市场的信息披露渠道同步披露重整投资人招募、谈判、遴选、确定等全过程。

2022年10月24日，管理人向柯桥法院提交重整计划（草案），该草案确定将核心资产实施出售式重整，设定“信托一”用于解决要约收购问题，设定“信托二”用于解决非核心资产剥离问题。方案确定了普通债权“现金10%+信托收益”的清偿方案，安排了“定向融资工具系列产品”债权特别清偿方案，并就信托财产管理、处置确定了具体规则。方案强化了重整方案落地执行机制，以公平为原则，就债权人、市场投资者、职工、小额融资工具持有人等各方主体权益进行了妥善安排。

2022年11月8日，精功集团等九公司第二次债权人会议召开，会议一次性审议通过了重整计划（草案）。2022年11月28日，根据管理人申请，柯桥法院裁定批准精功集团等九公司重整计划，终止精功集团等九公司重整程序。

2023年2月28日，重整资金全部到位。重整核心资产已全面完成交付，重整计划顺利执行。

案件经典性介绍及论证

一、以系统观念推动案件进展，精准把握重整思路，科学制订招募方案，衡平各方利益，确保核心产业健康稳定发展

（一）精准把握重整思路

精功集团等九公司控股参股企业96家，涉及产业众多，除绍兴黄酒、钢结构建筑、装备制造、碳纤维等四大产业在行业中具有领先地位外，通用航

空、汽车制造、融资租赁、文旅等产业也处于投资阶段。核心资产作为地方重点产业，提供1万多个就业岗位。只有确立重整思路才能找到解决问题的出路，为此，柯桥法院指导管理人对精功集团等九公司情况进行充分调研，全面掌握公司产业特点。同时，管理人通过征询债权人意见及广泛接洽意向投资人，了解意向投资人关切要点。本着“有利于债权人利益最大化、有利于吸引产业资本、有利于核心资产稳健发展”的原则，确立“核心资产整体重整，非核心资产分批分类多种方式处置”的重整思路。实践证明，重整思路的精准把握，能有效提升重整效率和成功率，确保核心产业健康稳定发展，众多关联企业职工就业稳定，实现重整价值最大化。

（二）科学制定招募方案

柯桥法院坚持“从全局谋划一域、以一域服务全局”的系统观念思维，指导管理人充分利用债权人会议及债权人委员会职能，制定并通过《重整投资人招募方案》《投资人遴选及招募公告》。招募文件以确保核心资产健康稳定发展为核心，着重从重整资金额度、付款效率、上市公司运营、控股股东稳定等方面予以科学细化。在重整投资人招募实践中，柯桥法院及管理人坚持以市场化为原则，利用府院联动机制，以破“产”招“商”，通过预招募、正式招募双重招募程序，借助资本市场和债券市场的信息披露平台开展重整招募，精准确定重整核心资产范围，成功招募重整投资人。

（三）衡平各方利益关注

重整是一项系统性工程，推进过程中要兼顾各方合理诉求，寻找各方利益平衡点。精功集团等九公司相关“定向融资工具系列产品”债券背后，涉及持有人1541人/家，遍及全国31个省份。因涉及家庭困苦人群，社会影响大，矛盾激烈。对此，柯桥法院指导管理人在征询主要债权人后，要求管理人在重整计划中充分说明，安排1亿元为100万元以下的小额持有人作出特别安排，使得86%的人群综合清偿率接近50%，远高于10%的普通债权清偿率。通过发挥破产重整协商优势，稳固重整案件外围环境，解决涉案群众疾苦，彰显破产法温度。

精功集团等九公司的重整历程，是践行共同富裕理念，高质量实现重整价值之路。通过人民法院、管理人的不懈努力，衡平各方利益，债权人会议一次性表决通过重整计划，实现债务人财产价值最大化，保障债权人利益；维持上市公司可持续发展，兼顾中小投资者利益；确保重整企业及下属企业稳定，保护职工利益；发挥重整协商优势，保障弱势群体基本利益。

二、守正创新，利用信托制度优势创新重整模式

精功集团等九公司重整案，通过设定两个破产重整服务信托，一举解决“要约收购”“资产剥离”“信托执行”三大难题，为涉上市公司破产重整提供问题解决样板。

（一）引入信托避免要约收购

根据《上市公司收购管理办法》第24条的规定，“通过证券交易所的证券交易，收购人持有一个上市公司的股份达到该公司已发行股份的30%时，继续增持股份的，应当采取要约方式进行，发出全面要约或者部分要约”。精功集团作为会稽山、精功科技两家上市公司持股比例在30%以上的控股股东，若将持有的全部上市公司股份转让给重整投资人，则会触发要约收购，一方面将增加重整投资人财务压力；另一方面，将加大重整不确定性，影响重整进展。因此，重整招募将会稽山、精功科技两家上市公司各29.99%的股份列入重整资产，而重整计划则将超过30%部分股份置入“破产重整服务信托一”中，相关方案获得了交易所及监管部门认可，并付诸实施。该做法创新利用了《信托法》《全国法院民商事审判工作会议纪要》所规定的“信托财产在信托存续期间独立于委托人、受托人、受益人各自的固有财产”这一“信托财产独立”制度优势，避免发生要约收购，提高重整成功率。

（二）利用信托实现非核心资产剥离

精功集团等九公司重整计划设定了“破产重整服务信托”，用于非核心资产剥离。该举措能有效提高重整程序运行效率，促进重整核心资产交易，避免偿债资产因快速变现而价值贬损。

（三）创新信托落地执行机制

精功集团等九公司重整计划设定了破产重整服务信托，为浙江省首例。为避免出现“非优质财产一脚踢，债权人清算利益无法实现”的疑虑，重整计划落实强化信托落地执行机制，确定信托财产处置主体仍为原管理人团队，细化明确信托财产具体处置方式，为后续信托收益分配奠定基础。同时，为实现破产便利化，充分保障债权人知情权，本次重整贴合浙江省绍兴市中级人民法院“企业破产一件事”改革，将信息化技术运用于破产审判，在《绍

兴市企业破产领域全流程数字协同暨“破产一件事”改革实施意见》的指引下，柯桥法院指导管理人将破产服务信托事项与“破产一件事”系统对接，将信托受益权登记、收益分配通知等原本线下烦琐事项统一在“破产一件事”系统内统筹解决，降低债权人破产程序成本。

三、坚持问题导向，关注上市公司交易规则与破产法的有效衔接，探索上市公司控股股东破产重整信息披露规则

（一）关注上市公司交易规则与破产重整制度衔接

就上市公司控股股东信息披露，国内各交易所未制定专门规则。直至2022年，《上海证券交易所上市公司自律监管指引第13号——破产重整等事项》《深圳证券交易所上市公司自律监管指引第14号——破产重整等事项》发布，提及上市公司控股股东发生破产事项，可能对上市公司股票及其衍生品种交易价格产生重大影响的，参照上述指引规定履行信息披露义务。在重整过程中，人民法院指导管理人积极与上交所、深交所保持沟通、协调，在各个重整关键节点，提前制订后续工作方案和工作计划，聘请财务顾问等专业机构协同与上交所、深交所就上市公司稳定、信息披露、工作方案和计划的合法合规等保持沟通，探索开创公开、全面、及时的上市公司控股股东信息披露典型。同时，作为上市公司控股股东的重整，与上市公司主体重整存在差异，管理人与交易所、监管部门就破产法、交易所规则及二者之间的衔接等多个维度开展了深入探讨和沟通，为后续进一步明确、细化上市公司控股股东之重整指导规则提供实践样本。

（二）坚持过程全公开

管理人始终秉持“应披尽披”原则，遵循上市公司信息披露和债券市场信息披露规则，践行沪深交易所发布的上市公司破产重整新规，探索上市公司控股股东信息披露规则内容。资产处置、合并重整、重整预招募、重整招募、重整投资人确定、签署重整投资协议、重整计划（草案）、债权人会议召开、债权人会议表决、人民法院裁定批准等关键节点均在上交所、深交所、上清所等交易平台上予以全面、及时公告，直接及间接实施信息披露210余次。

（三）坚持方案全公布

公开透明是最好的监督方式，也是最有效的沟通途径。为此，重整计划

草案在提交法院的同时，管理人立即通过上市公司无保留披露了重整计划草案全文，接受市场、股民及全社会监督，为资本市场首例。全面、及时披露，让中小投资者想得清楚、看得明白，确保了会稽山、精功科技公司运行稳定，股价平稳，进一步提升重整核心资产的价值，实现资本市场和企业重整的良性互动。

四、坚持平稳有效，探索大型民营企业破产管理人管理模式，做到既成就大重整，也实现“小重整”

（一）探索大型民营企业管理人管理模式

精功集团系绍兴地区大型民营企业，产业横跨多领域，通过股权架构控股、参股 96 家实体及经营企业，形成了错综复杂的体系网络。在充分研判的基础上，柯桥法院指导管理人制定债务人财产管理方案并提交债权人会议表决通过。方案根据精功集团等九公司投资特性，确定多项多层级管控机制。对于精功集团等九公司本级公司，管理人可以有效利用精功集团 OA 线上办公系统，增设管理人审批流程，实现全流程监督和管控。对于控股 / 参股的上市公司，管理人依照上市公司规则，参加 / 列席公司相关会议，积极掌握上市公司运营信息，及时、准确、完整地实施信息披露相应工作。重整期间，精功集团控股的会稽山、精功科技两家上市公司经营管理平稳有序，整体业绩持续向好，股价稳步上升；与此同时，对于精功集团等九公司的其他控股或参股公司，需要区分控制企业与非控制企业。若系控制企业，通过及时审计及评估，了解经营状况，固定财产范围，建立重整期间日常管控制度。人员方面，综合设定工资薪酬均线，高管依法限薪，实施人员变动报告审批制度。通过人员管理、财产管控两重管控措施，实现职工队伍稳定，财产不贬值、不流失，实现重整期间债务人及控制公司平稳运营。

（二）探索非核心产业分类高效处置模式

精功集团等九公司资产类目繁多、涉及行业特性多样，聚集着大量职工，妥善高效处置不仅关系着重整进程是否顺畅，更关系着债权人切实利益。因此，在积极推进核心资产重整同时，对于与债务人企业主营业务关联性不高的产业，管理人根据产业特点，及时甄别是否具有重整价值，对于成规模、有潜力、有效益的非核心产业，由管理人参照重整程序，以产业为单位，实施公开招募产业投资人，实现非核心产业重组剥离的“小重整”。精功集团等九公司项下的“碳纤维板块”“通航板块”“融资租赁板块”“专用汽车板块”“文化艺术板块”均以产业为单位实现“板块化重整”，优化了社会资源配置，高质量实现债务人资产价值。

精功集团等九公司合并重整案件，演绎了重整制度“财产管得住，职工稳得牢，投资人找得好，债权人认可度高”的具象要求。审理法院及管理人能够充分利用制度优势，探索解决破产法与证券法的衔接问题。坚持破产法公平原则，守牢“共同富裕”底色，目光长远，确保核心产业健康稳定发展，实现政治效果、法律效果与社会效果的统一，2023年两会期间，《中国新闻报》还对此作了专题报道。

审判观点

法院认为，根据《企业破产法》第86条的规定，各表决组均通过重整计划草案时，重整计划即为通过。经法院审查，精功集团等九公司管理人提交的《精功集团等九公司重整计划（草案）》内容完备，不违反法律、行政法规的强制性规定；重整计划草案的制定、提交和表决等程序均符合相关法律规定；重整计划草案已由各表决组表决通过。管理人请求法院裁定批准该重整计划符合法律规定。据此，人民法院裁定批准精功集团等九公司重整计划，并终止精功集团等九公司重整程序。

案例编写人 浙江越光律师事务所 张燮平 俞惠南

专家点评

张工　中华全国律师协会常务理事兼法律顾问专业委员会主任、江西省律师行业党委副书记、江西省律师协会会长

本案是大型民营企业重整的典型样板。受经济环境影响，作为控股参股公司多达96家、拥有3家上市企业的大型民营企业精功集团也产生了流动性危机。本案借助资本市场和债券市场的信息披露平台开展重整招募，精准确定重整核心资产范围，成功招募重整投资人，实现重整。在重整资产处置方面本案实现了核心资产“大重整”，与主营业务关联性不高但成规模、有潜力、有效益的非核心产业单独招募产业投资人的“小重整”。在重整计划的设计方面巧妙利用信托制度实现了上市公司交易规则与破产法的有效衔接，通过设定两个破产重整服务信托的模式，一举解决上市企业“要约收购”“资产剥离”“信托执行”三大难题，为涉上市公司破产重整提供了问题解决样板。

相关法条

《中华人民共和国企业破产法》

第七十条 债务人或者债权人可以依照本法规定，直接向人民法院申请对债务人进行重整。

债权人申请对债务人进行破产清算的，在人民法院受理破产申请后、宣告债务人破产前，债务人或者出资额占债务人注册资本十分之一以上的出资人，可以向人民法院申请重整。

第七十三条 在重整期间，经债务人申请，人民法院批准，债务人可以在管理人的监督下自行管理财产和营业事务。

有前款规定情形的，依照本法规定已接管债务人财产和营业事务的管理人应当向债务人移交财产和营业事务，本法规定的管理人的职权由债务人行使。

第七十四条 管理人负责管理财产和营业事务的，可以聘任债务人的经营管理人员负责营业事务。

第八十条 债务人自行管理财产和营业事务的，由债务人制作重整计划草案。

管理人负责管理财产和营业事务的，由管理人制作重整计划草案。

第八十六条 各表决组均通过重整计划草案时，重整计划即为通过。

自重整计划通过之日起十日内，债务人或者管理人应当向人民法院提出批准重整计划的申请。人民法院经审查认为符合本法规定的，应当自收到申请之日起三十日内裁定批准，终止重整程序，并予以公告。

《上市公司收购管理办法》

第四十七条 收购人通过协议方式在一个上市公司中拥有权益的股份达到或者超过该公司已发行股份的5%，但未超过30%的，按照本办法第二章的规定办理。

收购人拥有权益的股份达到该公司已发行股份的30%时，继续进行收购的，应当依法向该上市公司的股东发出全面要约或者部分要约。符合本办法第六章规定情形的，收购人可以免于发出要约。

收购人拟通过协议方式收购一个上市公司的股份超过30%的，超过30%的部分，应当改以要约方式进行；但符合本办法第六章规定情形的，收购人可以免于发出要约。符合前述规定情形的，收购人可以履行其收购协议；不符合前述规定情形的，在履行其收购协议前，应当发出全面要约。

12 郑某某诉吴某某、关某某等损害债务人利益赔偿纠纷案

——公司强制清算程序和破产清算程序中的法律适用及“债务人的有关人员”的认定

案件索引

一审： 广东省广州市荔湾区人民法院（2021）粤0103民初5490号（2022年7月25日）

二审： 广东省广州市中级人民法院（2022）粤01民终20357号（2023年4月21日）

基本案情

A公司成立于1994年1月12日，注册资本人民币800万元。其股东关某某，实缴出资550万元，持股占比68.75%；股东吴某某，实缴出资250万元，持股占比31.25%。

A公司提交的1999年度《年检报告书》记载：总资产6222万元，总负债6230万元；2000年度《年检报告书》记载：总资产6787.9万元，总负债6300.7万元，净资产487.2万元；2001年度《年检报告书》记载：总资产6316万元，总负债5629万元，净资产687万元，2001年12月31日的《资产负债表》载明货币资金为2万元，其他应收款为6314万元，流动资产合计6316万元。A公司章程载明吴某某为执行董事。

2006年12月15日，广州市工商行政管理局作出《行政处罚决定书》，由于A公司逾期未参加2005年年度检验，决定：吊销A公司营业执照，限在处罚决定书生效之日起15日内将营业执照缴回，当事人的债权债务由股东或发起人组织清算组清算。2007年1月29日，A公司被吊销营业执照。

2016年11月，广东某资产管理有限公司将其享有的对A公司的两笔本金分别为475万元和8661515.81元的债权转让给郑某某。广东省广州市中级人民法院于2017年4月25日裁定将申请执行人变更为郑某某。

郑某某以A公司不能清偿到期债务且明显缺乏清偿能力为由向广东省广州市中级人民法院申请对A公司进行破产清算。广东省广州市中级人民法院于2020年3月19日作出民事裁定书，裁定受理A公司的破产清算。

2020年5月20日，广东省广州市中级人民法院对郑某某向A公司管理人申报的债权作出民事裁定书，裁定确认郑某某享有总额为55098476元的债权。

2020年12月28日，因管理人在该破产案件中未接管到A公司的账册等资料，无法开展审计，经尽职调查也未查询到可接管的任何财产，而经广东省广州市中级人民法院裁定确认的债权金额为55098476元，A公司已资不抵债，符合《企业破产法》第120条第1款规定的宣告破产条件，故管理人申请裁定宣告A公司破产并终结破产程序，广东省广州市中级人民法院据此作出民事裁定：一、宣告A公司破产；二、终结A公司破产程序。

郑某某以追偿权纠纷为由起诉A公司原股东吴某某、关某某，要求吴某某、关某某对A公司在其破产案件中无法清偿的债务在2000万元范围内承担连带赔偿责任。

一审法院认为：本案是因债权人对人员下落不明或者财产状况不清的债务人申请破产清算的案件，系因债务人的有关人员不履行法定义务，其行为导致无法清算或者造成损失，债权人起诉请求不履行法定义务人承担相应民事责任而引起的纠纷，本案案由确定为追偿权纠纷并无不当。因此，故二被告提出本案案由不应确定为追偿权纠纷的抗辩，理由不能成立，法院不应予以采纳。

本案中，原告主张A公司的有关人员不配合清算的行为导致债务人财产状况不明，或者依法负有清算责任的人未依照《企业破产法》第7条第3款的规定及时履行破产申请义务，导致债务人主要财产、账册、重要文件等灭失，致使管理人无法执行清算职务，给债权人的利益造成了损失。因A公司逾期未参加2005年年度检验，经广州市工商行政管理局于2006年12月15日作出《行政处罚决定书》，决定：吊销A公司的营业执照，限在处罚决定书生效之日起15日内将营业执照缴回，当事人的债权债务由股东或发起人组织清算组清算，并在清算结束后30日内到登记机关办理注销登记手续。A公司于2007年1月29日被依法吊销营业执照。依《最高人民法院关于债权人对人员下落不明或者财产状况不清的债务人申请破产清算案件如何处理的批复》（以下简称《批复》），以及《全国法院民商事审判工作会议纪要》（以下简称《九民纪要》）第118条的规定，二被告作为A公司的清算义务人，在企业被依法吊销了营业执照后，违反法定义务，不仅怠于履行清算义务，且未依照《企业破产法》第7条第3款的规定及时履行破产申请义务，导致管理人未能接管到A公司的财产、账册、主要文件等资料，致使管理人无法执行清算职责，给原告的债权造成了损害，应依法承担相应的赔偿责任。由于二被告不配合清算导致A公司财产、账册、主要文件灭失，债权人请求二被告承担赔偿责任并赔偿因此获得的本属于A公司的破产财产。

依照《九民纪要》第118条第4款的规定，管理人在本案中未主张上述赔偿，原告可以代表全体债权人提起上述诉讼，并将因此获得的赔偿归入A公司财产。经法院审查，按A公司提交的1999年度《年检报告书》记载：总资产6222万元，总负债6230万元；2000年度《年检报告书》记载：总资产6787.9万元，总负债6300.7万元，净资产487.2万元；2001年度《年检报告书》记载：总资产6316万元，总负债5629万元，净资产总额为687万元。A公司提交了《2003年度企业年检登记表》，但工商档案中没有2003年度《年检报告书》的记录。此后，A公司未提交年检报告。二被告没有履行法定的清算义务，造成A公司的财产、账册、重要文件等灭失，而按现在可查的2001年度《年检报告书》显示：总资产6316万元，总负债5629万元，净资产总额为687万元。在该公司正常经营的情况下，在短期内导致资产全部亏空的可能性极低，而该公司的清算义务人未履行清算义务，存在《公司法》规定的公司股东滥用公司法人独立地位和股东有限责任的行为，严重损害公司债权人利益，二被告应共同承担赔偿责任，原告主张的赔偿额未超过合理的范围，一审法院依法予以准许。

综上所述，一审法院判决如下：一、被告吴某某、关某某于本判决发生法律效力之日起5日内，共同对A公司在广东省广州市中级人民法院（2020）粤01破74号案件中无法清偿的债务55098476元，在2000万元的范围内承担赔偿责任，该赔偿款归入A公司的财产；二、驳回原告郑某某的其他诉讼请求。

二审中，郑某某明确其为基于《企业破产法》的破产清算提起本案诉讼，双方当事人均表示本案案由为损害债务人利益赔偿纠纷，吴某某、关某某均表示无法提供A公司的账册等资料。关于吴某某、关某某在A公司的职务，吴某某确认自A公司成立以来其一直担任法定代表人。关某某表示其并非A公司的财务管理人员和其他经营管理人员，其只是挂名股东，并没有参与公司的经营管理。

核心争议焦点

1. 本案应认定为何案由？

2. 吴某某、关某某是否应当承担赔偿责任？

当事人各方观点及思维分析

一、原告郑某某的观点及思维

1. 吴某某、关某某应为A公司的清算义务人。根据2018年《公司法》第184条等法律的规定，吴某某、关某某作为债务人的股东，应为债务人的清算义务人，负有清算责任。

2. 吴某某、关某某确实存在“拖延清算、不及时申请破产”的双重过错，应该对财产账册的灭失承担责任。吴某某、关某某作为清算义务人，长期存在“拖延清算，怠于申请破产”的客观事实，导致A公司主要财产、账册等灭失，致使管理人无法履行清算义务，故吴某某、关某某应对财产账册的灭失承担责任。

3. 关于A公司在破产前已经灭失的财产价值。A公司提交的2001年度《年检报告书》记载，2001年年底的资产足以覆盖全部债务。郑某某调阅了A公司所有的工商登记档案，没有发现2002年之后的财务文件，因此，2001年度的《年检报告书》是评判和推定A公司财产状况的重要依据。吴某某、关某某作为清算义务人，本应通过清算对2001年年底的6316万元作出合理解释，但由于A公司的财产账册已经灭失，这意味着该6316万元的去向已无法查明。

4. 吴某某、关某某辩称，“A公司的资产在2003年、2004年被法院裁定中止执行时，已经全部亏损”，该主张没有事实依据且不合常理。

5. 郑某某主张赔偿2000万元是合理的、公允的。A公司于2001年年底的总资产6316万元，原本足以覆盖全部债务，该资产按照平均年通胀5%推算，约相当于今天的 1.8 亿元。郑某某请求吴某某、关某某赔偿 2000 万元已大幅度下调了赔偿金额。

综上所述，吴某某、关某某作为清算义务人，应该对 A 公司巨额资产的去向作出合理解释和说明，而不能以“账册灭失、无法清算”为由，轻易逃废债务。

二、被告关某某方观点及思维

（一）关某某的行为与 A 公司财产的“灭失”及郑某某所谓“损失”间没有因果关系

本案本质为侵权责任纠纷，一审法院未查明 A 公司 2007 年被吊销营业执照时是否拥有财产，财产的灭失及郑某某所谓“损失”与关某某是否存在因果关系。一审判决认为，按现在可查的 2001 年度《年检报告书》显示：A 公司总资产 6316 万元，总负债 5629 万元，净资产总额为 687 万元。在该公司正常经营的情况下，在短期内导致资产全部亏空的可能性极低，而该公司的清算义务人未履行清算义务，存在 2018 年《公司法》第 20 条规定的公司股东滥用公司法人独立地位和股东有限责任的行为，严重损害公司债权人利益，二被告应共同承担赔偿责任，原告主张的赔偿额未超过合理的范围，法院应依法予以准许。该部分论述与客观事实不符，具体如下：

1. 关某某对 A 公司的资产“灭失”没有责任

（1）至少在 2001 年，A 公司已处于非正常经营状态。

根据（2001）穗中法经初字第 708 号民事判决查明的事实，2001 年，A 公司就因逾期支付案涉贷款陷入诉累，已处于非正常经营状态。2003 年 9 月 19 日，A 公司被案涉债权的执行法院认定为“已停止经营、不存在也没有办公场所，也没有财产可供执行”。原审法院关于“A 公司正常经营”的认定不符合客观事实。

（2）没有任何证据证明关某某受让 A 公司股权时，A 公司拥有资产。

根据原审查明的事实，目前仅有 A 公司 2001 年度《年检报告书》显示：A 公司总资产 6316 万元，总负债 5629 万元，净资产总额为 687 万元。但关某某于 2004 年 3 月 4 日受让 A 公司股权，此时距离 2001 年已经过了 3 年。没有任何证据显示此时 A 公司还拥有上述资产。

（3）没有任何证据证明 A 公司被吊销营业执照时拥有资产。

A公司于2007年1月29日被吊销营业执照，《企业破产法》于2007年6月1日实施。即便本案关某某对A公司负有清算义务及破产申请义务，但该义务也仅限于A公司2007年被吊销营业执照后或《企业破产法》实施后。从2001年至2007年已有6年多，A公司所谓的资产（不良应收账款）的账龄已近10年甚至更久，早已应作坏账处理。原审法院关于"A公司短期内导致资产全部亏空的可能性极低"的认定不符合客观事实。

2. 案涉债权不能清偿与A公司未及时破产清算或账册等资料丢失无因果关系

郑某某提供的A公司1999年、2000年、2001年的《资产负债表》显示，A公司1999年至2001年间的资产持续均只有不良应收账款，并没有现金及实物资产。公司账面资产的多少与公司债权能否得到清偿没有必然关系。A公司的所谓"资产"均是账龄近10年的烂账，这种资产没有变现的价值，只能作坏账处理，不能用于清偿公司债务。

A公司于2003年9月19日、2004年7月6日即被（2002）穗中法执字第1535号及（2003）穗芳法民二执字第00190号执行裁定书认定为"已停止经营、不存在也没有办公场所，也没有财产可供执行"，并于同日被裁定中止执行，该状态已延续至当前。

3. 本案郑某某主张的2000万元损失无事实依据

（1）案涉债权尚有位于广州市白云区某处的抵押物未处置，在抵押物未评估、拍卖的情况下，郑某某本案主张其存在2000万元的损失无事实依据。

（2）郑某某不同于案涉债务的原始债权人，其受让本案债权金额对价为455290元。而郑某某已从案涉债权保证人吴某处受偿4107729.54元，其已不存在损失。

（3）郑某某受让案涉债权时知晓该债权作为不良资产存在诸多已揭示及潜在的瑕疵，并自愿承担所有风险造成的损失及不能获得相应预期利益的后果。案涉债权不能受偿系郑某某以超低价格购买"僵尸企业"的"陈年旧账"，寻求高额回报而产生的正常商业风险。

（二）本案仅适用《企业破产法》及其司法解释确定的各被告的侵权责任

广东省广州市中级人民法院对A公司进行的清算是破产清算，而非解散清算。根据《批复》第3款以及《九民纪要》第118条的规定，人民法院在审理债务人相关人员下落不明或者财产状况不清的破产案件时，应当充分贯彻债权人利益保护原则，避免债务人通过破产程序不当损害债权人利益，同时也要避免不当突破股东有限责任原则。人民法院在适用《批复》第3款的规定，判定债务人相关人员承担责任时，应当依照《企业破产法》的相关规定来确定相关主体的义务内容和责任范围，不得根据《最高人民法院关于适用〈中华人民共和国公司法〉若干问题的规定（二）》第18条第2款的规定来判定相关主体的责任。上述《批复》第3款规定的“其行为导致无法清算或者造成损失”，系指债务人的有关人员不配合清算的行为导致债务人财产状况不明，或者依法负有清算责任的人未依照《企业破产法》第7条第3款的规定及时履行破产申请义务，导致债务人主要财产、账册、重要文件等灭失，致使管理人无法执行清算职务，给债权人利益造成损害。本案应当依照《企业破产法》及其司法解释的相关规定来确定相关主体的义务内容和责任范围，不适用《公司法》相关规定。

1. 关某某不是A公司破产清算的“有关人员”（配合义务人），没有配合管理人清算的义务

《企业破产法》第15条第3款规定的配合管理人进行破产清算的有关人员是指企业的法定代表人，经人民法院决定，可以包括企业的财务管理人员和其他经营管理人员。关某某不属于上述人员范畴，不是破产清算的“有关人员”（配合义务人），也不存在《企业破产法》第128条规定的应当承担责任的情形。

2. 在之前的司法环境下，债务人申请破产更多是一项权利，而非义务

《企业破产法》于2007年6月1日实施，2008年全国破产案件一共2955件，广东省大概200多件。在当时的大环境下，除了政策性破产案件外，法院对其他破产案件一般不予立案。只有在近几年“僵尸企业”出清政策的压力下，人民法院才开始逐渐受理普通破产案件。在如此司法环境下，申请企业破产对债务人来说更多是一项权利，而非义务，不能因此而苛求公司股东承担怠于申请破产的责任。

代理思路

笔者系本案二审上诉人关某某的代理律师，根据一审原告郑某某的诉请及一审判决认定的事实和理由，梳理一审原告郑某某的请求权基础。一审原告的请求权基础必须满足三个条件：一是被告违反法定义务，存在侵权行为；

二是原告或第三人存在损失；三是被告的侵权行为与原告或第三人的损失存在因果关系。根据该三个条件，代理律师逐一论证分析一审判决存在的问题：一是案由定性错误，导致适用法律有误；二是认定被上诉人怠于履行清算义务及滥用公司人格的法律依据不足；三是一审原告郑某某的损失尚不确定；四是上诉人关某某的行为与一审原告郑某某的损失不存在因果关系。

代理点睛

案涉损害债务人利益赔偿纠纷为近年来常见的破产案件衍生诉讼。对于此类债权人诉股东承担破产程序中导致无法清算的责任纠纷，各地法院对于公司强制清算程序和破产清算程序的法律适用，以及股东是否属于《批复》第3款规定中的“债务人的有关人员”的范围，理解各不相同，从而导致裁判规则不统一。

笔者作为本案关某某的代理律师提出代理意见认为，在破产清算程序中，根据《批复》第3款的规定以及《九民纪要》第118条的规定，仅适用《企业破产法》及其司法解释的规定确定股东的侵权责任。又根据《企业破产法》第15条第3款的规定，配合管理人破产清算的有关人员是指“企业的法定代表人；经人民法院决定，可以包括企业的财务管理人员和其他经营管理人员”。本案中，仅有股东身份的关某某不属于上述人员范畴，不是破产清算的“有关人员”。该代理意见最终被二审法院采纳。

厘清公司强制清算程序和破产清算程序中有区别的法律适用问题，明晰对“股东是否属于《企业破产法》第15条和《批复》第3款规定中的‘债务人的有关人员’的裁判规则”的理解，有利于在司法实践中统一类案判决结果，统一法律适用，具有典型意义。

审判观点

郑某某明确其基于破产清算提起本案诉讼。关于被告关某某等作为股东是否违反破产清算义务，并应按上述规定承担赔偿责任，二审法院生效裁判分析如下：

第一，《批复》主要解决的是债权人对人员下落不明或者财产状况不清的债务人申请破产清算的案件，是否应当受理以及受理后如何审理的问题。因此，根据《批复》判定债务人的相关人员是否承担责任、承担何种责任，应当以《企业破产法》规定的相应义务是否履行为依据。结合《企业破产法》第15条的规定，《批复》第3款所指的“债务人的有关人员”系指债务人的法定代表人、财务管理人员和其他经营管理人员。《批复》第3款规定的“其行为导致无法清算或者造成损失”，系指债务人的有关人员不配合清算的行为导致债务人财产状况不明，或者依法负有清算责任的人未依照《企业破产法》第7条第3款的规定及时履行破产申请义务，导致债务人主要财产、账册、重要文件等灭失，致使管理人无法执行清算职务，给债权人利益造成损害。

第二，虽然关某某是A公司的股东，但郑某某并未举证证明关某某为A公司的财务管理人员或其他经营管理人员，关某某不属于《批复》第3款所指的“债务人的有关人员”范畴，故郑某某主张关某某应根据《批复》第3款承担责任的依据不足，法院不予采纳。郑某某主张关某某应承担公司清算义务，但是破产清算与公司解散后的清算有着不同的制度目标、适用条件和具体制度设计，在郑某某并未举证证明关某某属于A公司的经营管理人员的情况下，即使关某某具有股东身份，也尚不足以认定其负有保管A公司账册等资料以及配合破产清算的职责。一审法院在本案中适用《公司法》的相关规定认定关某某需要就不配合破产清算承担赔偿责任属于法律适用有误，二审法院予以纠正。

案例编写人 广东南方福瑞德律师事务所 宋志斌

专家点评

赵旭东 中国政法大学民商经济法学院教授、博士生导师，中国法学会商法学研究会会长

本案律师的代理意见有较高的专业水平，并且得到了法院的支持与肯定。

本案涉及的核心问题系没有参与经营管理的股东是否属于《企业破产法》第15条和《最高人民法院关于债权人对人员下落不明或者财产状况不清的债务人申请破产清算案件如何处理的批复》第3款规定中的“债务人的有关人员”。对此问题，司法实践中存在不同的理解。本案二审法院对股东与经营管理人员进行了区分，亦对《公司法》

的清算制度与《企业破产法》的破产清算制度进行了区分，该判决逻辑清晰，论证翔实。按照本案的裁判逻辑，在认定债务人的股东是否为《企业破产法》第15条规定的有关人员时，法院应当主要审理案涉股东是否参与公司的经营管理，而不是仅凭其股东身份就认定其为《企业破产法》第15条规定的有关人员，以上裁判规则可为类案提供借鉴与参考。

相关法条

《中华人民共和国企业破产法》

第七条第三款 企业法人已解散但未清算或者未清算完毕，资产不足以清偿债务的，依法负有清算责任的人应当向人民法院申请破产清算。

第一百二十六条 有义务列席债权人会议的债务人的有关人员，经人民法院传唤，无正当理由拒不列席债权人会议的，人民法院可以拘传，并依法处以罚款。债务人的有关人员违反本法规定，拒不陈述、回答，或者作虚假陈述、回答的，人民法院可以依法处以罚款。

第一百二十七条 债务人违反本法规定，拒不向人民法院提交或者提交不真实的财产状况说明、债务清册、债权清册、有关财务会计报告以及职工工资的支付情况和社会保险费用的缴纳情况的，人民法院可以对直接责任人员依法处以罚款。

债务人违反本法规定，拒不向管理人移交财产、印章和账簿、文书等资料的，或者伪造、销毁有关财产证据材料而使财产状况不明的，人民法院可以对直接责任人员依法处以罚款。

第一百二十八条 债务人有本法第三十一条、第三十二条、第三十三条规定的行为，损害债权人利益的，债务人的法定代表人和其他直接责任人员依法承担赔偿责任。

《中华人民共和国公司法》

第一百八十四条[①] 清算组在清算期间行使下列职权：

（一）清理公司财产，分别编制资产负债表和财产清单；

① 参见2023年修订的《公司法》第234条。

（二）通知、公告债权人；

（三）处理与清算有关的公司未了结的业务；

（四）清缴所欠税款以及清算过程中产生的税款；

（五）清理债权、债务；

（六）处理公司清偿债务后的剩余财产；

（七）代表公司参与民事诉讼活动。

《最高人民法院关于适用〈中华人民共和国公司法〉若干问题的规定（二）》

第十八条第二款 有限责任公司的股东、股份有限公司的董事和控股股东因怠于履行义务，导致公司主要财产、账册、重要文件等灭失，无法进行清算，债权人主张其对公司债务承担连带清偿责任的，人民法院应依法予以支持。

《广东省高级人民法院关于企业法人解散后的诉讼主体资格及其民事责任承担问题的指导意见》

第四条 下列组织或个人为企业法人的清算义务人：

（一）有限责任公司的股东；

（二）股份有限公司的控股股东；

……

《最高人民法院关于债权人对人员下落不明或者财产状况不清的债务人申请破产清算案件如何处理的批复》

债务人的有关人员不履行法定义务，人民法院可依据有关法律规定追究其相应法律责任；其行为导致无法清算或者造成损失，有关权利人起诉请求其承担相应民事责任的，人民法院应依法予以支持。

13 雅江县斯诺威矿业发展有限公司申请破产重整案

——“破产重整案”是否可以适用《企业破产法》第108条终结破产程序

案件索引

一审：四川省雅江县人民法院（2021）川3325破1号（2023年1月16日、2023年3月15日）

基本案情

雅江县斯诺威矿业发展有限公司（以下简称斯诺威公司）设立于2008年11月，经营范围为矿产品经营及销售。因斯诺威公司不能清偿到期债务且资产不足以清偿全部债务，四川省雅江县人民法院于2021年4月16日作出（2021）川3325破申1号民事裁定书，裁定受理申请人成都川商兴能股权投资基金中心（有限合伙）对被申请人斯诺威公司的破产清算申请，并于2021年4月16日作出（2021）川3325破1号决定书，指定四川达宽律师事务所担任管理人。

斯诺威公司的主要财产为四川省雅江县德扯弄巴锂矿、石英岩矿详查许可证（以下简称探矿权），将于2021年6月30日到期，依据《矿产资源勘查区块登记管理办法》第10条的规定，探矿权人应当在勘查许可证有效期届满的30日前，到登记管理机关办理延续登记手续，逾期不办理的，勘查许可证自行废止。若该探矿权无法得到有效延续（保留），债务人财产的价值可能将产生重大贬损。

留给斯诺威公司办理探矿权延续的时间仅剩44天，公司实际控制人涉嫌刑事犯罪，且斯诺威公司已无力提供自有资金完成探矿权延续的相关工作。

此时，斯诺威公司债权确认金额逾16亿元，在探矿权成功延续的前提下，斯诺威公司资产评估值亦不足10亿元。若斯诺威公司唯一的资产——探矿权无法延续，债权人可能将陷入清偿危机。为此，管理人积极组织召开案件推进会、与潜在投资人接洽，最终通过借款的方式筹措到延续探矿权的必要资金并面向全国选聘探矿权延续（或保留）、探矿权转采矿权服务机构，推进探矿权延续（或保留）工作，为后续清算转重整程序、招募重整投资人提供可能。

与一般企业不同，矿产资源类企业的价值具备较强的周期性特点，具体表现为其价值会在一定周期内产生剧烈的价值波动。斯诺威公司的主要矿产资源为氧化锂，本案受理破产清算申请之后，随着全世界新能源产业的快速发展，锂资源供应的相对短缺，锂价快速上涨，2022年锂矿价值已比案件受理之初增长10倍有余。因此，不难预见，破产清算受理时斯诺威公司资不抵债的情形可能会发生剧烈改变，甚至最终斯诺威公司主要资产的交易对价可能超过其原有债权总额。

在巨大的利益面前，资本角逐日渐激烈。成都兴能新材料股份有限公司（以下简称兴能公司）系斯诺威公司股东，持股比例为54.2857%，该公司已于2020年11月4日被四川省成都市中级人民法院裁定进入破产清算程序，并于2022年2月16日被四川省成都市中级人民法院宣告破产。随着锂矿市场争夺的白热化，为获取斯诺威公司的控股权，各资本方分别从参与兴能公司持有的斯诺威公司股权竞拍、参与斯诺威公司重整这两种路径展开激烈斗争。2022年5月，兴能公司持有的斯诺威公司股权被拍卖，因竞拍人悔拍而告终。

2022年8月，债权人协鑫新能源科技股份有限公司等四家公司向四川省雅江县人民法院申请对斯诺威公司破产重整，为充分听取各方意见，保护各债权人和相关利害关系人的合法权益，四川省雅江县人民法院召开了破产清算转重整听证会。基于锂矿产业对雅江县整体经济持续发展的重要性，2022年10月11日，四川省雅江县人民法院作出裁定，对斯诺威公司进行重整。

为尽快让斯诺威公司重启运营，管理人面向全国依法公开招募，最终遴选出具有强大实力的重整投资人——宁德时代新能源科技股份有限公司（以下简称宁德时代）。宁德时代作为重整投资人向斯诺威公司提供重整资金64亿余元，全额清偿各项费用和全部债务16亿余元，原有企业出资人可获得48亿元权益调整补偿金。

本案重整投资人招募前后，与重整投资人宁德时代竞争德扯弄巴锂矿的另外两家新能源巨头分别依据《企业破产法》第108条以向债务人斯诺威公司提供足额担保为由，向四川省雅江县人民法院提出了终结斯诺威公司破产程序的申请。四川省雅江县人民法院审理后认为：本案未出现终结重整程序的法定事由，不能适用《企业破产法》第108条之规定终结破产程序，未同意以上申请。

2023年1月16日，四川省雅江县人民法院依据《企业破产法》第86条第2款依法作出民事裁定书，裁定批准斯诺威公司重整计划并终止斯诺威公司重整程序。2023年3月15日，四川省雅江县人民法院根据管理人的申请裁定确认重整计划执行完毕，终结斯诺威公司破产程序。

核心争议焦点

重整案件中，第三人向债务人斯诺威公司提供足额担保，能否依据《企业破产法》第108条的规定终结破产程序？

当事人各方观点及思维分析

以潜在投资人为代表的第三人认为：《企业破产法》第108条的适用条件仅为破产宣告前这一时间段内，因此，无论在重整、和解还是清算中，只要满足在破产宣告以前的时间条件，第三人为债务人提供足额担保，法院均应裁定终结破产程序。

以重整投资人宁德时代为代表的另一方认为：《企业破产法》第78条、第79条第3款、第88条及第93条给出了明确的终结重整程序条件，而第108条规定在清算一章，仅适用于清算程序，不能直接适用于本案。

代理思路

管理人认为：《企业破产法》第108条不应适用于重整程序，原因具体分述如下：

一、《企业破产法》第108条仅适用于清算程序

《企业破产法》第108条规定在《企业破产法》第10章破产清算章节，旨在避免或消除债务人被宣告破产的风险，属于债务人被宣告破产的阻却事

由，为破产清算程序的特别规定，而非重整程序终止或终结的法定事由。重整程序终止或终结的法律依据较为明确，均规定在了《企业破产法》第 8 章重整章节中。具体而言，当人民法院裁定债务人进入重整程序后，当且仅当债务人出现《企业破产法》第 78 条、第 79 条第 3 款、第 88 条及第 93 条第 1 款规定的情形时，方可终止或终结重整程序。

二、不利于相关主体的利益保障

1. 对全体债权人而言，重整投资人已将本案重整资金全额支付至管理人账户，根据债务清偿方案，本案所有破产债权、破产费用、共益债务均可得到全额一次性现金清偿，债权人利益已有了全额、切实的保障。而担保方案仅是为债权提供担保，其实现需依赖担保人的实际履行能力，债权人可能面临无法受偿的风险。

2. 对原出资人而言，重整投资方案中原出资人可通过让渡股权的方式获得补偿，该补偿金额甚至已超过前次兴能公司股权拍卖中的对价，重整程序中原出资人的利益可在本案中获得高额保障。

三、重整投资方案更有利于斯诺威公司长远发展

1. 担保人提供担保后，斯诺威公司债权债务未得到彻底化解，债权人仍可就原有债权向斯诺威公司主张清偿。即便在担保人清偿债务的情况下，担保人仍有权利向斯诺威公司主张债权，其清偿行为仅发生了债权转移的效果。

2. 重整投资方案中，斯诺威公司原出资人将通过股权转让的方式退出公司经营，斯诺威公司此前因公司章程规定而出现的公司僵局问题将被化解，但在担保退出方案中，原出资人依然为公司股东并将受公司章程约束。

四、将造成资源浪费，增加未来不确定风险

本案历经破产清算、重整，现经投资人招募与遴选，已选定了重整投资人，重整投资人亦按照承诺全额支付了重整资金并签订了重整投资协议。如适用《企业破产法》第 108 条退出重整程序，将造成司法资源的巨大浪费。同时，因申请人提出的方案并非真正的债务化解方案，斯诺威公司将来仍存在二次破产的风险。同时，斯诺威重整程序已在社会上引起极大关注，如在引入重整投资人后再决定退出破产程序，亦可能引发社会对于破产程序严肃性的疑问。

五、此时终结程序与重整制度的内涵不符

重整制度的核心要义为企业拯救，企业拯救不仅体现在企业债务化解层面，更在于对企业经营的重整。在债权人利益已得到全额保护的情况下，本案应重点关注维护斯诺威公司的经营价值。本案中重整投资人制订了详细的公司重整经营方案，随着经营方案的落实，将有利于斯诺威公司的未来发展。同时，鉴于重整投资人亦就经营事项作出承诺，经营计划的落实更具备确定性。

代理点睛

斯诺威公司破产重整案中的64亿元重整资金一次性现金到位，创造了迄今为止国内重整单案一次性现金到位之最高纪录，亦创造了国内锂资源处置金额的全国最高纪录。该案以破产清算方式受理，基于探矿权之特殊属性，巧妙“解套”股东与债务人同时进入破产程序的连环案件，通过债务化解方案与出资人权益调整补偿方案同时进行，在全国公开遴选招募重整投资人的基础上，完成了招大引强的既定目标。

基于本案涉矿权企业的特殊性，恰逢锂资源处置价格处于高位，及时启动重整，用市场化方式检验债务人企业价值，亦不失为本案的成功之处。

该案重整计划的顺利实施达成了债务完全清偿、出资人利益平等保护、社会风险化解及促进地方经济发展的良好社会效果，实现了政治效果、法律效果与社会效果相统一。其成功经验，将为我国破产实务中处理涉矿企业破产、连环破产案件，提供了值得借鉴的范本。

审判观点

本案经管理人与法院充分沟通后，法院支持管理人的观点，认为本案未出现终结重整程序的法定事由，不能适用《企业破产法》第108条之规定终结破产程序，未同意第三人提供担保终结破产程序，继续推进斯诺威公司破产清算转重整案的审理工作，并依据《企业破产法》相关规定裁定：一、批准斯诺威公司重整计划；二、终止斯诺威公司重整程序。裁定书已发生法律效力。

案例编写人 四川达宽律师事务所 陈泽刚 赵伟慧

专家点评

王竹　　四川大学法学院教授、博士生导师，四川智慧社会智能治理重点实验室主任，四川大学市场经济法治研究所所长

本案是破产管理人通过破产清算转重整程序帮助涉矿企业脱困重生的典型案例。一方面，在破产清算阶段，管理人加强各方沟通协调，积极组织召开案件推进会、与潜在投资人接洽，保住了涉矿企业核心资产“探矿权”，并抓住锂资源处置价格处于高位的契机及时招大引强，为涉矿企业脱困重生提供可能；另一方面，在破产重整阶段，管理人发挥职能作用，针对《企业破产法》第108条是否能够适用重整程序的争议展开充分论证，相关观点最终得到了人民法院的支持，深入推进该案审理进度，有力保障了涉矿企业全体债权人的利益。本案审判结果实现了政治效果、法律效果与社会效果的统一，管理人积极作为，为其他破产管理人提供了可复制的范例。

相关法条

《中华人民共和国企业破产法》

第八十四条　人民法院应当自收到重整计划草案之日起三十日内召开债权人会议，对重整计划草案进行表决。

出席会议的同一表决组的债权人过半数同意重整计划草案，并且其所代表的债权额占该组债权总额的三分之二以上的，即为该组通过重整计划草案。

债务人或者管理人应当向债权人会议就重整计划草案作出说明，并回答询问。

第八十五条　债务人的出资人代表可以列席讨论重整计划草案的债权人会议。

重整计划草案涉及出资人权益调整事项的，应当设出资人组，对该事项进行表决。

第八十六条　各表决组均通过重整计划草案时，重整计划即为通过。

自重整计划通过之日起十日内，债务人或者管理人应当向人民法院提出批准重整计划的申请。人民法院经审查认为符合本法规定的，应当自收到申请之日起三十日内裁定批准，终止重整程序，并予以公告。

第一百零八条 破产宣告前，有下列情形之一的，人民法院应当裁定终结破产程序，并予以公告：

（一）第三人为债务人提供足额担保或者为债务人清偿全部到期债务的；

（二）债务人已清偿全部到期债务的。

⑭ 石化公司破产管理人诉金租公司请求撤销个别清偿行为纠纷案

——破产撤销权与商事交易安全冲突的解决规则

案件索引

一审：江苏省江阴市人民法院（2021）苏0281民初12445号（2022年3月2日）

基本案情

2018年12月11日，金租公司与石化公司签订《融资租赁合同》，约定租赁物为化工类机器设备（以下简称案涉租赁物），具体融资租赁方式为“售后回租”模式，即石化公司将合同项下案涉租赁物作价1亿元转让给金租公司，再由金租公司向石化公司出租前述案涉租赁物，租赁期限自2018年12月13日至2020年12月13日，租金共计1.06亿元，分8期等额支付租金，风险保证金为500万元并直接支付至金租公司专用账户。同日，双方签订前述融资租赁合同对应之《转让协议》，约定自金租公司向石化公司支付首笔转让价款之日，案涉租赁物所有权转移至金租公司。

2018年12月12日，金租公司就前述融资租赁合同关系向中国人民银行征信中心办理动产权属统一登记——融资租赁业务登记。同日，双方就案涉租赁物在全国市场监管动产抵押登记业务系统办理抵押登记，抵押权登记至金租公司名下。

前述手续完成后，石化公司按约支付了前4期租金，从第5期开始，石化公司未能按约支付。

2020年9月30日，双方签订《提前结束协议书》并遵照履行，以石化公司向金租公司一次性归还5400万元（其中500万元以风险保证金冲抵，实际支付4900万元）方式结清双方债权债务，同时石化公司取得案涉租赁物所有权。

2021年2月3日，江苏省江阴市人民法院裁定受理石化公司破产重整一案，并指定某律师事务所担任管理人。

2021年3月31日，管理人聘请的评估机构出具的评估报告载明：以破产受理日为评估基准日，案涉租赁物市场价值为1.1亿元，清算价值为4956万元。

2021年7月22日，管理人向金租公司出具《撤销通知》，要求金租公司退还石化公司已清偿的5400万元（其中4900万元为石化公司归还的款项，500万元系风险保证金）。

2021年9月，管理人向江苏省江阴市人民法院提起诉讼，要求撤销石化公司于2020年9月30日对金租公司个别清偿的5400万元。

核心争议焦点

1. 本案是否属于《企业破产法》规定的可撤销行为？

2. 石化公司的清偿行为是否属于偏颇性清偿？

3. 石化公司的清偿行为是否属于可撤销行为的法定除外情形？

4. 石化公司的清偿金额是4900万元还是5400万元？

当事人各方观点及思维分析

一、原告观点及理由

第一，2020年9月30日，石化公司向金租公司提前清偿了融资租赁剩余本息5400万元，而石化公司于2021年2月3日被人民法院裁定受理破产重整。因此，石化公司的清偿行为发生在破产受理前6个月内，此时石化公司已资不抵债明显缺乏清偿能力，具备破产原因，却依然对金租公司个别清偿债权，符合《企业破产法》第32条规定的可撤销情形，应当予以撤销。具体理由如下：

（一）清偿行为发生时，石化公司已具备破产原因

2019年11月22日，人民法院作出相关民事判决书，判决石化公司向

案外第三人支付货款及利息。2020 年 9 月 4 日，法院对该案立案强制执行。2021 年 3 月 3 日，法院出具执行裁定书，查明已受理石化公司破产重整一案，终结该案的本次执行程序。根据《最高人民法院关于适用〈中华人民共和国企业破产法〉若干问题的规定（一）》第 1 条及第 4 条规定，债务人不能清偿到期债务，且资产不足以清偿全部债务或者明显缺乏清偿能力的，应认定具备破产原因，同时规定，“经人民法院强制执行，无法清偿债务”属于明显缺乏清偿能力的情形。据此，石化公司在其他案件的执行过程中未发现可供执行的财产，应当认定其在 2020 年 9 月初就已具备破产原因。

（二）清偿行为并没有使石化公司受益

个别清偿是否使得债务人财产受益，应当看最终事实，而不应仅关注评估及财务数据。本案中，如将金租公司的最终实际受偿金额代入石化公司破产重整程序之中测算，则并不能达到全额清偿的状态；相反，如果能达到全额清偿状态的，那么是否行使撤销权对于金租公司行使实际权利不构成任何影响。正因为金租公司自身也清楚，如果通过破产重整程序，其全额清偿的可能性较小，所以才提出根据法律规定的别除权，并通过提前清偿的方式全额受偿。因此，该清偿行为仅对金租公司有利，而并没有使石化公司受益，也不属于破产撤销权行使的法定除外情形。

二、被告观点及理由

第一，原告依据《企业破产法》第 32 条行使破产撤销权，但该条文所规定的偏颇性清偿需满足三个构成要件：（1）清偿行为需发生在破产申请受理前 6 个月内；（2）清偿时债务人已经出现破产原因；（3）清偿行为未使债务人财产受益。本案所涉的清偿行为，虽然发生在破产受理前 6 个月内，但并不符合其他两个要件，不属于可撤销的个别清偿行为，具体理由如下：

（一）无法证明清偿行为发生时石化公司具备破产原因

清偿行为发生于 2020 年 9 月，而石化公司与案外第三人执行裁定书的出具时间为 2021 年 3 月 3 日。因此，无法证明石化公司清偿时属于“明显缺乏清偿能力”的情形。另外，根据石化公司提供的资产负债表（2020 年 3 月）显示，其所有者权益近数十亿元，无法推测出其 6 个月后就已具备破产原因。因此，清偿行为发生时石化公司并不具备破产原因。

（二）石化公司的清偿行为实际使其受益

第一，案涉租赁物系石化公司继续生产的关键设备，在其清偿本案债权后，金租公司就释放了案涉租赁物的完整所有权，使得石化公司可以继续营业，维持企业重整价值，因此其支付行为是为了维持企业正常生产经营所作的必要清偿。反之，如果金租公司当时解除合同、取回租赁物，导致的后果将是石化公司立即停产停业，从而进一步损害破产重整程序中其他债权人的利益。同时，结合评估报告数据，清偿行为发生时，石化公司取回案涉租赁物的价值也远超石化公司清偿的对价款。因此，石化公司的清偿行为并非单纯的、纯负担式的承担义务行为，其获得了超出清偿对价的溢价收益，使债务人财产、全体债权人均因此受益。

第二，本案符合《最高人民法院关于适用〈中华人民共和国企业破产法〉若干问题的规定（二）》第14条规定的可撤销行为法定除外情形，该条规定："债务人对以自有财产设定担保物权的债权进行的个别清偿，管理人依据企业破产法第三十二条的规定请求撤销的，人民法院不予支持。但是，债务清偿时担保财产的价值低于债权额的除外。"本案中，金租公司与石化公司之间构成售后回租型融资租赁法律关系，在石化公司未付全部租金及其他费用之前，金租公司享有案涉租赁物的所有权，同时，金租公司还在案涉租赁物上设立抵押权，并予以公告。因此，不论是从所有权、抵押权抑或从《最高人民法院关于适用〈中华人民共和国民法典〉有关担保制度的解释》关于具有担保功能的合同的规定等角度阐释，该清偿行为均符合《最高人民法院关于适用〈中华人民共和国企业破产法〉若干问题的规定（二）》第14条规定的法定除外情形，不应当被撤销。

第三，石化公司已支付的500万元系风险保证金，不属于可撤销范围。该500万元可获得优先清偿是因为其系基于金租公司实际控制并具有担保功能的保证金，系为保障石化公司全面履行合同义务所设，金租公司对此本就享有优先受偿权，与4900万元对应案涉租赁物优先受偿的范围和依据并不相同，因此不属于可撤销范围。

代理思路

作为本案被告金租公司的代理人，笔者认为，本案核心要点系对《企业破产法》第 32 条以及相关司法解释关于破产撤销权行使及其限制的理解与适用，由此可以进一步引申为对于受破产撤销权规制的偏颇性清偿的定义及例外情形。因此，笔者从以下多方面进行综合考量，提出代理思路：

一、偏颇性清偿的构成要件

根据《企业破产法》第 32 条之规定，偏颇性清偿的构成要件为：一是债务人在法院裁定受理破产申请前 6 个月内清偿债务；二是清偿时债务人具备破产原因；三是清偿债务使债务人财产受损。虽然石化公司的清偿行为发生在人民法院受理破产申请之前 6 个月内，符合第一个要件，但其他两个要件是否符合存在辩驳空间：

（一）清偿行为发生时是否具备破产原因

虽然原告出具了石化公司与案外人相关执行案件的裁定书等资料，但无论从法律文书的形成时间还是内容来看，均无法证明其主张。同时，笔者亦通过石化公司 2020 年 3 月的资产负债表否认其在清偿行为发生时（2020 年 9 月）具备破产原因。

（二）清偿行为是否使石化公司受损

首先，笔者以石化公司的企业性质及主营业务为切入点进行论证：本案中，金租公司与石化公司构成融资租赁合同关系，金租公司享有案涉租赁物的所有权。根据《民法典》第 752 条及相关司法解释的规定，如石化公司未按约定支付租金的，要么提前支付全部租金，要么丧失租赁物的利用权，二者只能取其一。因此，如金租公司不选择主张租金加速到期，而选择解除合同、取回租赁物，案涉租赁物将由金租公司取回。此时，石化公司将丧失对于案涉租赁物的利用权。而案涉租赁物系石化公司主营业务开展的关键设备，属于核心资产，石化公司清偿债务既取得上述资产的所有权和利用权，又以设备所有权人身份正常使用案涉设备，产生了经营收益，其财产并未受损。

其次，笔者以案涉租赁物的评估值与清偿对价的对比为切入点进行论证：由于石化公司已进入破产重整程序，原告本应以聘请第三方评估机构的方式对案涉租赁物价值进行评估，评估其清算价值、市场价值，但考虑到破产受理后，石化公司停产停业、设备停机等因素在清偿行为发生时双方并不能预见，因此，应当以市场价值而非清算价值作为取值对象，并与清偿对价进行比较，而根据评估报告，案涉租赁物市场价值远高于石化公司的清偿对价。

最后，笔者还从《提前结束协议书》约定的利息减免、利益让渡以及使其他债权人受益等方面进行论证。

综合上述因素，本案中石化公司清偿的同时，金租公司让渡了案涉融资租赁物的所有权和利用权，属于“同时交易”行为，而不是对原已成立的债务单方面的偏袒性受偿，也完全符合“使债务人财产受益”的个别清偿不应撤销的除外情况。

（三）偏颇性清偿的例外情形

根据《最高人民法院关于适用〈中华人民共和国企业破产法〉若干问题的规定（二）》第14条的规定：“债务人对以自有财产设定担保物权的债权进行的个别清偿，管理人依据企业破产法第三十二条的规定请求撤销的，人民法院不予支持。但是，债务清偿时担保财产的价值低于债权额的除外。”本案中，石化公司就案涉全部租赁物向金租公司设定了抵押，并办理了抵押登记和融资租赁权属初始登记。因此，无论在《民法典》实施前还是实施后，案涉融资租赁物均为金租公司债权的担保财产。由此，石化公司的清偿行为在性质上属于“对以自有财产设立担保物权的债权进行个别清偿”的行为。另外，根据上述关于评估值的论述，案涉清偿行为也不构成“债务清偿时担保财产的价值低于债权额的”除外情形，而属于破产撤销权的法定除外情形。

二、风险保证金的性质

要厘清清偿金额是4900万元还是5400万元，需要对该500万元风险保证金的性质进行明确。根据《最高人民法院关于适用〈中华人民共和国担保法〉若干问题的解释》第85条、《最高人民法院关于适用〈中华人民共和国民法典〉有关担保制度的解释》第70条关于保证金的相关规定，笔者认为，其具备特定化特征，被金租公司实际占有、控制，根据金钱作为特殊动产的“占有即所有原则”，已与石化公司财产清晰区分，并不属于债务人财产，属于别除财产。因此，根据《企业破产法》第32条、《最高人民法院关于适用〈中华人民共和国企业破产法〉若干问题的规定（二）》第14条的规定，同样不可撤销。

代理点睛

随着我国供给侧结构性改革的深入发展，破产案件数量逐年递增，由此产生的破产衍生诉讼数量以及种类也日趋增加。同时，目前对破产程序的规制，已逐步从债权人本位，转向债权人与债务人并重，再到重视社会和公共利益。基于此，本案对于划分破产撤销权的适用边界，以及当其与商事交易安全发生冲突时的解决方案而言均具有参考意义。

一、破产撤销权的适用边界

《企业破产法》第32条规制的所谓应当予以撤销的“对个别债权人进行清偿”之行为，即偏颇性清偿，是指债务人单方面对个别债权人进行清偿，而债权人没有在接受清偿的同时对债务人予以与清偿相对应的对待给付的行为。因这类行为明显具有对个别债权人清偿的偏袒性质，有损其他债权人的利益和破产法公平清偿的基本原则，所以应予撤销。如债务人清偿的同时，债权人支付了公平的相应对价或释放了相应的价值，而不是对原已成立的债务单方面的偏袒性受偿，则应当属于“同时交易”行为，也完全符合“使债务人财产受益”的个别清偿不应撤销的除外情况。因此，破产撤销权的适用应当逐项分析《企业破产法》第32条规定的偏颇性清偿的构成要件以及是否属于《最高人民法院关于适用〈中华人民共和国企业破产法〉若干问题的规定（二）》规定的例外情形，如清偿行为能够获得对价且使债务人甚至全体债权人受益的，那么，该行为不论是从法律法规还是从实际效果而言均不属于可撤销范围。

二、价值取向冲突时的选择

困境企业的破产清退、重整挽救对于优化营商环境具有重要作用，债务人财产的绝对完整并非破产程序的唯一目标，市场经济的交易秩序以及交易安全对于市场主体尤其是困境企业的生存与发展均具有积极作用。《企业破产法》及相关司法解释确立破产临界期内的个别清偿行为可撤销，旨在制约恶意偏颇性清偿，同时也规定了例外情形，对撤销个别清偿行为加以限制，以期保护交易安全及相对方信赖利益，以求全体债权人与个别债权人的利益平衡。如果对撤销权不加以节制，将会严重影响正常商事交易的安全和经济秩序的稳定。因此，对于管理人而言，在决定是否行使撤销权的过程中，在维护债务人财产完整性的同时，还应尊重市场经济的正常交易秩序以及交易安全，对债务人清偿的背景与效果予以综合考虑及区分，促进市场稳定健康发展。

审判观点

一、清偿行为发生时不具备破产原因

债务人不能清偿到期债务且资产不足以清偿全部债务或明显缺乏清偿能力的，应当认定其具备破产原因。本案中，人民法院于2020年9月4日立案受理案外第三人与石化公司强制执行一案，此时石化公司已存在不能清偿到期债务的情形。但是，关于石化公司是否已存在资产不足以清偿全部债务或明显缺乏清偿能力的情形，原告提供了终结本次执行裁定书，该裁定书查明法院已受理对石化公司的破产重整，裁定终结本次执行程序，故该案未对石化公司名下的财产进行处理，故不符合“经人民法院强制执行，无法清偿债务”，也不符合“明显缺乏清偿能力”。原告也未提供证据证明石化公司存在“资产不足以清偿全部债务”的情形，故对原告主张石化公司在清偿债务时已具备破产原因的意见，法院不予支持。

二、清偿行为使石化公司受益

本案中，（1）评估报告载明：清算价值 = 市场价值 × 快速变现率，清算价值远低于市场价值。2020年9月30日，石化公司清偿债务时，尚未进入破产程序，金租公司亦无法预见到石化公司即将进入破产程序，原告主张案涉租赁物价值应按清算价值确定，不符合公平原则，案涉租赁物价值应按清偿之日（2020年9月30日）的市场价值确定。（2）石化公司清偿4900万元债务后，获得了案涉租赁物的所有权。根据评估报告，以2021年2月3日为基准日，案涉租赁物的市场价值为1.1亿元。考虑到机器设备折旧及评估报告中不包括部分机器设备的因素，案涉租赁物在2020年9月30日的市场价值应高于1.1亿元，远超石化公司清偿的4900万元。（3）在石化公司清偿的同时，金租公司又免除了石化公司本应承担的150余万元的租金本金、租息、逾期利息的债务，石化公司亦再次从清偿中获益。（4）原告主张，金租公司通过破产重整程序不可能获得全额清偿，可以倒推得出清偿该笔债务未使石化公司财产受益。石化公司财产是否受益，应以清偿行为发生之日作为基准日进

行判断，而重整的结果是受各种因素影响的，是不确定的，不应根据重整的结果进行判断。综上，法院认定，石化公司于 2020 年 9 月 30 日向金租公司清偿的 4900 万元使石化公司的财产受益。

三、实际清偿金额是 4900 万元

法院认为：（1）从风险保证金的支付时间来看。石化公司于 2018 年 12 月将风险金 500 万元支付给金租公司，离受理对石化公司的破产重整已超过一年，时间上已不满足撤销个别清偿“受理破产申请前六个月内”的条件。（2）从风险保证金的约定来看。根据当事人合同约定，如果石化公司未能按期支付租金，金租公司有权在风险保证金中扣除以抵作租金。石化公司自 2020 年 3 月（第 5 期）起未能按约支付租金，根据当事人合同的约定，金租公司于 2020 年 3 月即有权将该风险金 500 万元抵作租金，而无需石化公司同意。双方于 2020 年 9 月 29 日通过签订提前结束协议书的方式对抵扣风险保证金 500 万元进行确认，不能视为金租公司于 2020 年 9 月对该风险金 500 万元进行受偿。综上，法院认定 2020 年 9 月，石化公司向金租公司清偿金额为 4900 万元。

据此，原告主张确认撤销石化公司于 2020 年 9 月 30 日对金租公司的个别清偿 5400 万元，依据不足，法院不予支持，遂判决驳回原告的全部诉讼请求。

案例编写人 江苏神阙律师事务所　吴贞艳　吴建锋

专家点评

季诺　中华全国律师协会常务理事兼破产清算与并购重组法律专业委员会主任、上海市律师行业党委副书记、上海市律师协会会长

关于破产临界期内偏颇清偿的认定标准，司法实践中素有争议。本案裁判意见对此争议的处理提供了重要的参考样本，本案最大的亮点在于穿透商业实质，通过比较个别清偿取得的对价（包括案涉租赁物的市场价值、豁免的债务等）以及个别清偿的数额，就个别清偿符合法定例外情形（个别清偿使债务人财产受益）给出了富有说服力的解释。此外，本案还明确了管理人应举证说明债务人于个别清偿发生

时具备破产原因，并比较了保证金抵扣与个别清偿的差异。

偏颇清偿制度的价值在于保护债权人公平受偿，且不过分损害交易安全，因此偏颇清偿的认定标准应当从严把握，不应过窄或过宽，损及债权人或交易相对方的合法权益。本案的裁判意见恰当地把握了二者的平衡，值得借鉴。

相关法条

《中华人民共和国民法典》

第七百五十二条 承租人应当按照约定支付租金。承租人经催告后在合理期限内仍不支付租金的，出租人可以请求支付全部租金；也可以解除合同，收回租赁物。

《中华人民共和国企业破产法》

第二条 企业法人不能清偿到期债务，并且资产不足以清偿全部债务或者明显缺乏清偿能力的，依照本法规定清理债务。

企业法人有前款规定情形，或者有明显丧失清偿能力可能的，可以依照本法规定进行重整。

第三十二条 人民法院受理破产申请前六个月内，债务人有本法第二条第一款规定的情形，仍对个别债权人进行清偿的，管理人有权请求人民法院予以撤销。但是，个别清偿使债务人财产受益的除外。

《最高人民法院关于适用〈中华人民共和国企业破产法〉若干问题的规定（一）》

第一条第一款 债务人不能清偿到期债务并且具有下列情形之一的，人民法院应当认定其具备破产原因：

（一）资产不足以清偿全部债务；

（二）明显缺乏清偿能力。

第二条 下列情形同时存在的，人民法院应当认定债务人不能清偿到期债务：

（一）债权债务关系依法成立；

（二）债务履行期限已经届满；

（三）债务人未完全清偿债务。

第四条 债务人账面资产虽大于负债，但存在下列情形之一的，人民法院应当认定其明显缺乏清偿能力：

（一）因资金严重不足或者财产不能变现等原因，无法清偿债务；

（二）法定代表人下落不明且无其他人员负责管理财产，无法清偿债务；

（三）经人民法院强制执行，无法清偿债务；

（四）长期亏损且经营扭亏困难，无法清偿债务；

（五）导致债务人丧失清偿能力的其他情形。

《最高人民法院关于适用〈中华人民共和国企业破产法〉若干问题的规定（二）》

第十四条 债务人对以自有财产设定担保物权的债权进行的个别清偿，管理人依据企业破产法第三十二条的规定请求撤销的，人民法院不予支持。但是，债务清偿时担保财产的价值低于债权额的除外。

《最高人民法院关于适用〈中华人民共和国民法典〉有关担保制度的解释》

第七十条 债务人或者第三人为担保债务的履行，设立专门的保证金账户并由债权人实际控制，或者将其资金存入债权人设立的保证金账户，债权人主张就账户内的款项优先受偿的，人民法院应予支持。当事人以保证金账户内的款项浮动为由，主张实际控制该账户的债权人对账户内的款项不享有优先受偿权的，人民法院不予支持。

在银行账户下设立的保证金分户，参照前款规定处理。

当事人约定的保证金并非为担保债务的履行设立，或者不符合前两款规定的情形，债权人主张就保证金优先受偿的，人民法院不予支持，但是不影响当事人依照法律的规定或者按照当事人的约定主张权利。

⑮ 某某集团有限公司申请破产重整案

——预设重整清偿浮动比率区间，引入政府收储、国资重整资金等多途径盘活“僵尸企业”

案件索引

浙江省瑞安市人民法院（2016）浙 0381 民破 6 号（2016 年 3 月 15 日）

基本案情

某某集团有限公司（以下简称某某公司）成立于 20 世纪 80 年代，是瑞安地区知名的老牌企业，曾有着荣获全国民营企业 500 强、浙江省重点骨干企业等光辉历史。2011 年某某公司因对外投资失利、关联互保出险等问题，企业出现严重危机，引起一系列的民间借贷、金融合同纠纷的诉讼案件，企业被列入失信名单。2016 年 3 月 2 日，浙江省瑞安市人民法院裁定受理破产案件，并于 2016 年 3 月 15 日指定浙江玉海律师事务所为管理人。

管理人在调查中发现，某某公司自 2013 年起开始停止实体生产，公司名下的主要财产是 999 号、508 号两处不动产。根据债权人申报情况，管理人审查确认的债权金额高达 769873865.50 元，其中有财产担保的债权 2 笔，金额合计为 94054666.67 元，由 999 号、508 号两处不动产分别作为抵押物提供担保；普通债权 36 笔，金额合计为 675819198.83 元。至破产受理时，某某公司尚有在册员工 10 余名，调查核实职工债权共计 899155 元。

管理人根据评估机构出具的评估报告，以及同步进行市场调查、向有关行政部门走访，发现 999 号不动产由于原始取得价格较低，处置需要缴纳高额税费，其中土地增值税税负极高，预计拍卖所得价款尚不足覆盖抵押债权。508 号不动产权的土地性质为国有划拨，根据政策规定，划拨土地使用权的土地使用者，因破产等原因而停止使用土地的，当地政府有权予以收回其划拨土地使用权，并可依照规定予以出让。如此一来，508 号不动产难以通过对外公开拍卖方式处置。且不论处置这两处不动产存在难度，即使处置成功，也因有抵押债权的存在，普通债权人将面临清偿率为零的局面。而这 36 位债权总额为 6.7 亿元的普通债权人大多数为自然人，每位债权人身后均牵涉了众多家庭，涉众面极广，某某公司执行案件数年来无进展已经引发了一定的影响社会稳定的问题。进入破产程序后，债权人认为债权回收无望，情绪更为激动。

在此情况下，管理人认为，单纯通过拍卖资产、企业破产清算的方式，无法使普通债权人的利益受到保护，希望通过引进投资人进行重整，将两个不动产的市场前景价值予以开发，提高某某公司普通债权清偿率，尽可能减少债权人损失。管理人在与某某公司、各方债权人、意向投资人多方磋商后，经法院裁定认可，于 2017 年 5 月 10 日进入重整程序后，到 2018 年 5 月 14 日裁定批准重整计划、2020 年 3 月 13 日裁定批准变更重整方案，到 2020 年 11 月 20 日确认重整计划执行完毕，历时 3 年半。

案件处理疑难点

在企业破产程序中，如何将债务人、债权人等各方利益最大化?

当事人各方观点及思维分析

债务人的观点及思维分析：债务人本身已无资金能力，仅凭企业自身能力以及存在的客观局限性，无法协调和对接债权人以及政府单位，亦无法整体盘活固有资产，进而偿还对外负债。最终希望通过法院以及管理人层面进行重整。

债权人的观点及思维分析：在债务人现有资产清理过程中，如何处理方可实现资产变现最大化，以提高债权清偿比例。

管理人重整思路

一、实现资产变现最大化

管理人实现由政府直接收储某某公司999号不动产，争取到了最大的收储价值，避免资产拍卖所产生的巨额税负，同时保留508号不动产作为某某公司后续经营场所，由此大大提升了某某公司两处不动产的价值，成为重整成功的主要原因之一。

通过传统的网络拍卖方式处置破产企业不动产，只能得到单一的市场价值，且因发生了产权交易事实，由此产生的巨额税费令原本资不抵债的企业不堪重负。本案中，仅999号不动产当时预计的税费就高达交易总额的30%~40%，由此得到的破产清算所得连抵押债权都不足以覆盖。即便政府同意508号不动产由管理人拍卖处置，所得的款项在扣除补缴的土地出让金、税费之后，仍所得寥寥。因此，拍卖不动产只能是管理人最后不得已而选的下策。管理人在调查过程中，发现999号不动产虽为工业用地，但因当地城区范围近年来不断增扩，999号不动产所处位置的商业价值已经凸显，且当地像如此体量的地块已极为稀缺。2013年，浙江省瑞安市人民政府曾出台会议纪要，计划将999号不动产变更规划功能为商住，并由政府挂牌转让，获得收益由政府和企业按比例享有。如用地性质能调整为商业或商住，将大大提升其市场价值。相比较某某公司的这两处不动产，999号不动产占地面积大、市场价值远高于508号不动产，故管理人设计的重整方案是将999号不动产通过或政府挂牌出让分成，或收储，或拍卖的方式变现，所得用于清偿企业债务，保留508号不动产作为企业重整后的主要营业场所，使某某公司能够恢复正常经营，实现重生。

但根据某某公司反映的情况，2013年当地政府相关会议纪要出台后，出于各方面原因原计划停滞，且该会议纪要出台时间已久，需管理人与某某公司与当地镇街、园区管委会、住建、资规等各职能部门对接，汇总情况后向市人民政府申请重启该计划。事后在重整计划执行过程中，管理人发现因土地政策的变化，2013年相关会议纪要落地已不现实，原某某公司参与政府挂牌出让的收益分成方案不可能实现。于是，管理人在与政府部门原有沟通的基础上，转为由政府直接收储，政府争取给某某公司最大幅度的收储资金、腾空奖励等现金补偿方式。后管理人就新的收储方式，再与瑞安市人民政府及各部门进行多次沟通，通过债委会、债权人会议讨论，就此对原重整计划予以变更，进一步明确了收储方式、价格。最终经市政府审批，管理人与相关部门签订了 999 号不动产收储协议。

整个沟通过程因涉及各部门的工作交接、互通协作、决策审批落地，需投入大量的时间精力，且在 999 号不动产增值变现方式的选择上，特别要注重与广大债权人的沟通，相关税负、承租人腾退、抵押注销与收付款工作等许多节奏的把握。

二、重整投资人的成功引进

管理人协助企业成功引入了有国资背景的投资人，在某某公司现有资产变现价值未明的基础上，管理人设定普通债权浮动清偿率区间，打造了普通债权—有担保物债权—普通债权的特殊清偿顺序，实现了各类债权人与投资重整方、某某公司各方之间的利益平衡。

在重整计划履行过程中，某某公司 999 号不动产通过政府挂牌出让、收储、拍卖等方式变现，视重整方、管理人、债务人与当地政府、债权人沟通情况而定，存在一定的变数，但要争取普通债权人对于重整方案的支持，不仅要由重整投资人给普通债权人清偿率的承诺，还要实际兑现，否则普通债权人难以同意重整方案。

重整方具有国资背景，对于某某公司钢结构建筑所具有的国家一级资质、电商园等项目的技术优势有一定兴趣，其愿意作为重整投资方，先行投入资金取得某某公司 100% 股权，以推动 999 号地块资产的增值变现工作。

管理人结合普通债权人的诉求与重整方的投资意向，在重整计划中设置区间清偿率，就模拟的几种变现方式设置了最低清偿率与最高清偿率。先由重整方按普通债权清偿率 8% 的比例注入“普通债权清偿专项资金”5406 万元，如果某某公司 999 号不动产所得价款无法达到普通债权人最低清偿率的，由重整方承担该不足风险；如果某某公司 999 号不动产所得价款在最低清偿率与最高清偿率之间的，由普通债权人享有该部分财产；如果超出最高清偿率的，高出部分归重整方所有。

该约定类似于对赌协议，通过这种灵活的清偿方案，重整方案既满足了重整方推进 999 号不动产增值获利的投资目的，又保障了普通债权人超出破产清算的清偿率，获得了普通债权人的大力支持，促成了重整意向的达成，在足额清偿职工债权、保底清偿普通债权后，有财产担保的债权人也提升了对重整方案的信心，管理人与某某公司积极促进变现过程，充分放大企业无形资产和经营资源，使重整方案获得了各方的支持。

三、债务人瑕疵问题的处理

某某公司停产后，999号不动产与508号不动产均处于出租状态，且承租户众多，存在不少转租、共用现象，管理较为混乱。在管理人确定政府收储方案后，政府限定清场日期，只有在限定日期前完成所有承租户的腾空工作，方可获得政府奖励资金，故管理人在前期租赁关系的排查、解除租赁关系、中期租金催收、后期腾空等方面，逐一进行攻克。

此外，政府收储资金的交付必须以该不动产产权清晰，无法院查封、抵押登记为前提。由此，关于解除全国各地法院对该不动产产权的查封、注销抵押权人的抵押登记，管理人也逐一进行了沟通解决。

最后，因某某公司破产受理之前财务管理不规范，而管理人认定的民间借贷债权，某某公司均未列入账目，故税务部门认为重整债务豁免、收储资金的收入等方面存在企业所得税纳税义务，管理人同某某公司与税务部门在企业所得税的汇算清缴方面也做了大量的沟通工作，最终获得税务机关认可。

案件点睛

本案因引进重整方5406万元专项清偿资金，设置浮动清偿率区间，通过处置债务人部分资产以获取更大清偿资金，再利用保留下来的资产进行再生产，实现债权人、债务人、重整方利益平衡，企业重生，实现普通债权清偿率由0.86%提高至8.27%。本案因此被浙江省温州市中级人民法院推选为温州2018年十大破产典型案例之一。

审判观点

法院对管理人结合某某公司实际情况，就资产处置由原先单一拍卖方式转变为政府收储、重整投资人引入等多途径资产变现方式表示认可。同时，在管理人制订了重整计划并经债权人分组表决通过后，予以裁定批准。

案例编写人 浙江玉海律师事务所 蔡一帆

专家点评

章恒筑　　华东政法大学国际金融法律学院教授、中国法学会商法学研究会理事

本案债务人企业的主要资产是已经设定抵押的999号不动产和508号不动产，按照破产清算思维可能导致债权人和利益相关方“多输”的结局。在对债务人财产状况予以调查的基础上，管理人通过府院联动机制的发挥，确立了“由政府直接收储999号不动产，同时保留508号不动产作为后续经营场所”的破产清算转重整的工作思路。根据变化的情况对重整计划内容作适度调整，以及盘活508号不动产价值的招募投资人工作也有可圈可点之处。对划拨国有土地使用权未采取简单收回的方式，也符合《民法典》实施后修改的《最高人民法院关于破产企业国有划拨土地使用权应否列入破产财产等问题的批复》的意旨，充分发挥了重整制度“发现价值”的功能。

相关法条

《中华人民共和国企业破产法》

第七十条第一款　债务人或者债权人可以依照本法规定，直接向人民法院申请对债务人进行重整。

第八十六条　各表决组均通过重整计划草案时，重整计划即为通过。

自重整计划通过之日起十日内，债务人或者管理人应当向人民法院提出批准重整计划的申请。人民法院经审查认为符合本法规定的，应当自收到申请之日起三十日内裁定批准，终止重整程序，并予以公告。

第九十二条　经人民法院裁定批准的重整计划，对债务人和全体债权人均有约束力。

债权人未依照本法规定申报债权的，在重整计划执行期间不得行使权利；在重整计划执行完毕后，可以按照重整计划规定的同类债权的清偿条件行使权利。

债权人对债务人的保证人和其他连带债务人所享有的权利，不受重整计划的影响。

⑯ 交行江苏分行诉中电上海公司普通破产债权确认纠纷案

——《民法典》实施后，对于此前债权人要求部分连带保证人承担保证责任是否及于其他保证人的法律适用

案件索引

一审： 上海市第三中级人民法院（2021）沪03民初119号（2021年4月23日）

二审： 上海市高级人民法院（2021）沪民终345号（2022年10月28日）

再审： 最高人民法院（2023）最高法民申665号（2023年7月31日）

基本案情

中电电气（南京）新能源有限公司与交行江苏分行存在借贷关系，交行江苏分行对中电电气（南京）新能源有限公司享有债权本金3500万元及截至2019年9月25日的罚息8597050元，合计43597052元。

前述借贷主合同共有中电上海公司及陆某秀等8名连带责任保证担保人。

保证期间，交行江苏分行向除了中电上海公司之外的其他7名连带保证担保人主张了担保责任，因客观原因未直接向中电上海公司主张担保责任。

后中电上海公司破产，交行江苏分行向破产管理人申报债权。破产管理人以在担保期限内，交行江苏分行未向破产企业中电上海公司主张担保责任，按照《民法典》及《最高人民法院关于适用〈中华人民共和国民法典〉有关担保制度的解释》（以下简称《民法典担保制度解释》）规定无权要求中电上海公司承担担保责任为由，对交行江苏分行申报的债权不予确认，交行江苏分行提起普通破产债权确认纠纷案件，请求确认交行江苏分行对破产企业中电上海公司享有普通债权本金人民币3500万元及相应罚息8597050元，合计

43597052 元。

核心争议焦点

在共同连带责任保证中，债权人在保证期间内向部分保证人主张保证责任，其效力是否及于其他保证人？

当事人各方观点及思维分析

一、交行江苏分行的观点及思维分析

1.《最高人民法院关于已承担保证责任的保证人向其他保证人行使追偿权问题的批复》（现已失效，以下简称《批复》）载明，根据《担保法》第 12 条的规定，承担连带责任保证的保证人一人或者数人承担保证责任后，有权要求其他保证人清偿应当承担的份额，不受债权人是否在保证期间内向未承担保证责任的保证人主张过保证责任的影响。虽然《批复》是为了解决保证人在承担保证责任后是否享有对未承担保证责任的其他保证人的追偿权这一问题，但是《批复》同时也包含了“债权人对部分保证人主张权利的行为，对其他保证人也发生效力”之精神。这一精神也与原《担保法》及其司法解释相契合，并为最高人民法院所接受。

保证人共同对债权人承担连带保证责任时，保证人都负有对全部债权承担保证责任的义务，各保证人之间是连带之债。债权人对其中一个保证人或者一部分保证人实施的法律行为的效力及于其他保证人。因此，债权人向其中部分保证人主张保证责任的效力及于其他连带保证人。因此，交行江苏分行在保证期间向其他担保人主张担保责任的效力及于中电上海公司，中电上海公司应当承担担保责任。

2. 本案借款合同及担保发生在《民法典》及《民法典担保制度解释》实施前，本案不应当适用《民法典》及《民法典担保制度解释》的规定。《民法典》及《民法典担保制度解释》实施前，司法实践中均结合连带担保整体性、涉他性，按照《批复》等相关规定，认定债权人向共同保证人中的任何一人主张权利，其效力及于所有保证人。这一认定不仅符合《民法典》及《民法典担保制度解释》实施前的法律规定，也符合当时的司法实践，更符合交行

江苏分行、中电上海公司的合理预期。如果适用《民法典》及《民法典担保制度解释》，将导致对同样的法律行为因审判时间差异导致法律后果不同，将严重违背当事人的合理预期，也不利于债权人利益的保护。

二、中电上海公司观点及思维分析

1.《批复》并不适用于本案，《批复》解决的是保证人之间追责是否受保证期间的影响，并未直接就保证期间债权人通知的涉他效力作出明确规定。

2. 就本案争议问题，《民法典》颁布之前的法律和司法解释没有对此作出明确规定，根据《最高人民法院关于适用〈中华人民共和国民法典〉时间效力的若干规定》（以下简称《民法典时效规定》），应当适用《民法典担保制度解释》第29条的规定，免除中电上海公司担保责任。

3. 免除中电上海公司担保责任并不会减损当事人的合法权益，也不会增加当事人的法定义务或者背离当事人的合理预期。

代理思路

笔者作为本案原告的代理人，提出以下代理思路。就本案争议问题，司法实践对法律实施前引发的案件是否适用《民法典》及《民法典担保制度解释》未出具明确的指导性意见，本案法律适用问题成为本案最大的难点，具体如下：

一、法不溯及既往原则的运用

虽然就本案争议问题，在《民法典》及《民法典担保制度解释》实施前并无明文规定，但本案起诉时，《民法典》及《民法典担保制度解释》已经实施，且《民法典》及《民法典担保制度解释》作出了对交行江苏分行不利的规定。笔者团队抓住法律适用以不溯及既往为原则的关键要点，法律行为应适用行为时的法律。对同样的法律行为，应赋予其相同的法律后果，不应因审判时间差异导致法律后果不同。

二、充分理解当事人合理预期

根据《民法典时效规定》第1条第2款的规定，《民法典》施行前的法律事实引起的民事纠纷案件，适用当时的法律、司法解释的规定，但是法律、司法解释另有规定的除外。第 3 条规定,《民法典》施行前的法律事实引起的民事纠纷案件，当时的法律、司法解释没有规定而《民法典》有规定的，可以适用《民法典》的规定，但是明显减损当事人合法权益、增加当事人法定义务或者背离当事人合理预期的除外。为此，本案争议问题可以适用《民法典》及《民法典担保制度解释》，除非适用《民法典》及《民法典担保制度解释》明显减损当事人合法权益、增加当事人法定义务或者背离当事人合理预期。

通过充分整理与分析法律观点和司法实践案例，笔者认为,《批复》发布后其精神已为司法实践和主流裁判观点所认可，市场主体和当事人对此亦形成了合理预期。如果在《民法典》施行后不考虑法律行为发生时已经形成的司法裁判规则而径行适用新法的规定，不仅严重违背当事人的合理预期，也不利于债权人利益的保护。

因此，适用《民法典》及《民法典担保制度解释》明显减损当事人合法权益、增加当事人法定义务或者背离当事人合理预期，不应当适用《民法典》及《民法典担保制度解释》，这成为最为关键的代理思路。

代理点睛

为了证明《批复》发布后，其精神已为司法实践和主流裁判观点所认可，市场主体和当事人对此亦形成了合理预期，在本案中不应适用《民法典》及《民法典担保制度解释》，如适用《民法典》及《民法典担保制度解释》将明显背离当事人合理预期，笔者经过梳理，做了大量的检索工作，为法院提供如下支撑性文件或观点：

一、充分研究《批复》的法理精神

虽然《批复》是为了解决保证人在承担保证责任后，是否享有对未承担保证责任的其他保证人的追偿权这一问题，但是《批复》同时也明确了“债权人对部分保证人主张权利的行为，对其他保证人也发生效力”这一内容。这与原《担保法》及其司法解释相契合，并为最高人民法院所接受。

二、深入分析最高人民法院审判观点导向

1. 提供最高人民法院民事审判第一庭编著的《民事审判指导与参考》一

书供法院参考，《民事审判指导与参考》中《〈最高人民法院关于已承担保证责任的保证人向其他保证人行使追偿权问题的批复〉的理解与适用》载明："保证人共同对债权人承担连带保证责任时，保证人都负有对全部债权承担保证责任的义务，各保证人之间是连带之债。债权人对其中一个保证人或者一部分保证人实施的法律行为的效力及于其他保证人。因此，债权人向其中部分保证人主张保证责任的效力及于其他连带保证人。"①

2. 提供最高人民法院民事审判第二庭编著的《最高人民法院关于民事案件诉讼时效司法解释理解与适用》供法院参考，《最高人民法院关于民事案件诉讼时效司法解释理解与适用》对《批复》解读如下："由于任一保证人都有义务承担全部担保责任，所以，在保证期间，债权人向任一保证人主张保证债权都意味着其向其他承担连带保证责任的共同保证人主张了权利，因此，将债权人未向其他连带保证人主张保证权利认定为债权人免除了保证人的保证责任是错误的。"②

三、汇编案例及落实观点

1. 笔者准备了一份包含26个案例的案例集，该26个案例系《民法典》及《民法典担保制度解释》实施前，最高人民法院及各高级人民法院作出，用于说明在《民法典》及《民法典担保制度解释》实施前，最高人民法院及各省高级人民法院采纳"债权人对其中一个保证人或者一部分保证人实施的法律行为的效力及于其他保证人"之观点，当事人对于这一裁判观点已经形成合理预期，法律适用不能背离当事人的合理预期。

2. 我们准备了一份包含8个案例的案例集，该8个案例系《民法典》及《民法典担保制度解释》实施后，最高人民法院及各高级人民法院作出，用于说明在《民法典》及《民法典担保制度解释》实施后最高人民法院及各省高级人民法院对于《民法典》及《民法典担保制度解释》实施前的案件仍采纳"债权人对其中一个保证人或者一部分保证人实施的法律行为的效力及于其他保证人"的观点。

---

① 吴兆祥：《〈最高人民法院关于承担保证责任的保证人向其他保证人行使追偿权问题的批复〉的理解与适用》，载《民事审判指导与参考》，法律出版社2003年版，第118页。

② 宋晓明、刘竹梅、张雪楳：《〈关于审理民事案件适用诉讼时效制度若干问题的规定〉理解与适用》，载《人民司法·应用》2008年第21期。

四、对于《民法典》及《民法典担保制度解释》等法律适用问题具有重大典型意义

就本案争议问题,《民法典》及《民法典担保制度解释》实施前并无明文规定,《民法典》及《民法典担保制度解释》又作出了对交行江苏分行不利的规定。本案起诉时,《民法典》及《民法典担保制度解释》已经实施，司法实践对法律实施前引发的案件是否适用《民法典》及《民法典担保制度解释》未出具明确的指导性意见，本案系《民法典》及《民法典担保制度解释》实施后担保法律制度变化期间有关法律适用问题的重大典型案例，对此后类案裁判具有重要参考价值，意义重大。

五、对于国有资产保护具有重要意义

本案一审、二审、再审法院均全面支持交行江苏分行的诉讼请求，为系列相关案件累计标的额近 2 亿元的债权申报提供了有力支持。

本案的全面胜诉不仅保障了当事方的合理预期及相关实际权益，而且为国有资产保护提供了充分的法律保障，对避免国有资产流失具有重要意义。

审判观点

一、一审法院认定交行江苏分行要求部分连带保证人承担保证责任效力及于其他保证人

一审法院经审理认为：依据《批复》、原《担保法》第 12 条、原《最高人民法院关于适用〈中华人民共和国担保法〉若干问题的解释》第 34 条第 2 款、《最高人民法院关于审理民事案件适用诉讼时效制度若干问题的规定》第 17 条、《民法典时效规定》第 1 条、第 3 条的规定，结合本案，由于《民法典》担保制度发生了天翻地覆的变化，如一般和连带保证的立法内容等，因此如一味地机械适用明显会减损当事人的合法权利，背离当事人的合理预期，甚至造成国有资产的无谓流失。故判决如下：确认原告交行江苏分行对被告中电上海公司享有普通债权本金 3500 万元及截至 2019 年 9 月 25 日的罚息 8597050 元，合计 43597052 元。

二、二审法院支持交行江苏分行要求部分连带保证人承担保证责任，其效力及于其他保证人

二审法院经审理认为：《民法典》施行之前的法律及司法解释虽未对该问题作出直接和明确的规定，但是根据《批复》精神，在共同连带责任保证中，保证人是作为一个整体共同对债权人承担保证责任，债权人在保证期间内向部分保证人主张保证责任，其效力应及于其他保证人。需特别指出的是，法律适用以不溯及既往为原则，法律行为应适用行为时的法律。对同样的法律行为，应赋予其相同的法律后果，不应因审判时间差异而导致法律后果不同。该《批复》发布后，其精神已为司法实践和主流裁判观点所认可，市场主体和当事人对此亦形成了合理预期，如果在《民法典》施行后不考虑法律行为发生时已经形成的司法裁判规则而径行适用新法的规定，不仅严重违背当事人的合理预期，也不利于债权人利益的保护。《民法典时效规定》第3条规定，《民法典》施行前的法律事实引起的民事纠纷案件，当时的法律、司法解释没有规定而《民法典》有规定的，可以适用《民法典》的规定，但是明显会减损当事人合法权益、增加当事人法定义务或者背离当事人合理预期的除外。综合本案案情，法院认为交行江苏分行在保证期间内向陆某秀等其他连带保证人主张保证责任的效力及于中电上海公司；一审法院认定交行江苏分行向中电上海公司主张保证责任未过保证期间和诉讼时效，法律适用并无不当。

二审法院驳回上诉，维持原判。

三、再审法院确认交行江苏分行要求部分连带保证人承担保证责任，其效力及于其他保证人

最高人民法院经再审认为：本案无论借款行为的发生，抑或借款期限与保证期间的届至，均在2021年1月1日《民法典》施行之前，原则上应当适用当时的法律、司法解释的规定。当时的法律、司法解释没有规定而《民法典》有规定的，可以适用《民法典》的规定，但是明显减损当事人合法权益、增加当事人法定义务或者背离当事人合理预期的除外。故《民法典担保制度解释》第29条虽明确规定同一债务有两个以上保证人，债权人以其已经在保证期间内依法向部分保证人行使权利为由，主张已经在保证期间内向其他保证人行使权利的，人民法院不予支持，但本案却并不能径行适用《民法典担保制度解释》的该条规定。现中电上海公司亦并不否认依据当时所施行的原《担保法》《批复》等法律和司法解释的规定，债权人在保证期间内向部分保证人主张保证责任其效力及于其他保证人，则不能认为原审判令其承担保证责任属适用法律错误。如若依据《民法典担保制度解释》第 29 条的规定，认为债权人在保证期间内向部分保证人行使权利不能视为向其他保证人行使权利，反而背离各方当事人为民事行为之时的合理预期。

综上，最高人民法院认为：中电上海公司再审申请理由不能成立，最终依法驳回其再审申请。

案例编写人 北京金诚同达（南京）律师事务所 洪 炜 郭君宇 江志武

专家点评

沈田丰　中华全国律师协会常务理事兼金融专业委员会主任、杭州市律师协会会长

《民法典》对保证责任作了较大程度的修改，《民法典担保制度解释》第 29 条改变了此前的主流观点，债权人向连带共同保证人之一主张权利，其效力不再当然及于其他保证人。而本案争议的恰恰就是前述法律问题，非常具有典型性。

代理律师紧扣争议焦点，充分研究了《民法典》施行前的《担保法》《批复》，并结合最高人民法院著作、类似案例，还原了《民法典》施行前最高人民法院及各级法院的主流裁判观点，为审理法院提供了翔实的资料支持。由此，三级法院的认可、当事人权益得到维护，自然是水到渠成之事。本案堪称新旧法律适用问题的典型案例，值得反复研读、学习。

相关法条

《中华人民共和国担保法》

第十二条[①] 同一债务有两个以上保证人的，保证人应当按照保证合同约

① 该法已失效，本条对应《民法典》第 699 条。

定的保证份额，承担保证责任。没有约定保证份额的，保证人承担连带责任，债权人可以要求任何一个保证人承担全部保证责任，保证人都负有担保全部债权实现的义务。已经承担保证责任的保证人，有权向债务人追偿，或者要求承担连带责任的其他保证人清偿其应当承担的份额。

第二十六条[①] 连带责任保证的保证人与债权人未约定保证期间的，债权人有权自主债务履行期届满之日起六个月内要求保证人承担保证责任。

在合同约定的保证期间和前款规定的保证期间，债权人未要求保证人承担保证责任的，保证人免除保证责任。

《最高人民法院关于适用〈中华人民共和国民法典〉有关担保制度的解释》

第二十九条 同一债务有两个以上保证人，债权人以其已经在保证期间内依法向部分保证人行使权利为由，主张已经在保证期间内向其他保证人行使权利的，人民法院不予支持。

同一债务有两个以上保证人，保证人之间相互有追偿权，债权人未在保证期间内依法向部分保证人行使权利，导致其他保证人在承担保证责任后丧失追偿权，其他保证人主张在其不能追偿的范围内免除保证责任的，人民法院应予支持。

《最高人民法院关于适用〈中华人民共和国民法典〉时间效力的若干规定》

第一条 民法典施行后的法律事实引起的民事纠纷案件，适用民法典的规定。

民法典施行前的法律事实引起的民事纠纷案件，适用当时的法律、司法解释的规定，但是法律、司法解释另有规定的除外。

民法典施行前的法律事实持续至民法典施行后，该法律事实引起的民事纠纷案件，适用民法典的规定，但是法律、司法解释另有规定的除外。

第二条 民法典施行前的法律事实引起的民事纠纷案件，当时的法律、司法解释有规定，适用当时的法律、司法解释的规定，但是适用民法典的规定更有利于保护民事主体合法权益，更有利于维护社会和经济秩序，更有利于弘扬社会主义核心价值观的除外。

第三条 民法典施行前的法律事实引起的民事纠纷案件，当时的法律、司法解释没有规定而民法典有规定的，可以适用民法典的规定，但是明显减损当事人合法权益、增加当事人法定义务或者背离当事人合理预期的除外。

---

① 该法已失效，本条参见《民法典》第692条。

《最高人民法院关于已承担保证责任的保证人向其他保证人行使追偿权问题的批复》[①]

云南省高级人民法院：

你院云高法〔2002〕160号《关于已经承担了保证责任的保证人向保证期间内未被主张保证责任的其他保证人行使追偿权是否成立的请示》收悉。经研究，答复如下：

根据《中华人民共和国担保法》第十二条的规定，承担连带责任保证的保证人一人或者数人承担保证责任后，有权要求其他保证人清偿应当承担的份额，不受债权人是否在保证期间内向未承担保证责任的保证人主张过保证责任的影响。

此复

① 该批复已失效。

⑰ 科技公司申请四川广元某铝业有限责任公司破产重整案

——破产实务案例分析及法律实施路径探讨

案件索引

四川省广元市中级人民法院（2020）川08破字1号（2022年11月7日）

基本案情

一、债务人基本情况

四川广元某铝业有限责任公司（以下简称铝业公司）成立于2000年6月9日，营业期限为长久，公司类型为有限责任公司，注册资本为人民币12000万元。公司股权结构为：珠海市某投资有限公司持股比例为51.1812%，其余股份由23名自然人分别持有。公司在职职工872人。关联企业5家。原系20世纪军转民企业，2000年破产重组，是国内最早生产电解铝产品的企业，也是当地重要支柱产业之一。

公司经营范围包括电解铝锭、合金锭及预焙阳极炭块、金属铝附属产品的生产、批发、零售；生产用原料及成品进出口业务；劳务派遣。公司以电解铝加工为主业，兼营阳极碳素生产、铝棒、铝线加工。

债务人电解铝生产板块两宗工业出让用地，土地使用权面积约258678.89平方米，房屋建筑面积约69040.46平方米，配套的有12万吨/年电解铝产能指标。阳极碳素生产板块工业用地使用权面积约167240.84平方米，房屋建筑物建筑面积约56335平方米。公司资产总额为628943897.87元，公司账面负债为988090769.92元，未分配利润为–574259490.69元。

二、债务人破产前的困境

由于历史沿革原因，自然人股东大多系股权集合代持人，背后有 1000 多名实际出资人，由于年代久远身份难以确认，公司的股东会不能有效运行，十多年来未召开过股东大会，董事会代行股东会职能，监事会缺位，监管机制严重缺失，公司长期运行机制严重失调，企业经营管理严重不善。铝产品价格长期低迷，企业生产设施设备严重老化，生产成本过高，企业严重亏损，长年处于高负债运行状态，大量对外担保和对外投资形成巨额损失，关联企业众多，相互担保，投资监管不到位，早已陷入债务危机，举步维艰。

实际控制人、经营层各自为政，实际控制人滥用控股地位，长期占用企业大量资金不归还，管理层履职不到位，长期不向实际控制人及其关联企业追收债权，形成巨额呆账。长期拖欠国网公司巨额电费，随时面临拉闸停电的风险，拖欠上百家企业原材料价款，诉讼案件成堆，各地法院采取了冻结、查封、扣押、扣划等司法强制或执行措施，多个案件把企业纳入失信名单，客观上已经直接危及企业的正常经营。

在破产前，企业被指定由经开区管委会监管，长期依靠财政补贴输血，自身不具备融资能力，由国有平台提供融资或提供担保、反担保解决融资需求，勉强维持生产并保住 872 名职工的岗位。由于企业不停转租，承租企业对电解槽大中修不到位，大量电解槽运行时间过久，属于高危作业，存在严重安全隐患，急需从根本上解决问题。综合各方面的情况，启动破产纯属无奈但客观上确为最佳方案。

案件审理情况

一、受理情况

2019 年 12 月 25 日，申请人科技公司向四川省广元市中级人民法院（以下简称广元中院）申请执行债务人借款合同纠纷一案。执行中，除抵押财产抵偿 797631.00 元之外，其余部分未得到清偿。2019 年 12 月 11 日，申请人以债务人不能清偿到期债务且资不抵债，但具有重整价值和可能为由向广元中院申请破产重整。2019 年 12 月 27 日，广元中院裁定受理破产重整，并于 2020 年 3 月 16 日指定四川同方正（广元）律师事务所担任管理人。

二、维持生产经营活动情况

2019年9月12日，债务人将其220台电解槽等生产线经营资产整体租赁给A公司生产使用，租赁期限为2019年9月12日起至2022年12月31日止，年租金为2920.5万元。因债务人与A公司的租赁协议合法有效，终止合同会导致生产设施出现巨大经济损失，减少收入，损害债权人利益和影响职工就业。因此，管理人决定继续履行合同，保障A公司正常的生产经营活动，避免因停业而可能带来的混乱和负面社会影响，稳定了职工情绪，解决了社会稳定问题。

进入重整阶段后，因债务人欠付国网公司巨额电费，国网公司担心继续经营期间的电费得不到保障，要求确认为共益债务，否则将停止供电。为保障A公司的正常经营活动，管理人与国网公司、A公司之间进行了多次沟通、论证，基本形成共识。2020年7月13日，广元中院确认A公司继续租赁经营期间产生的电费为共益债务，同时国网公司与A公司达成协议采取预购电的方式交付电费，保障了重整和清算阶段的正常生产。

三、债权的申报、审查、确认情况

179户债权人申报203笔债权，申报金额为8818644184.41元；审核确认债权137笔，确认金额为1494413844元。其中，共益债务2笔，金额为2193150.44元；优先债权21笔，金额为337256331.8元；税务债权2笔，金额为32626993.38元；普通债权113笔，金额为1126337368元。合并破产B公司11名债权人申报29笔债权，申报金额为195819983.88元；确认12笔金额为84491976.15元。其中，优先债权9笔，金额为72598679.61元，普通债权3笔，金额为11893296.54元。审查认定职工债权共计15359.31万元。

四、破产财产调查、变价情况

（一）财产调查情况

为准确界定破产财产的范围，维护债权人合法权益，管理人与债务人管理层进行了沟通，了解了企业的资产结构及资产现状等情况，并办理了相关财产的调查、清理、盘库手续，在留守人员、评估机构的共同参与下，经过一个多月的努力，彻底查清了公司的全部财产状况。

接管债务人及关联公司印章28枚、账户30余个、银行U盾16个、证照

13 份及公司全部财务凭证。接收土地使用权面积约 258678.89 平方米，房屋建筑面积约 69040.46 平方米及配套的 12 万吨 / 年电解铝产能指标。阳极碳素生产板块工业用途土地使用权面积约 167240.84 平方米，房屋建筑物建筑面积约 56335 平方米。220 台电解槽生产线设施设备、40 辆工艺车辆等、17 大类库存物资数千个品种、规格。接收成都分公司债务资料、董事会、股东会及行政资料等档案，并转运回广元封存，接收并封存职工档案 880 余份。

管理人依法与债务人做好交接清单、移交笔录等交接手续。制作了《企业财产状况调查报告》《破产财产清单》，根据不同状况分类保管，并指定专人负责。

（二）评估情况

在财产状况调查的基础上，管理人经广元中院同意，分别聘请审计机构和评估机构，对公司账目进行了审计，对资产分类进行了评估。破产财产评估总价值为 1071342 万元。

（三）财产变价情况

根据“保主业、剥辅业”的总体处置方案，按照企业生产线结构及资产特性，管理人将其划分为电解铝板块、阳极碳素生产线板块、非生产经营性资产板块、C 公司三工段用地板块、非经营性生产设施设备板块等五个板块，组织人员全面清收清理，依法分类委托评估，因地制宜地制订具体处置方案。基于 C 公司三工段用地的特殊性，经债权人会议同意，除了按照评估价格协议出让外，其余板块资产均通过公开比选或申请法院摇号产生的拍卖机构公开拍卖处置。在制订具体拍卖方案时，及时告知出资人，听取了出资人意见，征求了债委会意见，确定了合理的降价幅度，报合议庭同意后启动拍卖程序。

电解铝板块第一次降价 10% 起拍但无人出价流拍，此时电解铝价格开始逐渐走高，并有较强的上涨趋势。在此情形下，债委会沟通后，同意管理人提出的延缓拍卖待涨的意见。利用这个阶段，管理人总结了第一次流拍的教训，改变了营销策略，要求拍卖机构签署保密协议，团队人员严格保密，对于考察、报名、交纳保证金等单位信息不得向任何第三方透露。在第 2 次公开拍卖时刻，铝价上涨了约 25%，还有上涨的劲头，经过 110 余轮次的竞争加价，电解铝板块财产由 S 铝业公司以 12.25 亿元的价格竞得，比第一次拍卖底价多卖了 5 亿多元，比评估价溢价约 40%；阳极碳素生产线板块资产由 S 铝业公司以 1.05 亿元的价格竞得；非生产性经营资产通过公开拍卖的方式处置价值为573.37万元；协议出让给C公司三工段用地的资产出让价值为3200.15万元，实现资产变价约13.7亿元。

五、破产重整及关联企业清算情况

（一）破产重整情况

重整阶段，管理人根据广元铝产业发展规划要求及债务人的特殊情况，围绕对现有资产的整合和扩大产能的需要，制订了“主业重整、辅业剥离”的重整思路，即以主营业务电解铝生产板块及下游加工产业为重整对象，对存放在碳素项目以及其他与主营业务无关的资产予以剥离处置，减轻破产重整的资金负担。

2021年7月，管理人在公开交易平台发布了破产重整投资人招募公告并定向邀请行业内有意向的生产企业参与重整。10多家企业对债务人重整关注度较高，并进行了实地考察和尽职调查，管理人与各意向投资人就重整出资、期限、资金支付方式、债务清偿、风险控制等具体细节进行了几十轮的谈判、磋商。根据债权审查、资产评估、职工补偿等情况，结合与意向投资人的谈判情况，管理人制订了详细的重整计划草案，召开出资人会议研究讨论方案，并征求了债委会及政府有关部门的意见，形成了最终的重整方案。由管理人牵头组建了由管委会、经信局、财政局、协调组、债委会主席单位参加的重整投资人谈判组，再通过竞争性磋商方式，择优选择了重整投资人，进入最终谈判阶段，经过3轮谈判，由于投资人对20余亿元或有债务担忧，在最终时刻放弃了重整，重整失败。

2020年12月7日，法院裁定宣告铝业公司破产。

（二）关联公司破产及清算情况

2021年1月20日，管理人以B公司与债务人铝业公司名为各自独立的法人，实为人格高度混同的企业为由，向广元中院申请将其纳入债务人实质性合并破产清算。经审查，B公司注册资本由债务人实际出资，工商登记股东实际未投入任何资金。B公司无独立的管理人员，未实际开展业务，仅是债务人的对外融资平台，其人员、管理、业务高度混同。基于对债权人的平等保护，2021年5月11日，广元中院裁定对B公司与债务人铝业公司进行实质性合并破产清算。另1家关联企业单独破产清算，3家关联企业（1家企业涉及外商投资）由管理人组织出资人自行清算注销。

六、迁建工程建设和拆迁安置补偿情况

为支持广元铝产业发展，需将债务人 76 亩的土地使用权整体出让给 C 公司作为三工段建设用地使用。拟调整的土地上建有空压站、冷却水循环系统、氧化铝供料车间、成品厂库、职工食堂、工艺车棚等保障电解铝板块生产所必需的配套设备，不能停产，必须先建好配套设施设备才可以拆迁。此外，该宗地上还有 5 家承租企业所修建的厂房和办公楼及生产线等需要拆迁补偿。管理人接收破产企业后，优先启动了生产配套系统的迁建工作，同时根据迁建项目的建设进度适时启动拆迁安置补偿工作，管理人精心组织谋划，制订了合理的迁建和拆迁方案，以高度的责任感全力推进各项工作，在 6 个月内如期建成迁建项目，完成投资 5000 余万元，大幅度降低了企业的生产能耗，和谐有序地完成了拆迁安置补偿和变价工作，保障了 C 公司的用地需求。

七、花园小区办证和遗留问题的处理情况

花园小区原系债务人为解决职工安居而开发建设，住宅及车库 878 户，其中住宅 712 户，车位 166 户。管理人进场后，职工、购房人反映存在债务人应退还多收的契税、长期未办证、委托办证的人员卷款下落不明等问题。为彻底化解矛盾、解决办证问题，管理人安排专人负责办证工作，查找原委托办证人员，采取措施追收款项。多次与不动产登记机构沟通协调，通过 1 年左右的努力，办理并发放完毕小区所有的不动产权证，退还 548 户业主契税和房款 1263128.42 元，向代理商追回办证预支款项 734654.37 元，彻底解决了长达 15 年的争议。

八、破产财产分配情况

2021 年 8 月 16 日，债务人召开第五次债权人会议表决通过了《破产财产分配方案》，无异议债权人数占有表决权人数的 97.17%，无异议票数所代表的无担保债权金额占无担保债权总金额的比例为 99.74%，相当于全票通过了管理人提交的《破产财产分配方案》，获得了债权人会议的高度认可。

可供分配的财产变现价值为 122338.38 万元，缴纳资产变价环节的增值税及附加、土地增值税、房产税、印花税及代扣所得税 121166501.11 元，清偿破产费用 2271.95 万元、共益债务 2827 万元、职工债权 15359.31 万元、税务债权 2930.29 万元后，有财产担保的优先债权清偿率为 79.63%，小额普通债

权清偿率为100%，大额普通债权的清偿率为76%。在第一次债权分配之后，管理人加大了应收债权的清收力度，追加分配财产168492216.45元。2022年又启动剩余财产追加分配工作，追加分配比例35.87%。大多数优先债权100%受偿，普通债权实现债权受偿率超过90%。

九、破产终结

2022年年底破产财产分配结束。四川省广元市中级人民法院于2022年11月7日裁定破产程序终结。

破产工作思路

一、明确权责、合理分工、严格内控

为保障整个破产工作高效、有序、稳定推进，管理人根据破产事务工作开展的需要，指派18名律师及外聘专业人员、留守人员成立了6个核心小组（资产档案接收管理组、债权申报受理初审组、财务清理及债权审查复核组、破产企业债权清理及诉讼组、劳动关系清理组、综合保障组）和三大专项事务工作团队（维稳团队、C公司三工段用地拆迁团队、异地迁建项目管理团队），聘请了必要的专业人员，建立了团队集体决策制度、分工负责制度、考核制度、值班制度、保密制度、财务制度等多项制度，严格落实团队负责人责任制，交叉复核、相互监督、公示公开等工作总要求，确保各项工作有序有效落实。

二、保生产、保工作岗位

由于债务人主营电解铝生产加工，生产设施设备严重老化，在进入重整之前，整体租赁给A公司生产经营，A公司一旦停产将会导致资产大幅贬值和维护费用显著增加，停产后重启生产设备将增加数亿元启动成本费用。经债权人会议同意，管理人决定继续履行租赁合同，切实解决生产阶段各项问题，保障A公司正常生产经营活动，实现了重整和清算条件下的“完全正常生产”，保住了职工的生产岗位。

三、制订最佳重整和清算方案

根据广元市铝产业发展规划的现实需要，结合资产结构情况，管理人制定了“主业重整、辅业剥离”的重整思路。将破产财产分为重整板块——电解铝板块资产整体重整或整体处置；剥离板块——铝用阳极碳素生产线板块整体出卖；分类处置——非生产经营性资产板块分开处置；拆迁板块——C公司三工段用地板块资产依法拆迁安置补偿；重建板块——对保障电解铝生产配套的空压站、冷却循环水系统、氧化铝供料车间、成品仓库、危废库、维修车间、生活食堂采取异地建设。2020 年 7 月 9 日，第一次债权人会议上表决通过了管理人制订的上述方案。实践证明，上述方案合理有效，对资产变价起到了最优作用。

四、充分发挥府院协调机制作用

在广元中院受理破产重整案件后，根据案件的复杂程度和审理案件的需要，广元市人民政府和广元中院建立府院协调机制，对跨部门协调的重大事项，根据管理人的请求及时启动府院协调机制，多次研究解决破产案件中的重大疑难事项，对案件的审理起到不可或缺的推动作用。合议庭根据管理人的申请，及时协调解决相关问题，给予指导和支持，并组织协调化解矛盾，推动了案件各项工作的顺利开展。经开区管委会、政府相关部门、政府协调组安排专人全力支持管理人的工作，保障了生产、重整、清算、财产变价、职工安置、迁建等环节的有序衔接和整体推进。

五、建立债委会有效沟通机制

管理人和债委会成员建立了有效的常态沟通机制，常态化召开债权人委员会，建立良性互动关系，重大决策事项决定前先提交债委会进行充分研究讨论，听取债委会意见，寻求共识和支持。债委会主席单位安排专人参与破产全过程，全程监督，充分履行了监督职能，管理人为债委会成员日常参与破产清算工作创造了有利条件，提供了履职便利，良好的监督机制保障了管理人正确履职。

六、严把债权审查质量关

管理人制作了债权申报证据指引、详细的债权申报流程、专门的债权申报表格，安排专人全程指导债权申报工作，为债权人申报债权提供“保姆式”的服务。

在债权审查环节，严把质量关。由于债务人债权债务关系复杂，特别是委托借贷、隐名借贷、转贷等债权关系中，一笔债权往往存在主债权人、多个担保人、多个反担保人、多个抵押权人或质押权人等数十个主体，还有的涉及票据承兑、票据转让、应收账款质押等问题，往往一笔债权由多个主体申报，合同关系复杂，稍不留神就会出现争议。清算团队建立了初审组、复核组，对同一笔债权多次交叉复核，遇到疑难问题及时向合议庭汇报，由合议庭给出指导意见。对争议较大的债权，管理人以主债权人的申报为切入点，顺藤摸瓜，把合同关系不同但涉及同一笔债权的每一个环节梳理出来，把不同的申报主体邀请在一起沟通协调，充分听取各方陈述和辩解，力争形成共识，确保债权审查不出现错误和偏差。就协调解决债权争议，管理人召开了近百次专题协调会议，逐一梳理相关问题，经过团队认真负责的审查，由190户债权人申报的245笔债权，申报金额为9014464168.29元；最终审核确认债权149笔，金额为1578905820.15元。债权申报审查工作成效显著，得到了各方的充分肯定与高度认可，为财产分配打下了良好的基础。

七、强营销、重保密、抓机遇

在重整阶段，管理人在专业报刊、专业网络、全国企业破产重整案件信息网等信息公开平台发布了重整投资人招募公告，并向行业内数十家电解铝生产企业进行了定向营销推广，向有意向的投资人发送了邀请函，重点营销。国内知名的10余家电解铝及相关企业进行了实地考察，完成了尽职调查。管理人制定了严格保密制度，吸取第一次流拍的教训，严禁拍卖公司及团队人员向任何第三方披露涉尽职调查、报名、交纳保证金等信息，避免相互串通、恶意压价、不当干预等情形。在选择拍卖的时点上，管理人充分分析了电解铝的价格走势，在第一次流拍后，报经债权人委员会、合议庭同意，推迟了拍卖时间，持物待涨，在上涨劲头强劲的时刻，果断开拍，实现了预期目标，确保了资产价值最大化。

八、合理利用市场竞争机制，降低破产费用

因需对债务人进行资产评估、拍卖、财务审计等，为节省破产费用，经合议庭同意，管理人采取人民法院摇号和公开比选、竞争相结合的方式。本

着“效率优、费用省”的原则选定中介机构，充分利用市场竞争机制，有效降低破产费用，节约了破产清算成本，优化了营商环境。

九、多项举措促稳定

接管债务人后，管理人成立维稳组，从管理层中择优指定留守人员，选择优秀职工参与维稳工作，定向排查、收集、跟踪不稳定因素，发现苗头问题及时出面解决。第一时间安排 18 名团队律师进入厂区，利用午餐、晚餐时间，多次和职工面对面沟通，发放破产宣传资料，加大对破产法律法规的宣讲，稳定职工人心。制定值班制度，全过程接待上访职工，解答债权人、职工提出的相关法律问题，纾解矛盾，同时充分保障了职工、债权人、债务人、出资人等各方利益主体的知情权、参与权、监督权、表决权。

转入清算程序后，出资人、管理层对宣告破产提出了异议，并采取信访、堵门、贴大字报、威胁、恐吓等手段想方设法赶走管理人，期望终止破产程序，管理层个别人员基于自身考量成为最不稳定的因素。个别债权人、职工等在原管理层个别人员的挑唆下，煽动是非，采取违法手段维权上访，无理纠缠管理人团队工作人员，给清算工作带来了严峻的考验。管理人耐心细致地接受债权人的咨询，主动积极调解债权人之间的分歧和矛盾。

面对各方压力与层出不穷的问题，管理人不回避不退让，迎难而上，抓住关键问题、关键人，果断采取法律手段维权。同时，千方百计筹集资金补发了待岗职工的生活费 189.97 万元，支付了职工集资款 547.6 万元，补交了五项社会保险共 1868.27 万元，为职工和原购房业主办理了不动产权证书 700 余户，依法追回违法违规损失 105.63 万元，让职工得到了实惠，让职工看到了希望，看到了管理人的勤勉尽职，确保了破产清算阶段的职工稳定，维护了破产清算工作的有序推进。

案件点睛

债务人及关联企业实质性合并破产案件，在缺乏合适的投资人的情况下重整未成功，及时由重整转入清算程序。在清算阶段，根据关联企业的实际情况，确定了合并破产 2 家、单独破产 1 家与自我清算 3 家相结合的总体清算思路，实践证明，该方案策略符合客观实际情况，清算效率高。

审理过程中，管理人充分遵循市场规律，兼顾广元市铝产业发展规划目标，实现了C公司扩大产能的目标，提高了土地利用率。管理人在短期内自我实现极其复杂的多生产线迁建工程和多家企业的拆迁安置补偿，这不仅是一次严峻的考验，也是一次有益的尝试。在租赁企业倒欠债务人7106825.07元债务的情形下，被拆迁企业面临数百人的集资款兑付，管理人制订以拆迁资产评估价值为依据的补偿方案，多次召开债权人会议说明情况，取得债权人的谅解，形成决议同意放弃到期债务，再补偿被拆迁企业拆迁款477万元用于解决几百人的集资款问题，化解了矛盾。债权人顾全大局，支持广元经济社会发展，这在破产清算案件中实属宝贵。

充分考虑企业现状，制定“主业重整、辅业剥离”和“分类处置”资产的方案，打破利益壁垒，抓住了市场最佳时机，实现破产资产价值的最大化。在重整和清算阶段，不仅保证了企业持续有效安全生产，保住了872名职工的工作岗位，还高标准安置补偿了872名职工；债权人的货币清偿率达到90%以上，这在破产清算中实属凤毛麟角。管理人坚守住法律底线，抵御了不当干预和诱惑，尽责履职，正确用“权”，充分利用团队成员多专业、多技能的优势，高效组织，针对具体问题采取灵活有效的应对措施，盘活了企业的存量资产，带来了增量投资，化解了政府平台债务，实现了企业涅槃重生，又促进了当地铝产业发展，取得了职工、债权人、债务人、出资人均满意的良好效果。事实证明，在困难企业的处置中，采取法律手段才是最佳方案。

案例编写人 四川同方正（广元）律师事务所 徐忠成 黄 莉

专家点评

辜明安 西南财经大学法学院教授、博士生导师，中国法学会民法学研究会理事

破产清算不是单纯的债务清偿，而是通过对破产财产的合理分配，维护债权人和债务人的合法权利，维持正常的社会经济秩序。本案可圈点之处在于，在多方协调下，实现了债权人的利益最大化，维持了企业的经营秩序，妥善解决了职工安置等问题，达到了债务清偿、有序经营与社会稳定的多重效果。本案的典型意义在于：第一，合理利用市场机制，以适当的营销策略，降低清算成本，实现破产财产价值的最大化；第二，精心组织和周密谋划，根据债务人资产结构的实际情况，对不同资产实行分类处置，实现了债务人财产变价与有序经营的协调；第三，有效发挥府院联动机制的作用，在地方政府支持下实现了债务清偿、正常生产、职工安置的有序衔接和整体推进。

相关法条

《中华人民共和国企业破产法》

第二条 企业法人不能清偿到期债务，并且资产不足以清偿全部债务或者明显缺乏清偿能力的，依照本法规定清理债务。

企业法人有前款规定情形，或者有明显丧失清偿能力可能的，可以依照本法规定进行重整。

第三条 破产案件由债务人住所地人民法院管辖。

第十三条 人民法院裁定受理破产申请的，应当同时指定管理人。

第十四条 人民法院应当自裁定受理破产申请之日起二十五日内通知已知债权人，并予以公告。通知和公告应当载明下列事项：

（一）申请人、被申请人的名称或者姓名；

（二）人民法院受理破产申请的时间；

（三）申报债权的期限、地点和注意事项；

（四）管理人的名称或者姓名及其处理事务的地址；

（五）债务人的债务人或者财产持有人应当向管理人清偿债务或者交付财产的要求；

（六）第一次债权人会议召开的时间和地点；

（七）人民法院认为应当通知和公告的其他事项。

第二十三条 管理人依照本法规定执行职务，向人民法院报告工作，并接受债权人会议和债权人委员会的监督。

管理人应当列席债权人会议，向债权人会议报告职务执行情况，并回答询问。

第二十五条 管理人履行下列职责：

（一）接管债务人的财产、印章和账簿、文书等资料；

（二）调查债务人财产状况，制作财产状况报告；

（三）决定债务人的内部管理事务；

（四）决定债务人的日常开支和其他必要开支；

（五）在第一次债权人会议召开之前，决定继续或者停止债务人的营业；

（六）管理和处分债务人的财产；

（七）代表债务人参加诉讼、仲裁或者其他法律程序；

（八）提议召开债权人会议；

（九）人民法院认为管理人应当履行的其他职责。

本法对管理人的职责另有规定的，适用其规定。

第六十七条第一款 债权人会议可以决定设立债权人委员会。债权人委员会由债权人会议选任的债权人代表和一名债务人的职工代表或者工会代表组成。债权人委员会成员不得超过九人。

第七十二条 自人民法院裁定债务人重整之日起至重整程序终止，为重整期间。

第七十九条 债务人或者管理人应当自人民法院裁定债务人重整之日起六个月内，同时向人民法院和债权人会议提交重整计划草案。

前款规定的期限届满，经债务人或者管理人请求，有正当理由的，人民法院可以裁定延期三个月。

债务人或者管理人未按期提出重整计划草案的，人民法院应当裁定终止重整程序，并宣告债务人破产。

第八十条 债务人自行管理财产和营业事务的，由债务人制作重整计划草案。

管理人负责管理财产和营业事务的，由管理人制作重整计划草案。

第八十一条 重整计划草案应当包括下列内容：

（一）债务人的经营方案；

（二）债权分类；

（三）债权调整方案；

（四）债权受偿方案；

（五）重整计划的执行期限；

（六）重整计划执行的监督期限；

（七）有利于债务人重整的其他方案。

第八十八条 重整计划草案未获得通过且未依照本法第八十七条的规定获得批准，或者已通过的重整计划未获得批准的，人民法院应当裁定终止重整程序，并宣告债务人破产。

第一百一十一条 管理人应当及时拟订破产财产变价方案，提交债权人会议讨论。

管理人应当按照债权人会议通过的或者人民法院依照本法第六十五条第一款规定裁定的破产财产变价方案，适时变价出售破产财产。

第一百一十二条 变价出售破产财产应当通过拍卖进行。但是，债权人会议另有决议的除外。

破产企业可以全部或者部分变价出售。企业变价出售时，可以将其中的无形资产和其他财产单独变价出售。

按照国家规定不能拍卖或者限制转让的财产，应当按照国家规定的方式处理。

第一百二十条 破产人无财产可供分配的，管理人应当请求人民法院裁定终结破产程序。

管理人在最后分配完结后，应当及时向人民法院提交破产财产分配报告，并提请人民法院裁定终结破产程序。

人民法院应当自收到管理人终结破产程序的请求之日起十五日内作出是否终结破产程序的裁定。裁定终结的，应当予以公告。

《最高人民法院关于适用〈中华人民共和国企业破产法〉若干问题的规定（二）》

第一条 除债务人所有的货币、实物外，债务人依法享有的可以用货币估价并可以依法转让的债权、股权、知识产权、用益物权等财产和财产权益，人民法院均应认定为债务人财产。

第三条 债务人已依法设定担保物权的特定财产，人民法院应当认定为债务人财产。

对债务人的特定财产在担保物权消灭或者实现担保物权后的剩余部分，在破产程序中可用以清偿破产费用、共益债务和其他破产债权。

⑱ 小中担保公司申请山水房地产公司破产重整案

——基础债权存在争议引起重整条件不成就

案件索引

广西壮族自治区南宁市良庆区人民法院（2023）桂0108破申1号（2023年4月12日）

基本案情

2018年3月9日，小中担保公司（以下简称小中公司）与山水房地产公司（以下简称山水公司）签订了最高额18.8亿元的《最高额委托保证合同》，约定小中公司为山水公司在金大小额贷款公司（以下简称金大公司）2016年11月22日至2022年11月21日期间的借款提供保证担保，山水公司对小中公司的保证提供土地抵押作为反担保。

小中公司与金大公司同属于某地方国有融资平台的全资子公司，具有关联关系。

山水公司的全部借款到期后，小中公司分别于2022年3月4日、3月7日单方主动向金大公司进行代偿，代偿总额为15.9亿元。

2022年11月3日，小中公司以山水公司未清偿15.9亿元代偿款为由，向广西壮族自治区南宁市良庆区人民法院申请山水公司破产重整。

核心争议焦点

在基础贷款的真实性、合法性存在争议的情况下，小中公司的代偿行为是否真实客观，其代偿所形成的债权是否成立？

当事人各方观点及思维分析

小中公司申请破产重整的观点与理由：山水公司与金大公司签订了完整的借款合同，借款事实已经发生，且出现了逾期的事实。如果小中公司依据保证合同实施代偿，山水公司对代偿款的清偿为零，那么，债权成立且金额清楚明确，山水公司明显缺乏清偿能力，符合重整的条件。

山水公司抗辩的理由是：第一，山水公司与金大公司之间的基础贷款，存在变相高利贷的情形，主要包括：（1）金大公司设置贷款年限为半年、一年期的短期贷款，利用山水公司项目不可能在短期内回款的软肋，迫使借款人在借款到期后为了保持信誉不得不频繁倒贷，使利息不断地利滚利。（2）为了规避高利贷监管，金大公司、小中公司的母公司以财务顾问费、保险费等形式变相收取高利息。（3）金大公司、小中公司人为在金大公司和山水公司之间设置担保方，撇开山水公司的土地可以直接抵押担保的事实，达到收取担保费的目的。在山水公司逾期之时，小中公司和金大公司可以轻松利用关联关系进行代偿，代偿以后再向山水公司追偿并按照 LPR 的 4 倍主张违约金，名正言顺地把借款利率变更为高额的违约金。

第二，在金大公司向山水公司总共发放的 60.1 亿元的贷款中，有 47.8 亿元为进来就立即转回的不真实贷款，在小中公司的代偿明细里，有 10.59 亿元为此类不真实贷款。

第三，基于以上两种情形，山水公司与金大公司正在以诉讼和协商的方式对基础贷款的金额进行核对，双方正在按照整体债务的思路确定未清偿的原始贷款本金及利息，小中担保公司单方以单笔贷款的形式进行代偿，忽略了高利息和贷款不真实的事实，山水公司不承认小中公司的代偿行为。

第四，山水公司抵押在金大公司和小中公司名下的土地评估价值为 32 亿元，明显大于小中公司主张的代偿金额，即使小中公司的代偿债权真实合法，也不足以需要通过破产重整程序予以实现。

第五，在山水公司的公章、印鉴、银行账户、营业执照等全部主体资料被小中公司、金大公司共同控制的背景下，在山水公司的项目被政府列为保交楼项目的情况下，小中公司申请破产重整是恶意的，将使山水公司陷入更大的风险中。

代理思路

笔者作为山水公司的代理人，整理了山水公司与作为地方国有融资平台的金大公司、小中公司及其关联公司之间的全部资金往来明细，总结出涉案融资模式的以下特征：借款期限短，往来资金量大，大量资金呈现“进来即回去”的闭环，利息、财务顾问费、担保费、保险费、代偿违约金等息费名目多。在全面了解客观事实后，代理人的初步结论是：这是一种利用借款期限短和增加贷款中间环节的方式，合法合规地获得高额利润的放贷模式，但合法合规仅仅是形式上的，实质上，多环节收取息费的主体具有关联关系，收取的息费应纳入整体贷款中进行成本审查。

代理人查阅了国务院解决“融资贵”“融资难”相关问题的文件以及最高人民法院相关指导意见。《国务院关于进一步支持小型微型企业健康发展的意见》指出，严格限制金融机构向小型微型企业收取财务顾问费、咨询费等费用，清理纠正金融服务不合理收费。根据《最高人民法院关于进一步加强金融审判工作的若干意见》第2条，金融借款合同的借款人以贷款人同时主张的利息、复利、罚息、违约金和其他费用过高，显著背离实际损失为由，请求对总计超过年利率24%的部分予以调减的，应予支持，以有效降低实体经济的融资成本。

根据上述两个文件，代理人认为，金大公司、小中公司作为非银行金融机构，利用关联主体收取没有真实财务顾问服务的财务顾问费，属金融监管部门的监管范围，司法实践中，人民法院也是按照不当得利的法律关系认定返还的责任。而利用关联主体互相配合收取利息、担保费、保险费、违约金，是典型的“以合法形式掩盖高息”的目的，应该对年利率的上限进行审查。那么，审查年利率的上限是24%还是LPR的4倍呢？在民间借贷的年利率上限调整为LPR的4倍时，司法实践并未明确要对金融借款合同年利率24%的上限继续往下调整，那么能否主张上限为LPR的4倍呢？

《全国法院民商事审判工作会议纪要》中规定，“人民法院在审理借款合同纠纷案件过程中，要根据防范化解重大金融风险、金融服务实体经济、降低融资成本的精神，区别对待金融借贷与民间借贷，并适用不同规则与利率标准。要依法否定高利转贷行为、职业放贷行为的效力，充分发挥司法的示范、引导作用，促进金融服务实体经济。要注意到，为深化利率市场化改革，推动降低实体利率水平，自2019年8月20日起，中国人民银行已经授权全国银行间同业拆借中心于每月 20 日（遇节假日顺延）9 时 30 分公布贷款市场报价利率（LPR），中国人民银行贷款基准利率这一标准已经取消。因此，自此之后人民法院裁判贷款利息的基本标准应改为全国银行间同业拆借中心公布的贷款市场报价利率。”其中，第 51 条规定：“金融借款合同纠纷中，借款人认为金融机构以服务费、咨询费、顾问费、管理费等为名变相收取利息，金融机构或者由其指定的人收取的相关费用不合理的，人民法院可以根据提供服务的实际情况确定借款人应否支付或者酌减相关费用。”

笔者认为，人民法院审理金融借款合同纠纷案件时，应将“防范化解重大金融风险、金融服务实体经济、降低融资成本”的精神作为依据。既然民间借贷的利率都已经调整为 LPR 的 4 倍，金融机构特别是本案这样的地方国有融资平台，其设立的初衷是为了解决中小企业“融资贵”“融资难”的问题，而且其具备的风险控制手段比民间借贷公司更加完善，向这些机构进行贷款的风险会更小，所以，金融借款利率应该比民间借贷低，那么，人民法院应该按照 LPR 的 4 倍对整体融资成本进行审查。

基于以上思考，代理人向法院陈述如下意见：借款合同和担保合同确实是山水公司、金大公司、小中公司三方自愿签订的，但涉及借款期限长短等合同内容以及撇开土地可以直接抵押给出借方金大公司的事实而人为设置小中公司担保这一中间环节，是山水公司无法左右的。借款期限短直接导致了频繁“借新还旧”使旧的利息被“利滚利”，担保这一中间环节导致了担保费和代偿违约金的产生。再加上利用关联公司收取财务顾问费、保险费的事实，整体融资成本应按照法律规定和人民法院司法实践中形成的“防范化解重大金融风险、金融服务实体经济、降低融资成本”的精神，以 LPR 的 4 倍作为上限进行合法性审查。破产程序中，人民法院显然无法对基础债权的真实性和准确性作出认定，故应予驳回小中公司的破产重整申请。

代理点睛

在以往司法实践并未明确将“高息转本”、非银行金融机构的关联企业收取财务顾问费、保险费认定为违法的情况下，代理人将走账资金几倍于原始借款本金的特征和资金进来即回去的闭环特征淋漓尽致地展现在法官面前，让法官意识到房地产市场今非昔比，这样典型的垒高债务的金融模式是该肯定还是否定，应由法院进行实体审理进而作出判断，并非通过进入破产程序而被回避。

审判观点

法院经审理认为：《企业破产法》第2条规定，企业法人不能清偿到期债务，并且资产不足以清偿全部债务或者明显缺乏清偿能力的，依照《企业破产法》规定清理债务。企业法人有前述情形，或者有明显丧失清偿能力可能的，可以依照《企业破产法》的规定进行重整。本案中，对于山水公司所负债务是否存在、数额多少这一基础性问题，小中公司与山水公司尚存在较大争议。因双方之间的债权债务尚未通过协商一致确认或司法裁判等方式予以明确，在此情况下，山水公司是否存在不能清偿到期债务、资不抵债、明显缺乏或丧失清偿能力等情形，亦缺乏评判基础。小中公司所举证据不足以证明山水公司符合法律规定的重整条件，根据《企业破产法》第12条第1款的规定，裁定对小中公司的重整申请，不予受理。

案例编写人 北京瀛和（三亚）律师事务所 贺婵娟

专家点评

温世扬　　武汉大学法学院教授、博士生导师，中国法学会民法学研究会副会长

在小中公司对于山水公司是否享有债权及债权数额存在争议的情形下，小中公司以山水公司明显缺乏清偿能力为由向人民法院申请进行破产重整的主张，并未得到法院支持。本案在事实认定和法律适用方面均值得肯定，其主要价值在于，从债权是否能够得以确定的角度细化了破产重整的前提要件，避免了在债权人不明或债权存在争议的情形下，通过破产重整程序对债务人的正常经营秩序造成不利影响，对于保护债务人的合法权益、维护正常的市场经济秩序具有重要意义。

相关法条

《中华人民共和国企业破产法》

第二条 企业法人不能清偿到期债务，并且资产不足以清偿全部债务或者明显缺乏清偿能力的，依照本法规定清理债务。

企业法人有前款规定情形，或者有明显丧失清偿能力可能的，可以依照本法规定进行重整。

⑲ 自贡大业高压容器有限责任公司破产清算案

——破产企业职工社保问题困境与解决

案件索引

四川省自贡市中级人民法院（2019）川03破申12号（2020年4月7日）

四川省自贡市自流井区人民法院（2020）川0302破2号（2020年5月14日）

基本案情

自贡大业高压容器有限责任公司（以下简称大业公司）前身为创建于1966年的自贡市高压容器厂，是三线建设的内迁企业，原为自贡市国资委直属企业。2003年自贡市高压容器厂优资破产，在500多名职工出资竞购破产资产的基础上，成立了大业公司。因经营管理不善，加之资金链断裂，大业公司于2014年进入半停产状态，直至2020年4月7日进入破产程序。法院受理破产申请时，大业公司有在册职工229人，职工债权人有602人，职工债权金额约为3300万元，拖欠社保费约为5100万元。

经债权人申请，四川省自贡市中级人民法院于2020年4月7日，以（2019）川03破申12号民事裁定书依法受理了大业公司破产清算案，并指定四川省自贡市自流井区人民法院（以下简称自流井区法院）审理此案。2020年5月14日，自流井区法院以（2020）川0302破2号决定书指定四川希正律师事务所为大业公司破产管理人。

本案难点

一、社会维稳工作难度大

如前所述，大业公司前身为三线老工业企业，已有几十年的建厂历史，职工人数众多，相互联系紧密，破产受理前，因拖欠职工工资和社保欠费、法院对大业公司财产采取了强制执行措施等原因，多次发生几十名职工在法院、政府聚集的群体性事件。进入破产程序前期也发生了多次到区委、区政府，市委、市政府的群体性聚集事件。

二、社会保险问题处理难度大

职工对社保欠费的诉求与现实发生冲突。职工认为，社保欠费是多年累积形成的，《社会保险法》赋予了社会保险费征收机构强制征收社会保险费的职责，高额的社保欠费必须解决。而本案中破产财产大部分为抵押财产，导致第二顺序的社保债权清偿为零，与职工的诉求差距巨大。

（一）欠费金额巨大，化解难度高

大业公司五大社保欠费高达5100万元（本金加利息、滞纳金），涉及职工405人，职工认为，社保欠费是政府不作为造成的，政府有责任解决。《企业破产法》规定的社保债权清偿为第二顺序，由于第一顺序的职工债权为3350万元，社保债权在本案中的清偿为零。

（二）社保欠费下，职工退休、社保关系转移处理的性质认定和法律适用存在困境

大业公司因社保欠费，职工劳动关系变更或退休时只能采取由职工本人按“下车买票”的方式补缴欠费，加之补缴的欠费包括公司和个人部分，造成进入破产程序后这部分债权的申报、性质认定和如何适用法律的问题难以解决。

（三）失业保险功能启动具有障碍

企业进入破产清算，导致大部分职工失业，由于该部分群体经济普遍十分困难，失业保险所规定的两年过渡期对他们来说相当重要，但在失业保险欠费的状态下，根据现在的《社会保险法》的规定及本案破产财产的现实状况，职工不能享受失业保险待遇。

重整成功的原因

一、管理人解决问题的制度创新

（一）基本生活维稳费的创新设计和处理

大业公司进入破产程序前就已停产多年，多次发生职工群体上访事件，特别是在破产前为维护稳定，当地政府要求大业公司无论如何也要首先满足职工的基本生活保障，给职工每月发放1155元的生活费。进入破产程序后，根据《企业破产法》的相关规定，破产受理后，除了破产费用及共益债务可随时支付外，包括职工债权在内的所有债权都必须依法定程序进行分配。对于管理人来说，这是首先要解决的问题，破产受理前形成了每月支付1155元生活费用的惯例，如贸然全部停止支付，势必会引发更大的社会稳定问题。为解决此矛盾，管理人基于对大业公司破产财产及破产债权的初步了解和分析，创新性地起草了一个特别方案即《提前支付部分职工债权方案》，作为债权人会议表决的内容之一，提交债权人会议审议表决，并在召开债权人会议时向全体债权人进行说明，释明了提前支付部分职工债权的原因、理由及方式。债权人会议表决通过了该方案，为该方案的实施做好了合法性的准备。同时，采取各种方式与职工沟通，使绝大多数职工清楚了公司的现状，调整心态，接受了管理人在账上有钱的情况下，才发放生活费的事实，化解了矛盾，树立了信用。

（二）发挥公司工会等群团组织的作用

管理人在大业公司工会的大力配合下，争取到了省政府、市政府和工会“春节送温暖”“金秋助学”“专项扶贫”等专项资金，为大业公司符合条件的困难职工积极争取困难补助，每年救助的困难职工约200人，从管理人进入到现在，争取回来的资金总金额在100万元左右，化解了社会矛盾，最大限度地减少了社会不稳定因素。

（三）启动失业保险创新设计和处理机制

虽然大业公司的失业保险只欠20多万元，补齐后职工就可享受失业保险待遇。但问题在于，由于没有明确规定，现在的社保管理部门是不接受单独补缴失业保险费的，且由于社保欠费清偿是第二顺位，在破产清算中几乎是不能得到清偿的。由此，管理人向法院提交了一篇专题报告，提出创新性的解决思路和办法并得到了法院的认可。管理人的解决办法是，首先通过大业公司工会，征得第一顺位绝大部分职工的同意，在分配前先行补齐失业保险欠费（不能享受此待遇的职工如提出异议，就由其他享受了的职工在职工债权分配时扣除相应比例解决，由于分摊到每个职工的比例非常小，所以没有职工提出异议）。操作程序上，采取由职工代表向管理人提出用破产财产先期清偿补缴失业保险欠费的书面申请的方式进行。另外，管理人提出“没有明确规定，也可以理解为没有规定不能单独补缴齐失业保险”的观点，并通过政府协调社保部门“开绿灯”，在市、区两级政府的协调下，说服社保部门接受了管理人的观点，同意单独补缴失业保险。最终，失业保险补缴成功，失业职工享受了失业保险待遇。此举帮助了许多生活非常困难的职工，尤其是年龄很大、夫妻双方都在大业公司工作的双职工获得基本生活保障。

（四）社保欠费处理的创新设计

通过对大业公司破产债权申报审查以及对破产财产的梳理、分析，破产债权总额为 2.1 亿元。中国长城资产管理公司成都分公司（以下简称长城公司）享有其中的 1.02 亿元破产债权，其中有抵押的优先受偿的债权为 6664 万元，抵押物主要为土地、房屋，评估价值为 6022 万元。在法院的大力支持下，经管理人多次与长城公司交流得知，由于长城公司是国有企业，不能让渡优先受偿分配金额来解决社保欠费问题，但长城公司可以进行债权的整体转让。

了解到上述情况后，管理人提出了创新性的解决思路：在政府的支持下，管理人与准备在当地落户的相关公司几经谈判达成共识，最终形成了由相关公司以优惠价格受让长城公司对大业公司的破产债权，相关公司在保障成本的前提下，用分配得到的溢价款交由管理人专项补缴大业公司部分社保欠费，最大限度地为职工解决社保问题。由于补缴款项来源于优先权人对于优先受偿权的让渡，没有损害其他破产债权人的利益，并不违反破产法关于破产财产分配的规定。管理人为此专门起草了解决方案，以及方案所需的各种协议、文件资料，并在当地政府、法院的大力支持下，管理人同政府、法院一起和不同主体，参加了三十几轮的各种谈判、协调会议，目前该方案已成功实施，解决了大业公司 70% 的社保欠费问题，得到了政府、法院、职工的全面认可和赞扬。

二、充分发挥府院联动机制的效能

管理人在本案中创新方案，没有政府、法院的支持是不可能成功的。首先是职工理解和配合的问题，管理人、政府、法院各自发挥优势，相互配合与职工进行各种沟通。另外，管理人与长城公司就债权转让方式、价格、实施进行的各种沟通，以及与让渡权益的公司谈判、与社保管理机构协商沟通等都离不开政府和法院的支持。

案件点睛

一、本案暴露了破产制度建设在社会保险方面的不足之处

《企业破产法》是一部综合性的、偏程序性的法律，破产程序实务中所涉及的法律、法规相当广泛，但现行《企业破产法》及其相关司法解释和相关文件缺乏对破产受理后职工劳动关系及与之相应的职工工资、生活费、社保费用缴纳，对破产受理后劳动关系的解除以及与之相应的社保关系之转移的制度设计或可操作性的细致规定。上述问题所涉及的相关法律规定并不明确甚至存在一定的冲突，进而引发了破产实务中部分问题的解决无法可依的困境。

然而问题在于，虽然社保等职工问题如此敏感，但我国《公司法》《劳动法》以及《社会保险法》等法律法规，对以上问题的处理在规定上存在一定的冲突，破产实务中也因此存在对职工权益保护措施与方式不同的理解。

二、管理人解决问题的创新措施，为破产制度建设提供了实际案例的参考

本破产案件中，管理人为维护稳定，突破《企业破产法》条文对于债权人会议职能的设置，充分发挥债权人会议在破产程序中权力机构的作用及主观能动性，使先期支付职工生活费的方案得以实施；采用有优先权的破产债权附条件的转让，使处于第二顺序的社保债权得到一定程度的清偿，最大限度地化解了矛盾；引导职工债权人自主决定分配权益的功能，充分利用府院联动机制，创造了失业保险欠费优先补齐；启动失业保险功能，保障了最困难群体的最低生活水平，维护了基本的公平，化解了影响社会稳定的重大风险。

三、阐释了管理人主观能动性在破产案件中的重要性，对管理人队伍的建设提出了更高的要求

破产案件基本可以涵盖各种法律关系的处理，对管理人的法律素养提出

了更高的要求。同时，破产案件下管理人还要对财务会计制度、企业基本管理有相当的熟悉度。本案的成功处理，要求管理人不仅要有完备的法律知识、财务管理、企业管理知识，还要有一定的综合能力和实践经验，尤其对管理人、负责人提出了更高的要求——能根据不同的实际情况，采取不同的处理方案。同时，管理人必须勤勉尽责，必须要有一定的担当和社会责任感，才能做好破产案件的管理人工作。

案例编写人　四川希正律师事务所　殷　湧
四川省自贡市自流井区人民法院　林　洁

专家点评

辜明安　西南财经大学法学院教授、博士生导师，中国法学会民法学研究会理事

企业破产案件涉及多方利益，妥善处理不同主体之间的关系，真正做到"案结事了"殊为不易。本案的亮点在于，破产管理人积极作为，以创新的工作思路和方案设计，在当地政府的支持下协调相关各方主体利益，较好地解决了失业保险和社保欠费补缴等棘手问题，在现有法律框架下成功化解了矛盾。本案例的典型意义在于：第一，恰当的清算策略和切合实际的方案设计是破产清算顺利进行的重要因素，因此要求管理人团队有较高的专业能力和勤勉尽责的担当精神；第二，有机协调的府院联动机制是成功清算的关键，破产清算必须与地方政府相关部门密切配合，协调运行；第三，破产清算及其配套制度的有效衔接是成功清算的制度保障，应尽快完善破产清算的制度体系。

相关法条

《中华人民共和国企业破产法》

第四十八条　债权人应当在人民法院确定的债权申报期限内向管理人申报债权。

债务人所欠职工的工资和医疗、伤残补助、抚恤费用，所欠的应当划入职工个人账户的基本养老保险、基本医疗保险费用，以及法律、行政法规规定应当支付给职工的补偿金，不必申报，由管理人调查后列出清单并予以公示。职工对清单记载有异议的，可以要求管理人更正；管理人不予更正的，职工可以向人民法院提起诉讼。

第一百零九条 对破产人的特定财产享有担保权的权利人，对该特定财产享有优先受偿的权利。

第一百一十三条 破产财产在优先清偿破产费用和共益债务后，依照下列顺序清偿：

（一）破产人所欠职工的工资和医疗、伤残补助、抚恤费用，所欠的应当划入职工个人账户的基本养老保险、基本医疗保险费用，以及法律、行政法规规定应当支付给职工的补偿金；

（二）破产人欠缴的除前项规定以外的社会保险费用和破产人所欠税款；

（三）普通破产债权。

破产财产不足以清偿同一顺序的清偿要求的，按照比例分配。

破产企业的董事、监事和高级管理人员的工资按照该企业职工的平均工资计算。

第一百一十五条第一款 管理人应当及时拟订破产财产分配方案，提交债权人会议讨论。

第一百一十六条第一款 破产财产分配方案经人民法院裁定认可后，由管理人执行。

《中华人民共和国劳动合同法》

第四十四条第一款第四项 有下列情形之一的，劳动合同终止：

（四）用人单位被依法宣告破产的；

《中华人民共和国社会保险法》

第四十六条 失业人员失业前用人单位和本人累计缴费满一年不足五年的，领取失业保险金的期限最长为十二个月；累计缴费满五年不足十年的，领取失业保险金的期限最长为十八个月；累计缴费十年以上的，领取失业保险金的期限最长为二十四个月。重新就业后，再次失业的，缴费时间重新计算，领取失业保险金的期限与前次失业应当领取而尚未领取的失业保险金的期限合并计算，最长不超过二十四个月。

《全国法院破产审判工作会议纪要》

27. 企业破产与职工权益保护。破产程序中要依法妥善处理劳动关系，推动完善职工欠薪保障机制，依法保护职工生存权。由第三方垫付的职工债权，原则上按照垫付的职工债权性质进行清偿；由欠薪保障基金垫付的，应按照企业破产法第一百一十三条第一款第二项的顺序清偿。债务人欠缴的住房公积金，按照债务人拖欠的职工工资性质清偿。

《最高人民法院关于实行社会保险的企业破产后各种社会保险统筹费用应缴纳至何时的批复》

参加社会保险的企业破产的，欠缴的社会保险统筹费用应当缴纳至人民法院裁定宣告破产之日。

20 宁波某电子科技有限公司诉和某（上海）货运代理有限公司海上货运代理合同纠纷案

——明晰提单与快运货单的性质差异，合法保护FOB贸易术语下实际托运人权益

案件索引

一审： 宁波海事法院（2021）浙72民初2286号（2022年3月4日）

二审： 浙江省高级人民法院（2022）浙民终441号（2022年6月27日）

基本案情

宁波某电子科技有限公司（以下简称电子公司）作为卖方向国外买方A.S.BV公司出售一批加湿器，约定贸易术语为FOB宁波。2021年9月，电子公司委托和某（上海）货运代理有限公司（以下简称货运公司）将该批加湿器由中国宁波港出运至荷兰鹿特丹港。9月3日，货运公司作为承运人BH航运有限公司（以下简称BH公司）的代理，向电子公司签发一份编号为SHNGBRTM123456的Express Cargo Bill（快运货单，以下简称ECB）。该快运货单用英文标注“非凭指示”“不可转让”，左下方用极为细小的英文字体标注“除本ECB另有明确规定外，货物只能在卸货港或交货地，经出示身份证明后，交付给本ECB正文所列收货人或其授权代理人……如果托运人要保留控制权或货物应被交付给指定收货人以外的第三方，托运人应当在货物运至目的港及收货人要求交货前的合理时间内以书面通知形式通知承运人或其代理”。同日，电子公司员工发邮件要求货运公司“提单出正本”，并于9月3日、24日通过电邮告知货运公司不要放货给收货人。10月27日，货运公司告知电子公司目的港已放货。电子公司遂以无单放货为由诉请货运公司赔偿货款损失35838美元。

核心争议焦点

FOB 贸易方式下货物被无单放货，货运代理公司是否存在代理过错及应否承担相应责任？

当事人各方观点及思维分析

一、原告观点

原告委托被告将货物从中国宁波港运至荷兰鹿特丹港，涉案货物货款为 35838 美元。被告接受委托后即安排货物运输，并于 2021 年 9 月 3 日向原告出具编号为 SHNGBRTM012345 的提单，载明：托运人为原告，收货人为 A.S. BV，船名及航次号为 TITAN/1234–567W；提单签发人为被告，提单签发代理为货运代理公司，集装箱编号为：DFSU1234567，起运港为宁波港，目的港为鹿特丹港。2021 年 10 月 12 日，涉案货物运抵目的港，后原告经查询发现，涉案货物已被提走。原告仍持有涉案货物的正本提单，且原告尚未收到货款。因被告在目的港无单放货，导致原告无法收回涉案货物的应收货款，造成原告遭受货款以及相应利息损失。

二、被告观点

原告诉请的货款损失没有事实或法律依据。被告仅为签单代理，并非承运人，无理由承担无单放货的承运人责任，并且被告对货物被放不存在代理过错。即使被告需承担承运人责任，因 ECB 并非提单，要求凭单放货无任何法律依据。该单证上并无承运人凭单交货的明确记载，故承运人在该单证项下并无凭单交货的义务。

代理思路

作为原告方的代理人，笔者详细阅读案件材料，包括一审诉状、证据以及对方当事人答辩材料，确定本案的性质是海上货物运输代理合同纠纷，应该对一审时的主张进行调整；同时，确定本案争议的焦点在于被告作为货代是否存在过错、是否应当承担相应的法律责任。在确定了案件性质和争议焦点后，笔者认真研究了相关法律法规、司法解释和既有案例，确定了支持原告诉请的法律依据是《最高人民法院关于审理海上货运代理纠纷案件若干问题的规定》（以下简称《海上货运代理规定》）第10条“委托人以货运代理企业处理海上货运代理事务给委托人造成损失为由，主张由货运代理企业承担相应赔偿责任的，人民法院应予支持，但货运代理企业证明其没有过错的除外”的规定。此后，代理人收集证据，多次到原告处收集和整理证据材料，并与相关业务人员交流，梳理案件事实，发现了原告发送给被告的要求被告出具正本提单并指示被告未经允许不得放货的邮件这一重要证据。在此基础上，笔者将案件代理的重点放在证明被告未按要求出具正本提单，未及时向承运人传达控货要求，存在代理过错上，进而证明因被告代理过错导致原告的货物被无单放货，所以被告应承担相应法律责任，赔偿原告损失。最终，二审法院认为被告货运公司存在代理过失，依法改判，判决货运公司应对电子公司的货损承担赔偿责任。

代理点睛

一、代理亮点

代理人在接受原告电子公司委托后，克服疫情影响，多次与客户沟通联系。充分科学地利用办公软件，运用在海关执法办案中形成的经验，运用法律逻辑思维，搜集查证信息。

首先，代理人在二审时提出，本案为海上货物运输代理合同纠纷，而不是一审认定的海上货物运输合同纠纷；其次，根据原告员工发送给被告的邮件要求被告提供正本提单并要求被告没有允许不得放货给收货人这一关键证据，指出被告没有按要求提供正本提单，且没有及时要求承运人控货，存在代理过错。由此，代理人进一步指出被告应根据《海上货运代理规定》第10条规定“委托人以货运代理企业处理海上货运代理事务给委托人造成损失为由，主张由货运代理企业承担相应赔偿责任的，人民法院应予支持，但货运代理企业证明其没有过错的除外”的规定，承担无单放货的责任，赔偿原告损失。

代理人还通过网络搜集被告和承运人的注册信息和介绍信息，证明被告和承运人以及收货人之间存在关联关系，指出被告及关联企业通过国内注册无船承运人和代理公司、承运人和收货人注册在香港或者国外、采用FOB贸易方式、以指定货代的方式安排运输、不签发正式提单等一系列措施，极易使国内卖方（原告）失去对货权的控制，并增加无单放货情况下卖方的维权成本，进而可以轻易控制货物，损害卖方合法权益，达到逃避货代和承运人应当承担的责任的目的。代理人指出，这种贸易安排不应受到法律保护。

二、本案的价值

提单是重要的国际海上货物运输单证，也是承运人保证据以交付货物的单证。根据我国《海商法》的规定，承运人均需凭提单交付货物。因此，如果承运人违反法律规定，无正本提单交付货物，损害正本提单持有人提单权利的，正本提单持有人可以要求承运人承担由此造成的损失。但在国际航运实践中，承运人或货运代理交付给国内托运人的可能不是提单，而是与提单格式极为相似，但又不具有提单凭单放货功能的单据，如本案中的快运货单（ECB）就是这样的情况。因此，本案警示国内托运人在将货物交付货代或承运人装船后，应当要求承运人签发正本提单（bill of lading），以确保自己对货物的控制权。本案的典型意义在于，通过对提单及ECB不同法律性质的分析，明晰了国内卖方在作为实际托运人要求交付提单的情况下，货代企业不得交付与提单格式极为近似但又不具有提单功能的ECB作为替代运输单证的裁判规则，依法保护了实际托运人的合法权益。

审判观点

浙江省高级人民法院二审生效裁判认为：本案系海上货运代理纠纷案。根据《海上货运代理规定》第8条的规定，货运公司接受电子公司的委托向承运人BH公司交付案涉货物，在电子公司明确要求货运公司“提单出正本”的情况下，货运公司负有向电子公司交付正本提单的义务。然而，货运公司并未向电子公司交付正本提单，其交付的是ECB。ECB所记载的“货物只能在卸货港或交货地，经出示身份证明后，交付给本ECB正文所列收货人或其授权代理人”，表明ECB不具有提单凭单交货的性质，其上记载的收货人在目的港无需持有ECB正本，只需出示身份证明即可提货。因此，货运公司未向电子公司交付正本提单而是交付了ECB，存在代理过错。此外，电子公司在货物被提取之前曾多次提醒货运公司不得放货给收货人，故即使根据ECB上的记载，货运公司也应当及时通知承运人，不得擅自交付货物给收货人。但货运公司未履行前述货代义务，导致货物在目的港被他人提取，货运公司存在代理过失。二审法院判决货运公司应对电子公司的货损承担赔偿责任。

案例编写人 上海市锦天城律师事务所 张建华

专家点评

张丽英　中国政法大学国际法学院教授、博士生导师，中国国际经济法协会常务理事，中国法学会WTO研究会常务理事

本案涉及海上货运运输代理合同纠纷，一审判决错误定性为海上货运运输合同，导致原告败诉。在二审中，代理人改变策略，从海上货物运输代理合同纠纷的角度推进，成功主张货运公司存在代理过失，应承担赔偿责任。本案的意义在于，应正确识别当事人之间的法律关系，诉因的选择很可能影响最终的裁判结果。另一个值得关注的内容是正确识别提单与其他相似的运输单证的性质差异，本案中的快运货单并非提单，不具有物权特性，因此不具有凭单提货的功能。该案对出口贸易企业对外开展贸易具有一定的启示：始终坚持货运代理交付正本提单，以确保实际控制权，避免损失发生。同时，进行客户资信调查，避免盲目交易，特别是涉及关联关系的情况，以避免货运代理、实际承运人与收货人之间联合欺诈我国出口企业的情况发生。

相关法条

《中华人民共和国海商法》

第七十一条　提单，是指用以证明海上货物运输合同和货物已经由承运人接收或者装船，以及承运人保证据以交付货物的单证。提单中载明的向记名人交付货物，或者按照指示人的指示交付货物，或者向提单持有人交付货物的条款，构成承运人据以交付货物的保证。

《最高人民法院关于审理海上货运代理纠纷案件若干问题的规定》

第八条　货运代理企业接受契约托运人的委托办理订舱事务，同时接受实际托运人的委托向承运人交付货物，实际托运人请求货运代理企业交付其取得的提单、海运单或者其他运输单证的，人民法院应予支持。

契约托运人是指本人或者委托他人以本人名义或者委托他人为本人与承运人订立海上货物运输合同的人。

实际托运人是指本人或者委托他人以本人名义或者委托他人为本人将货物交给与海上货物运输合同有关的承运人的人。

第十条 委托人以货运代理企业处理海上货运代理事务给委托人造成损失为由，主张由货运代理企业承担相应赔偿责任的，人民法院应予支持，但货运代理企业证明其没有过错的除外。

21 黄某伟诉广东某面粉有限公司普通破产债权确认纠纷案

——关于《最高人民法院关于适用〈中华人民共和国企业破产法〉若干问题的规定（三）》第8条的准确理解

案件索引

一审： 广东省江门市中级人民法院（2020）粤07民初113号（2020年12月17日）

二审： 广东省高级人民法院（2021）粤01民终642号（2023年2月17日）

基本案情

2020年4月10日，广东省江门市中级人民法院裁定受理了广东某面粉有限公司（以下简称面粉公司）的破产重整，并指定了管理人。债权人黄某哲于2020年5月6日向管理人申报了债权，申报债权金额为46091395.56元。管理人于2020年5月16日出具《债权审查通知书》，对黄某哲的债权不予确认。黄某哲不服，提出异议，管理人又于2020年5月16日作出《申报债权审查复查通知书》，对黄某哲申报的债权仍不确认。

周某真（黄某哲母亲）于2020年5月6日向管理人申报债权，申报了债权金额为23600112.19元。管理人于2020年5月16日出具《债权审查通知书》，确认周某真普通债权1463700元，对其余债权不予确认。

2020年6月9日，广东省江门市中级人民法院召开面粉公司第一次债权人会议，会议核查结果仍未确认黄某哲的全部债权及周某真的其他债权，并告知二人须在15日内提起债权确认诉讼。但周某真、黄某哲均未在该期限内起诉。

2020年9月10日，黄某哲、周某真分别与黄某伟（黄某哲父亲）签订

《债权转让合同》，约定将其对面粉公司的债权全部转让给黄某伟。受让债权后，黄某伟于2020年9月16日向面粉公司管理人重新申报债权35621944.98元。管理人于2020年9月17日出具审核意见，认为黄某伟的行为属于重复申报，不予确认。对此，黄某伟不服，遂起诉至法院。

2020年12月17日，广东省江门市中级人民法院作出（2020）粤07民初113号民事判决书，以案涉债权超过15日起诉期限为由，驳回了原告的起诉。

2023年2月17日，广东省高级人民法院认为一审广东省江门市中级人民法院适用法律错误，遂裁定撤销一审裁定，并指令一审法院对本案进行审理。

核心争议焦点

债权人黄某哲、周某真以及黄某伟在债权人会议核查结束后15日内未提起诉讼，是否导致黄某哲、周某真以及黄某伟丧失相应的诉权。

当事人各方观点及思维分析

面粉公司管理人方的观点为：由于黄某哲与周某真的债权已经超过“15日”的起诉期间，诉权已经丧失，而黄某伟受让的债权来自上述二人，债权转让不会产生恢复诉权的法律效力。

黄某伟方的观点为：法律及司法解释未确定“15日”为除斥期间或诉讼时效，应当属于督促期间，原告虽然未能在债权人会议核查债权后15日内提起诉讼，但此并不会导致原告方丧失诉权。

代理思路

笔者作为原告黄某伟的代理人，在管理人不予确认债权，且一审法院驳回黄某伟起诉的不利情况下，坚持认为黄某伟的债权依法能够成立，人民法院应当对黄某伟的债权进行实体审理，而不应当以起诉超过15日为由直接驳回，具体代理思路如下：

首先，将“15日”定性为诉讼时效或者除斥期间没有充足的法律依据。第一，《最高人民法院关于适用〈中华人民共和国企业破产法〉若干问题的规定（三）》第8条中关于“15日”的含义没有明确其性质；第二，诉讼时效只能由法律明确规定。比如《民法典》第188条规定："向人民法院请求保护民事权利的诉讼时效期间为三年，法律另有规定，依照其规定。"第594条规定："因国际货物买卖合同和技术进出口合同争议提起诉讼或者申请仲裁的时效期间为四年。"《保险法》第26条规定："人寿保险以外的其他保险的被保险人或者受益人，向保险人请求赔偿或者给付保险金的诉讼时效期间为二年，自其知道或者应当知道保险事故发生之日起计算。"第三，各地法院司法实践中对"15日"存在多种理解。有些法院将其认定为诉讼时效，有些法院将之认定为除斥期间，还有一部分法院认为其是督促期间，不属于除斥期间或诉讼时效。

其次，将"15日"定性为起诉期间缺乏合理性。普通民众难以在短时间内做好起诉准备，如因超期起诉导致实体权利丧失，最终导致审理结果不公。此外，规定要求异议人在管理人解释或调整后仍不服或其不予解释或调整时，方可提起债权确认诉讼，这一要求与将"15日"理解为诉讼时效存在冲突。管理人在债权确认表中往往未附有详细理由，其解释或调整需要时间，确定其不予解释或调整也需经过一定期间，并非债权人会议核查结束当天就会有结果。而本条规定从债权人会议核查结束后开始计算15日期间，如将其理解为诉讼时效，必然会出现大部分异议人起诉期间不足，甚至在确定管理人是否解释或调整前就已过期。此外，部分债权人可能未参加债权人会议，并不知债权核查结果，虽其放弃参加债权人会议的权利，但不能以此推定其也放弃提起债权确认诉讼的权利。如将15日期间理解为诉讼时效，就必须规定管理人在债权人会议核查债权后负有当天立即向所有申报登记的债权人通知债权确认结果的义务，以使其能及时行使权利。管理人如未做到，影响债权人的诉权行使，应承担赔偿责任。诉讼时效期间是"自权利人知道或者应当知道权利受到损害以及义务人之日起计算"，且有中止与中断制度。而将该条规定的不以当事人知道权利受到损害为起算点的不变期间理解为诉讼时效，与法理不符，且必然因各债权人得知债权确认结果时间不同，而实际享有的诉讼时效期间不统一，甚至因未及时得知信息而丧失诉权。如将其解释为除斥期间，则会使部分异议人因无法及时得知债权确认结果而彻底丧失权利，更不合理。①

最后，世界范围内没有哪个国家有规定如此之短（15日）诉讼时效的先

① 王欣新：《〈破产法司法解释三〉第八条之解读》，载《人民法院报》2019年8月15日第7版。

例。法国的诉讼时效为 5 年、英国合同纠纷的诉讼时效是 6 年、美国为 4~6 年。我国设置“15 日”内起诉的目的是敦促异议人尽快提起诉讼，以便尽快解决债权争议，提高破产程序的效率，防止破产程序拖延。异议债权人未在 15 日内提起债权确认的诉讼，视为其同意债权人会议核查结果，破产程序按债权人会议核查并经人民法院裁定确认的结果继续进行，如果给其他异议人财产分配和行使表决权造成了不利后果需自行承担责任，但并非设置诉讼时效以消灭债权人的实体权利。

代理点睛

笔者在办理本案的过程中，主要从三个方面进行主张：第一，笔者对法律、法规进行了全面的梳理，认为现有法律、法规没有对“15 日”的性质予以明确，将“15 日”定义为诉讼时效或除斥期间没有法律依据；第二，笔者从法学理论上进行论证，认为“15 日”定性为诉讼时效或除斥期间缺乏合理性，应属于督促期间；第三，笔者通过比较国内外法律，发现各国均没有规定“15 日”的诉讼时效的先例。

审判观点

二审法院对一审法院查明的事实予以确认，但认为一审法院法律适用错误，应予以纠正。

二审法院经审理认为：限制当事人诉权必须有明确的法律、司法解释规定，否则当事人应当按照《民事诉讼法》及其司法解释的规定行使诉权。上述法律法规未规定超出 15 日的人民法院不予受理，因此亦不能直接将该解释作为认定 15 日为起诉期间的直接法律依据，黄某伟在破产程序中提起债权确认之诉，一审法院以黄某伟超过 15 日起诉期限为由驳回起诉，适用法律错误，应予以纠正。

最终，二审法院裁定：一、撤销广东省江门市中级人民法院（2020）粤 07 民初 113 号民事裁定书；二、指令广东省江门市中级人民法院对案件继续进行审理。

案例编写人 广东广信君达律师事务所 肖小俊

专家点评

赵万一　西南政法大学民商法学院教授、博士生导师，中国法学会商法学研究会副会长

破产债权人在法律规定的时间内申报债权，是债权人享受债权清偿利益的必要条件。当破产债权人没有在规定期限内申报债权，或是其所申报的债权被债权人会议确认不予认可后没有在规定时间内向法院要求债权确认时，如何认定破产债权人的权利状态既是一个实体法上的问题，也是一个关涉当事人诉讼权利的程序性法律问题。由于破产清算是一种概括性清偿方式，如果不赋予债权人以适当的救济渠道，其权利实现将根本落空，另外，破产制度又非常注重时间效率和程序公平，破产债权人怠于行使自己的权利时，必须承受一些于己不利的法律后果。而一味地放任破产债权人延缓自己权利的确认，不但会影响破产程序的正常进行，也有违公平保护破产债权人的立法宗旨。因此，对其究竟是采取全面失权还是采取程序赋权，实体失权抑或有限肯定其享有一定权利的方式，既要考虑破产法立法的目的，也要兼顾其他债权人利益的实现。

相关法条

《中华人民共和国企业破产法》

第五十八条　依照本法第五十七条规定编制的债权表，应当提交第一次债权人会议核查。

债务人、债权人对债权表记载的债权无异议的，由人民法院裁定确认。

债务人、债权人对债权表记载的债权有异议的，可以向受理破产申请的人民法院提起诉讼。

《中华人民共和国民事诉讼法》

第八十三条[①]　当事人因不可抗拒的事由或者其他正当理由耽误期限的，在障碍消除后的十日内，可以申请顺延期限，是否准许，由人民法院决定。

---

① 本条对应2023年修正的《民事诉讼法》第86条。

《最高人民法院关于适用〈中华人民共和国企业破产法〉若干问题的规定（三）》

第八条 债务人、债权人对债权表记载的债权有异议的，应当说明理由和法律依据。经管理人解释或调整后，异议人仍然不服的，或者管理人不予解释或调整的，异议人应当在债权人会议核查结束后十五日内向人民法院提起债权确认的诉讼。当事人之间在破产申请受理前订立有仲裁条款或仲裁协议的，应当向选定的仲裁机构申请确认债权债务关系。

22 佟某、刘某诉海南S公司股权转让纠纷案

——以调解方式解决股权争议并实现额外利益

案件索引

一审：山东省青岛市黄岛区人民法院（2022）鲁0211民初14932号（2022年11月17日）

基本案情

2019年，海南S公司与佟某签订《A合作框架协议》，合同约定，佟某与妻子刘某将Z公司51%的股权转让给海南S公司，股权转让款为13770万元。

2019年9月，Z公司完成了工商变更登记，海南S公司持股51%，佟某持股48%，刘某持股1%，法定代表人由佟某变更为王某。同月，海南S公司与佟某签订《借款合同》，合同约定，海南S公司向佟某借款800万元，借款期限为一年，用于佟某在某耕地提质改造（旱改水）项目工程中相关手续费、设计费、勘察费、前期工作符合规定的其他综合费用等支付。如期限届满佟某不能如约偿还本金，佟某应当按照年利率24%向海南S公司支付利息。佟某向海南S公司出具了借款收条，该借款至今未偿还。

2019年10月，海南S公司与佟某签订《B合作框架协议》，合同约定，佟某与妻子刘某将Z公司80%的股权转让给海南S公司，佟某持股20%（已完成工商变更登记），股权转让款为6000万元。在扣除海南S公司对佟某全部借款本息的前提下，十二分之五用于本工程相关手续费用、设计费、勘察费、前期工作符合规定的其他综合费用等。剩余股权议价1000万元，由海南S公司付至Z公司账户，作为佟某对Z公司的实际缴纳出资。原协议及本协议股权转让的股权议价共计人民币6000万元，且基于以下三点：（1）本工程土地整治后能产生旱改水土地指标不小于6000亩，产生非耕地变水田指标不

小于 1000 亩，且所有土地没有权利瑕疵；（2）项目实施后所产生的水田土地指标不低于 27 万元 / 亩，旱改水土地指标差额不低于 22 万元 / 亩；（3）本协议中 F 市人民政府关于项目立项和 D 市人民政府关于本工程的立项批复明示土地整理指标不小于 7000 亩。如果以上三点有变化，则议价只减不增。如果立项批复中土地数量大于等于本条第 3 项约定，则议价不变；如果立项批复中土地数量小于本条第 3 项约定，则议价同比例减少。

2019 年 10 月，海南 S 公司与佟某签订《借款合同》，合同约定，海南 S 公司向佟某借款 800 万元，借款期限为 2019 年 10 月至 2020 年 9 月，如期限届满佟某不能如约偿还本金，佟某应当按照年利率 24% 向海南 S 公司支付利息。该借款至今未偿还。

2021 年 1 月，F 市自然资源局通过公开招标的形式确定 Z 公司为前述耕地提质改造（旱改水）项目社会资本方。

2021 年 3 月，通过招投标程序，Z 公司确定青岛 R 工程集团有限公司为水利工程及土整工程施工单位，并出具了中标通知书。

同月，Z 公司与 F 市人民政府、F 市自然资源局签订《耕地提质改造（旱改水）项目合作协议书》。合同约定，项目产生的旱改水指标异地交易由 Z 公司主导。交易价格中包括旱地价格的，扣除旱地价格后，F 市政府与社会资本方按照 6 ∶ 4 比例进行收益分配；未利用直接垦造的水田指标交易的，全额按照 6 ∶ 4 比例进行收益分配；分次交易的，分次分配。F 市政府收益分成中包括 D 市市级分成。现涉案项目由海南 S 公司主导，拟于 2022 年 6 月至 8 月办理土地入库手续，9 月至 10 月通过本省土地指标交易系统进行交易。

后在公司运营和股权转让价款支付过程中，海南 S 公司与佟某、刘某发生争议且无法协商，2022 年 5 月，佟某与刘某向法院提起诉讼，要求海南 S 公司支付股权转让款 4176 万元，并要求海南 S 公司的实际控制人和本土地整理项目的总包施工单位青岛 R 工程集团有限公司承担连带付款责任。

2022 年 7 月，海南 S 公司聘请律师团队（笔者团队）参与合规建设。首先，律师团队与海南 S 公司、第三人青岛 R 工程集团有限公司进行了沟通，了解各方诉求，确立辩护思路。

2022 年 10 月，在律师团队的指导下，海南 S 公司依照 F 市政府的要求完成前期准备工作，办理土地入库手续，等待指标交易。

2022 年 11 月，本案调解结案，充分达到代理目的，并就补充事项由当事人签订了《和解协议》。海南 S 公司需支付的股权转让价款从 4176 万元减少到540万元，需缴纳的税款也相应减少；对Z公司的股权由占80%达到了100%，佟某与刘某全面退出，海南S公司享有Z公司的商标知识产权；佟某与刘某确认与Z公司再无任何关联，且自行承担之前对外许诺的风险，原告撤回了对第二被告青岛R工程集团公司、第三被告股权转让协议经办人王某的起诉。

核心争议焦点

1. 该股权转让协议是否有效？
2. 是否需要向原告支付4176万元的股权转让款和逾期利息？
3. 第三人是否应承担连带给付责任？

当事人各方观点及思维分析

原告观点如下：

根据双方签订的《A合作框架协议》，原告要求被告海南S公司支付股权转让款4176万元，并要求被告的实际控制人和本土地整理项目的总包施工单位青岛R工程集团有限公司承担连带付款责任。

被告观点主要有：

观点一：原告依据与被告签订的《B合作框架协议》第5条第1款的约定向被告主张权利，但此约定中的股权议价为暂定价，并非已经确定不变的股权转让价格，且根据该约定的前提条件将直接导致股权转让价格只增不减。可待最终股权转让价格确定后，按照框架协议的约定进行相应结算。

观点二：原告在框架协议签订及履行过程中存在披露信息不实、违约等情形。原告佟某不仅在签约时涉嫌隐瞒和欺诈，而且作为Z公司的股东之一完全不履行股东职责与义务。在Z公司亏损严重的时候，原告佟某在明知股权转让价款支付条件不满足的情况下，无端起诉被告，明显有违基本诚信。

第三人观点：全面终止与佟某的合作，且第三人不应承担任何法律责任。

代理思路

笔者作为被告海南S公司的代理人，主要代理思路如下：

第一，在案涉股权转让价格尚不确定的情况下，原告要求被告支付股权转让价款，于法无据。原告依据与被告签订的《B 合作框架协议》第 5 条第 1 款的约定向被告主张权利，但此约定中的股权议价为暂定价，并非已经确定不变的股权转让价格，且根据该约定的前提条件将直接导致股权转让价格只增不减。

第二，待最终股权转让价格确定后，各方才可按照框架协议的约定进行相应结算。首先，目前股权转让价格尚不明确，但可以预见的是，股权转让价格必将大幅降低；其次，即便股权转让价格确定，亦应按照框架协议的约定进行结算。

第三，原告在框架协议签订及履行过程中存在披露信息不实、违约等情形。原告佟某不仅在签约时涉嫌隐瞒和欺诈被告，而且作为 Z 公司的股东之一完全不履行股东职责与义务。在 Z 公司亏损严重的时候，原告佟某在明知股权转让价款支付条件不满足的情况下，无端起诉被告，明显有违基本诚信。

第四，根据合同相对性原则，本案第三人即青岛 R 工程集团公司、股权转让经办人王某不应承担任何法律责任，原告起诉该第三人没有任何事实和法律依据，属于恶意起诉并给第三人带来了多方面的损失。

代理点睛

如上所述，本案争议案件中的法律服务，其实包含了合规辅导、案件代理、减损、增值等多方面内容，而非单纯的股权转让款是否需要支付及支付多少的问题。律师在代理案件过程中通过团队成员积极参与、分工合作，最终使得对方当事人以较低的价格接受调解，且将剩余全部股权、商标等知识产权一并转让给被告，被告取得对公司和项目的全面控制。本案取得了极好的法律、经济和社会效果，受到被代理人、法官甚至对方当事人的理解和尊重。

本案最终调解结案，从代理效果和经验角度来看，充分实现了代理目的；除就本案争议事项形成调解书之外，双方当事人就补充事项又签订了《和解协议》，实现了被告对公司的全面控制。本案代理达成了较为圆满的效果，就此，有以下经验可以分享：

首先，法律是基础。包括本案在内，法律知识和专业水平都是律师办理案件的基础，若想游刃有余必先“手熟尔”，法律知识和专业能力既要通过不断的学习和积累，又要积极在“实战”中积累经验、勤于思考总结。

其次，沟通是渠道。实现有效沟通是解决一切争议的关键，当然，这需要对法律、事实和证据有充分的准备，不仅需要和己方当事人、法官、对方当事人或律师等进行心理博弈，还要时刻准备好做到灵活多变的沟通，沟通的胜利就是案件的胜利。

再次，团队是依托。个人能力再强也无法实现长久的胜利，充分利用好律师团队中每个成员的优势，发挥最大的力量，既是成就自我，也是成就团队。

最后，进取是动力。作为律师，要有一颗强大好胜的心，乐观且积极，能力的激发和坚定的气场会给各方带来如沐春风般的感染效果。

此外，股权并购和重大法律事务，应当由专业人员参与，包括但不限于尽职调查、谈判、协议起草等，否则可能发生争议或诉讼，并带来额外的成本负担。

案例编写人 国浩律师（青岛）事务所 彭山岭

专家点评

刘凯湘　　北京大学法学院教授、博士生导师，中国法学会商法学研究会副会长

本案代理律师的工作可圈可点，值得肯定：

第一，抓住了双方争议的核心问题，即原告的诉讼请求是否有合同依据，并且有针对性地指出了原告诉讼请求存在的重大瑕疵。依合作协议约定，股权转让的股权议价共计人民币6000万元系基于以下三项条件：一是土地整治后能产生旱改水土地指标不小于6000亩；二是产生非耕地变水田指标不小于1000亩；三是项目实施后所产生的水田土地指标不低于27万元/亩以及旱改水土地指标差额不低于22万元/亩。如果以上三点有变化，则议价只减不增。很显然，原告提起诉讼时这些条件均不具备，律师非常清晰地指出了这一点，这是本案代理思路的关键所在。

第二，律师发现并指出了原告在订立合同时存在的过错，即隐瞒了与订立合同具有重要影响的事实，特别是与政府约定的收益分配比例，这是原告不敢理直气壮的重要因素，也是其最终愿意接受调解的关键之处。

相关法条

《中华人民共和国公司法》

第七十一条[①] 有限责任公司的股东之间可以相互转让其全部或者部分股权。

股东向股东以外的人转让股权，应当经其他股东过半数同意。股东应就其股权转让事项书面通知其他股东征求同意，其他股东自接到书面通知之日起满三十日未答复的，视为同意转让。其他股东半数以上不同意转让的，不同意的股东应当购买该转让的股权；不购买的，视为同意转让。

经股东同意转让的股权，在同等条件下，其他股东有优先购买权。两个以上股东主张行使优先购买权的，协商确定各自的购买比例；协商不成的，按照转让时各自的出资比例行使优先购买权。

公司章程对股权转让另有规定的，从其规定。

《中华人民共和国民法典》

第一百五十八条 民事法律行为可以附条件，但是根据其性质不得附条件的除外。附生效条件的民事法律行为，自条件成就时生效。附解除条件的民事法律行为，自条件成就时失效。

《中华人民共和国民事诉讼法》

第六十七条第一款 当事人对自己提出的主张，有责任提供证据。

---

① 参见 2023 年修订的《公司法》第 84 条。

23 D公司诉B公司票据追索权纠纷案

——电子商业汇票到期被拒付，持票人直接在追索期内进行线下诉讼而未进行线上追索的追索权认定

案件索引

一审： 山东省临沂市兰山区人民法院（2022）鲁1302民初8195号（2022年8月31日）

二审： 山东省临沂市中级人民法院（2023）鲁13民终372号（2023年4月12日）

基本案情

2020年9月29日，案外人A公司（出票人及承兑人）向B公司出具本案电子汇票，到期日为2021年9月29日。汇票背书信息为：B公司（被告）→C公司→D公司（原告）。D公司在汇票到期后10日内提示付款遭拒付，票面状态为“可拒付追索，可以追所有人”。D公司在被拒付的6个月内未在电子票据系统中操作追索，其于2022年3月15日（拒付后6个月内）提起本案诉讼追索B公司。

核心争议焦点

电子商业汇票到期被拒付，持票人仅进行线下诉讼追索而未进行线上追索，是否丧失追索权？

当事人各方观点及思维分析

一、B 公司观点

1. D 公司应证明其持有票据的合法性，否则其无权起诉。根据《票据法》第 10 条的规定，“票据的签发、取得和转让，应当遵循诚实信用的原则，具有真实的交易关系和债权债务关系。票据的取得，必须给付对价，即应当给付票据双方当事人认可的相对应的对价”。并且，《全国法院民商事审判工作会议纪要》第 101 条规定，票据贴现属于国家特许经营的业务，而民间贴现行为属于违法行为。依照《最高人民法院关于在审理经济纠纷案件中涉及经济犯罪嫌疑若干问题的规定》第 11 条及《民事诉讼法》第 122 条第 4 项之规定，人民法院在审理案件过程中，发现不属于民事纠纷案件而属于经济犯罪嫌疑的，应当裁定驳回起诉并将有关材料移送公安机关。对于票据纠纷，不仅要审查票据背书的连续性，还要着重审查各背书人之间有无真实的交易关系和债权债务关系，取得票据是否支付相应的对价以及是否存在民间贴现行为，以维护当事人的合法权益，维护票据市场的交易安全。

2. D 公司应当证明其在法律规定的提示付款期限内提示付款，否则 D 公司就丧失了除对出票人和承兑人之外的所有前手的追索权。依据《电子商业汇票业务管理办法》第 58 条及《票据法》第 53 条之规定，持票人应当在汇票到期日起 10 日内向承兑人提示付款。否则，应当依照《电子商业汇票业务管理办法》第 66 条的规定，持票人只能向出票人、承兑人拒付追索，无法向前手拒付追索。而追索权作为持票人第二顺位的权利，只有持票人在法定期限内行使付款请求权且得不到付款时方可行使。依据《电子商业汇票业务管理办法》第 5 条的规定，电子商业汇票的出票、承兑、背书、保证、提示付款和追索等业务，必须通过电子商业汇票系统办理，且不能超过《票据法》第 17 条第 3 项及《电子商业汇票业务管理办法》第 68 条第 2 项规定的对前手的追索权时效（自被拒绝承兑或被拒绝付款之日起 6 个月）。因此，持票人行使追索权应当举证证明其在提示付款期限内提示付款并未超过追索权时效，否则，应当承担举证不能的法律后果。

3. D 公司应当提供被拒绝承兑或被拒绝付款的有关证明，否则 D 公司丧失对其前手的追索权，其应当向承兑人或付款人主张权利。出票人 A 公司为票据付款的终局责任主体。依据《票据法》第 26 条的规定，“出票人签发汇票后，即承担保证该汇票承兑和付款的责任。出票人在汇票得不到承兑或者付款时，应当向持票人清偿本法第七十条、第七十一条规定的金额和费用。”涉案票据的出票人和承兑人A公司必须承担票据付款的终局责任，而B公司作为涉案承兑汇票的背书人，依据《票据法》第68条的规定，“汇票的出票人、背书人、承兑人和保证人对持票人承担连带责任”，应当承担连带责任。因此，B公司作为背书人之一，仅应在出票人和承兑人最终无力付款且无可供执行财产的前提下，与其他背书人承担连带责任；而出票人和承兑人则承担立即付款的首要责任。D公司首先应向第一性的付款责任人A公司进行兑付，第一性的付款责任人A公司拒绝兑付后，才能行使追索权。同时，依据《票据法》第62条、第65条的规定，D公司应当提供被拒绝承兑或被拒绝付款的有关证明，若D公司无法提供，则其丧失对其前手的追索权，只能向承兑人或付款人主张权利。

4. 本案应追加涉案商票的出票人、承兑人为第三人，核查出票人或付款人是否在线下已经支付商票价款。因涉案商票的出票人、承兑人均为A公司，持票人仅提供电子商票提示付款记录等复印件，并不能证明付款义务人A公司没有线下付款，据了解，关联公司存在以抵押房产、线下付款等方案解决商票到期不能兑付的问题，故本案商票真实的兑付情况只能由付款人A公司到庭举证后才能查实，否则可能出现重复付款情况。A公司与本案有直接利害关系，故B公司认为，本案必须追加票据出票人、承兑人A公司为第三人，核查票据最终的兑付情况。

二、D公司观点

D公司在汇票到期日10日内，已依据《票据法》第53条、《电子商业汇票业务管理办法》第58条之规定向出票人A公司进行提示付款且被拒付。根据票据状态显示，“提示付款已拒付，可拒付追索，可以追所有人”。D公司已依法行使了作为持票人享有的第一顺序的提示付款请求权。

依据《票据法》第61条“汇票到期被拒绝付款的，持票人可以对背书人、出票人以及汇票的其他债务人行使追索权”及第68条“持票人可以不按照汇票债务人的先后顺序，对其中任何一人、数人或者全体行使追索权”之规定，在其得不到付款时D公司有权依法行使第二顺序的追索权。

依据《票据法》第17条“持票人对前手的追索权，自被拒绝承兑或者被拒绝付款之日起六个月”之规定，D公司于2021年10月9日第一次提示付款被拒后，于 2022 年 3 月 15 日向一审法院提起诉讼，并未超过法定的诉讼时效。D 公司认为，持票人行使追索权的途径不仅局限于电子商业承兑汇票系统中向前手操作拒付追索的线上方式，还包括直接提起诉讼的线下方式。《票据法》对于追索权的行使并未作限制性规定，通过诉讼维护权益是公民应有的法定权利与途径。中国人民银行颁布的《电子商业汇票业务管理办法》第 5 条中规定“电子商业汇票的出票、承兑、背书、保证、提示付款和追索等业务，必须通过电子商业汇票系统办理”。该办法中虽然使用了“必须”一词，但并非表示“只能”通过电子商业汇票系统办理的意思，而是意在表示对电子商业汇票的业务办理“最好”“很有必要”通过电子商业汇票系统办理，是一种倡导性规范，并未限定 D 公司不经商业承兑汇票系统进行线上追索就必然导致追索权丧失。且《票据法》第 6 节及《电子商业汇票业务管理办法》第 8 节中对于追索权的取得和丧失均有明确规定，未有法定情形，追索权人的法定权利不应当被剥夺，故 D 公司有权通过诉讼途径行使追索权。

《电子商业汇票业务管理办法》对于电子商业汇票的出票、承兑、背书、保证提示付款和追索等业务，必须通过电子商业汇票系统办理的限定条件增加了持票人的法定义务，限缩了上位法给予持票人的权利。依据《最高人民法院关于审理票据纠纷案件若干问题的规定》第 1 条之规定，因行使票据权利引起的纠纷，人民法院应当依法受理。另，依据该解释第 62 条之规定，人民法院审理票据纠纷案件，适用《票据法》的规定；《票据法》没有规定的，适用《民法典》等法律以及国务院制定的行政法规。中国人民银行制定并公布施行的有关行政规章与法律、行政法规不抵触的，可以参照适用。《电子商业汇票业务管理办法》作为中国人民银行颁布的行政规章，在与上位法不抵触的前提下才可以参照适用，并非一审法院认为的优先适用。

代理思路

笔者作为 D 公司的代理律师，主要代理思路如下：

1.《电子商业汇票业务管理办法》系部门规章，第 5 条仅是倡导性条款，也没有规定未经线上追索即丧失追索权，而且与《票据法》存在明显冲突，在本案中无参照适用空间；退一步讲，即便参考适用，也不能据此否定线下诉讼行使追索权的效力。

首先，《票据法》并未限定票据追索方式，《电子商业汇票业务管理办法》

第5条缩小当事人权利行使方式，与《票据法》存在明显冲突，没有参照适用的空间。《最高人民法院关于审理票据纠纷案件若干问题的规定》第62条明确，人民法院审理票据纠纷案件，适用《票据法》的规定……中国人民银行制定并公布施行的有关行政规章与法律、行政法规不抵触的，可以参照适用。根据上述规定，法院审理票据纠纷案件应适用《票据法》，只有人民银行行政规章与上位法不存在冲突时，才可参照适用。纵观《票据法》全文，其中仅规定汇票到期被拒绝付款的，持票人可以对背书人、出票人以及汇票的其他债务人行使追索权，并未限定追索的方式。而《电子商业汇票业务管理办法》第5条缩小了当事人的权利行使方式，与《票据法》完全抵触，在本案中根本没有参考适用的空间。

其次，民事法律行为只有在违反法律、行政法规强制性规定时才能被认定为无效，《电子商业汇票业务管理办法》系部门规章，不能据此否定诉讼追索行为效力。《民法典》第153条规定，违反法律、行政法规强制性规定的民事法律行为无效。但是，该强制性规定不导致该民事法律行为无效的除外。根据上述规定，判断民事法律行为效力的唯一“依据”只能是法律、行政法规，而《电子商业汇票业务管理办法》系部门规章，违反其也不能致使线下追索行为无效，况且，该办法第5条仅是倡导性条款，也并未规定未经线上追索即丧失追索权。实践过程中，许多法院动辄否定效力，最高人民法院为进一步遏制此种乱象，已经三令五申不能轻易否定民事法律行为效力，最高人民法院在《全国法院民商事审判工作会议纪要》第31条再次明确，违反规章一般情况下不影响合同效力（系指不影响民事法律行为的效力）。因此，退一步讲，即便适用《电子商业汇票业务管理办法》，也不能据此否定当事人通过诉讼方式行使追索权的效力。

最后，最高人民法院、各地高级人民法院，甚至是基层法院均支持线下诉讼行使追索权的效力，山东省各地市及省外中级人民法院在B公司相关的票据追索权纠纷中亦无一例外地采相同观点。代理律师在裁判文书网对与本案相同的案例进行检索后发现，各级人民法院的裁判思路已达成共识，均一致地认为线下诉讼追索同样产生追索权的效力：如最高人民法院在（2021）最高法民申2878号案件中认为，“虽然运销处未在电子商业汇票系统中向河南某公司发出追索通知，但并不影响运销处通过诉讼的方式行使票据追索权，不能以违反《电子商业汇票业务管理办法》的规定为由排除运销处的诉讼权利”；广东省高级人民法院在（2022）粤民再字241号案件中则直接肯定了线下书面追索行为的效力；需要特别说明的是，B 公司在其作为当事人的票据追索权案件［如山东省济南市中级人民法院（2022）鲁 01 民终 6476 号、山东省青岛市中级人民法院（2022）鲁 02 民终 11225 号、山东省威海市中级人民法院（2022）鲁 10 民终 2551 号、山东省日照市中级人民法院（2022）鲁 11 民终 2964 号、山东省泰安市中级人民法院（2022）鲁 09 民终 3604 号、湖南省岳阳市中级人民法院（2022）湘 06 民终 1949 号等］中，多次提出“必须线上追索”的抗辩观点，均未得到支持。

2. D 公司作为个体工商户，在汇票被拒付后，及时以提起诉讼的形式进行追索，已经作出最大努力，并未怠于行使权利，其合法权益理应得到保障。无论何种规定，首先要保障当事人的合法权益，并督促当事人及时行使权利，相关期限的设置也是对怠于行使权利的当事人的惩戒措施。但本案汇票到期拒付后，D 公司多次线上提示付款，并于 2022 年 3 月 15 日（拒付后 6 个月内）提起本案诉讼，在法律规定的时限内积极追索，不存在任何怠于行使权利的行为。

此外，汇票系极其小众、专业的票据，电子汇票系统内部功能也很复杂，普通公众很难完全按照相关规定和操作规程进行操作。D 公司系个体工商户，根本不可能了解如此复杂的票据规则，法律法规不能对其科以过高的注意义务，其遵守法律规定亦应得到法律的积极回应，其合法权益理应得到保障。本案判决线下追索行为无效，则 D 公司再也无法收回款项，这对 D 公司明显是不公平的，法律更应倾向于保护弱势群体。

代理点睛

在并未有明确法律规定的前提下，代理律师经过对最高人民法院、各地高级人民法院的相关类案进行案例检索后，总结出来的代理思路与最高人民法院最新的司法观点一致。虽然根据《电子商业汇票业务管理办法》第 5 条的规定，电子商业汇票业务必须通过电子商业汇票系统办理。但实践中，当事人之间就提示付款或提示承兑的时间、追索权的行使方式不符合上述规定的，应如何认定？最高人民法院认为，在该类案件审理中应当根据《票据法》《最高人民法院关于审理票据纠纷案件若干问题的解释》等法律和司法解释的规定认定相关行为的法律后果。有关电子票据业务规范中关于提示付款、提示承兑、追索权必须通过线上行使的要求，其规范目的是维护票据交易所公开透明的市场秩序，并非为了限制当事人的民事权利。持票人未在电子商业汇票系统中线上行使追索权，而是直接通过发送“追索函”“律师函”或直接向法院起诉等方式行使线下追索权的，人民法院应当认定追索行为合法有效。

审判观点

二审法院生效裁判纠正了一审法院的错误裁判，支持D公司作为持票人，自被拒绝付款之日起6个月内，可以通过电子商业汇票系统办理追索业务，也可以通过诉讼方式行使追索权利，其已在法定期限内提起诉讼，票据追索权利并不因其未办理线上追索而丧失。《票据法》第17条第1款规定：“票据权利在下列期限内不行使而消灭：……（三）持票人对前手的追索权，自被拒绝承兑或者被拒绝付款之日起六个月……”第61条第1款规定：“汇票到期被拒绝付款的，持票人可以对背书人、出票人以及汇票的其他债务人行使追索权。”第68条第2款规定：“持票人可以不按照汇票债务人的先后顺序，对其中任何一人、数人或者全体行使追索权。”据此，D公司作为持票人，自被拒绝付款之日起6个月内，直接向B公司行使追索权符合上述法律规定；D公司上诉主张追索权利，可以通过电子商业汇票系统办理追索业务，也可以通过诉讼方式行使追索权利，其已在法定期限内提起诉讼，票据追索权利并不因其未办理线上追索而丧失，该理由符合法律规定，法院予以采信；B公司辩称D公司未通过电子商业汇票系统发出追索通知而丧失权利的意见不能成立，虽然《电子商业汇票管理办法》第5条规定了电子商业汇票的出票、承兑、背书、提示付款、追索等业务必须通过电子商业汇票系统办理，但该条规定仅系对电子商业汇票的业务办理方式作出的规范，并未规定持票人未经线上追索即丧失追索权。

案例编写人 山东万吉（青岛）律师事务所 史清华 郝晨依

专家点评

赵万一　西南政法大学民商法学院教授、博士生导师，中国法学会商法学研究会副会长

票据追索权作为持票人维护自己合法权益的一种最基本、最直接的权利救济方式，对未获承兑或清偿的票据持有人而言意义重大。因此，严密保护持票人的追索权不但事关票据交易秩序的良性维护，而且也关涉票据领域诚信社会的构建。虽然票据关系非常强调行为的外观效力和技术性规范的约束效应，但这些都是建立在保护善意当事人的基础之上的。因此，对涉及持票人追索权行使的相关法律规则的建构，均应当符合《票据法》的立法宗旨和保护目的。特别是在市场交易活动日趋复杂，新兴技术被广泛应用到包括票据行为在内的大量商业活动中的背景下，决不能简单地以效益牺牲诚信，以技术性要求牺牲公平性结果。

相关法条

《中华人民共和国票据法》

第十七条第一款第三项 票据权利在下列期限内不行使而消灭：

（三）持票人对前手的追索权，自被拒绝承兑或者被拒绝付款之日起六个月；

第六十一条第一款 汇票到期被拒绝付款的，持票人可以对背书人、出票人以及汇票的其他债务人行使追索权。

第六十八条第二款 持票人可以不按照汇票债务人的先后顺序，对其中任何一人、数人或者全体行使追索权。

《最高人民法院关于审理票据纠纷案件若干问题的规定》

第六十二条 人民法院审理票据纠纷案件，适用票据法的规定；票据法没有规定的，适用《中华人民共和国民法典》等法律以及国务院制定的行政法规。

中国人民银行制定并公布施行的有关行政规章与法律、行政法规不抵触的，可以参照适用。

《电子商业汇票业务管理办法》

第五条 电子商业汇票的出票、承兑、背书、保证、提示付款和追索等业务，必须通过电子商业汇票系统办理。

第六十八条 持票人因电子商业汇票到期后被拒绝付款或法律法规规定其他原因，拥有的向票据债务人追索的权利时效规定如下：

（一）持票人对出票人、承兑人追索和再追索权利时效，自票据到期日起2年，且不短于持票人对其他前手的追索和再追索权利时效。

（二）持票人对其他前手的追索权利时效，自被拒绝付款之日起6个月；持票人对其他前手的再追索权利时效，自清偿日或被提起诉讼之日起3个月。

24 A财产保险股份有限公司申请破产重整案

——重整制度在保险公司风险处置中的首次适用

案件索引

北京金融法院（2022）京74破1号（2023年5月24日）

基本案情

A财产保险股份有限公司（以下简称A财险）是经国务院保险监督管理机构批准设立的财产保险公司，2016年2月16日获批开业，注册资本金10亿元。主营业务包括意外险、健康险、财产险等。

2020年7月17日，因A财险触发了《保险法》规定的接管条件，为保护保险活动当事人的合法权益，维护社会公共利益，原银保监会依法对A财险实施接管，并派驻接管组。接管期间，委托专业机构组建托管组，托管A财险公司业务。2021年7月16日，原银保监会决定将接管期限延长一年，至2022年7月16日止。2022年7月15日，原银保监会公布《关于A财产保险股份有限公司破产重整的批复》，原则同意A财险进入破产重整程序。同日，北京金融法院裁定受理A财险的重整申请。

风险处置思路及重整主要工作

一、重整可行性分析

A财险涉及的权益主体数量众多、分布广泛，应尽量避免破产清算造成不必要损失。经过综合分析评估，A财险具有重整可行性。

一方面，A财险资产负债总体体量较小，通过市场化引入投资人注入资本金，可以增加认可资产，提高实际资本，满足保险公司偿付能力监管要求，同时为后续发展留足空间，进而实现风险彻底化解。

另一方面，我国保险市场具有吸引市场化投资人的一定潜力。A财险具有管理结构扁平、轻资产运营等政策优势，公司具有一定业务价值，具备引入投资人的可能性。

二、重整实施路径的选择

重整程序在A公司风险处置中具有一定优势。一是重整制度具有程序性和实体性相结合的特点，相关程序均有法律明确规定，有利于稳定市场预期和风险处置信息适当适时披露；二是重整计划经过债权人会议表决、法院裁定后具有司法强制力，对重整相关方产生司法约束，可有效降低重组谈判难度，提高处置效率；三是重整程序有明确的时间限制，有利于对风险处置周期的整体把握；四是重整成功后，可避免A财险被破产清算，有效节省公共资金。因此，在充分评估重整可行性和相关保障措施后，决定对A财险实施重整。

三、重整实施方案的基本要求

一是保障保单持有人的合法权益，尽量减少或避免保单持有人的损失，以降低风险处置对保险市场的冲击；二是坚持依法合规，确保重整实施全过程符合法律法规和相关部门规章的要求；三是充分考虑保险公司的行业特殊性，在方案制订、投资人引入、债权审查认定等方面，既要符合现行法律规范，又要具备合理性和可行性；四是坚持市场化原则，尽量减少对公共资金的依赖，防范道德风险。

四、重整期间主要工作

笔者为A财险重整管理人团队的一员，下文主要概括管理人在重整期间的主要工作：

（一）依法履行职责，实施全面接管

管理人制订了重整工作方案，将现场工作团队分为综合协调组、清产核资组和方案制订组，各组互相配合、有序开展各项工作。

一是全面接管公司财产、印章和账簿、文书等资料。A财险重整受理当日，管理人对A财险实施全面接管，迅速开展各项工作。

二是建章立制，保障重整工作有序推进。为确保管理人依法履职、高效决策，管理人制定了议事规则和审批工作制度，规范管理人职责范围内重大事项的决策程序，提高现场工作效率，明确工作职责。

三是继续委托托管机构维护运营稳定，最大限度保持企业运营价值。

（二）全面清产核资，维护资产价值

管理人经法院许可，通过竞争性遴选方式聘请了业内知名的会计师事务所、资产评估公司为重整工作提供审计、评估专业服务。审计机构、评估机构出具《财务调查专项审计报告》《资产价值评估报告》和《偿债能力分析报告》等，为战略投资者招募、重整计划草案制订等提供参考。同时，管理人在审计、评估机构的配合下专门就 A 财险部分保险业务形成专项报告。针对债权类资产，管理人会同审计机构、公司对债权类资产的基础材料进行了审查，制订专项工作方案，通过诉讼、仲裁、执行等方式进行追收。

（三）充分保障债权人合法权益

管理人从现有法律规定出发，结合 A 财险的实际情况进行专项研究，确定债权审查工作标准和流程，制定了《重整债权审查规则》，依法开展债权审查工作。

一是明确了债权审查标准和要求，建立 A 财险业务部门和财务部门初审、审计机构复核、管理人终审的债权审查工作流程，确保债权审查及认定的准确性和公允性。

二是针对保险公司特有的保单债权，在北京金融法院的指导监督下，区分已决未付保单、未决保单、已发生未报告保单和退保保单，制定审查标准。同时，充分考虑保险行业的特殊性，针对未决保单的债权金额暂时无法确定的问题，以理赔估损金额向管理人申报债权，并在重整计划中预留充足资金进行全额兜底清偿。

管理人累计制作三次债权表提交债权人核查，经债权人会议核查，北京金融法院分批裁定了无争议债权表。

（四）引入共益债务融资，持续做好经营保障

A 财险前期因陷入经营困境，现金流面临枯竭，基本运营难以维系，重整工作难以正常开展。为顺利推进重整工作，维护稳定，管理人经充分征求北京金融法院意见，引入共益债务借款，形成了对外借款的议案提交债权人

会议审议，为公司重整期间维持基本经营提供资金保障。

（五）保障职工合法权益，维护职工队伍稳定

一是积极协调筹措资金，确保A财险职工工资、社保和公积金等及时支付，维护职工队伍稳定。二是对职工债权进行全面调查并进行公示，选举职工代表参加债权人会议、组建债权人委员会。三是通过积极沟通、解答疑问争取广大职工对重整的支持与配合。

（六）通过市场化方式，公开招募战略投资者

A财险重整的关键在于能否引入有实力的战略投资者。为此，管理人制定了战略投资者招募工作方案，并于2022年7月20日通过全国企业破产重整案件信息网发布了战略投资者招募公告，广泛征集符合条件的、实力雄厚的战略投资者。在北京金融法院的监督指导下，管理人和债权人委员会代表组成战略投资者遴选委员会，负责投资者遴选工作，制订战略投资者遴选工作方案，明确投资者遴选程序。

通过严格的遴选程序，最终选定重整战略投资者，对A财险各类债务全额现金清偿，在满足偿付能力监管要求的同时，充分发挥投资人产业协同优势，注入优质资源，改善提升A财险的经营现状。

（七）合理制订重整计划，保障重整方案落地

在北京金融法院监督下，管理人与重整投资者全面充分开展谈判，起草并签订了《重整投资协议》，对偿债安排、投资款支付、公司治理、过渡期安排等核心条款达成了一致意见。在此基础上，管理人制订了重整计划草案并提交债权人会议表决。

重整计划草案充分保障了各相关方的合法权益，具有明显的特点和优势。一是提供重整投资款全额现金偿付各类费用和债务。二是调整原股东的全部股权由重整投资者持有，重整投资者一次性提供资金，用于向原股东支付。三是制订可以实现多方共赢的经营方案。重整后的A财险在金融监管部门允许的经营范围内开展保险业务，投资者将持续对A财险注入资金、管理、人力及客户等各项资源提供支持。

重整计划草案获得债权人会议表决通过，2023年2月24日，北京金融法院裁定批准A财险重整计划，终止执行程序，A财险进入重整计划执行阶段，执行期3个月。

（八）重整计划执行完毕，重整程序终结

2023 年 5 月 19 日，A 财险向管理人提交《重整计划执行工作情况报告》。经管理人监督审查后，于 2023 年 5 月 22 日向北京金融法院提交《重整计划执行情况的监督报告》。

2023 年 5 月 24 日，北京金融法院作出了（2022）京 74 破 1 号之四民事裁定书，裁定确认 A 财险重整计划执行完毕，终结 A 财险重整程序。

案件难点及创新突破

一、府院联动开展风险处置，行政处置与司法重整有序衔接

金融机构破产重整案件往往表现出法律关系多元化、矛盾纠纷复杂化、法律适用与管理复合化、触及利益主体多、社会影响大等特征，需要处理好法院、行政监管及相关主管部门之间的关系。因此，需要司法权和行政权各司其职、协调联动，保证行政权与司法权的顺畅衔接，统筹推进金融机构破产重整中法律事务和社会事务的协同解决。《保险法》第 90 条规定，保险公司破产需要经过国务院保险监督管理机构同意。因此，A 财险重整程序中，在重整受理、清产核资、债权人会议、投资人招募、重整计划执行等环节均涉及行政与司法协同，通过“府院联动”推动 A 财险重整程序。

二、依法确定财产保险公司保单债权范围及审查认定方式

《保险法》第 91 条将“赔偿或者给付保险金”作为优先债权，优于税款和普通债权清偿，但是对“赔偿或者给付保险金”所涵盖的具体内容未作出明确规定。A 财险重整案件中，北京金融法院对管理人认定的保单债权范围和审查方式依法进行监督，对保单债权的认定范围进行法理解释、认定。在保单债权的范围方面，确定了保险赔款、应退保费作为保单债权；并对保险公司特有的共同保险、再保险以保险利益为界定标准，依法进行认定。在保单债权审查认定方式方面，针对重整中涉及的已决保单、未决保单、未到期保单，确定不同的审查认定标准，确保保单债权的审查认定符合公平保障保单持有人合法权益和其他顺位债权人的要求，同时，确保重整计划能够覆盖未来可能产生的保单债权兑付需求。

三、保单债权单独分组，保障保单债权人的表决权

《保险法》或《企业破产法》虽然对于企业破产时的债权清偿顺位作出了规定，但未明确债权如何进行分组的问题。A财险重整中，在涉及债权人分组时明确将保单债权单独划分为一组，参与债权人会议表决，实现了《企业破产法》有关债权分组的规定与《保险法》关于债权清偿顺位问题的有序衔接。

四、发挥保险保障基金职能，保障保险消费者合法权益

保险保障基金负有保单偿付、保险消费权益保护等重要功能。在既往保险公司风险处置案例中，保险保障基金及其管理机构在保险公司有序处置和保险消费者权益保障方面发挥了重要作用。A财险重整中，保险保障基金公司充分履行《保险保障基金管理办法》第8条第3项规定的“对保单持有人、保单受让公司等个人和机构提供救助或者参与对保险业的风险处置工作”职责。在A财险重整案件中，保险保障基金从多角度参与到重整工作中去。

一是保险保障基金公司发布公告，代理A财险存量保单持有人申报债权、参加债权人会议和行使表决权。重整过程中，对保险保障基金公司的代理流程、公告方式等进行了有益探索，在确保重整平稳有序推进的同时，充分保障保单持有人的合法权益。

二是重整期间担任A财险债权人会议主席和债权人委员会委员，根据《企业破产法》第60条、第68条的规定履行相关职责，依法对A财险重整程序进行监督，保障广大保单持有人的利益。

三是接受债权人委员会委托，作为A财险重整战略投资者遴选委员会成员，参与战略投资者遴选工作。表决管理人制订的战略投资者遴选工作方案，并对战略投资者的遴选工作实施全面监督。

五、全面保障重整利益相关方的合法权益

A财险重整案作为全国首例保险公司重整案件，对重整所涉及的各方权益保障是衡量重整实施效果、保障重整成功实施的关键因素。A财险在重整过程中坚持发挥重整制度的法治化、市场化优势，保障了各利益相关方的合法权益。

一是市场化引入重整投资人，实现各类债权全额清偿，为暂未确认、未申报债权预留充足偿债资金进行清偿。保障包括职工、保单持有人、普通债

权人在内的全体债权人权益，通过重整清偿机制最大限度地提升案件法律效果、社会效果和经济效果。

二是充分保障 A 财险原股东的实体性权利和程序性权利。重整程序中，充分尊重原股东的知情权和表决权，对 A 财险重整审计、评估情况向原股东进行充分披露，对影响 A 财险资产、负债的重要因素向原股东进行充分说明。在引入重整投资人对各类债权实施全额保障的同时，向原股东提供资金，按持股比例进行分配。最终出资人组 100% 表决通过重整计划。

三是维持 A 财险重整程序中的经营稳定和职工队伍稳定。

案件点睛

一、首次运用重整程序实现保险公司风险化解和彻底处置

A 财险重整案为国内首例保险公司重整案，实现了利用重整制度帮助保险公司化险纾困的效果。我国金融机构风险处置，过去主要使用行政手段。A 财险通过重整方式进行金融机构风险处置，为第一例保险公司司法重整案件。该案对于《保险法》《企业破产法》以及正在制定的《金融稳定法》具有重要的实践意义，对后续金融机构，特别是保险公司司法重整具有典型的借鉴意义。

二、积极探索保险公司重整受理、保单债权申报审查等重整实践

A 财险重整在受理条件、债权申报及审查、表决机制、资产负债认定等问题上进行了有益实践，体现了保险公司破产重整的特殊性，为金融处置立法提供了参考。一是通过司法实践印证了保险公司重整的可行性，为保险公司重整受理和实施提供了实践案例；二是对财产保险公司保单债权范围的认定、债权审查标准、保单债权分组表决等方面进行了探索；三是为完善保险保障基金公司参与保险公司重整的相关机制提供了案例参考。

三、充分发挥保险保障基金公司在重整程序中的作用

A 财险重整案中，保险保障基金公司充分发挥了参与金融机构风险处置的职能，具体包括作为保单债权人参与重整程序的代理人、担任债权人会议主席、担任债权人委员会主席，以及全程参与重整投资人遴选，发挥对管理

人的监督职能，全面保障保单债权人的合法权益。

案例编写人 北京大成律师事务所 张 婷

专家点评

温世扬 武汉大学法学院教授、博士生导师，中国法学会民法学研究会副会长

本案是我国首例保险公司破产重整案。受案法院在无例可循的情况下，依据《企业破产法》《保险法》《保险保障基金管理办法》等法律、法规，审慎批准债务人的重整申请，并依法履职推进重整程序，在最大限度保障相关主体合法权益的前提下，助力债务人成功化解债务危机，实现浴火重生。本案在府院联动处置保险公司债务风险、保单债权单独分组与未决债权确认、保险保障基金发挥主导作用等方面开展了有益探索，对保险机构及其他金融机构破产与重整制度的完善和相关司法实践的运作具有重要借鉴意义，堪称类案处理的标杆。

相关法条①

《中华人民共和国保险法》

第九十条 保险公司有《中华人民共和国企业破产法》第二条规定情形的，经国务院保险监督管理机构同意，保险公司或者其债权人可以依法向人民法院申请重整、和解或者破产清算；国务院保险监督管理机构也可以依法向人民法院申请对该保险公司进行重整或者破产清算。

第九十一条 破产财产在优先清偿破产费用和共益债务后，按照下列顺序清偿：

（一）所欠职工工资和医疗、伤残补助、抚恤费用，所欠应当划入职工个人账户的基本养老保险、基本医疗保险费用，以及法律、行政法规规定应当

① 保险公司重整案件涉及《保险法》与《企业破产法》的衔接，重整程序的不同环节涉及保险业、破产领域多部法律及司法解释、相关部门规章的相关规定，与一般诉讼案件中主要针对个别法律条款的争议存在区别，因此本次仅就本案涉及的法律制度创新，以及重整中人民法院和监管部门关注的重点问题列举相关法律文件及条款规定。

支付给职工的补偿金；

（二）赔偿或者给付保险金；

（三）保险公司欠缴的除第（一）项规定以外的社会保险费用和所欠税款；

（四）普通破产债权。

破产财产不足以清偿同一顺序的清偿要求的，按照比例分配。

破产保险公司的董事、监事和高级管理人员的工资，按照该公司职工的平均工资计算。

第一百四十八条 被整顿、被接管的保险公司有《中华人民共和国企业破产法》第二条规定情形的，国务院保险监督管理机构可以依法向人民法院申请对该保险公司进行重整或者破产清算。

《中华人民共和国企业破产法》

第二条 企业法人不能清偿到期债务，并且资产不足以清偿全部债务或者明显缺乏清偿能力的，依照本法规定清理债务。

企业法人有前款规定情形，或者有明显丧失清偿能力可能的，可以依照本法规定进行重整。

第一百一十三条 破产财产在优先清偿破产费用和共益债务后，依照下列顺序清偿：

（一）破产人所欠职工的工资和医疗、伤残补助、抚恤费用，所欠的应当划入职工个人账户的基本养老保险、基本医疗保险费用，以及法律、行政法规规定应当支付给职工的补偿金；

（二）破产人欠缴的除前项规定以外的社会保险费用和破产人所欠税款；

（三）普通破产债权。

破产财产不足以清偿同一顺序的清偿要求的，按照比例分配。

破产企业的董事、监事和高级管理人员的工资按照该企业职工的平均工资计算。

《保险保障基金管理办法》

第八条 保险保障基金公司依法从事下列业务：

（一）筹集、管理、运作保险保障基金；

（二）监测保险业风险，发现保险公司经营管理中出现可能危及保单持有人和保险行业的重大风险时，向国务院保险监督管理机构提出监管处置建议；

（三）对保单持有人、保单受让公司等个人和机构提供救助或者参与对保险业的风险处置工作；

（四）在保险公司被依法撤销或者依法实施破产等情形下，参与保险公司的清算工作；

（五）管理和处分受偿资产；

（六）国务院批准的其他业务。

保险保障基金公司按照前款第二项规定向国务院保险监督管理机构提出监管处置建议的，应当及时将有关情况同时抄报财政部、中国人民银行。

25 四川某泽公司诉某银行股份有限公司成都分行破产抵销权纠纷案

——破产抵销的认定

案件索引

一审： 济南铁路运输中级法院（2021）鲁71民初32号（2021年8月20日）

二审： 山东省高级人民法院（2022）鲁民终1016号（2022年10月18日）

再审： 山东省高级人民法院（2023）鲁民申3080号（2023年5月15日）

基本案情

2014年，原告四川某泽公司与被告某银行股份有限公司成都分行（以下简称某银行成都分行）签订《债权转让及委托代理协议》，同时原告关联企业与被告签订《银企合作协议》，前述两份协议约定被告将其对案外人某峰陶瓷公司享有的4000余万元债权转让予原告，并由被告继续以被告自己的名义进行清收，被告给予原告及其关联企业5亿元授信额度作为补偿。

2020年3月，被告清收前述债权并在对某峰陶瓷公司的执行案中，由执行法院作出执行财产分配决定，决定被告受偿金额为1700余万元。

2020年5月，原告及14家关联企业由人民法院裁定受理破产重整，截至破产之日，对被告负有5000余万元借款担保债务（原告关联企业为该笔款项借款人，原告为该笔借款连带保证人，该关联企业与原告同时进入破产重整程序）。

2020年7月，原告及其关联企业破产管理人向某峰陶瓷公司执行一案的执行法院发函，请求向其直接支付1700余万元执行款。被告随即向前述执行法院提交异议函请求执行法院对原告管理人的请求不予支持，并向原告管理人发函就1700余万元执行回款主张破产债权抵销。原告管理人不予认可，随即原告管理人诉至法院请求确认被告提出的破产债权抵销不成立，并请求判决变更原告为某峰陶瓷公司执行案的执行申请人，请求确认其为某峰陶瓷公司执行案案款的所有权人。

核心争议焦点

1. 原告四川某泽公司是否有权直接在案外人某峰陶瓷公司执行案中对该案执行案款主张权利？

2. 原告四川某泽公司对被告某银行成都分行承担的连带担保责任应否免除？

3. 被告某银行成都分行向原告四川某泽公司主张破产抵销权是否符合法定条件？

当事人各方观点及思维分析

一、原告四川某泽公司观点及分析

1. 一审法院对本案是否有管辖权应当重新审查，原告认为依据《企业破产法》第21条的规定，人民法院受理破产申请后，有关债务人的民事诉讼，只能向受理破产申请的人民法院提起。

2. 原告有权在本案中请求变更原告为某峰陶瓷公司执行案的执行申请人，有权对某峰陶瓷公司执行案的案款主张所有权，理由如下：

第一，原告曾向某峰陶瓷公司执行案中的执行法院提出直接向原告支付执行款的申请，但执行法院未对该申请作出裁定，同时，被告某银行成都分行即向原告管理人发出破产抵销通知函件。因针对某峰陶瓷公司执行案的执行异议诉求与破产抵销是否成立的本质均系由法院确认该案款的所有权人，原告有权在本案中请求变更原告为某峰陶瓷公司执行案的执行申请人。

第二，被告系接受原告委托对某峰陶瓷公司进行债权清收，原告已解除对被告的委托，原告系某峰陶瓷公司执行案执行款的所有权人，某峰陶瓷公司系原告债务人，而被告对原告不负有债务。

2. 原告对被告已不再负有连带担保之债，理由为：原告与担保债务主债务人某屋公司为关联公司，且已进入合并重整，原告已与主债务人发生混同，故原告对被告的连带保证之债已不存在。

3. 被告不符合主张破产抵销的条件，理由如下：

第一，被告应待债权向原告管理人申报确认后才可以主张抵销。

第二，就某峰陶瓷公司执行一案，执行法院于 2020 年 3 月作出的执行分配方案并非终局决定，执行案款金额确定在原告及关联公司破产受理之后，不符合破产抵销条件。

第三，被告尚未收到某峰陶瓷公司执行案的执行款，被告对原告负有的支付清收回款的债务并未实际发生。

二、被告某银行股份有限公司成都分行观点及分析

1. 一审法院对本案有管辖权且一审法院受理案件后某泽公司并未提出管辖异议，且破产案件管辖并不属于当时施行的《民事诉讼法》所规定的专属管辖。

2. 变更某峰陶瓷公司执行案执行主体系执行案件、执行程序中处理的事项，应在该执行案件中进行审查，不应在本案中处理。

3. 被告符合行使破产抵销权的条件，理由如下：

第一，原告与被告互负债务。被告基于《委托代理协议》负有向原告返还清收回款的金钱债务。自前述委托关系形成之日起，原告对被告享有两方面的债权：一方面为请求被告采取清收行为，另一方面为请求被告在已清收回款时向其支付收回的款项。因此，与原告享有的前述债权相对应，被告负有向原告支付收回款项的债务。其次，因金钱具有一般等价物的属性，在被告清收回款后请求其返还已收回款项，并不能要求被告向原告返还收回的特定金钱，而是要求返还等值货币，实际上等同于金钱债权。最后，被告对原告所负的债务系必然发生且已经发生。根据《债权转让及委托代理协议》及《银企合作协议》之约定，被告向原告转让债权、原告委托被告继续清收该笔债权为不可分割的整体，且根据以上协议之约定，原告无权解除《债权转让及委托代理协议》，无权单方面解除对被告的委托。因此，基于不可撤销的委托，原告只能在被告清收回款时请求其支付收回款项。被告已代原告清收前述债权，并由执行法院于 2020 年 3 月 30 日作出分配决定确定应分配金

额，案款已执行到位暂存于法院账户。至此，该笔债权的清收行为结束，债务人某峰陶瓷公司的清偿行为结束，被告向原告履行支付清收回款的债务也已确定。

第二，原告于破产宣告前对被告负有担保之债，该担保之债已经依法确认，且亦不存在原《担保法》第23条至第28条、第30条规定的担保责任免除的情形，原告关于保证之债不存在的理由并无法律依据。即便所称主债务人与保证人已混同系真实存在，且该事实已经依法确认，保证之债也系由主债务吸收，保证人仍然应承担共同还款责任，被告依然有权主张抵销。

第三，被告主张抵销的债务发生于破产申请受理前。被告应在债务金额确定时，还是在款项实际划付予被告后才向原告履行支付义务，这仅为债务履行期限或债务是否到期的问题，而破产抵销并无债权债务到期的限制。

第四，被告对原告的债权已经依法确认，且已向原告管理人进行了破产债权申报。

第五，被告已向原告管理人致函主张抵销，行使破产抵销权符合相关程序要求。

4. 原被告双方签订的系列合同目的即在于控制清收款项，最终通过债务抵销，实现担保功能；若对抵销权予以否认，将导致合同目的不能实现，显失公平。

首先，代理清收、控制清收回款系授信前提。

其次，设置不可撤销的委托系为了控制清收回款，并可通过行使抵销权的方式，实现担保功能。在民法理论上，抵销制度亦被认为是一种具有担保功能的制度，如押金、保证金的担保功能也系通过抵销制度来实现的。当债权人对债务人享有抵销权时，应视为债务人自己提供了物的担保，参照《民法典》第392条的规定，债权人应先行使对债务人的抵销权以实现债权，不足部分再向作为第三人的担保人主张担保责任，否则，担保人在可以抵销的范围内免除承担担保责任也正是因为抵销制度具有担保功能。

最后，否认抵销权将致无过错的被告独自承担巨额损失，显失公平。

5. 抵销权的行使具有溯及力，被告主张破产抵销权的函件虽于2020年8月18日送达原告管理人，但被告对原告负有的1700余万元债务于2020年3月已经确定及发生，而原告于2020年5月12日宣告破产。至此，被告主张破产抵销权的条件全部成就，即被告主张破产抵销的效力溯及至此时，亦即被告与原告互负的债务在同等数额内已归于消灭，也就是说，被告已就案涉执行案款完成对原告的清偿，原告亦无权再对某峰陶瓷公司执行一案的执行款主张任何权利。

代理思路

笔者作为本案被告某银行成都分行代理人，在接收案件时，正值原告管理人向某峰陶瓷公司执行案的执行法院致函请求将执行案款直接划付给原告。代理人了解情况后，首先梳理案涉事实时间轴，发现原告某泽公司及其关联企业由法院裁定受理破产的时间在2020年5月，晚于被告代原告清收某峰陶瓷公司债权执行法院在执行程序中作出执行回款分配方案的时间（2020年3月），同时，原被告间基于委托清收，双方之间亦存在债权债务关系，被告作为债务人对原告负有代为清收的行为之债及清收后付款的金钱给付之债。同时，虽然于2020年3月仅形成执行分配方案，清收回款项并未实际划付给被告，但被告清收行为已结束，至此，被告向原告负有分配方案中确定金额的给付之债，且发生在原告破产之前，同时，原告对被告负有担保责任之债，双方符合破产债权抵销。通过梳理时间轴，代理人初步确立了就该笔代清收执行案款主张破产抵销的代理方向。

确立好代理方向后，便是围绕《最高人民法院关于审理企业破产案件若干问题的规定》第60条规定的抵销权的行使应具备的条件进行反复论证，论证过程中存在的争议点主要在于两方面：一是原告能否随时解除对被告的委托，二是被告系应在实际取得代清收款项后才负有向原告支付的债务还是在清收行为已完成、款项金额已初步确定之时才负有向原告支付的债务。针对前述第一个争议点，经过被告代理人与被告的深度沟通及证据挖掘，发现在原被告签订的《债权转让及委托代理协议》之前，双方还签订了《银企合作协议》，两份协议内容相互联系，结合两个协议，发现原告受让案涉债权并不可撤销地委托被告清收，是被告向原告及关联公司授信的前提，被告代为清收是为了实际控制执行回款并对后期授信进行担保。针对第二个争议点，代理人查阅了大量案例、文献，结合债权债务定义等内容，得出结论：原被告双方在原告破产受理之前互负债务，被告应在债务金额确定时还是在款项实际划付给被告后，才应该履行向原告的支付义务，仅为债务履行期限或债务是否到期的问题，而破产抵销并无债权债务到期的限制。

完成代理方案论证后，代理人代被告向原告发函主张抵销，原告管理人随即向法院提起破产抵销权异议之诉。在本案诉讼中，被告代理人根据前期论证内容，主要围绕被告方符合法定破产抵销权行使的条件，以及原告对被告的委托收取依约不可撤销，同时，委托清收对后续被告向其授信贷款为一系列的整体行为，控制清收回款实际具备一定的担保功能进行答辩。

代理点睛

本案代理意见首先在内容结构上采用了“立论+驳论”，分别论证阐述的模式，在立论部分主要围绕被告主张破产抵销符合法定条件，以及约定原告不可撤销地委托被告清收，系使得被告能通过控制清收回款对后续数亿元授信贷款作出担保，也对后续贷款的条件加以详细论证。不论从法定抵销权的行使要件及当事人双方意思自治出发，均应认定被告在本案中有权行使破产抵销权。驳论部分便是以针对原告观点进行逐一答辩反驳的形式进行阐述论证。针对本案类似涉及法条、法理等深度论证的案件，采用立论加驳论的形式能更清晰地向裁判者呈现己方观点，立论论证与驳论答辩相结合的形式更能达到逻辑严密的效果。其次，在围绕各个论点的论证过程中，为了达到逻辑严密的效果，通过法理论证、法律法规论证，同时结合各个分论点下相应的司法案例加以支撑。在论证本案是否符合破产抵销权的行使条件过程中，代理人除围绕法定条件字面规定的内容进行逐一论证，还延伸到了抵销权的行使具有溯及力，债务的确定及债务履行期限相区别等内容，代理意见中的论证除了较为全面外，还具有一定的深度，最终本案一审、二审、再审被告均获胜诉。最后，主张破产抵销的代理思路亦为被告当事人直接挽损千余万元，若未通过梳理相关时间轴初步确立破产抵销的思路，以及深度挖掘案件证据印证控制代理清收回款的担保功能，任由原告方自行取回执行款项，则被告只能基于普通债权人身份参与后期破产债权清偿，能获得的清偿率极低。同时，通过在中国裁判文书网检索，破产抵销权案件的裁判鲜有且少见，因此，本案在破产抵销纠纷领域具备一定的代表性。

审判观点

关于一审法院对本案是否有管辖权的问题，依据《民事诉讼法》的规定，人民法院受理案件后，当事人对管辖权有异议的，应当在提交答辩状期间提出。人民法院对当事人提出的异议，应当审查。异议成立的，裁定将案件移送有管辖权的人民法院；异议不成立的，裁定驳回。当事人未提出管辖权异议，并应诉答辩的，视为受诉人民法院有管辖权，但违反级别管辖和专属管辖规定的除外。经法院审理查明，一审中原告四川某泽公司并未在提交答辩状期间向一审法院提出过管辖权异议申请，故依据上述法律规定，应视为一审法院对本案具有管辖权。

关于原告四川某泽公司对某峰陶瓷公司执行案执行款是否享有权利，其要求将其变更为该案申请执行人的请求是否应当得到支持的问题。依据2014年6月30日原告某泽公司与被告某银行成都分行签订的《债权转让及委托代理协议》的约定，被告将其对借款人某峰陶瓷公司的总金额为45649707.42元的贷款债权转让给原告四川某泽公司，债权转让后，原告四川某泽公司委托授权被告某银行成都分行以其自己的名义或四川某泽公司的名义代为管理和清收该协议所述债权。被告同意接受委托，在原告指示下代为管理和清收本协议所述债权。在上述协议签订后，被告亦以自己的名义代原告向某峰陶瓷公司等债务人继续清收债权。另外，依据某峰陶瓷公司执行案执行裁定书等法律文书的认定，被告某银行成都分行以自己的名义通过诉讼程序向债务人某峰陶瓷公司主张债权后，又通过强制执行程序向法院申请强制执行，且相应执行裁定书确定被告某银行成都分行系该案的申请执行人，故被告亦系该执行裁定书确定的1700余万元分配执行款项的权利主体。原告四川某泽公司虽依据涉案《债权转让及委托代理协议》主张应将其变更为某峰陶瓷公司执行案的申请执行人，并主张其系该案1700余万元分配执行款项的直接所有人，但其主张与上述执行裁定书认定的权利主体不一致，且未经其他生效法律文书确认。故原告某泽公司在本案中主张将其变更为该案申请执行人明显缺乏法律依据，不予支持。

关于原告某泽公司是否应承担涉案担保责任的问题。法院认为：《最高人民法院关于适用〈中华人民共和国企业破产法〉若干问题的规定（三）》第4条第1款规定，保证人被裁定进入破产程序的，债权人有权申报其对保证人的保证债权；第5条第1款规定，债务人、保证人均被裁定进入破产程序的，则债权人有权向债务人、保证人分别申报债权。本案中，某屋公司、四川某泽公司等15家企业虽然已被四川省遂宁市船山区人民法院裁定进入破产重整程序，但原告四川某泽公司与某屋公司均系具有独立人格的公司法人，且原告某泽公司未能提交证据证明其与某屋公司之间存在法人人格混同的情形，依据上述法律规定，被告某银行成都分行有权向原告四川某泽公司申报债权并主张权利。故原告四川某泽公司主张其与某屋公司因存在法人人格混同导致其不应承担担保责任缺乏事实和法律依据，不予支持。

关于被告某银行成都分行向原告四川某泽公司主张破产抵销权是否符合法定条件的问题。首先，依据前述认定，被告某银行成都分行系某峰陶瓷公司执行案执行裁定书确定的申请执行人。其次，依据《债权转让及委托代理协议》的约定，原告四川某泽公司系委托被告某银行成都分行向某峰陶瓷公司等债务人继续清收债权，故双方当事人之间构成委托合同关系。但在2020年7月6日，原告管理人向某峰陶瓷公司执行案中的承办法院主张执行款后，被告某银行成都分行向执行法院提出异议，申请对原告管理人提出的上述请求不予支持，故双方当事人对涉案执行款的权利归属产生争议。虽然执行法院尚未对双方当事人产生的争议以及对执行款的分配作出处理，但该执行案的执行裁定书确定的申请执行人为被告。依据双方当事人通过签订涉案《债权转让及委托代理协议》形成的委托合同关系，被告某银行成都分行作为受托人，应将其通过清收且享有权利的涉案执行案款返还给委托人某泽公司，故被告某银行成都分行负有向原告某泽公司返还执行案款的义务。另外，即便如原告所主张的，其已通过向执行法院发出直接向其支付涉案执行款的函的形式，解除了双方的委托合同关系，某银行成都分行也因此负有因合同解除向某泽公司返还执行款的义务，即某泽公司因此取得了要求某银行成都分行返还执行案款的债权。再次，在原告进入破产重整程序后，某银行成都分行已经向四川某泽公司管理人申报了债权，且被告于本案中主张的抵销债权已经执行证书、执行裁定书及执行分配决定书等法律文书确认。被执行人某峰陶瓷公司及其他债权人虽已针对执行法院作出的财产分配决定提出执行异议或复议，但依据某泽公司二审中提交的证据，其执行异议或复议申请均已被受理法院驳回。最后，某泽公司负有对某屋公司应当偿还的涉案借款本息承担连带清偿责任，且该担保债务发生在某泽公司进入破产程序之前。

综上，某银行成都分行向某泽公司主张破产抵销权符合法定条件。

一审判决结果：驳回原告某泽公司的诉讼请求。

二审判决结果：驳回上诉、维持原判。

再审裁定结果：驳回某泽公司的再审申请。

案例编写人 四川信和信律师事务所 李剑波 刘 竹

专家点评

王竹　　四川大学法学院教授、博士生导师，四川智慧社会智能治理重点实验室主任，四川大学市场经济法治研究所所长

破产抵销权的适用不仅关系抵销双方当事人的利益，还关系其他破产债权人的利益，为了维护债权人与破产债务人间的基本公平，代理人需要督促人民法院严格审核破产抵销权的适用条件。一方面，本案代理人穿透当事人之间复杂的权利义务关系指出，无论案涉双方的法律关系为何，被告均负有向原告返还执行案款的法律义务；另一方面，本案代理人协助人民法院厘清与案涉抵销债权相关的法律文书，并依据证据指出相关执行异议或复议申请均已被法院驳回，最终人民法院准确判断当事人主张的破产抵销权符合法定条件。本案是代理人督促人民法院准确判断破产抵销权适用条件的典型案例，为其他破产抵销权纠纷案例的代理思路提供了可复制的范例。

相关法条

《中华人民共和国民法典》

第七百零二条　债务人对债权人享有抵销权或者撤销权的，保证人可以在相应范围内拒绝承担保证责任。

《最高人民法院关于审理企业破产案件若干问题的规定》

第六十条第一款　与债务人互负债权债务的债权人可以向清算组请求行使抵销权，抵销权的行使应当具备以下条件：

（一）债权人的债权已经得到确认；

（二）主张抵销的债权债务均发生在破产宣告之前。

《最高人民法院关于适用〈中华人民共和国企业破产法〉若干问题的规定（二）》

第四十一条第一款　债权人依据企业破产法第四十条的规定行使抵销权，应当向管理人提出抵销主张。

《最高人民法院关于适用〈中华人民共和国企业破产法〉若干问题的规定（三）》

第七条　已经生效法律文书确定的债权，管理人应当予以确认。

管理人认为债权人据以申报债权的生效法律文书确定的债权错误，或者有证据证明债权人与债务人恶意通过诉讼、仲裁或者公证机关赋予强制执行力公证文书的形式虚构债权债务的，应当依法通过审判监督程序向作出该判决、裁定、调解书的人民法院或者上一级人民法院申请撤销生效法律文书，或者向受理破产申请的人民法院申请撤销或者不予执行仲裁裁决、不予执行公证债权文书后，重新确定债权。

《全国法院民商事审判工作会议纪要》

43.【抵销】抵销权既可以通知的方式行使，也可以提出抗辩或者提起反诉的方式行使。抵销的意思表示自到达对方时生效，抵销一经生效，其效力溯及自抵销条件成就之时，双方互负的债务在同等数额内消灭。双方互负的债务数额，是截至抵销条件成就之时各自负有的包括主债务、利息、违约金、赔偿金等在内的全部债务数额。行使抵销权一方享有的债权不足以抵销全部债务数额，当事人对抵销顺序又没有特别约定的，应当根据实现债权的费用、利息、主债务的顺序进行抵销。

26 金某、付某诉贵州某矿业有限公司合伙企业财产份额转让纠纷案

——采矿权转让合同外保留采矿权份额约定的效力认定

案件索引

一审： 贵州省高级人民法院（2019）黔民初21号（2020年10月28日）

二审： 最高人民法院（2021）最高法民终585号（2023年3月17日）

基本案情

一审原告（二审上诉人）：金某、付某。

一审被告（二审上诉人）：贵州某矿业有限公司（以下简称A公司）。

一审第三人（二审第三人）：刘某。

B煤矿是金某、付某设立的合伙企业，其中付某占99.5%的出资，金某占0.5%的出资。采矿权人为B煤矿（金某），生产规模15万吨/年，有效期限自2011年10月至2016年5月。

2013年1月31日，付某（甲方、转让方）、金某（丁方）与A公司（乙方、受让方）签订了《B煤矿股权转让合同》(以下简称《股权转让合同》)，约定甲方将其占有的B煤矿的51%出资及对应权益转让给乙方，包括但不限于其名下的采矿权、经营性资产、土地使用权、企业51%出资等；约定B煤矿整体资产转让价格确定为1.5亿元，本次所转让股份转让价款为7650万元。约定股份转让后，乙方即成为B煤矿的控股股东，双方同意将该矿纳入乙方煤矿集团进行管理；约定各方同意尽快将B煤矿（个人合伙企业）改制成为有限责任公司，由乙方进行控股并按现代股份制企业法人治理结构对煤矿进行安全生产管理。

同日，付某（甲方）、金某、A公司（乙方）三方又签订了《B煤矿股权

转让补充合同》(以下简称《股权转让补充合同》)，约定1.5亿元为B煤矿整体转让的基价，甲方承诺经甲方依法向有关部门提出申请，B煤矿可达到比现状更优的条件。乙方同意根据甲方承诺的实现情况调整转让价格，条件如下：(1)B煤矿在初步整合方案(草案)中已被列为整合矿井，但尚未正式确定，其能否申请为独立矿井具有不确定性。如B煤矿被批准成为独立矿井，不被其他煤矿集团或其他矿井整合的，则该矿整体受让价格调整为2.5亿元。(2)B煤矿现核准的生产规模为15万吨/年，正在申请扩能并将生产规模变更为30万吨/年，但尚未获得批准。如该矿能完成30万吨/年的生产规模核准，则该矿整体受让价格调整为3.2亿元。(3)B煤矿现备案储量为710万吨，其能否实现扩界具有不确定性。如该矿实现扩界，并且达到满足45万吨生产规模要求的储量标准以上，则该矿整体受让价格调整为3.5亿元。此外，还约定上述调整价格条件的完成，以有权审批部门完成最后的审批为准，需要变更证照的，以证照变更日为完成日；不需要办理证照变更的，以批复文件下发日为完成日。

同日，三方又签订了《B煤矿股权转让合同二》(以下简称《股权转让合同二》)，就甲方继续向乙方转让B煤矿的8.5%股权、丁方向乙方转让0.5%股权达成协议，转让价款合计1350万元。

2013年3月至4月间，付某将B煤矿的公章、资产清单、账本等资料移交A公司。2013年8月23日，B煤矿(甲方)与A公司(乙方)在贵州省矿权储备交易局签订了《B煤矿(兼并重组)采矿权转让合同》(以下简称《采矿权转让合同》)。约定甲方将采矿权整体转让给乙方，转让金额为1.5亿元，未对付款期限、付款方式、收款账户等作出明确约定。2013年10月11日，贵州省原国土资源厅向A公司颁发了采矿许可证。该许可证载明：证号C5200002011111201××××：采矿权人：A公司，矿山名称：A公司B煤矿，生产规模：15万吨/年，矿区面积：0.8528平方千米。有效期限自2013年12月至2016年5月。

2014年1月10日，付某、金某申请注销合伙企业B煤矿，申请注销登记原因为：兼并重组。同日，A公司申请设立分公司，《分公司设立登记申请书》载明：分公司名称为A公司B煤矿，负责人为付某。负责人信息栏有付某身份证复印件及其本人签名。签字时间为：2014(原为2013，后“3”改为“4”)年1月10日。

2014年3月3日，贵州省煤矿企业兼并重组工作领导小组办公室确认A

公司具备煤矿企业兼并重组主体资格条件。2014 年 9 月 15 日，贵州省煤矿企业兼并重组工作领导小组办公室、贵州省能源局印发《关于对 A 公司煤矿企业兼并重组实施方案的批复》(以下简称《77 号批复》)。该批复载明，A 公司兼并重组保留煤矿包括 A 公司 B 煤矿。A 公司 B 煤矿为资源置换整合矿井，由原 B 煤矿与异地拟关闭的煤矿 C 煤矿、D 煤矿、F 煤矿通过资源置换进行整合后形成。通过资源置换整合后，A 公司 B 煤矿保有资源储量为 5980 万吨新增储量 5270 万吨，面积为 12.5775 平方千米新增面积 11.7247 平方千米。B 煤矿拟整合为 90 万吨 / 年，已形成的系统保留完好，且系统能力较为富余。2015 年 3 月 2 日，贵州省原国土资源厅同意 A 公司的申请，拟预留 B 煤矿调整矿区范围 12.5005 平方千米。

截至开庭前，A 公司共计向付某支付人民币 8455 万元。2017 年 9 月 25 日，A 公司与付某等人研究讨论形成《会议纪要》，记载关于 A 公司收购 B 煤矿 60% 股权是否存在欠款之事宜，双方一致同意通过诉讼渠道解决，待法院作出裁决后，按法院判决执行。

2019 年 4 月，付某、金某向贵州省高级人民法院提起诉讼，诉请如下：(1)请求确认付某自 2013 年 1 月 31 日起，始终享有 A 公司 B 煤矿采矿权 40% 份额的权益；(2)请求判令解除原被告双方于 2013 年 1 月 31 日签订的《股权转让合同》《股权转让补充合同》《股权转让合同二》以及同年 8 月 23 日签订的《采矿权转让合同》；(3)请求确认自第 2 项所述合同解除之日起，A 公司 B 煤矿采矿权在上述案涉合同中转让的 60% 份额的权益归付某所有，加上原付某享有的 40% 份额的权益，付某对 B 煤矿采矿权享有 100% 份额的权益；(4)请求判令被告协助原告办理 B 煤矿采矿权变更登记等；(5)其他。

2020 年 4 月 13 日，贵州省大方县人民法院作出(2020)黔 0521 破申 1 号民事裁定，受理了 A 公司的破产清算一案。

核心争议焦点

1. 付某是否对 B 煤矿的采矿权享有权益？

2. B 煤矿转让的价格应否予以调整？

3. 案涉股权转让合同、采矿权转让合同是否应当解除？

当事人各方观点及思维分析

一、原告观点、理由、思维

原告认为，双方于2013年1月签订的煤矿“股权”转让价格属于附条件条款，虽转让时的基础转让价格约定为1.5亿元，但在采矿权变更登记至被告分公司名下后，已经达到调价条件，分别是已满足兼并重组后B煤矿以独立煤矿进入A公司，应当调价为2.5亿元；贵州省能源局〔2014〕77号批复明确B煤矿已技改扩能为30万吨/年，应当调价为3.2亿元；B煤矿已经实现扩能，达到45万吨生产规模储量以上，应当调价为3.5亿元。被告购买其中60%“股权”，但合同签订后至今仅支付了8455万元，其行为已构成违约。原告认为合同目的不能实现，遂要求解除涉案合同，要求被告归还已购买的60%“股权”，同时要求确认其未转让的40%“股权”，即由被告将B煤矿采矿权转移登记至原告名下。

二、被告观点、理由、思维

首先，被告认为案涉《股权转让合同》和《采矿权转让合同》是依法签订，是双方真实的意思表示。同时，采矿权转让经贵州省矿权储备交易局鉴证，在官方网站进行了交易公示，合同从签订主体的真实意思到签订的程序都是合法有效的。其次，被告认为本案不符合《股权转让补充合同》约定的调整价格条件，B煤矿计价应该为1.5亿元，被告已实际支付8455万元，差545万元未支付是因为付某因另案民间借贷纠纷、承包经营合同纠纷欠被告2亿余元。最后，被告A公司经债权人申请已进入破产清算程序。根据《企业破产法》第30条规定，目前B煤矿采矿权证属于被告合法财产。即便原告按份额享有权利，由于采矿权属于不可分割的物权，该采矿权也无法办理变更登记。否则，将会在破产程序中出现单独受偿的情形，与《企业破产法》的规定相悖。

代理思路

首先，代理人作为被告管理人，以诉讼代表人身份参加庭审活动。在涉及案件证据、事实方面，坚持实事求是，不强词夺理，不虚假陈述，不作无效抗辩，力求还原双方原本真实意思表示，公正、合法、合理地解决争议，维护双方合法权益。

其次，对被告代理人而言，本案的难点是既要维护全体债权人的合法权益——既保住涉案采矿权，又要结合案件事实证据合理对待原告的权利诉求，难在对于全案证据的整体梳理，形成合法、合理的抗辩逻辑及事实思路。所以，代理人认为涉案采矿权在事前已有各方签订真实、合法的采矿权转让合同，支付转让价款，完成采矿权的物权变更登记，坚持以物权法定原则作为抗辩基础，认为涉案采矿权归被告公司所有，以维护债务人以及全体债权人的合法权利。

再次，代理人不否认涉案所谓“股权转让合同”的效力，认为“股权转让合同”在采矿权转让合同真实、有效的前提下依法成立，合法有效。同时，认为涉案采矿权未达到合同约定的调价条件，且双方同意对调价问题通过司法途径解决，主张涉案合同未达到解除的法定或约定条件，且因涉案煤矿在转让后进行的兼并重组工作在客观上也无法实现解除的效果，所以认为涉案采矿权转让合同及股权转让合同不得解除。

最后，坚持实事求是，不否认原告在“股权转让合同”中关于采矿权份额的客观约定，但因采矿权属于物权的一种，无法实现按份共有或共同共有登记，尤其是在被告进入破产程序后，原被告双方在破产前对采矿权份额的约定无法对抗善意的外部债权人，涉案采矿权属被告依法单独所有，至于原告享有的权益类型、是否受法律保护以及如何保护等问题，则属于人民法院认定的范畴，交由人民法院综合裁判处理。

代理点睛

本案被告代理人作为被告管理人在接管被告后作为诉讼代表人参加了本案诉讼。管理人在代理过程中，既要代表全体债权人维护债务人利益，又要尊重客观证据，公平对待原告合理诉求。由于涉案标的物价值巨大，对双方都极其重要，代理过程中稍有偏差将会给全体债权人利益造成巨大损失。同时，如果原告的合理诉求得不到公平对待，也将对原告利益造成巨大打击，对维护社会公平、个人正义产生不良影响。因此，本案代理思路极为考验管理人的专业能力及智慧。

因此，管理人主张合同履行完毕、无法解除，采矿权属被告，以维护全体债权人利益。同时，管理人并未否认原告对采矿权享有的未转让的40%权益。但至于该部分权益如何定性，通过何种方式保护其利益，管理人无法确定也不能确定，故将这一难题交给人民法院裁判。

审判观点

一、关于原告是否对采矿权享有权益的问题

一审法院认为：原告主张缺乏法律依据，不予支持。根据物权法定原则。当事人之间关于采矿权归属的约定并不能产生相应的法律效果。采矿权是特殊的用益物权，非经有权机关批准，不能成为采矿权主体。原告主张其对B煤矿采矿权始终享有40%的权益，请求确认其对案涉采矿权按份共有，对采矿权主体的确认超出了人民法院的职责范围，否则系以司法权干预行政审批权。

二审法院认为：涉案采矿权归被告所有，但同时认定原告对涉案采矿权在原矿区及储量范围内享有40%的投资性权益。原《股权转让合同》约定如能够顺利将原B煤矿改制为独立目标公司，则付某应在该目标公司享有40%的股权。虽然在合同履行过程中，因与兼并重组政策不符，目标公司未能如约设立，但付某的权益并不因此而丧失。在采矿权由A公司取得的情况下，付某的此项权益即体现为对B煤矿采矿权以及煤矿井上井下设施设备等全部资产40%的投资性财产权益。对于付某享有的此项权益，A公司在二审庭审中亦予以认可。应当指出的是，A公司取得B煤矿采矿权后通过关闭自有的C煤矿、D煤矿、F煤矿，使得B煤矿保有资源储量增加5270万吨，矿区面积增加11.7247平方千米。对于B煤矿因A公司的上述投入发生的价值增值部分，付某并不享有相应权益。

二、关于B煤矿转让的价格是否应予以调整的问题

针对该问题，一、二审法院均认为：涉案采矿权转让合同在事后均达到了2.5亿元的调价条件，并据此认定进行进一步分析。因该问题非本文介绍重点，不再赘述。

三、关于涉案合同应否解除的问题

一审法院认为：涉案合同不应解除。被告已支付应付的9000万元采矿权

转让款中的 8455 万元，履行了合同的主要义务。即使法院认为 B 煤矿采矿权转让价已满足 2.5 亿元的调价条件，也因双方在 2017 年的会议纪要中对转让价格争议通过诉讼途径解决的约定视为对价格争议的搁置，而不能成为解除合同的法定事由。

二审法院认为：A 公司并不构成根本违约，原告诉请解除合同的理由不能成立。首先，虽涉案《股权转让合同》约定原 B 煤矿改制为独立目标公司，但随着政策的调整，此种兼并重组方式已无法实现。在此情况下，付某与 A 公司变更了原合同约定，将原 B 煤矿改制为 A 公司的分公司，即 B 煤矿分公司。付某在《分公司设立登记申请书》上签字确认，且在 B 煤矿分公司设立后付某长期未提出异议，原告以 A 公司没有按约定将原 B 煤矿改制为独立目标公司构成违约主张解除合同，缺乏事实与法律依据，法院不予支持。其次，案涉《股权转让合同》《采矿权转让合同》的主要合同义务已经履行完毕。即使涉案采矿权转让价格为 2.5 亿元，被告应当支付 1.5 亿元，其已实际支付 8455 万元，也已过半，不构成根本违约。

案例编写人 贵州富迪律师事务所 李 力 张津滔

专家点评

季诺 中华全国律师协会常务理事兼破产清算与并购重组法律专业委员会主任、上海市律师行业党委副书记、上海市律师协会会长

实现债务人财产价值最大化是管理人的重要职责，其前提为准确把握债务人财产的范围。案涉采矿权系登记于债务人分公司名下的重大财产，通过诉讼方式实现了确权。人民法院依照物权法定原则以及相关合同约定，认定采矿权归债务人所有，原权利人在原矿区及储量范围内享有 40% 的投资性权益，判决结果对于处理类似案件具有重要指导意义。

债务人重大财产存在权属争议的破产案件，是对管理人专业化履职能力的挑战。管理人应当在确权过程中避免不当处分债务人财产，并同步推进破产程序各项工作，确保破产程序顺利推进。本案诉讼周期较长，诉讼过程中，管理人积极并谨慎代表债务人提出各项主张，其专业化履职水平值得肯定。

相关法条

《中华人民共和国企业破产法》

第三十条 破产申请受理时属于债务人的全部财产，以及破产申请受理后至破产程序终结前债务人取得的财产，为债务人财产。

《中华人民共和国物权法》

第九条[①] 不动产物权的设立、变更、转让和消灭，经依法登记，发生效力；未经登记，不发生效力，但法律另有规定的除外。

依法属于国家所有的自然资源，所有权可以不登记。

① 该法已失效，本条对应《民法典》第209条。

27 A公司、B公司诉C公司保险合同纠纷案

——从因果联系、事实情况审慎认定保险理赔范围及免赔情形

案件索引

一审： 江苏省太仓市人民法院（2021）苏0585民初6348号（2022年8月12日）

二审： 江苏省苏州市中级人民法院（2022）苏05民终12668号（2023年2月8日）

基本案情

2017年3月11日，原告A公司、B公司与第三人D公司签订仓储物流服务合同，由D公司提供仓储、运输、管理等服务。2017年3月21日，第三人D公司依约作为投保人和被保险人就A公司、B公司的货物向被告C公司投保财产一切险。同日，C公司向D公司签发了财产一切险的保险单，其中载明的标的类型为流动资产，标的名称为存货，案涉仓库地址的最高保险金额为3000万元，保险价值确定方式为出险时的重置价格，保险期间则自2017年3月22日0时起至2018年3月21日24时止。针对免赔，双方约定本保险合同的每次事故绝对免赔额为人民币2000元或损失金额的15%，二者以高者为准。此外，财产一切险条款第2条（保险标的）约定，“本保险合同载明地址内的下列财产可作为保险标的：由被保险人经营管理或替他人保管的财产”；第7条（责任免除）约定，“下列原因造成的损失、费用，保险人不负责赔偿：（一）投保人、被保险人及其代表的故意或重大过失行为……”

2017年4月13日，案涉仓库因东北侧电源控制箱起火引发火灾，致使A公司、B公司的货物毁损。2017年6月14日，太仓市公安消防大队现场勘验后出具火灾事故认定书，认定此次火灾从案涉仓库东北侧电源控制箱处首先

起火，为该电源控制箱内的三相四线电能计量表中C相接线桩头接触不良后过热起火引发火灾。嗣后，A公司、B公司起诉D公司要求其承担侵权责任，经两级法院审理后，生效判决认定毁损货物价值20869949.32元，A公司、B公司与D公司分别承担10%和90%的责任，并最终判令D公司向A公司、B公司赔偿损失18782954.39元。

前述判决生效后，A公司、B公司随即发函要求D公司承担赔偿责任，因D公司无力赔偿且不愿涉事其中，A公司、B公司要求D公司向其转让案涉保单项下毁损货物的保险理赔权，各方就转让事宜于2021年7月13日签订《财产保险合同权利转让声明书》。2021年7月16日，A公司、B公司函告C公司权利转让事宜并要求C公司承担保险理赔责任，C公司未予赔付。

嗣后，A公司、B公司诉至江苏省太仓市人民法院，要求C公司承担保险理赔责任。C公司辩称，被保险人D公司在火灾事故中存在诸多如明知仓库未申报消防验收、擅自改变仓储用途、未尽消防保障义务等属于保险合同中约定的重大过失行为，且前述行为属C公司的免赔事由，因此C公司无须承担保险责任。A公司、B公司则认为D公司的过失行为至多仅限一般过失，即使存在一定消防隐患，C公司在现场勘验且未提出整改要求的情况下直接承保，更何况前述过失与火灾的发生并无直接因果关系，因此以上情形均不属于保险免赔事由。一审法院审理后，采纳了代理律师的观点，对C公司的抗辩不予采纳；但却认定b仓为A公司、B公司的自管仓库，不属于保险理赔范围，故判决C公司就b仓之外的货损向A公司、B公司承担保险理赔责任。

一审判决后，A公司、B公司提起上诉，对一审法院就“b仓区域货物属A公司、B公司自管财产而不属于保险合同约定的保险标的，故C公司无需理赔”的观点提出异议。A公司、B公司举证认为b仓在A公司、B公司与D公司签订的仓储物流合同中并没有单独列明，D公司就案涉仓库整个区域提供仓储、物流服务，A公司、B公司亦根据包括b仓在内的整体仓储面积支付服务费，故b仓货物属于与D公司有利害关系的财产；此外，b仓除办公室区域划有明确隔断外，其他区域并不存在物理隔断，并未作区域上的划分，因此b仓客观上也实际处于D公司的管控之下；同时，公估报告及前案生效判决对自管区域的认定并不包括80平方米办公区域之外的b仓区域。结合以上四点，A公司、B公司认为，b仓货物应当也属于保险标的。C公司也于一审判决后提出上诉，仍要求适用免赔条款。二审法院审理后，最终采纳了A

公司、B 公司的意见，认定 b 仓亦属于保险承保范围，进而支持了 A 公司、B 公司的上诉请求，判令 C 公司就全部货损直接向 A 公司、B 公司理赔。

核心争议焦点

1. C 公司能否根据保险条款的约定免除保险理赔责任？

2. b 仓是否属于 A 公司、B 公司自管范围，其中存放的货物是否属于保险承保范围？

当事人各方观点及思维分析

一、A 公司、B 公司观点及思维分析

关于争议焦点 1：D 公司投保的保险标的系毁损货物，且事故发生在保险期间，故 C 公司理应就毁损货物承担保险理赔责任，在 A 公司、B 公司从 D 公司处受让了保险理赔权后，可直接起诉 C 公司要求保险理赔。就 C 公司所称的 D 公司的重大过失行为，如案涉仓库未通过消防验收、擅自改变仓库用途、设立办公区、进行家电简易维修等，均不会导致仓储货物危险程度的显著增加，更不是案涉火灾的起火原因，因此 D 公司的行为至多仅限于一般过失，并非《保险法》或保险合同条款所约定的重大过失情形，C 公司无法据此要求免责。

关于争议焦点 2：从以下四点，可以证明 b 仓区域与案涉仓库其他区域并无二致，b 仓区域货物也完全属于“其他具有法律上承认的与被保险人有经济利害关系的财产”：

第一，b 仓区域除办公室与货物仓储区域间划有明确隔断外，其他区域并不存在物理隔断，因此 b 仓货物客观上仍处于 D 公司的控制和管理之下。

第二，物流仓储合同中，各方约定 D 公司就案涉仓库整个区域提供仓储、物流服务，依据 A 公司、B 公司提供的补充证据，更加可以证明 b 仓区域存放货物的快递卸货、清点、签收，与 A 公司、B 公司交接等经营管理行为均由 D 公司完成。

第三，A 公司、B 公司根据整体仓储面积支付服务费，并未根据区域上的划分区别收费。

第四，前案生效判决判令：D公司就整个案涉仓库的全部商品（除A公司、B公司自管办公室区域内的办公用品及自有物品之外）承担主要赔偿责任，并未排除b仓区域存放的货物，故前案生效判决亦对“b仓属于A公司、B公司自管区域”的观点持否定态度。

二、C公司观点及思维分析：

关于争议焦点1：由于投保人D公司具有擅自改变仓库用途、设立办公区、进行家电简易维修等行为，C公司认为D公司的前述行为客观上会使得保险标的危险程度显著增加，属于明显的重大过失行为，根据财产一切险保险条款中关于重大过失的释义，C公司应当免除理赔责任；同时，根据财产保险附加险条款中的消防保证条款，D公司用于仓储的房屋及设施均不符合消防要求，未尽消防安全保障义务，C公司也无须承担保险责任。

关于争议焦点2：b仓属于A公司、B公司自管区域，未处于D公司控制之下，故该区域损失的货物不属于保险标的，而且D公司在涉案仓库示意图中将该区域标注为“客户自管区（b类品库区）”，D公司亦认为该区域不属于理赔范围。

代理思路

A公司、B公司的代理律师（即笔者）在货物发生火灾后，首先起诉物流仓储合同的相对方D公司以及仓库所有人、出租人等其他主体，通过生效判决明确火灾货物毁损价值以及责任分配比例。前案判决生效后，代理律师联系D公司要求赔偿。在确定D公司无力赔偿且不愿涉事其中后，代理律师指导A公司、B公司通过权利转让的形式，从D公司处获得保险合同受益人的地位并取得向保险公司的求偿权。在C公司对理赔要求不予回应的情况下，A公司、B公司直接以保险受益人身份向法院起诉。

一审阶段，代理律师从事实出发，逐一论证了D公司所谓的过失行为并不属于《保险法》严格意义上的重大过失，亦不会导致保险标的危险程度显著增加，更不是导致火灾发生的因素，因此C公司无法免除保险理赔责任。

二审阶段，针对一审法院对于“b仓是A公司、B公司自管区域”的认定，代理律师结合保险合同、仓库实地勘验情况、公估报告、生效判决等材料，从D公司收费情况、案涉仓库现场管理情况、是否具有物理隔断等多方面翔实论证了 D 公司针对整体案涉仓库提供服务，亦根据案涉整体仓库面积进行收费，进而提出 b 仓货物也应当被列入保险理赔范围的观点。

代理点睛

首先，从程序上来说，前案生效判决虽已确定 A 公司、B 公司的货损，但 D 公司却没有履行能力，也不愿牵涉其中。代理律师根据实际情况，及时调整诉讼策略，建议 A 公司、B 公司从 D 公司处受让相关保险权益，由 A 公司、B 公司取得保险理赔权，进而直接作为原告起诉保险公司请求理赔，极大限度地缩短了 A 公司、B 公司的回款期限。

其次，从实体上来说，代理律师在前案中，通过司法鉴定程序将货损金额从 C 公司单方认定的 300 余万元提升至 2000 余万元；本案中，代理律师更是通过全方位的举证，围绕本案两大核心争议焦点，详尽地论述了 C 公司所谓的 D 公司重大过失行为不足以构成 C 公司免赔的事由，以及所谓的自管 b 仓货物也应当属于保险理赔范围，最终帮助 A 公司、B 公司维权成功，在火灾事故后历时 6 年，终于获得全部仓储货物的保险理赔。

本案系典型的保险公司滥用免赔条款逃避理赔责任的案件，对后续类似案件具有指导意义，同时也警示了很多保险公司，在承保时应当尽到充分告知风险、详尽解释条款等相关义务；在出险时，也应当按照法律规定和合同条款及时理赔，不得运用格式条款或其他不正当理由来拒赔。否则，保险公司的声誉将会受到巨大冲击，保险行业的发展更会受到巨大影响。

审判观点

二审法院生效裁判认为：C 公司与 D 公司之间的保险合同成立并有效，案涉火灾事故发生后，经前案（2021）苏 05 民终 3029 号生效判决认定，仓储方 D 公司就委托方 A 公司、B 公司的事故损失承担 90% 的赔偿责任，由此 D 公司将相应的保险理赔权益转让给 A 公司、B 公司并通知了 C 公司，该债权转让并未违反各方禁止性意思表示及法律强制性规定，系合法有效，C 公司上诉就此提出的异议不能成立。C 公司上诉提出，D 公司对火灾的发生及损失的扩大有重大过失，故依据保险合同中的免责条款，其不应进行赔偿。但根据火灾事故认定书，案涉火灾事故的起火原因系仓库中的电源控制箱接触不良后过热起火引发火灾，而前案生效判决就D公司过错的分析中，未认定D公司对火灾的发生及蔓延存在重大过失，C公司就此也未能进一步提供证据，故其以此为由拒赔不能成立。案涉火灾事故造成的投保财产的损失已经前案生效判决认定，C公司上诉就此提出异议，未能提供相反证据予以推翻，故其该异议也不能成立。

关于b仓区域的货物损失，前案生效判决中将之一并计入火灾损失范围并判决由D公司根据过错比例承担相应的赔偿责任。一审法院认为：b仓区域货物属于A公司、B公司的自管财产而不属于保险合同约定的保险标的，故C公司不应赔偿，A公司、B公司上诉就此提出异议。对此二审法院认为：首先，根据A公司、B公司与D公司之间的仓储物流服务合同，A公司、B公司系按仓储面积向D公司支付仓储物流服务费，而b仓区域系位于太仓市的仓库中也未另行约定不计费，故应属D公司提供服务之范围。案涉保险合同约定的保险标的其中一个地址就是前述位于太仓市的仓库，除非有特别约定，否则保险标的就应涵盖该仓库中D公司为委托方提供仓储物流服务的货品。其次，根据前案生效判决的认定，A公司、B公司在案涉仓库的东北角自行用不具有防火功能的夹芯板搭建了约80平方米的办公区域，并指派工作人员在该区域内使用电器对部分不良品进行维修调试，案涉火灾的着火点即电源控制箱就在A公司、B公司划用的区域内，属于A公司、B公司的自管区域。从该认定可见，前案判决中对自管区域的认定并不包括80平方米办公区域之外的b仓区域。在确定损失的公估鉴定报告中，并未将b仓区域列为自管区域，对b仓区域内的货物数量及损失进行单列的认定，但对自管区域内的货损产品数量并未作出认定并计入损失总额。最后，本案中C公司称该区域系A公司、B公司的自管区域，但双方就该区域是否有物理隔断、是否上锁、能否进出等存在相反的陈述，C公司也未能提供证据推翻前案中就自管区域的描述及公估报告中对各区域的区分。基于上述分析，C公司一审中提出b仓区域属A公司、B公司的自管区域而不属于保险标的的主张因缺乏依据而不能成立，一审就此予以认定并在赔偿款中相应扣减了该区域内的货损金额不当，应予纠正。C公司应支付A公司、B公司的保险赔偿款15965511.2元。

案例编写人 上海四维乐马律师事务所 石 舫

专家点评

温世扬　武汉大学法学院教授、博士生导师，中国法学会民法学研究会副会长

保险人所承保的财产为D公司保管的财产，虽然b仓为A公司、B公司的自管仓库，但A公司、B公司也为b仓支付了仓储物流服务费，D公司同样对b仓中的货物负有保管义务，保险公司不得以b仓为A公司与B公司的自管仓库为由，拒绝就b仓中的货物承担保险责任。本案在事实认定和法律适用方面均值得肯定，其主要价值在于，明晰了保险合同的承保范围，合理界定保险人所应当承担的保险责任，避免形式化地确定保险人的保险责任范围，对于矫正保险市场中存在的不合理的拒绝理赔行为，具有示范意义。同时，本案对判断被保险人对于保险事故的发生是否存在重大过失具有参考意义。

相关法条

《中华人民共和国民法典》

第五百四十五条　债权人可以将债权的全部或者部分转让给第三人，但是有下列情形之一的除外：

（一）根据债权性质不得转让；

（二）按照当事人约定不得转让；

（三）依照法律规定不得转让。

当事人约定非金钱债权不得转让的，不得对抗善意第三人。当事人约定金钱债权不得转让的，不得对抗第三人。

第五百四十六条　债权人转让债权，未通知债务人的，该转让对债务人不发生效力。

债权转让的通知不得撤销，但是经受让人同意的除外。

第五百七十七条　当事人一方不履行合同义务或者履行合同义务不符合约定的，应当承担继续履行、采取补救措施或者赔偿损失等违约责任。

第五百八十四条　当事人一方不履行合同义务或者履行合同义务不符合约定，造成对方损失的，损失赔偿额应当相当于因违约所造成的损失，包括合同履行后可以获得的利益；但是，不得超过违约一方订立合同时预见到或者应当预见到的因违约可能造成的损失。

《中华人民共和国保险法》

第二十三条 保险人收到被保险人或者受益人的赔偿或者给付保险金的请求后，应当及时作出核定；情形复杂的，应当在三十日内作出核定，但合同另有约定的除外。保险人应当将核定结果通知被保险人或者受益人；对属于保险责任的，在与被保险人或者受益人达成赔偿或者给付保险金的协议后十日内，履行赔偿或者给付保险金义务。保险合同对赔偿或者给付保险金的期限有约定的，保险人应当按照约定履行赔偿或者给付保险金义务。

保险人未及时履行前款规定义务的，除支付保险金外，应当赔偿被保险人或者受益人因此受到的损失。

任何单位和个人不得非法干预保险人履行赔偿或者给付保险金的义务，也不得限制被保险人或者受益人取得保险金的权利。

《最高人民法院关于适用〈中华人民共和国保险法〉若干问题的解释（三）》

第十三条 保险事故发生后，受益人将与本次保险事故相对应的全部或者部分保险金请求权转让给第三人，当事人主张该转让行为有效的，人民法院应予支持，但根据合同性质、当事人约定或者法律规定不得转让的除外。

刑事篇

28 杨某等人故意毁坏财物案

——《刑法》追诉时效延长制度中“控告”的司法认定

案件索引

一审：安徽省舒城县人民法院（2022）皖1523刑初198号（2023年5月28日）

基本案情

2015年10月10日，A公司经理严某事先安排，要求杨某等人携带猪粪等物品，预谋毁损B公司猪肉。次日4时许，严某纠集公司员工朱某等人，以及公司外人员杨某、田某、魏某、张某1、刘某、张某2等人在大桥附近蹲守，拦停了被害人徐某驾驶的B公司猪肉配送车辆，将其从车厢内强行拉出后，用事先准备的锥子将配送车辆的轮胎扎破，并将车尾灯砸烂。车厢内的猪肉被扔到地上，并被踩踏、抛撒泥土和砂石。后徐某报警，称“被二三十人拦住不给送肉，车被砸”，严某立即安排众人离开现场。事后查得被损毁猪肉价格为1139.44元，车胎维修费为200元，公安机关2015年10月11日接处警后没有立案。

2021年10月，严某等A公司员工因涉黑犯罪被公安机关立案侦查，侦查期间同案被告人供述了本起故意毁坏财物的事实，公安机关随即又对本起事实立案侦查，杨某等人于2022年7月被采取强制措施，C县人民检察院于2022年9月向C县人民法院提起公诉。法院开庭审理后，一审判决认定杨某等人所犯故意毁坏财物罪已过刑事追诉时效，不再追究其刑事责任。

核心争议焦点

《刑法》第88条第2款规定，被害人在追诉期限内提出控告，人民法院、人民检察院、公安机关应当立案而不予立案的，不受追诉期限的限制。被害人向公安机关报案是否等同于控告？能否适用该条款追究被告人的刑事责任？

当事人各方观点及思维分析

1. 控方认为本案符合不受追诉时效限制的情形。事发当天，被害人通过电话的方式报警称“被二三十人拦住不给送肉，车被砸”，派出所民警接警后到场处理，随后未作刑事案件立案，属于《刑法》第88条第2款规定的“被害人在追诉期限内提出控告，人民法院、人民检察院、公安机关应当立案而不予立案的，不受追诉期限的限制”，故对杨某等人立案追诉符合法律规定。

2. 辩方认为杨某等人的行为已过追诉时效。杨某等人所涉嫌的故意毁坏财物犯罪，依据《刑法》第274条的规定即使构罪，也只适用法定最高刑三年以下有期徒刑的刑期，本案事发于2015年10月，公安机关立案侦查时间为2021年10月，时隔6年，超过《刑法》第87条第1项规定的5年追诉期限，故不应再追诉。

辩护思路

本案系一起涉黑犯罪案件，全案被告人30余名，涉嫌违法犯罪事实100余起，公安机关于2021年10月对该组织进行立案侦查。杨某等人因历史原因与公诉机关指控的黑社会性质组织在工作上产生交集，被公诉机关指控为黑社会性质组织的一般参加者，参加黑社会性质组织至2015年11月。本起故意毁坏财物犯罪的事实发生在2015年10月，因此杨某等人参加黑社会性质组织和故意毁坏财物的犯罪行为，距公安机关立案侦查的时间均超过5年，且公诉机关在一审期间以杨某等人参加黑社会性质组织已过追诉时效为由，不再追诉。对此，辩护人提出杨某等人犯故意毁坏财物罪已过法定追诉期限，不应再追究其刑事责任；但是，公诉机关则认为在故意毁坏财物犯罪活动中，被害人曾向公安机关报案，属于被害人在追诉期限内提出控告，且公安机关应当立案而未予立案，因此故意毁坏财物犯罪不受追诉时效限制。针对公诉机关的指控思路，辩护人结合案件材料和刑法理论，以“报案”不等于“控告”为由，通过列举司法实务判决，阐述部门法之间“报案”与“控告”之间的区别，以及刑法追诉时效制度的理论根基，当庭发表详细的辩护意见，具体由以下几点组成。

一、基于法律条文的立法原意，应正确区别“报案”与“控告”

（一）《刑法》第 88 条第 2 款的规定仅适用于被害人控告的情形

1979 年《刑法》涉及追诉时效延长的第 77 条仅规定“在人民法院、人民检察院、公安机关采取强制措施以后，逃避侦查或者审判的，不受追诉期限的限制”，而 1997 年《刑法》与之对应的是第 88 条，其中增设第 2 款规定：“被害人在追诉期限内提出控告，人民法院、人民检察院、公安机关应当立案而不予立案的，不受追诉期限的限制。”由于《刑法》修订带来了追诉时效制度的变化，立足于这一立法差异的事实，其具体适用自然存在实质变化。在用词上，1997 年《刑法》新增使用的是“控告”，而非“报案”“检举”，全国人大常委会法制工作委员会刑法室主任王爱立主编、全国人大常委会法制工作委员会刑法室组织编写的《中华人民共和国刑法条文说明、立法理由及相关规定》一书就“控告”进行了解读，“是指被害人对侵犯本人、本单位合法权益的犯罪行为向司法机关告诉，要求追究侵害人的法律责任的行为”，表明在立法时已然明确了该条款的适用情形，并通过精准用词的方式有意限缩该条款的适用范围，即被害人在追诉期限内的维权形式是向有关部门提出控告并要求追究法律责任。

（二）相关法律法规严格区分“控告”和“报案”

《刑法》第 88 条第 2 款规定的追诉时效延长虽属于实体法范畴，但条文中提到的“控告”却更多地呈现在相关程序性的法律法规中，属于程序性的规定。因此，欲准确界定“控告”的边界，需结合我国相关程序性的法律法规，进一步解读。

1. 现行《刑事诉讼法》对“控告”与“报案”加以严格区分

《刑事诉讼法》第 110 条第 2 款规定，被害人对侵犯其人身、财产权利的犯罪事实或者犯罪嫌疑人，有权向公安机关、人民检察院或者人民法院报案或者控告。相较于现行《刑事诉讼法》，1979年《刑事诉讼法》相应的规定较为简单，该法第59条规定："机关、团体、企业、事业单位和公民发现有犯罪事实或者犯罪嫌疑人，有权利也有义务按照本法第十三条规定的管辖范围，向公安机关、人民检察院或者人民法院提出控告和检举。"

对比修改前后的《刑事诉讼法》，现行《刑事诉讼法》除了对主体表述进行了细化外，还在控告、检举之外增加了报案的形式，由此反映出现行《刑事诉讼法》在追求法律规定精确性的情况下，有意区分控告与报案，不能混同对待。

2.《公安机关办理刑事案件程序规定》中的"控告"与"报案"

公安机关作为受理案件的主要机关，《公安机关办理刑事案件程序规定》第169条对于受理案件的主要来源和程序作出了明确规定，"公安机关对于公民扭送、报案、控告、举报或者犯罪嫌疑人自动投案的，都应当立即接受"，根据上述规定可知，公安机关在确定受案来源时，将报案与控告进行分别罗列，形式上对二者予以区分。同时，针对控告的案件，《公安机关办理刑事案件程序规定》在处理程序上进行了特别规定，第178条第2款规定："对有控告人的案件，决定不予立案的，公安机关应当制作不予立案通知书，并在三日以内送达控告人。"与之相较，受案来源为报案的案件，在程序上并没有类似的规定。

3."控告"强调追究刑事责任，在适用范围上涵盖在"报案"中

《刑法》《刑事诉讼法》《公安机关办理刑事案件程序规定》虽在适用范围上有所差别，但基于法秩序统一原理和体系解释，在用词用语的理解上应当是大体一致的。

实际上，按照《刑事诉讼法》第110条第1款的规定，任何单位和个人发现犯罪事实或者犯罪嫌疑人，都有权利报案，其中的任何单位和个人已经包括被害人在内。而该条第2款是对被害人报案和控告权的进一步明确规定，主要是为了更好地保护被害人的合法权益，追究犯罪人的刑事责任。由此可知，虽然报案和控告在形式层面具有相似性，但总体而言，报案的涵摄范围大于控告，二者是包含关系，而非排斥关系，报案包含控告，控告是对报案中被害人要求追究行为人刑事责任的进一步明确。易言之，报案与控告的实质性差异在于是否要求追究刑事责任，报案 + 被害人要求追究刑事责任 = 控告，在无法确定被害人是否要求追究行为人刑事责任的情况下，即使最终把该起案件认定为刑事案件，也不能将被害人最初向公安机关告诉的行为定义为控告，否则相关法律法规的区别对待、并列规定就显得毫无意义。

二、司法实践中适用《刑法》第 88 条第 2 款的类案表明，“控告”的本质体现在被害人要求追究行为人的刑事责任，“报案”和“控告”不能等同

通过检索适用《刑法》第 88 条第 2 款的刑事判决书和裁定书，可以发现，大部分法院有意区分报案和控告，而区分二者的核心，在于被害人是否要求追究犯罪嫌疑人的刑事责任。具体表现在文书中对被害人向公安、司法机关告诉行为的描述，即被害人多次、多途径向不同机关进行告诉，或言语上直接表示要求追究刑事责任，反映出被害人主观上追究行为人刑事责任的强烈意志。特别需要注意的是，在部分法律文书中，法院明确以被害人要求追究行为人刑事责任为由，认定被害人的行为属于控告，适用《刑法》第 88 条第 2 款。如重庆市云阳县人民法院（2020）渝 0235 刑初 330 号刑事判决书中认为“被害人于 1999 年 9 月 17 日接受凤鸣派出所民警询问时，明确表示要求民事赔偿和追究被告人的刑事责任，视为被害人在追诉期内提出了控告”；山东省兰陵县人民法院（2019）鲁 1324 刑初 254 号刑事判决书中指出“在询问笔录中，提出其系赵某振故意伤害所致，并要求依法惩处赵某振，被害人赵某举报犯罪事实，要求惩处的行为属于控告”等。

三、基于刑法追诉时效的理论根基，《刑法》第 88 条第 2 款应当限缩适用

《刑法》第 88 条第 2 款规定的追诉时效延长属于刑法上追诉时效制度的特别规定，即满足法定条件的情况下不受一般追诉时效影响。该法条的正当性根据在于，保护被害人的控告权，使其不至于因为公安、司法机关的不当操作而受到损害。然而，公安、司法机关对被害人控告的错误处理，责任不在于被控告人。如果令被控告人承担追诉期限无限延长、永久追诉的后果，则等于是让其承担了额外的不利法律后果，不当减损了被控告人的权利，这不符合追诉时效制度平衡各方利益的价值基础。在被害人控告因为司法机关不当操作而导致追诉受阻的情况下，让被控告人承担公权力机关错误的后果，本质上有违追诉时效制度设立时的宽恕性和对国家求刑权的限制，故对该款理应限缩适用，对“控告”的认定也需与“报案”严格区分。

辩护点睛

《刑法》第87条、第88条规定的追诉时效制度作为刑法的重要组成部分，在刑事诉讼中如能运用得当，可使当事人免予被刑事追责，是一种有效的辩护方式。然而，实务中该条款的适用却并不理想，尤其是在被害人报案后，公安机关未以刑事案件立案，存在机械适用《刑法》第88条第2款规定的“被害人在追诉期限内提出控告，公安机关应当立案而不立案”，认定案件不受追诉时效限制的现象，本案亦是如此。辩护人阅卷后发现，事发时被害人仅报警称遭到数十人的拦截、砸车，公安民警到场处理后，未以刑事案件立案侦查，事后被害人获赔损失，并不再追究被告人的责任。本质上，该案已案结事了，矛盾纠纷已然化解，6年之后再行追诉，超过了法定追诉期限，且本案并不属于《刑法》第88条第2款规定的被害人提出“控告”之情形，即不适用追诉时效延长。

为实现有效辩护，辩护人将辩护方案与策略着眼于“控告”不等于“报案”，并从司法实务、法律条文解释、刑法基本原理等多个方面展开论证，强调“控告”作为《刑法》第88条第2款的重要组成部分，理应与追诉时效制度保持一致的理论导向，遵循体系解释，结合《刑事诉讼法》《公安机关办理刑事案件程序规定》的相关规定，区分报案与控告。在审慎适用追诉时效延长制度的前提下，对刑法中被害人控告的理解，需回归实质层面，与一般报案行为相区别。在区分的过程中，应着重于控告本质上反映的是被害人要求依法追究行为人的刑事责任，而报案则不具备，单纯向公安机关报案，又无法表明被害人有追究犯罪嫌疑人刑事责任的主观意愿，或报案后被害人情绪已然得到平复，民间矛盾不复存在的情况下，不能机械适用《刑法》第88条第2款的规定。

审判观点

法院经审查认为：（1）《刑法》第87条规定，“犯罪经过下列期限不再追诉”，“法定最高刑为不满五年有期徒刑的，经过五年”。第275条规定：“故意毁坏公私财物，数额较大或者有其他严重情节的，处三年以下有期徒刑、拘役或者罚金。”本起犯罪案发时间为2015年10月11日，杨某等6名被告人最后一起犯罪时间为2015年11月，该起案件立案时间为2021年10月

2日。

（2）《刑法》第88条第2款规定："被害人在追诉期限内提出控告，人民法院、人民检察院、公安机关应当立案而不予立案的，不受追诉期限的限制"，《刑事诉讼法》第111条第1款、第2款规定："报案、控告、举报可以用书面或者口头提出。接受口头报案、控告、举报的工作人员，应当写成笔录，经宣读无误后，由报案人、控告人、举报人签名或者盖章。接受控告、举报的工作人员，应当向控告人、举报人说明诬告应负的法律责任。但是，只要不是捏造事实，伪造证据，即使控告、举报的事实有出入，甚至是错告的，也要和诬告严格加以区别。"案发时，被害人徐某向公安机关报案称："被二三十人拦住不给送肉，车被砸"，其在公安机关问话时也未指认具体侵害者，即未明确控告对象，故应属于报案，不属于控告。

综上，杨某等6名被告人故意毁坏财物犯罪已过追诉时效，此节辩护意见予以采纳。

案例编写人 安徽金亚太律师事务所 张世金 范学松

专家点评

周光权 清华大学法学院院长、教授、博士生导师，全国人大宪法和法律委员会副主任委员，中国犯罪学学会常务副会长

《刑法》第88条第2款规定："被害人在追诉期限内提出控告，人民法院、人民检察院、公安机关应当立案而不予立案的，不受追诉期限的限制。"此处明确限定为"控告"，要求被害人对谁是侵害人等事实要向有关机关作出明确陈述，司法机关由此可以顺利立案。此外，《刑事诉讼法》第111条第1款、第2款对报案、控告、举报区分得很清楚，报案人、控告人、举报人的地位、权利也有所区别。问题的关键是"控告"必须具有指向的明确性，否则最多算是报案。本案判决很准确地掌握了上述区分，并在判决理由中明确指出，案发时，被害人徐某向公安机关报案称"被二三十人拦住不给送肉，车被砸"，其在公安机关问话时也未指认具体的侵害者，即未明确控告对象，故应属于报案，不属于控告。这一判决结论是合理的。

相关法条

《中华人民共和国刑法》

第八十八条第二款 被害人在追诉期限内提出控告，人民法院、人民检察院、公安机关应当立案而不予立案的，不受追诉期限的限制。

《中华人民共和国刑事诉讼法》

第一百一十一条第一款、第二款 报案、控告、举报可以用书面或者口头提出。接受口头报案、控告、举报的工作人员，应当写成笔录，经宣读无误后，由报案人、控告人、举报人签名或者盖章。

接受控告、举报的工作人员，应当向控告人、举报人说明诬告应负的法律责任。但是，只要不是捏造事实，伪造证据，即使控告、举报的事实有出入，甚至是错告的，也要和诬告严格加以区别。

《公安机关办理刑事案件程序规定》（2012年修订）

第一百六十九条[①] 公安机关接受控告、举报的工作人员，应当向控告人、举报人说明诬告应负的法律责任。但是，只要不是捏造事实、伪造证据，即使控告、举报的事实有出入，甚至是错告的，也要和诬告严格加以区别。

① 该规定已被修订，本条被修改为第172条。

29 陈某合同诈骗、伪造公司印章案

——无罪思路：拆解《起诉书》指控事实与证据认定

案件索引

一审：甘肃省嘉峪关市城区人民法院（2021）甘0271刑初177号（2022年8月31日）

基本案情

一、涉嫌合同诈骗罪部分

2017年9月，被告人王某某（同案被告人）冒充甲集团公司处长，被告人陈某冒充甲集团公司主要领导亲信，从乙矿产品公司经营人尹某某处骗取该公司对被告人陈某的授权委托后，被告人王某某、陈某虚构甲集团公司石英石矿需求量且有能力外销剩余矿石的事实，由被告人陈某以乙矿产品公司名义与被害人龚某某签订《乙公司所属石英岩矿四号、五号采区开采、加工、运输、销售等业务转让合同》，约定将乙矿产品公司无权开采的四号采区，以500万元的价格发包给被害人龚某某承包，并虚构可以凭借个人能力让尹某某所经营的乙矿产品公司退出与甲集团公司的合作，由被害人龚某某注册新公司直接与甲集团公司对接，向甲集团公司供应矿石获取利润的事实，骗得被害人龚某某350万元。后被告人陈某将其中50万元转给被告人王某某，自己携余款300万元潜逃。

2018年6月22日，被告人王某某、陈某在被害人龚某某报案后、公安机关立案前退还赃款350万元。

二、涉嫌伪造公司印章罪部分

2017年8月，被告人王某某、陈某伪造丙矿业有限责任公司印章一枚，并使用该印章伪造丙矿业有限责任公司证明一份，交由龚某某办理公司注册事宜。

核心争议焦点

1. 陈某的行为是否构成合同诈骗罪？

2. 立案前退还给被害人的钱款是否应当从犯罪金额中扣除？

3. 认定陈某构成伪造公司印章罪的证据是否充分？

4. 陈某伪造公司印章与合同诈骗之间是目的与手段的关系，按从一重处；还是两个行为，按不同罪名数罪并罚？

当事人各方观点及思维分析

一、控方观点及分析

被告人陈某与王某某是共谋的关系，共同实施了虚构事实、隐瞒真相的行为，使得被害人龚某某陷入错误认识并给付钱款，构成合同诈骗罪。陈某与王某某伪造公司印章的行为目的是让龚某某办理公司注册事宜，并非合同诈骗的手段，应当分别评价。

二、辩方观点及分析

第一，关于合同诈骗罪。《起诉书》指控被告人陈某构成合同诈骗罪的事实不清，证据不足，本案属于经济纠纷；且被告人陈某在立案之前已经退还全部款项350万元，根据相关司法解释和裁判，案发前主动退赃不应计入犯罪数额，亦不应认定为犯罪。

第二，关于伪造公司印章罪。现有证据不能证明涉案印章系被告人陈某伪造，且证书上的印章并非陈某所盖。同时，《起诉书》指控陈某伪造公司印章的行为是为实现合同诈骗，二者系牵连行为应从一重论处，构成一罪。

第三，量刑层面。即便认定陈某构成犯罪，但陈某系从犯且有坦白情节，而且其案发后向被害人退赔全部经济损失。

辩护思路

一、关于合同诈骗罪部分

（一）公诉机关认定陈某构成合同诈骗罪的事实不清

通过对本案涉案人员的笔录进行分析，比对《起诉书》认定的事实，辩护人认为《起诉书》存在以下认定错误：

（1）《起诉书》指控陈某冒充甲集团公司领导亲信，实际上应当是陈某自始就陷入了王某某的错误认识，即系王某某以甲集团公司领导身份先行诱骗陈某。

（2）《起诉书》指控王某某、陈某从尹某某处骗取公司的授权委托书的认定错误。实际应当是王某某让杜某某拿着陈某的身份证找乙公司法人尹某某盖公司章并有尹某某签字的委托书，并且王某某还将乙公司的营业执照给了陈某。即该事实实际系王某某实施，陈某只是收到委托书，并且进一步证实陈某逐渐陷入王某某造成的错误认识，认为自己有权利处置矿区承包事项。

（3）《起诉书》指控被告人陈某："虚构可以凭借个人能力让尹某某所经营的乙公司退出与甲集团公司的合作，由龚某某直接与甲集团公司对接。"首先，《起诉书》未明确系谁虚构的事实，其次根据上述内容对事实的分析，陈某与龚某某的对话都是对王某某的上传下达，按照王某某的说辞转告给龚某某，所指控的个人能力也是王某某的个人能力，陈某并没有承诺过自己有这个能力。根据被害人龚某某的陈述，其亦是基于对王某某的信任才与陈某签订的合同。

综上，辩护人认为，《起诉书》指控的事实不清，整个事件实际系由被告人王某某指挥谋划，陈某在案件中实际上也属于被王某某蒙骗的受害人。

（二）本案公诉机关指控的相关事实证据不足

1. 认定涉案四号矿没有开采权，缺乏证据认定

首先，在案证据仅有证人杜某某供述中提到目前只有五号矿区有生产线，并没有提到四号矿区有没有生产线，即便是没有生产线，也不代表不能进行生产。

其次，认定四号矿区有无采矿权的关键在于乙公司出具的证明，但卷内没有乙公司关于各矿区尤其是对四号矿区的介绍和相关证明。

最后，即便四号矿区确实没有开采权，目前在案证据也没有任何证据证实被告人陈某知道该四号矿区没有开采权。

2. 指控被告人陈某冒充甲集团公司领导亲信实施诈骗的证据不足

首先，该指控所依据的只有被害人陈述这一类证据，没有其他证据予以佐证。

其次，王某某在第一次补充侦查中否认了自己向被害人龚某某、宋某某等人介绍陈某时说陈某是甲集团公司领导的亲信，在公司很有能力。

最后，根据上述对案件事实的分析，即便陈某确实对被害人龚某某说过自己是领导的亲信，也是基于其陷入了王某某虚假身份的错误认识。

（三）被告人陈某没有诈骗的主观故意，亦没有非法占有被害人钱款的主观故意

1. 陈某与王某某等人没有进行事前预谋

从整个案件的事发经过可知，系王某某以甲集团公司处长的领导身份加之以给陈某乙公司委托书做矿山承包生意能获利为由引诱陈某。

2. 整个案件系王某某主导，陈某没有诈骗的故意

首先，王某某先让陈某相信其是甲集团公司的处长，并有能力将矿区项目对接甲公司。

其次，王某某给陈某出具乙公司的委托书、营业执照，使得陈某更相信王某某，也认为自己确实有公司的授权，代表公司签订转让合同也是合法合理的。

再次，陈某介入案件与被害人接触之前，王某某与宋某某、邓某等人已经“设计”将五号矿区成功转让，且五号矿区项目也确实在实际推进。基于此，王某某让陈某进一步相信其有能力。

最后，王某某几乎不直接与被害人接触，所有签字项目或者其他与被害人接触的行为都交由陈某出面，目的就是当后续一旦案发便将责任转嫁给陈某。

因此，陈某是在一步一步陷入王某某的错误认识后，才与被害人龚某某之间发生关联，但与龚某某的交易均是在王某某的指使下进行的，陈某自己也相信可以促成交易，且相信王某某的能力，其自己并没有诈骗的主观故意。

3. 陈某没有非法占有的主观故意

根据陈某供述，其在与被害人签订合同时，看到此前王某某等人与被害

人协调支付五号矿区转让费 500 万元时，问王某某为什么没给好处费（王某某让陈某与被害人签订关于四号、五号矿区的承包转让合同），此时王某某说等四号矿区转让完给其好处费，且陈某追问王某某整个手续办下来到底需要多少钱，王某某说 50 万元就能“搞定”。因此，等被害人将 350 万元给陈某时，陈某将 50 万元给了王某某，自己将 300 万元拿走。由此可以看出，陈某是认为王某某能够办理的，且给了其承诺办成事的 50 万元，拿走的 300 万元当作自己的好处费，其认为合同是合理合法的，双方自愿，并非对被害人财物的非法占有。

综上，认定陈某构成合同诈骗罪的事实不清、证据不足，不能排除合理怀疑，且在构罪要件上缺乏诈骗的主观故意，依法不应认定为犯罪。

（四）本案被告人陈某在立案之前即已退还全部款项 350 万元，根据相关规范性文件，案发前主动退赃不应计入犯罪数额，亦不应认定为犯罪

根据 1991 年《最高人民法院研究室关于申付强诈骗案如何认定诈骗数额问题的电话答复》明确，在认定诈骗犯罪数额时，应把案发前已被追回的被骗款额扣除，按最后实际诈骗所得数额计算。结合 2001 年《全国法院审理金融犯罪案件工作座谈会纪要》，也提到在认定金融诈骗犯罪数额时，应将案发前已归还的数额扣除。考虑到本案案情与保险诈骗类似，从有利于被告人原则的角度，本案也应参照适用。

二、关于伪造公司印章罪部分

（一）没有证据证明系陈某伪造的丙公司印章

虽然经鉴定该印章系伪造的，但是系由谁伪造的事实不清，证据不足，没有任何证据予以证实。

（二）陈某并没有使用盖有该印章的《证明》，该《证明》实际系由王某某提供

根据陈某供述，该《证明》是龚某某在嘉某市场监督管理局注册公司之时，需要提供一份证明材料，龚某某先联系的王某某，由王某某给陈某打电话让其去龚某某住的宾馆把《证明》拿去给王某某盖章，之后由陈某转交给龚某某的。

（三）陈某没有伪造公司印章的故意

陈某系从王某某处盖的章，至于印章从何而来其并不知晓，更不清楚此印章系伪造的，当然不具有伪造印章的故意。

辩护点睛

本案中公诉机关指控了两个罪名，最终经过律师辩护，法院认为：被告人陈某不构成合同诈骗罪，仅认定构成伪造公司印章罪一罪，取得了实质性的辩护效果。

该案对合同诈骗罪的辩护主要从对指控事实的推翻以及对指控事实的合理怀疑出发，即主要从以下两方面进行辩护：

一是辩护人对于起诉书中认定“行为人在涉案的四号矿区没有开采权的前提下仍然欺骗被害人签订合同”这一事实情节进行大胆质疑，结合客观证据和证人证言，辩护人认为该事实没有任何证据支撑，四号矿区的开采权问题卷内没有证据进行证明。因此，辩护人认为该事实指控错误，进而被告人陈某不存在虚构事实的行为。

二是辩护人通过阅卷及会见被告人，发现被告人陈某在本案中也是在陷入第一被告人王某某所造成的错误认识的情况下而作出的涉案行为。但公诉方指控的逻辑是二人构成诈骗罪的共犯。因此，辩护人从二人是否存在预谋（包括认识的时间、交往的过程等）、涉案事实过程（包括是谁联系的被害人、在与被害人沟通过程中第一被告人王某某的作用以及王某某与陈某及涉案证人的关联）、案发后第一被告人王某某的行为及对被害人钱款的态度等方面出发，认真、全面地梳理案件事实，结合案件证据和合同诈骗罪的犯罪构成，以“讲一个新故事”的方法重构案件事实，进而推翻公诉机关的指控架构。

通过本案的辩护过程，笔者认为，辩护律师应大胆质疑，尤其是对公诉机关认定的事实，不应当机械地认为侦查机关、公诉机关所认定的基础事实就是正确的。正是通过对认定事实的质疑，才能一步一步地推翻指控的逻辑架构。同时，在重构案件事实的过程中，既要有全局的观念、系统的理念，还应遵循个案具体问题具体分析以及考虑当事人利益最大化，这样才能达到实质性的辩护效果，保护被告人的合法权益，防止错判、重判。

审判观点

法院认为：被告人陈某伪造丙矿业有限责任公司印章的行为已构成伪造公司印章罪，应当承担刑事责任。公诉机关指控被告人陈某以非法占有为目的，在签订、履行合同的过程中，采用虚构事实或隐瞒真相的方法，骗取他人财物，构成合同诈骗罪的指控，证据不足，法院不予认定。

案例编写人 泰和泰（天津）律师事务所 谢文芝

专家点评

顾永忠　　中国政法大学教授、博士生导师

针对合同诈骗罪比较常见的辩护主要是从定性上提出并展开，即主要是围绕合同诈骗罪与民事欺诈行为的区分而展开。本案的辩护则立足于指控事实和证据而展开，指出指控合同诈骗罪的事实不清、证据不足。在辩护实践中关于证据不足的辩护一般有两种情形：一种是认为控方现有证据在证据种类和数量上达不到“证据充分”的要求；另一种是认为现有证据本身存在质量问题，达不到“证据确实”的要求。本案的辩护偏重于后者。辩护律师对指控事实和证据进行逐一拆解、分析，指出并论证其中存在的问题，从而使控方本以为“确实充分”的证据“缺胳膊少腿”，难以支撑起指控的罪名。应当说这是一起成功的事实上的无罪辩护。

相关法条

《中华人民共和国刑法》

第二百八十条第二款 伪造公司、企业、事业单位、人民团体的印章的，处三年以下有期徒刑、拘役、管制或者剥夺政治权利，并处罚金。

第三十七条 对于犯罪情节轻微不需要判处刑罚的，可以免予刑事处罚，但是可以根据案件的不同情况，予以训诫或者责令具结悔过、赔礼道歉、赔偿损失，或者由主管部门予以行政处罚或者行政处分。

30 杨某敲诈勒索案

——关于敲诈勒索罪的主观犯罪故意以及敲诈勒索犯罪行为的认定

案件索引

一审：湖北省江陵县人民法院（2019）鄂1024刑初98号（2020年12月28日）

二审：湖北省荆州市中级人民法院（2021）鄂10刑终91号（2021年5月24日）

再审：湖北省江陵县人民法院（2021）鄂1024刑初100号（2022年9月28日）

基本案情

原公诉人：湖北省江陵县人民检察院。

江陵县某鞭炮公司（以下简称鞭炮公司）成立于2014年，公司股东有杨某、范某（颜某之妻）、刘某等近十人。其中，刘某是法定代表人。2018年5月8日，鞭炮公司召开股东会议，颜某（时为某县公安局干警）代其妻子范某到场参加。会上，颜某与杨某因公司经营上的问题发生冲突、打斗，后被其他参会股东劝解开。后杨某于2018年5月9日至同月31日多次向某县纪检部门实名举报颜某，反映颜某入股并经营鞭炮公司，分红牟利，充当鞭炮公司法定代表人刘某的保护伞；颜某与其子范某殴打杨某；颜某夫妇放高利贷等问题。其间，杨某因感身体不适到医院体检，结果查出自己患有肺癌；因杨某患病及杨某向有关部门状告颜某牵扯到鞭炮公司以及公司股东，出于公司利益考虑，鞭炮公司安排股东看望杨某，并做杨某工作，让杨某不要状告颜某。后经鞭炮公司股东与杨某沟通协商，并经鞭炮公司于2018年6月13日召开股东会议作出决定，并签订相关协议保证文书，由鞭炮公司给予杨某

14 万元。同年 9 月，颜某以鞭炮公司（无鞭炮公司盖章）及公司股东名义向有关部门反映杨某涉恶，以及杨某以举报鞭炮公司偷税漏税等相要挟，敲诈鞭炮公司 14 万元等问题。后相关部门将杨某敲诈勒索鞭炮公司的线索移送江陵县公安局。江陵县公安局于 2019 年 3 月 12 日以涉嫌敲诈勒索罪对杨某立案侦查。2019 年 4 月、6 月，鞭炮公司向江陵县税务部门补缴税款 52 万余元。

至此，公诉人指控，2018 年 5 月至 6 月间，被告人杨某以鞭炮公司内部财务、业务往来、利润税收等存在问题欲向有关部门反映为由，威胁鞭炮公司并索要钱财。鞭炮公司为避免举报后损失，经股东会议决定付给被告人杨某现金，并要求其不再向有关部门反映鞭炮公司问题。2018 年 6 月 23 日，鞭炮公司分 3 次将该笔款项付清给被告人杨某。公诉机关认为，被告人杨某以胁迫的方式，敲诈勒索公司财物，数额巨大，其行为触犯了《刑法》第 274 条，犯罪事实清楚，证据确实、充分，应当以敲诈勒索罪追究其刑事责任，量刑建议是四年至六年有期徒刑，并处罚金。

核心争议焦点

杨某是否存在敲诈勒索的主观犯罪故意，并存在实际的敲诈鞭炮公司钱财的行为，并非法获得赃款 14 万元？

当事人各方观点及思维分析

公诉人认为，杨某构成敲诈勒索罪，主要依据是：（1）涉案被害人鞭炮公司的大部分股东的证人证言以及报案人的陈述均指向杨某有敲诈勒索鞭炮公司的主观故意及客观行为；（2）客观证据即书证为杨某签署的几份关于杨某收了鞭炮公司 14 万元后，不再敲诈勒索鞭炮公司的文书；（3）鞭炮公司实际支付了杨某 14 万元的“敲诈勒索赃款”。

辩护人及被告人杨某辩称：杨某没有敲诈勒索的主观故意，也没有敲诈勒索的行为，更没有因为实施敲诈勒索鞭炮公司而获得赃款 14 万元。主要依据是：（1）关于鞭炮公司支付杨某的 14 万元款项，是因为杨某在股东会上为了鞭炮公司利益，跟其他股东范某丈夫颜某发生冲突，受了点伤，去医院检查，意外发现自己患了肺癌。鞭炮公司及股东为了避免杨某继续告股东颜某，从而给鞭炮公司添麻烦，并可怜杨某，于是大家统一意见，以鞭炮公司名义资助杨某14万元作为治疗肺癌的费用，同时也算是感谢他对鞭炮公司多年的贡献。（2）本案实际举报人为颜某带头，部分股东参与，实际“被害人”鞭炮公司并未报案。证明鞭炮公司并非因为被敲诈勒索而支付14万元给被告人杨某。

辩护思路

辩护人认为，敲诈勒索罪在客观方面表现为行为人采用威胁、要挟、恫吓等手段，迫使被害人交出财物的行为。威胁、要挟、恫吓，是指以恶害相通告迫使被害人处分财产。并且，其主观方面表现为直接故意，必须具有非法强索他人财物的目的。

回到本案，主要集中在认定主观敲诈勒索的犯罪故意与客观的敲诈勒索行为，以及关于14万元的定性。

公诉人认定杨某构成敲诈勒索的主要依据正是众多股东证人证言、客观书证，以及杨某收取了鞭炮公司支付的14万元。因此，辩护人首先确认杨某实际上没有敲诈勒索；其次通过申请证人出庭作证，通过证人参与现场庭审还原真相；再次，排除存在利害关系的证人颜某的证人证言；又次，搜集客观并有利于证明被告人无罪的证据，对抗公诉人出具的对被告人杨某不利的书证；最后，通过多达7次的庭审，有针对性地质证和辩论以及对其他证人的交叉询问等，从而推翻公诉人缺乏客观事实依据的控诉。

辩护点睛

一、关于申请证人出庭作证

办案过程中，辩护人发现绝大部分股东的证人证言以及举报人的证人证言对被告人极为不利，但也存在诸多矛盾及不实之处：大部分股东的证人证言千篇一律，不管是语调用语，还是说话顺序，还是指证杨某如何敲诈鞭炮公司的言语和行为，以及杨某收款的时间和账号，均几乎一致，并且对账号均可以记忆犹新。这里，辩护人认为，案发时间到证人作证，相隔一年有余，如何做到记忆如此清晰。并且每个股东因年龄、文化学历、阅历、说话方式等不同，作出的证人证言也会有所差异，甚至明显不同。而本案近十位证人，其证人证言均极为相似，甚至相同。辩护人认为，有重大的批量签署公安笔录的嫌疑，不属于一问一答式记录的询问笔录，即并非正常的证人作证的状态。

基于此，辩护人依法向法院申请通知公诉机关的大部分证人出庭作证，但最后仅有一位证人参加庭审。对此，辩护人准备一系列相关发问和新证据，通过对唯一出庭证人庭审发问、要求其核实公诉机关出示的书证以及辩护人提交的新证据等环节，发现该证人在侦查部门所作的笔录实际为提前做好的笔录，只需签名即可。正因如此，法院最后也要求其他未出庭的证人均须出庭作证。在之后多次庭审过程中，随着辩护人对其他证人进行庭审发问，大部分证人均反映上述情况，并表示，杨某实际上没有以鞭炮公司存在偷税漏税来要挟公司支付钱财 14 万元。让本案真相逐渐清晰，将被告人的处境化不利为有利。

二、关于报案人证言的排除

此案中，报案人所作的证言和提交的证据同样令被告人处于不利位置，颜某是第一举报人，其与杨某存在矛盾纠葛。颜某在开庭过程中，在其与被告人存在重大利益冲突，又是重要证人的情况下，竟然旁听了此案第一次庭审的大部分过程。辩护人发现后立即要求法院记录在案，并要求其下次开庭时不得作证。后颜某继续出庭作证，但其陈述的诸多事实，均没有事实依据，并与其他诸多证人出庭作证的陈述严重不符。结合报案人所作证言存在多处矛盾等情形，并且旁听了第一次庭审的大部分过程。辩护人提出该报案人的证言应不予采信，法院最终采纳了经办律师的意见，对报案人的全部证言不予采信。

三、关于搜集新证据

公诉机关提交了多份书证用以证明被告人构成犯罪，该书证所载明的内容对被告人非常不利，书证上面有公司盖章，有部分股东签字，被告人杨某也有在该书证上签名，其主要内容有：鞭炮公司支付杨某 14 万元，至此，杨某不得再向有关部门举报鞭炮公司，也不能泄露公司经营往来、税收利益等问题。如果有人告，就拿其股金补偿鞭炮公司的损失。为此，辩护人搜集并向法院另行提交了两份新的书证，并将两份新的书证交由相关证人当庭核实及确认。该两份书证也有杨某的签认，以及部分股东的签认。该书证主要内容是：鞭炮公司支付给杨某业务奖励费14万元；2018年6月22日，鞭炮公司股东会作出决议因杨某近两年通过考察厂家与市场，给公司带来很大利润，决定奖励其现金14万元。

经多位证人出庭作证，并经辩护人交叉询问，使得大部分原本作出不利于被告人证言的证人均表示：上述公诉人提交的证明杨某敲诈鞭炮公司14万元的书证所记载的内容不符合事实。真实情况是，杨某是公司监事，对公司有贡献，加之在股东会上受了委屈；又因为被查出患有肺癌，需要大笔钱治病。再者，杨某不停举报颜某作为国家公务员，插手企业管理经营，担任鞭炮公司法定代表人刘某的保护伞等，给公司造成很恶劣的影响。颜某也不停举报杨某存在其他不属实的违法行为。为了息事宁人，也为了照顾杨某，鞭炮公司及股东达成基本一致，以鞭炮公司名义给杨某14万元，其性质大体为奖励费以及医疗补助费。

至此，辩护人大体上推翻了公诉人起诉之时提供的大部分对被告人极其不利的证人证言以及书证，从而降低了公诉机关所提交的多份书证的证明力。

四、关于敲诈勒索罪被害人的意见

辩护人认为，本案属于敲诈勒索罪，通常存在被害人。就本案来说，“被害人”即为鞭炮公司。但自案发至最后一次庭审结束，鞭炮公司均未进行报案或者作证，状告杨某存在敲诈勒索其14万元的事实和行为。而主要报案人反而是与杨某存在矛盾纠葛的颜某。并且，颜某举报并指证杨某的其他各种违法犯罪行为，均无事实根据和法律依据。因此，辩护人在庭审上多次向法庭声明，本案实际上不存在敲诈勒索的违法犯罪行为，14万元属于一般的民事经济往来。而颜某存在主导不利书证，并构陷被告人杨某的嫌疑，恳请法院不予采纳颜某的证人证言。最终法院也采纳了辩护人的该意见。

五、关于杨某举报材料的意见

辩护人查阅并提交其他关于杨某当时举报到有关部门的资料，其内容全部是关于颜某违法犯罪的情况，没有涉及举报鞭炮公司偷税漏税等情况。即被告人没有书面举报鞭炮公司。

综上，前文五个主要的辩护切入点，虽然是大部分辩护人都会想到的，但是在实际操作上切入点和突破口的选择及时机，以及庭审过程中随机应变的策略，尤其重要，也极为艰难。特别是在申请证人出庭作证、几次庭审过程中交叉询问，以及在收集客观有利证据的问题上。辩护人的上述辩护，让本案对被告人杨某极其不利的关键证据及证人证言，被一一击破；让无罪辩护取得了巨大突破，同时最大限度地还原了案件的事实真相。

最后，本案在二审以及发回重审期间，公诉人也没能提供新的、可以确凿充分证明杨某存在敲诈勒索鞭炮公司的主观故意以及客观上有敲诈勒索行为的证据。依据我国刑法疑罪从无原则，依法不得认定被告人杨某构成敲诈勒索罪。至于杨某举报颜某违法犯罪以及颜某与鞭炮公司存在违规关联关系等行为的情况，并未确认是否存在，有关部门也并未对此采取措施。如何界定上述行为，法律也并未对此作出明确规定。从“法无明文规定不为罪”的原则来说，也应当认定杨某不构成犯罪。

审判观点

法院最终判决：杨某不构成敲诈勒索罪，即被告人杨某无罪。具体理由如下：

法院认为：（1）鞭炮公司支付给杨某 14 万元的定性不是敲诈勒索的赃款。鞭炮公司之所以同意支付给杨某 14 万元，是因为杨某与鞭炮公司的股东起争执而打架，后去医院治疗的时候发现自己患了癌症。公司为了安抚杨某，让其不要闹事，同时因为同情杨某患了癌症，需要大笔的钱治疗，经综合考虑，而一致同意支付给杨某 14 万元。（2）证人朱某当庭作证，并明确表示，杨某当时没有以举报鞭炮公司存在偷税漏税等问题相威胁，向公司索要钱财。其余几位关键证人也否认杨某存在上述敲诈勒索行为。（3）关于公诉人提交的有杨某签字确认的几份书证，表面上反映了杨某在收到 14 万元后，不再向有关部门举报有关鞭炮公司的事。但是，经过多次庭审、证人出庭作证以及辩护人提交的相反的书证，并经证人出庭当庭质证，综合双方证据及庭审，不能据此得出杨某以举报鞭炮公司偷税漏税相威胁，向鞭炮公司索要钱财的唯一结论，还可以得出因杨某举报颜某的相关情况涉及鞭炮公司，鞭炮公司为了让杨某不再举报，避免给鞭炮公司带来麻烦，并出于对杨某患癌症的同情，而主动给予杨某钱财的结论。（4）杨某举报的所有资料，均不涉及举报鞭炮公司偷税漏税的行为，也就没有公诉人所控诉的杨某以举报偷税漏税威胁鞭炮公司，向鞭炮公司索要钱财的结论。

最终，法院一审判决杨某无罪，二审发回重审，重审再次判决无罪，公诉人没有再次抗诉，本案判决已生效。

案例编写人 广东广信君达律师事务所 许小明 覃光贺

专家点评

黄明儒　　湘潭大学法学院教授、博士生导师，中国刑法学研究会常务理事

本案例发生在鞭炮公司内部，涉及公司股东之间的争端和利益冲突。这种背景增加了案件的复杂性和多样性，同时也对法官的审理提出了更高的要求。

本案中法官对敲诈勒索罪的主观故意、客观行为以及非法占有目的等要素进行了深入剖析，对于准确认定敲诈勒索罪和处理类似案件具有指导意义。

而且，法官对于公诉人和辩护人提供的多种证据，尤其是证人证言没有轻信，而是在进行仔细审查和综合分析后，排除了不具有真实性的证据，彰显出法官在证据的处理过程中严格遵循了法律程序和证据规则，亦体现出法官依法独立审判，不受任何干扰，对于保障当事人合法权益和确保司法公正具有重要意义。

总体而言，本案在准确认定敲诈勒索罪、如何审查和综合分析证据、如何遵循法律程序和证据规则等方面具有重要的参考和借鉴意义。

相关法条

《中华人民共和国刑法》

第二百七十四条　敲诈勒索公私财物，数额较大或者多次敲诈勒索的，处三年以下有期徒刑、拘役或者管制，并处或者单处罚金；数额巨大或者有其他严重情节的，处三年以上十年以下有期徒刑，并处罚金；数额特别巨大或者有其他特别严重情节的，处十年以上有期徒刑，并处罚金。

《中华人民共和国刑事诉讼法》

第二百条　在被告人最后陈述后，审判长宣布休庭，合议庭进行评议，根据已经查明的事实、证据和有关的法律规定，分别作出以下判决：

（一）案件事实清楚，证据确实、充分，依据法律认定被告人有罪的，应当作出有罪判决；

（二）依据法律认定被告人无罪的，应当作出无罪判决；

（三）证据不足，不能认定被告人有罪的，应当作出证据不足、指控的犯罪不能成立的无罪判决。

《最高人民法院、最高人民检察院关于办理敲诈勒索刑事案件适用法律若干问题的解释》

第一条 敲诈勒索公私财物价值二千元至五千元以上、三万元至十万元以上、三十万元至五十万元以上的，应当分别认定为刑法第二百七十四条规定的“数额较大”、“数额巨大”、“数额特别巨大”。

各省、自治区、直辖市高级人民法院、人民检察院可以根据本地区经济发展状况和社会治安状况，在前款规定的数额幅度内，共同研究确定本地区执行的具体数额标准，报最高人民法院、最高人民检察院批准。

第二条 敲诈勒索公私财物，具有下列情形之一的，“数额较大”的标准可以按照本解释第一条规定标准的百分之五十确定：

（一）曾因敲诈勒索受过刑事处罚的；

（二）一年内曾因敲诈勒索受过行政处罚的；

（三）对未成年人、残疾人、老年人或者丧失劳动能力人敲诈勒索的；

（四）以将要实施放火、爆炸等危害公共安全犯罪或者故意杀人、绑架等严重侵犯公民人身权利犯罪相威胁敲诈勒索的；

（五）以黑恶势力名义敲诈勒索的；

（六）利用或者冒充国家机关工作人员、军人、新闻工作者等特殊身份敲诈勒索的；

（七）造成其他严重后果的。

第三条 二年内敲诈勒索三次以上的，应当认定为刑法第二百七十四条规定的“多次敲诈勒索”。

第四条 敲诈勒索公私财物，具有本解释第二条第三项至第七项规定的情形之一，数额达到本解释第一条规定的“数额巨大”、“数额特别巨大”百分之八十的，可以分别认定为刑法第二百七十四条规定的“其他严重情节”、“其他特别严重情节”。

第五条 敲诈勒索数额较大，行为人认罪、悔罪，退赃、退赔，并具有下列情形之一的，可以认定为犯罪情节轻微，不起诉或者免予刑事处罚，由有关部门依法予以行政处罚：

（一）具有法定从宽处罚情节的；

（二）没有参与分赃或者获赃较少且不是主犯的；

（三）被害人谅解的；

（四）其他情节轻微、危害不大的。

第六条 敲诈勒索近亲属的财物，获得谅解的，一般不认为是犯罪；认定为犯罪的，应当酌情从宽处理。

被害人对敲诈勒索的发生存在过错的，根据被害人过错程度和案件其他情况，可以对行为人酌情从宽处理；情节显著轻微危害不大的，不认为是犯罪。

第七条 明知他人实施敲诈勒索犯罪，为其提供信用卡、手机卡、通讯工具、通讯传输通道、网络技术支持等帮助的，以共同犯罪论处。

第八条 对犯敲诈勒索罪的被告人，应当在二千元以上、敲诈勒索数额的二倍以下判处罚金；被告人没有获得财物的，应当在二千元以上十万元以下判处罚金。

31 缪某生产、销售伪劣产品案

——为串货而去除产品包装再将产品销售的行为是否构成销售、销售伪劣产品罪

案件索引

一审： 湖南省长沙市芙蓉区人民法院（2016）湘0102刑初字431号（2017年9月21日）

二审： 湖南省长沙市中级人民法院（2017）湘01刑终1010号（2019年10月19日）

重审一审： 湖南省长沙市芙蓉区人民法院（2016）湘0102刑初字431号（2020年11月27日）

重审二审： 湖南省长沙市中级人民法院（2017）湘01刑终1010号（2022年12月22日）

基本案情

2015年3月至9月，缪某从高某等人处购进格力牌空调，运回山东省临沂市。为了逃避格力公司的追查，进行跨省区销售牟利，缪某雇用工人对购入的格力空调进行处理，去除格力空调产品外包装原有的编号、3C认证标志，抽取原有格力空调包装的质量保修卡、合格证、安装卡，打磨掉空调室内外机上的生产编号、3C认证标志、出厂编号，并用电动小砂轮打磨掉空调压缩机上的8位凸印、破解格力空调开机内测码，随后将“去码”后的空调对外销售。缪某在销售时均将空调已“去码”的情况告知买家。

2015年3月至5月，缪某先后多次将“去码”空调销往湖南省长沙市芙蓉区的唐某、赵某、吕某处，共计4000多套。2015年5月21日，湖南省质量技术监督局在对唐某、赵某、吕某位于湖南省长沙市雨花区的仓库进行

突击检查时，现场查获“去码”格力空调2000多套，其中4个规格、466套“去码”格力空调为缪某所销售，销售金额共计100多万元。

2015年9月，公安机关在缪某位于山东临沂市兰山区的两个仓库内查获“去码”空调3000多套。2016年8月，湖南省长沙市芙蓉区人民检察院指控缪某犯生产、销售伪劣产品罪向法院提起公诉，经审理，法院采信了辩护人的辩护意见，判决缪某无罪。一审判决后，检察院提出抗诉，二审开庭后，二审法院以检察机关提交了新的鉴定意见为由，裁定撤销原判并发回重审。法院另行组成合议庭重新审理后，再次作出无罪判决。检察院又提出抗诉，再审开庭审理后，法院裁定驳回抗诉，维持原判。

核心争议焦点

1. 本案就涉案产品先后做了两份鉴定，两份鉴定意见能否作为定案的根据？

2. “去码”空调是否为刑法意义上的不合格产品？

3. 被告人缪某销售涉案空调时未将产品的详细情况告知买家，是否属于将不合格的产品冒充合格产品的行为？

控辩双方观点及思维分析

一、控方观点、理由及思维

第一，经鉴定，涉案产品防锈试验不合格，缪某构成生产销售伪劣产品罪。

第二，虽然抽样过程存在瑕疵，但有侦查机关的情况说明及证人证言印证，鉴定意见（《检验报告》）应当作为定案的依据。

第三，《刑法》和《产品质量法》的认定标准相同，故应当认定“去码”空调为不合格产品。

第四，因《产品质量法》第26条第2款第3项规定，空调必须符合产品和包装上标明采用的标准，而应当认定“去码”空调为不合格产品。

第五，经重新鉴定，新的鉴定意见（《鉴定报告》）认定涉案产品的“标志”“包装”“防锈”项目的检测结果不符合相关国家标准规定的要求，鉴定对象为不合格产品，鉴定对象存在电气安全隐患和使用寿命降低的隐患。

二、辩方观点、理由及思维

（一）鉴定意见（《检验报告》）不能作为定案的依据

第一，《检验报告》作出的主体不合法，在案证据表明，本案的鉴定机构、鉴定人没有《司法鉴定许可证》《司法鉴定人执业证》。

第二，涉案产品《检验报告》仅有一名检验人员，违反《司法鉴定程序通则》第 19 条的规定。

第三，因无见证人见证抽样产品的转运存放及抽样送检过程，送检产品与被提取、封存的产品之间的关联性、同一性无法确认，《检验报告》不能作为定案的根据。

首先，因没有单独对货车上的货物进行抽样，送检产品与缪某空调的唯一对应性无法确定，对此，一审判决已经作出正确的认定。

其次，证据在源头被污染，证据将丧失证明力。本案抽检程序违法导致程序问题无法被修复。

最后，《抽检情况说明》本身存在的问题导致其不可能补救本案抽样的违法问题。《抽检情况说明》应当体现侦查人员在办案过程中的亲历性，而该份情况说明一审时只有侦查机关的签章，而没有侦查人员的签名，只体现办案机关的意志，不能体现办案人员对案件的亲历性。

（二）新的鉴定意见《鉴定报告》不能作为定案的根据

“去码”空调扣押于 2015 年，而第二次鉴定时间在 2019 年，从常识判断，站在 2019 年的时间节点来看 2015 年的产品是否合格，无异于刻舟求剑。不能排除因产品老化、自然损耗等原因导致涉案产品在扣押以后才出现不合格问题。此次鉴定最多只能说明被鉴定的货物在 2019 年出现了质量问题。

（三）缪某对空调进行“去码”的行为不足以使本来合格的空调产品成为刑法意义上不合格的产品

理由如下：一是，生产、销售不合格产品并不必然成为刑法打击的对象。《产品质量法》只针对某些社会危害性大的行为进行规范。当《产品质量法》不足以调整时，才将其纳入刑法的调整范畴。如《产品质量法》第 49 条、第 50 条、第 52 条、第 61 条规定的几种情形，构成犯罪的，依法追究刑事责任。

只有违反上述法条，才有可能成为刑法的调整对象。而《产品质量法》第53条、第54条规定的情形只具有行政法意义上的违法性，而不具备刑事违法性。

二是，并非所有不符合强制性标准的产品均为刑事意义上的不合格产品，只有那些在安全性能方面不符合强制性标准的产品才有可能被认定为刑法意义上的不合格产品。《产品质量法》第46条规定产品缺陷，缺陷产品与不合格产品存在交叉重合。因此，即使认定涉案产品不符合相关安全标准，因缪某就产品缺陷对顾客进行了明确的提示，而不能认定缪某生产、销售刑法意义上的不合格产品。

三是，鉴定意见所依据的标准是出厂标准，而不是抽检标准。即使如《检验报告》认定的产品标志、包装、诱蚀试验不合格，涉案产品也不属于《产品质量法》第26条规定的“不合格产品”。《产品质量监督抽查实施规范》关于房间空气调节器的检验项目中均没有规定包括抽检标志、包装、防锈项目。

四是，对法律进行解释，要从常识常理常情进行判断，如果认为只要违反《产品质量法》第26条第2款的规定，如只要销售包装有瑕疵的商品，就应当予以刑事处罚，显然不符合常识常理常情。

（四）缪某没有将不合格产品冒充合格产品的行为

本案中，缪某在向他人销售空调时，将产品已去除了3C认证标志等详细情况如实告知了空调购买者，空调购买者是在明知产品存在瑕疵后，自愿购买的空调。因此，缪某没有实施任何将不合格产品冒充合格产品销售的行为，没有实施任何欺骗行为，也没有侵犯任何空调购买者的权益。生产、销售伪劣产品罪所侵犯的是复杂客体，即只有同时侵犯了国家对产品质量的监督管理制度、市场管理制度与用户、消费者的合法权益的行为，方可构成本罪。而缪某没有隐瞒产品质量真相，欺骗消费者。

（五）本案的实质是商业纠纷

缪某为规避格力公司追查空调产品跨省区销售，将空调去除相关标识，再进行销售的行为确实有违格力公司的销售制度，但显然不构成生产、销售伪劣产品罪。

辩护思路

辩护人接受委托介入本案后，确立了无罪辩护的思路。

要达到无罪辩护效果，第一，要从鉴定意见入手，从根本上否定鉴定意见所作的涉案产品是不合格产品的结论。辩护人指出，抽样鉴定程序违法，鉴定机构及鉴定人不具有鉴定资质，鉴定机构中立性不足，鉴定时间过久，鉴定结论不明确等诸多问题。

第二，从刑法解释入手，从体系解释等方面论证形式上有瑕疵的商品并不等同于刑法意义上的不合格产品。

第三，从犯罪构成的客观行为和客体要件入手，指出缪某在向他人销售空调时，将产品已去除了 3C 认证标志等详细情况如实告知了空调购买者，空调购买者是在明知产品存在瑕疵的情况下，自愿购买空调的。缪某因没有任何冒充行为，也没有实施任何欺骗行为，因而未侵犯任何空调购买者的权益。

第四，从本案的实质入手，辩护人指出本案的本质是商业纠纷，规避格力公司追查空调产品跨省区销售，将空调去除相关标识，再进行销售的行为仅违反格力公司的销售制度，不构成犯罪。

辩护点睛

本案从案发到重审二审结束，历时 7 年多，案件审理期间，检察机关两次抗诉，最终法院仍裁定缪某无罪。本案检察机关先后提交两份鉴定意见以证明涉案产品为不合格产品，经辩护人质证、辩护后，法院采信辩护人的辩护意见，认为两份鉴定意见都不能作为定案的根据，最终宣告被告人无罪。

本案一审期间，辩护人主要提出以下辩护意见：一是鉴定意见（《检验报告》）中本案涉案空调的扣押和转移送检脱节，存在送检抽样没有见证人见证等问题，故鉴定意见不能作为定案的根据；二是没有产品合格证及包装存在瑕疵的产品不属于刑法意义上的不合格产品；三是被告人没有实施“冒充”行为，缪某销售空调时，明确告知买家“去码”空调的瑕疵。一审判决采信辩护人的辩护意见，判决缪某无罪。

一审判决后，检察院抗诉，二审法院以检察机关提交了新的鉴定意见为由，裁定撤销原判，发回重审。重审一审庭审，辩护人提出，新的鉴定意见是在案发 4 年多后，才对扣押产品进行鉴定，而受产品老化、自然损耗等原因，鉴定意见无法客观反映产品案发时的产品质量故不能作为定案根据的辩护意见。法庭再次采信了辩护人的辩护意见，判决缪某无罪。[①]

审判观点

法院生效裁判认为：

关于鉴定意见（《检验报告》）的采信问题。本案《检验报告》分别针对某公司仓库空调和缪某仓库空调而作出。送检样品是对查扣的所有空调进行抽检，无法排除送检样品并非缪某所销售的合理怀疑。而对缪某仓库中查扣的空调进行抽检时，整个抽样过程没有见证人，且《检验报告》中抽样人员、抽样日期、抽样方式和抽样地点等栏目均为空白，送检程序不符合相关规定。侦查机关对此出具一份《抽检情况说明》，该说明没有侦查人员签名，亦无法弥补空调抽检程序中存在的重大缺陷，依法不能采信。综上，本案送检样品与缪某空调之间的唯一对应性存疑，相应的《检验报告》不能作为定案的根据。

关于刑法意义上的不合格产品的认定问题。根据《最高人民法院、最高人民检察院关于办理生产、销售伪劣商品刑事案件应用法律若干问题的解释》第1条第4款的规定，《刑法》第140条规定的具体“不合格产品”，是指不符合《产品质量法》第26条第2款规定的质量要求的产品。根据该款规定的精神，刑法意义上的不合格产品应当存在危及人身、财产安全的不合理的危险。

关于“冒充”行为的认定问题。经查，缪某对外销售“去码”空调时，均将空调瑕疵告知了购买者，包括去除格力空调产品外包装原有的编号、3C认证标志，抽取格力空调包装箱内原有的质量保修卡、合格证、安装卡等详细信息，没有实施“以不合格产品冒充合格产品”的冒充行为。

新的鉴定意见（《鉴定报告》）的鉴定机构虽具有资质，但时隔4年多对被扣押的产品进行质量鉴定，产品老化、样品储存条件等因素对鉴定结论可

① 特别说明：本案一审由刑法学家邱兴隆教授、陈自然律师担任本案缪某的辩护人，本案是邱兴隆教授生前代理的案件中，最后一个结案的案件。邱兴隆教授去世后，本案由辜志珍、陈自然律师继续担任缪某的辩护人。在此缅怀恩师邱兴隆教授，感谢在刑事辩护道路上，恩师邱兴隆教授的教诲和提携。

能产生的影响客观存在。

《鉴定报告》的鉴定结论为鉴定对象的标志、包装和防锈项目的检测不符合要求，鉴定对象存在电气安全隐患和使用寿命降低的隐患。本案中，“去码”空调被抽出原有的质量保修卡、合格证、安装卡，打磨掉原有出厂编号、3C 认证标志，这些处理并不会对空调的使用性能、产品内在质量产生实质影响，使其从本来合格的空调产品变成刑法意义上的伪劣产品。关于空调压缩机和室外电机因被打磨掉凸印而在防锈实验后出现锈蚀的情况是否会危及人身、财产安全的问题，鉴定结论分析认为鉴定对象存在电气安全隐患和使用寿命降低的隐患，但这一推定无实证支撑，因此认定防锈不合格的“去码”空调并非刑法意义上的不合格产品。

案例编写人 湖南醒龙律师事务所 陈自然
湖南言顺律师事务所 辜志珍

专家点评

陈伟　　西南政法大学法学院教授、博士生导师，中国刑法学研究会常务理事

本案成立的证明链条为：以鉴定意见证明被告人所售空调为不合格产品，被告人存在以不合格产品冒充合格产品的行为，从而证成该行为构成犯罪。针对此，本案辩护人的辩护思路清晰，从证明链条的各个环节否定了对被告人的指控：首先，辩护人指出前后两份鉴定意见存在问题，说明两份鉴定意见无法证明被告人所售空调系不合格产品。同时，因为被告人销售的空调只是为了逃避地区销售限制，也不能武断地认定该产品系不合格产品。其次，根据《产品质量法》的相关规定，需要界分行政违法与刑事违法，即使被告人存在以不合格产品冒充合格产品的行为，也未必构成犯罪。最后，被告人在销售产品时，已经将产品的真实情况告知买家，不能认为其有以不合格产品“冒充”合格产品的行为。综合来看，本案的辩护思路清晰，论证说理充分，对类似案件能够起到较好的参照作用。

相关法条

《中华人民共和国刑法》

第一百四十条 生产者、销售者在产品中掺杂、掺假，以假充真，以次充好或者以不合格产品冒充合格产品，销售金额五万元以上不满二十万元的，处二年以下有期徒刑或者拘役，并处或者单处销售金额百分之五十以上二倍以下罚金；销售金额二十万元以上不满五十万元的，处二年以上七年以下有期徒刑，并处销售金额百分之五十以上二倍以下罚金；销售金额五十万元以上不满二百万元的，处七年以上有期徒刑，并处销售金额百分之五十以上二倍以下罚金；销售金额二百万元以上的，处十五年有期徒刑或者无期徒刑，并处销售金额百分之五十以上二倍以下罚金或者没收财产。

32 李某故意杀人案

——刑事案件中追诉时效的理解与适用

案件索引

广东省广州市人民检察院（2022）穗检刑95号（2022年8月8日）

基本案情

1997年12月，曾某、黄某欺骗被害人李某1买下人民币约15000元的人身保险，并约定受益人为黄某，曾、黄二人为得到保险赔偿金共谋杀害李某1，由曾某联系司某，司某联系潘某，潘某（其间，李某作为潘某的随行人员而参与本案）纠集刘某、陈某1等4人于1998年2月某日晚截停伏击李某1，并持刀将李某1刺死。

案发后，曾某、黄某等人均到案。广东省高级人民法院于2000年作出终审判决：判处曾某、刘某死刑，判处司某、黄某二人死刑缓期二年执行，判处陈某1无期徒刑。

2022年，侦查机关对李某及陈某2采取刑事强制措施（本案除潘某在逃外，其他同案人均已归案，陈某2与李某同时期归案）。

核心争议焦点

1. 本案李某是否适用20年最长诉讼时效，侦查机关是否对李某采取针对性侦查措施，李某是否存在“逃避侦查”的行为？

2. 本案李某作为潘某的随行人员是否构成故意杀人罪？

控辩双方观点及思维分析

一、侦查机关观点

侦查机关对于1997年李某1被害案进行再次侦查。因同案嫌疑人对于李某参与的事实供述清晰，对象明确，侦查机关即对李某采取刑事强制措施，并向检察院移送审查起诉。

侦查机关认为：李某在本案中负责联系犯罪嫌疑人司某雇用杀手，作为潘某的随行人员直接参与了李某1被害一案，导致李某1死亡。结合本案及同案犯罪嫌疑人的供述、证人证言及相关证据，其犯罪的事实清楚，证据充分。因此，对于旧案未处理的嫌疑人李某，应当根据相关规定以故意杀人罪提起诉讼。

二、辩护人观点

1. 本案应当依法适用一般追诉时效规定，认定已过追诉期限，对李某作出不予追诉之决定。针对李某涉嫌故意杀人案案发至今已超过法定追诉时限20年且案发后李某并无逃避侦查的行为，应当依法适用《刑法》第87条一般追诉时效的相关规定。

2. 侦查机关指控的有关“李某和曾某联系司某聘请杀手”的事实认定错误，与客观事实不符。

3. 李某犯故意杀人罪的事实不清，证据不足。主观上，李某在案发前一直对同案人实施故意杀人行为没有认知，不具有故意杀人的故意，且其不具有事先知悉相关同案人“雇凶杀人”意图的可能性；客观上，李某在本案中并未实际参与实施具体的故意杀人/伤害的实行行为，且其作为潘某的手下，只是听命于“大佬”，其并未参与相关决策活动，仅是作为“陪同”“跟班”随行，其行为对于同案人实施具体杀人行为并没有实质的促进作用，属于从犯且情节轻微。

辩护思路

辩护人的辩护逻辑主要围绕解决以下问题展开：

一、意图解决程序性问题，即论证解决李某是否应当适用一般追诉时效问题

根据《刑法》有关追诉时效的相关规定，由于本案涉嫌故意杀人罪，最高法定刑为死刑，本案应适用20年的追诉时限，已过追诉期且基于本案证据反映的客观事实，尽管该案当年案发时已被立案侦查，依据现有证据，在案发后李某并无逃避侦查的行为，不应当对其适用《刑法》第88条有关追诉期限延长的相关规定，应当依法适用《刑法》第87条一般追诉时效的相关规定。李某并不满足适用无限追诉期限的条件，李某不应当被追诉。

依据“刑法释义”和最高人民检察院发布的第六批相关指导案例的规定和精神，李某无再犯危险、其已不具有社会危害性且其犯罪影响早已消失，基于有利于被告人原则和刑事追诉时效延长制度设定的价值导向，综合判断，本案不应当适用延长追诉时效的相关规定。

二、解决实体性问题争议，即论证本案当事人李某的行为定性问题

公诉机关《起诉意见书》指控李某犯故意杀人罪的事实不清，证据不足。

主观上，李某缺乏作案动机和目的，在案发前一直对同案人实施故意杀人行为没有认知，不具有故意杀人的故意，且其不具有事先知悉相关同案人“雇凶杀人”意图的可能性。

客观上，李某在本案中并未实际参与实施具体的故意杀人/伤害的实行行为，且其作为潘某的手下，只是听命于“大佬”，其并未参与相关决策活动，仅是作为“陪同”“跟班”随行，其行为对于同案人实施具体杀人行为并没有实质性的促进作用，属于从犯且情节轻微。

由于本案各共同犯罪人对犯罪事实的认识有程度上、范围上的差异，根据共同犯罪理论，本案中，相关同案人的杀人行为超出了其和李某的共同意思联络，属于实行过限，李某不应对超出共同故意的犯罪行为负责，应当只在重合的范围内成立共同犯罪，即如果排除程序性事项认定问题，李某只能以故意伤害罪被予以追诉。

三、法律分析

程序上，在“已过追诉时效”的论证过程中，具体到李某是否存在“逃避侦查”行为的认定上，由于并未有法律法规或司法解释予以明确规定，辩

护人经过对学术文章及学术观点的整理，援引主流学术观点，主张“逃避侦查”应认定为“积极、主动地逃避或者对抗司法，致使侦查、起诉、审判工作无法进行的逃避行为”，同时，辩护人梳理了李某自案发至今23年来的个人生活、工作情况，以证明李某在客观行为及主观心态上均不存在“逃避侦查”的行为，从而主张李某的犯罪行为已过追诉时限。“逃避侦查”是对行为的违法性评价，不应将其认定为一个消极行为，应认定为主动、积极地促成此行为。

实体上，本案李某犯罪地位的认定错误，在案证据反映的事实主要为李某在案发前可能为实行人提供作案工具、在案发后可能参与分赃，李某未实际参与杀人行为。就故意杀人罪中未参与实行行为的人员，先要评价的是，被害人的死亡结果是否在其认知范围内，之后才能根据其行为是否对实行行为有实质性推动作用来认定其在故意杀人罪中的犯罪地位。就本案李某而言，主观犯意上，李某对本案各共同犯罪人的犯罪行为的认知程度仅限于“教训李某1、打架斗殴”，并不具有杀人故意。客观行为上，李某仅是与潘某同行，而未实际参与对被害人李某1的伤害或杀害行为，辩护人依此积极进行实体辩护。

辩护点睛

本案律师在辩护路径的选择、辩护突破点的选取、办案过程律师的办案原则和办案精神的体现，以及办案结果回应的价值意义上均有一定的可借鉴价值。

一、积极调查取证、积极程序抗辩、注重细节

结合在案卷宗，辩护人发现，侦查机关用以证明曾对李某展开有效侦查的证据为拘留证等程序性文书。对此，辩护人经过反复核对案卷材料中的公章、笔迹，纸质材料后，提出侦查机关存在补签程序性文书的违规行为。此外，就李某本人的供述，辩护人亦就笔录材料与审讯录像进行一一比对，发现审讯录像与讯问笔录所记录的内容存在矛盾，笔录记录内容与李某实际供述存在出入。

在案外证据收集上，就李某并未“逃避侦查”的核心辩护要点，辩护人积极寻找案外证据，包括李某23年来的工作单位变动、职业情况、活动轨

迹，以及工作表现，包括李某的家庭情况，并把侦查机关对陈某 2 在 23 年间所采取的措施进行对照，结合最高人民法院发布的典型案例，寻找并深挖突破点，在案卷卷宗材料的基础上，不断搜集相关客观证据，对其是否“逃避侦查”、是否“具有社会危害性”进行全面、客观、真实的论证。

在目前没有相应的法律依据及司法解释的情况下，辩护人检索、整理把握相关的学术观点，把主流的学术观点作为论点立论，再就李某客观实际情况及案件情况进行综合性论证。

二、办案过程中积极沟通、坚持不懈

在辩护思路的选择上，以程序辩护为先，同时积极进行实体辩护，综合全案的事实和程序所展现出来的证据情况以说服、打动案件承办人。

辩护人与承办检察官等反复进行沟通，就案件事实和程序性问题与检察官等进行交流，现场约见承办检察官 3 次，电话沟通不下 20 次，与当事人及其家属的现场、电话、信件沟通更是频繁。且本案历时 1 年有余，从辩护思路到辩护工作的实行是一个比较漫长的过程，办案过程中积极有效、坦诚互信地与案件承办人沟通交流，由此带来一定的办案效果，具有借鉴意义。

三、办案效果彰显程序性辩护的价值意义

由于已过追诉时效不予核准追诉中，“未逃避侦查”作为一个构成要件，并未有具体的法律或司法解释对此予以规定，本案最高人民检察院最终不予核准追诉，是对本案中李某不存在“逃避侦查”行为的认可，亦对此类案例的辩护和裁判具有一定的借鉴意义。

在重实体轻程序的司法传统影响下，司法工作人员和辩护律师一般都非常重视实体性辩护，而容易忽视程序性辩护的价值。本案中，虽然最终检方仍认定李某存在触犯故意杀人罪的犯罪行为，但是以犯罪已过追诉时效为由，对李某不予核准追诉，亦是最高人民检察院对程序性辩护价值的认可。

案件结果

广州市人民检察院（以下简称广州市检）认定，黄某、曾某（均已判决）欺骗被害人李某 1 买下人身保险，并写明受益人为黄某，黄某和曾某二人为得到保险赔偿金而共谋杀害李某 1。1998 年 2 月，曾某、黄某密谋雇人杀害

被害人李某1，由曾某联系同案人司某寻找他人杀害李某1，司某通过同案人潘某、被不起诉人李某纠集了同案人刘某、陈某1及陈某2。曾某、刘某、陈某1、陈某2在被害人李某1回家的路段伏击，当李某1驾驶摩托车经过时，陈某1截停李某1，同时陈某2、刘某持刀乱刺被害人李某1的背部、胸部等位置致李某1死亡。经鉴定，李某1系被单刃锐器刺伤背部并刺破胸主动脉，导致大失血性休克死亡。

广州市检认为，被不起诉人李某触犯了《刑法》第232条的规定，其故意杀人的行为法定最高刑为死刑，追诉期限为20年。本案发生在1998年，被不起诉人李某直至2021年5月14日被抓获，其犯罪已过追诉期限。根据《刑法》第87条第4项的规定，广州市检层报至最高人民检察院核准追诉，最高人民检察院根据《刑法》第87条第4项之规定，决定对李某不予核准追诉。根据《刑事诉讼法》第16条第2项和第177条第1款的规定，决定对李某不起诉。

案例编写人　北京大成（广州）律师事务所　张颖慧
北京大成（深圳）律师事务所　刘　丹

专家点评

岳琴舫　中华全国律师协会副会长、湖北省律师行业党委副书记、湖北省律师协会会长

本案涉及程序与实体两方面的问题，辩护律师不仅针对程序与实体方面制定了明确的辩护策略，还不断在此基础上通过取证、深挖突破点、梳理学术观点等，进一步强化辩护观点，最终实现了辩护效果。具体而言，针对尚未有具体的法律或司法解释规定的“逃避侦查”，辩护律师将学术观点与本案的具体情况进行了有效链接。针对侦查机关的文书及被告人的供述，辩护律师细心甄别并与司法人员沟通相关问题，引起司法人员重视；针对案件的实体性问题，辩护律师不断搜集客观证据并通过梳理全案证据分别就被告人的主观心态及客观行为进行了论证。上述工作的有效开展，是本案有效辩护的具体体现，也是实现辩护效果的基石。

相关法条

《中华人民共和国刑法》

第八十七条 犯罪经过下列期限不再追诉：

（一）法定最高刑为不满五年有期徒刑的，经过五年；

（二）法定最高刑为五年以上不满十年有期徒刑的，经过十年；

（三）法定最高刑为十年以上有期徒刑的，经过十五年；

（四）法定最高刑为无期徒刑、死刑的，经过二十年。如果二十年以后认为必须追诉的，须报请最高人民检察院核准。

第二百三十二条 故意杀人的，处死刑、无期徒刑或者十年以上有期徒刑；情节较轻的，处三年以上十年以下有期徒刑。

《中华人民共和国刑事诉讼法》

第十六条 有下列情形之一的，不追究刑事责任，已经追究的，应当撤销案件，或者不起诉，或者终止审理，或者宣告无罪：

（一）情节显著轻微、危害不大，不认为是犯罪的；

（二）犯罪已过追诉时效期限的；

（三）经特赦令免除刑罚的；

（四）依照刑法告诉才处理的犯罪，没有告诉或者撤回告诉的；

（五）犯罪嫌疑人、被告人死亡的；

（六）其他法律规定免予追究刑事责任的。

第一百七十七条 犯罪嫌疑人没有犯罪事实，或者有本法第十六条规定的情形之一的，人民检察院应当作出不起诉决定。

对于犯罪情节轻微，依照刑法规定不需要判处刑罚或者免除刑罚的，人民检察院可以作出不起诉决定。

人民检察院决定不起诉的案件，应当同时对侦查中查封、扣押、冻结的财物解除查封、扣押、冻结。对被不起诉人需要给予行政处罚、处分或者需要没收其违法所得的，人民检察院应当提出检察意见，移送有关主管机关处理。有关主管机关应当将处理结果及时通知人民检察院。

33 蒋某某贪污、受贿、挪用公款案

——自动投案后如实供述主要犯罪事实的认定

案件索引

一审： 浙江省安吉县人民法院（2022）浙0523刑初425号（2023年4月3日）

基本案情

浙江省某厅所属的某二级事业单位，全资投资了国有企业浙江省某服务中心有限公司（以下简称服务中心公司）。自2010年12月起，蒋某某任服务中心公司总经理。2018年9月起，蒋某某任服务中心公司董事长兼总经理。2021年8月起，蒋某某调任某二级事业单位投诉调解部部长。蒋某某担任服务中心公司总经理期间，主持服务中心公司全面工作，分管财务、人事工作。

2019年12月，浙江省委巡视组找蒋某某调查谈话期间，蒋某某主动交代自己将服务中心公司所在的街道办奖励给服务中心公司的4.4万元据为己有的犯罪事实。

2021年9月，安吉县监察委对蒋某某涉嫌贪污罪、挪用公款罪线索初核。2022年7月对蒋某某涉嫌贪污罪、挪用公款罪立案调查。

调查期间，蒋某某又主动交代了自己伙同服务中心公司副总经理刘某某将服务中心公司下属公司浙江某人力资源服务有限公司的经营利润80万元予以贪污的事实：2017年至2018年间，浙江某人力资源服务有限公司与上海一家公司合作经营百世物流服务外包业务，于2018年年底结束。经结算，浙江某人力资源服务有限公司应从该项目分得利润人民币80万元。刘某某、蒋某某考虑到该项目中浙江某人力资源服务有限公司没有实际出资，经营利润不体现在服务中心公司账目上，遂合伙将80万元利润平分。

调查期间，蒋某某还主动交代了自己收受合作方人民币 10 万元的受贿事实。经监察委调查，蒋某某还存在挪用服务中心公司公款 20 万元的事实。监察委认为，蒋某某以上行为构成了挪用公款罪、贪污罪、受贿罪，于 2022 年 10 月 24 日移送浙江省安吉县人民检察院审查起诉。

核心争议焦点

蒋某某在省委巡视组谈话期间主动交代了贪污 4.4 万元的事实，在安吉县监察委立案调查期间，又主动交代了贪污 80 万元的事实，其中被采取强制措施后交代的贪污 80 万元是否构成自首？

控辩双方观点及思维分析

一、控方观点及思维

蒋某某第二次主动交代的贪污 80 万元不构成自首。主要理由为，由于蒋某某在浙江省委巡视组谈话期间主动交代了贪污 4.4 万元的事实，安吉县监察委对蒋某某采取强制措施后，已经掌握了蒋某某贪污 4.4 万元的事实。此时蒋某某再主动交代贪污 80 万元的事实，虽然监察委对贪污 80 万元的事实事先不掌握，但该节事实属于已掌握的贪污 4.4 万元的同种罪行。《最高人民法院关于处理自首和立功具体应用法律若干问题的解释》第 2 条规定：“根据刑法第六十七条第二款的规定，被采取强制措施的犯罪嫌疑人、被告人和已宣判的罪犯，如实供述司法机关尚未掌握的罪行，与司法机关已掌握的或者判决确定的罪行属不同种罪行的，以自首论。”因此，蒋某某第二次主动交代的贪污 80 万元的事实不应认定为自首。

控方认为，在典型自首中，需要满足两个条件：即“自动投案”和“如实供述”。蒋某某在巡视组找其谈话期间主动交代问题可视为自动投案，但只交代了贪污 4.4 万元这一节事实，没有交代贪污 80 万元的事实。故在典型自首中，蒋某某只在贪污 4.4 万元事实中成立自首。在准自首中，也需要满足两个条件：一是“主动交代”，二是主动交代的罪行是司法机关已掌握的不同种罪行。本案中监察委已经掌握了蒋某某贪污 4.4 万元的罪行，虽然该部分罪行也是蒋某某主动交代的，但毕竟是在监察委已经掌握了贪污罪罪行的情况下，蒋某某再主动交代贪污80万元已不再符合“不同种罪行”的条件。综上，蒋某某的行为既不符合典型自首条件，也不符合准自首的条件。

二、辩方观点及思维

辩护人认为，蒋某某第二次交代贪污80万元的事实属于在浙江省委巡视组与其谈话期间自动投案后如实供述的延续，后来被监察委采取强制措施后又交代的贪污80万元同样属于自动投案后的“如实供述”，应当认定为典型自首的一部分。

我国自首制度的设立初衷是为了鼓励、引导犯罪分子主动自愿归案、争取从宽处理，同时减少破案的人力、物力消耗，尽可能地降低办案成本，提高司法效率。本案中，如果蒋某某第二次主动交代的贪污80万元的事实不被认定为系自首，则会出现一个悖论，即蒋某某在接受浙江省委巡视组谈话期间若不主动交代其贪污4.4万元的事实，而是留待监察委立案后一并主动交代贪污84.4万元的事实，则蒋某某由于监察委事先不掌握贪污的同种罪行而对全部的贪污款84.4万元构成自首。蒋某某因为提前主动交代了4.4万元的罪行，反而承受了不利的后果。这显然与自首制度的立法本意相违背。事实上，根据《最高人民法院关于处理自首和立功若干具体问题的意见》第2条第3款关于“犯罪嫌疑人自动投案时虽然没有交代自己的主要犯罪事实，但在司法机关掌握其主要犯罪事实之前主动交代的，应认定为如实供述自己的罪行”之规定，本案中，蒋某某贪污4.4万元和贪污80万元虽然是关联度较低的不同犯罪事实，但辩护人认为从自首制度的立法本意出发，应当参照该条的规定，认定蒋某某主动交代贪污80万元属于接受浙江省委巡视组谈话期间自动投案后如实供述的延续。

辩护思路

辩护人首先提出蒋某某在浙江省委巡视组调查了解其他事项时，主动交代其贪污4.4万元，属于自动投案。2019年12月17日，浙江省委巡视组找蒋某某谈话时，蒋某某主动交代贪污街道给予服务中心公司奖励4.4万元的事情。当时，巡视组并不是调查蒋某某的贪污行为，巡视组对此事先不知情，也没有掌握相关线索。中纪委办公厅2019年发布的《纪检监察机关处理主动投案问题的规定（试行）》第4条规定，有关人员主动向其所在党组织、单位或者有关负责人员投案，向有关巡视巡察机构投案，以及向公安机关、人民检察院、人民法院投案，视为主动投案。第 5 条规定，在纪检监察机关谈话函询过程中，主动交代纪检监察机关未掌握的涉嫌违纪或者职务违法、职务犯罪问题的，应当视为主动投案。本案中，省委巡视组是在向蒋某某了解单位损公肥私、员工收受回扣等一般性违纪问题，此时蒋某某主动交代了自己的罪行，应认定为“视为自动投案”。

其次，辩护人提出，蒋某某后续交代的伙同他人贪污 80 万元，仍应当被认定为如实供述行为。《最高人民法院关于处理自首和立功若干具体问题的意见》第 2 条第 3 款规定：“犯罪嫌疑人自动投案时虽然没有交代自己的主要犯罪事实，但在司法机关掌握其主要犯罪事实之前主动交代的，应认定为如实供述自己的罪行。”本案中，安吉监察委案卷中《关于蒋某某供述情况的说明》显示，蒋某某主动交代了“本委尚未掌握的伙同刘某某共同贪污 80 万元，蒋某某分得 40 万元的事实”，完全符合上述“在司法机关掌握其主要犯罪事实之前主动交代”的规定，其行为应当视为接受浙江省委巡视组谈话期间自动投案后如实供述的延续。

辩护点睛

本案辩护观点没有囿于对我国法律、司法解释关于典型自首和准自首要件进行表面的机械理解，而是从自首制度的立法本意出发，指出了嫌疑人如事先如实供述贪污 4.4 万元部分罪行反而将承受不利后果的悖论，提出嫌疑人被采取强制措施期间主动交代了司法机关掌握的同种罪行，如该同种罪行系因嫌疑人自首导致司法机关掌握的，则后来交代的同种罪行应视为前期自首后如实供述的延续。该观点对于准确理解自首中如实供述的含义、合理拓展自首适用空间具有重要意义。

审判观点

浙江省安吉县人民法院经审理认为：2019 年 12 月 17 日，浙江省委巡视组工作人员在找被告人蒋某某谈话时，蒋某某主动交代了贪污街道给予服务中心公司奖励的 4.4 万元。留置期间，蒋某某对之前主动交代的贪污 4.4 万元事实供认不讳，另如实交代了安吉县监察委尚未掌握的伙同刘某某共同贪污

80万元，其本人分得40万元及非法收受10万元的事实。蒋某某就贪污罪成立自首，依法减轻处罚。

案例编写人 浙江六和律师事务所 吕继雷

专家点评

顾永忠　　中国政法大学教授、博士生导师

在被告人确实有罪并且认罪的情形下，辩护律师应当把辩护工作的重点放在量刑问题上。主要是立足案件事实，依据法律规定充分挖掘对被告人有利的量刑情节，最大限度地争取从轻、从宽处罚。本案律师的辩护，首先依据纪检监察机关的有关规定，指出蒋某某向有关巡视机构主动交代组织不掌握的贪污4.4万元的问题，属于主动投案并构成自首。其次，依据有关司法解释，指出蒋某某虽然在向巡视组投案时没有交代其贪污80万元的主要犯罪事实，但在监察机关掌握该主要犯罪事实之前，又主动作出交代，后者是对前者主动投案、如实供述犯罪事实的延伸，仍应成立自首。该辩护意见打破常规，于法有据，值得肯定。

相关法条

《中华人民共和国刑法》

第六十七条第一款、第二款　犯罪以后自动投案，如实供述自己的罪行的，是自首。对于自首的犯罪分子，可以从轻或者减轻处罚。其中，犯罪较轻的，可以免除处罚。

被采取强制措施的犯罪嫌疑人、被告人和正在服刑的罪犯，如实供述司法机关还未掌握的本人其他罪行的，以自首论。

《最高人民法院关于处理自首和立功若干具体问题的意见》

二、关于“如实供述自己的罪行”的具体认定

《解释》第一条第（二）项规定如实供述自己的罪行，除供述自己的主要犯罪事实外，还应包括姓名、年龄、职业、住址、前科等情况。犯罪嫌疑人供述的身份等情况与真实情况虽有差别，但不影响定罪量刑的，应认定为如

实供述自己的罪行。犯罪嫌疑人自动投案后隐瞒自己的真实身份等情况，影响对其定罪量刑的，不能认定为如实供述自己的罪行。

犯罪嫌疑人多次实施同种罪行的，应当综合考虑已交代的犯罪事实与未交代的犯罪事实的危害程度，决定是否认定为如实供述主要犯罪事实。虽然投案后没有交代全部犯罪事实，但如实交代的犯罪情节重于未交代的犯罪情节，或者如实交代的犯罪数额多于未交代的犯罪数额，一般应认定为如实供述自己的主要犯罪事实。无法区分已交代的与未交代的犯罪情节的严重程度，或者已交代的犯罪数额与未交代的犯罪数额相当，一般不认定为如实供述自己的主要犯罪事实。

犯罪嫌疑人自动投案时虽然没有交代自己的主要犯罪事实，但在司法机关掌握其主要犯罪事实之前主动交代的，应认定为如实供述自己的罪行。

34 曹某某走私普通货物案

——单位犯罪的认定

案件索引

一审：山东省青岛市中级人民法院（2022）鲁02刑初29号（2022年12月16日）

基本案情

2019年7月至2020年12月间，曹某某受青岛某公司实际控制人李某霞指使，自缅甸供货商处购买人发后，委托曹某重等人通过绕关等方式将人发偷运走私入境，曹某某收取提成。之后，李某霞决定在外地设立加工厂，由曹某某担任采购部负责人，每月领取固定工资，并从青岛某公司派出财务人员负责加工厂财务工作。在担任加工厂采购负责人期间，曹某某继续通过曹某重或“啊某”将人发以绕关方式偷运走私入境，并使用其个人账户或李某某、李某霞等人的账户向外商支付货款，将过货费通过微信及银行转账方式支付给过关人曹某重。

2021年2月26日，经检察院批准，曹某某被依法逮捕。

2021年12月31日，青岛市检察院向青岛市人民法院提起公诉，其指控内容为：2019年7月至2020年12月，曹某某为牟取非法利益，自缅甸供货商处购买人发后，委托曹某重或“啊某”通过绕关方式偷运走私入境，并使用其个人账户或李某某、李某霞等人账户向外商支付货款，将过货费通过微信及银行转账方式支付给曹某重。经核定，曹某某走私人发20100.75千克，偷逃应缴税额6624764.41元。其中，委托曹某重走私人发18526.29千克，偷逃应缴税额6098385.73元。

2022年12月16日，山东省青岛市中级人民法院经开庭审理，认定检察院指控的罪名成立，但采纳律师对单位犯罪辩护的意见，对曹某某的身份和地位按照犯罪事实对应的金额区分为单位犯罪和个人犯罪，最终将曹某某的刑期从十年以上和1324万元的补税、罚金降低至九年有期徒刑和190万元罚金。

最终法院判决曹某某犯走私普通货物罪，判处有期徒刑五年，并处罚金人民币190万元；犯（单位）走私普通货物罪（青岛某公司），判处有期徒刑六年，决定执行有期徒刑九年，并处罚金人民币190万元。

核心争议焦点

1. 曹某某构成个人犯罪行为还是单位犯罪行为？

2. 曹某某的单位犯罪与个人犯罪应数罪并罚，刑期幅度是二档量刑幅度还是三档量刑幅度？

3. 曹某某承担的补税责任和罚金范围是多少？

控辩双方观点及思维分析

一、关于曹某某涉案行为是个人犯罪行为还是单位犯罪行为

（一）控方观点及理由

控方指控观点：曹某某的涉案行为是与实际控制人李某霞的共同犯罪行为，而非李某霞所在青岛某公司的单位犯罪行为。

控方理由：

1. 曹某某并非在李某霞实际控制的青岛某公司任职，曹某某系在李某霞与曹某某共同成立的某加工厂任职。因此，曹某某不具备青岛某公司工作人员身份，自然不能成立单位犯罪。

2. 在上述加工厂的设立过程中，曹某某与李某霞约定了股份比例为4∶6，因此，该480万元税款对应的业务系曹某某与李某霞的共同犯罪行为。

3. 曹某某对于涉案业务，并非像公司工作人员一样领取固定工资，而是按照一定比例获取分红。

4. 关于李某霞实际控制的青岛某公司与加工厂的关系，青岛某公司财务

证言证明青岛某公司从加工厂买货，加工厂赚取固定比例的利润，稳赚不赔，因此，涉案犯罪主体不是青岛某公司，而是曹某某与李某霞作为股东的加工厂。

（二）辩护人观点及理由

曹某某虽然并非青岛某公司的在编人员，但是其涉案行为完全是受青岛某公司实际控制人李某霞指示安排。曹某某证实，每一批货是否要买以及以什么价格采购，其完全听从李某霞的指示，其个人没有任何自主意志和决策权。因此，曹某某的行为完全服从于青岛某公司及李某霞的指示安排，不具有个人意志。

在上述加工厂的设立过程中，曹某某与李某霞约定股份比例4∶6，但是该约定比例是按照加工厂刚成立时500万元启动资金分配的，其中，曹某某出资200万元，李某霞出资300万元，这个事实不能回避。但是，在该500万元花费之后，其余采购资金都是青岛某公司直接出资或者安排青岛某公司的客户直接付款。因此，曹某某的200万元的出资款转为购货款，之后的购货款全部由青岛某公司承担，因此，不存在曹某某可以主张40%分红的概念。从采购资金角度讲，完全系青岛某公司单位犯罪。

关于曹某某的收益问题，虽然曹某某并非青岛某公司在编人员，但是青岛某公司按月向曹某某支付劳动报酬，并且青岛某公司出具专门的情况说明也证实曹某某每月工资1万元，由青岛某公司承担。

关于加工厂是否系本案涉案犯罪主体，曹某某辩称加工厂的人事、财务都是由青岛某公司的人事、财务担任，加工厂实际就是青岛某公司的一个采购部门。对于青岛某公司财务所讲的“加工厂稳赚不赔，赚取固定利润差”的意见，辩护人当庭结合加工厂的资产负债表予以反驳。该加工厂的资产负债表显示加工厂完全处于亏损状态。因此，青岛某公司财务所述内容严重不符合客观事实，即加工厂仅是青岛某公司的一个附属部门。

结合上述控辩双方证据，可以清晰地判断出加工厂不具有独立存在的主体资格，涉案货物的货款实质上都是由李某霞实际控制的青岛某公司支付，涉案货物的采购以及价格，都是由李某霞实际控制，曹某某完全听从李某霞的指挥安排并获取固定工资收益。480万元税款部分对应业务完全是李某霞为了青岛某公司利益的单位犯罪行为。

二、关于曹某某承担的补税责任和罚金范围

控方观点：曹某某对662万元对应的税款及罚金承担责任。

控方理由：曹某某系个人犯罪，涉案税额662万元，应由曹某某个人补缴662万元税额，同时承担相应的罚金刑责任。

辩护观点：曹某某无需为480万元单位犯罪承担补税责任和罚金。

辩护理由：该480万元税款对应部分明显系单位犯罪，由此产生的补税及罚金责任，应当由李某霞的青岛某公司承担相应的经济刑责任，该经济刑责任与曹某某无关。

辩护思路

一、追加遗漏的实际控制人李某霞，为单位犯罪辩护打开局面

李某霞具有较强的反侦查意识，在海关缉私局的最初调查中，把事件的责任完全推到曹某某身上，将曹某某称作她的上游销售方，其公司系从曹某某处采购货物，对于货物是否系走私货物，其矢口否认，否认自身的主观明知。正是因为上述假象，李某霞一直没有被刑事立案。

辩护人多次会见曹某某后，帮助曹某某梳理其与李某霞的业务模式以及关键证据，在多次向公诉机关出具调取证据申请以及法律意见后，李某霞被以涉嫌走私普通货物罪刑事立案，随后被依法逮捕。

李某霞的到案对于查明本案交易模式具有至关重要的作用，正是基于李某霞的到案，才有了后续认定单位犯罪的可能，否则，单位犯罪无从谈起。

二、准确认定曹某某480万元税款部分系单位犯罪，其个人不应该承担相应的补税及罚金责任

起诉书指控曹某某的个人犯罪涉案税额662万元属于认定错误，曹某某的涉案行为应区分为单位犯罪行为和个人犯罪行为，对应的涉税数额分别为480万元和182万元。

单位犯罪的主要特征是被告人的涉案行为是否体现单位意志，是否为单位谋取利益。经辩护人查阅案卷，发现曹某某谋取的利益分为两部分：一部分是为青岛某公司谋取利益，另一部分是为自己谋取利益。关于曹某某为青

岛某公司牟取利益的这部分犯罪事实，辩护人发现曹某某系受李某霞指派，而李某霞是曹某某所在加工厂的老板，也是青岛某公司的实际控制人。

经过查阅曹某某所在加工厂的财务报表和人事管理情况，辩护人发现该加工厂实际是李某霞所有的青岛某公司的加工点，曹某某系该加工点采购部负责人，曹某某只是受李某霞的指使和授意，为李某霞所在的青岛某公司采购人发，曹某某走私人发产生的利润完全归青岛某公司所有，故曹某某的涉案行为是单位犯罪行为。

经过查阅在案证据订货单和工厂入库单，发现存在一部分曹某某向国外供货商订货的人发没有入库青岛某公司工厂，结合涉案国外供货商的收款账户信息情况，有曹某某或者货主的直接付款记录，与订货单能够相互印证，通过对这部分证据的统计梳理，辩护人认可曹某某的个人犯罪行为对应的涉税数额为182万元，认可公诉机关将该182万元对应的犯罪事实评价为曹某某的个人犯罪。

三、财产刑部分，曹某某无需为单位犯罪480万元承担补税及罚金责任

对于单位犯罪数额的480万元走私部分，曹某某个人无需承担补税及罚金责任，极大地减轻了曹某某的经济刑责任。

对于数额为182万元的走私部分，相关事实尚未查清，辩护人认为，在曹某某的个人犯罪中，在其于走私过程中的地位和作用未查清的情况下，不宜判决曹某某承担182万元的全部补税责任。

最后，一审法院判决曹某某在单位犯罪中不承担罚金责任，在个人犯罪中承担190万元的罚金刑，最终合并执行190万元罚金刑。

辩护点睛

一、建议侦查单位负责人，为单位犯罪争取辩护空间

李某霞是青岛某公司真正的“幕后老板”，但本案中，李某霞一直是以证人的身份出现，但通过律师查阅案卷，发现李某霞安排和指使曹某某走私人发的聊天记录，以及曹某某只领取固定工资的证据，可见李某霞一直逃避侦查，回避其主观明知的重要事实。然而，曹某某案件都已经到了审判阶段，李某霞却仍未被列为嫌疑人。

辩护人深知，若李某霞不到案，那么曹某某的在案证据也难以认定曹某某属于单位犯罪。因此，在辩护人的努力之下，多次向检察机关提交意见书，成功说服办案机关将李某霞的行为予以刑事立案并依法逮捕，这是本案的重大突破，也给法院判决曹某某构成单位犯罪争取了空间。

因此，办案律师认为，首先，辩护人与检察机关的书面沟通不仅在于审查起诉阶段，在审判阶段辩护人仍要就案件疑点与检察机关进行沟通；其次，辩护人的沟通意见也不局限于定罪量刑，若发现存在影响被告人定罪量刑的其他未到案的嫌疑人或者需补充的证据材料，也要善于借助检察机关的力量，完善辩护人辩护观点的证据体系，为审判机关采纳辩护观点争取了更多的空间。

二、多角度、全方位关注细节，尽可能还原事实，争取认定为单位犯罪

根据李某霞的供述，公诉人认为，加工厂享有销售半成品的40%利润，具有货主身份，而加工厂未正式注册，又无证据证明加工厂与青岛某公司有附属关系，则加工厂的利润分成人及投资人就应是真正的货主，也应以个人犯罪进行评价，因此，本案中曹某某与李某霞的共同犯罪部分是个人犯罪而非单位犯罪。

但通过辩护人查阅在案证据中的资产负债表和所掌握的财务知识，发现李某霞是在作虚假供述，加工厂是青岛某公司的外设机构，曹某某与李某霞没有利润分成。首先，根据加工厂资产负债表，截至2020年4月，加工厂的利润一直为负数。假若存在青岛某公司让利40%给加工厂的情况，作为产品有固定销售去向的加工厂，不可能出现利润为负数的情况，故加工厂不可能是走私人发的最终利润获得者。其次，曹某某涉案货款达3000余万元，曹某某的人发投资款只有200万元，曹某某不可能享有40%的利润分成。因此，李某霞对以上两个事实的供述部分存在虚假嫌疑，曹某某的犯罪行为应评价为单位犯罪。

辩护人以上辩护观点和辩护意见被法院采纳，最终法院认定曹某某涉案480万元税额部分系单位犯罪。

因此，办案律师认为在办理刑事案件过程中，不能一味关注言词证据和物证，更不能忽视相关的财务报表，在掌握一定财务知识的情况下，通过整理归纳数据、证据质证等可能找到案件突破口，进而发现案件真相。

审判观点

法院认为：2019年10月，曹某某与青岛某公司的实际控制人李某霞共同成立加工点（厂），曹某某以前期走私的人发作为出资，曹某某负责加工点（厂）的人发采购以及后勤管理，李某霞派青岛某公司人员负责加工点（厂）的生产管理、工人工资以及货款支付等日常运营管理工作，曹某某采购人发的货款支付均由李某霞同意后由青岛某公司的财务支付，且所购进人发在进入加工点（厂）加工后均销售给青岛某公司。因此，加工点（厂）实际是青岛某公司的分支机构，曹某某为加工点（厂）采购的人发犯罪事实部分构成单位犯罪。此外，曹某某向加工点（厂）出资的部分，以及采购后自行销售给他人的部分应认定为个人犯罪。

案例编写人 山东德衡律师事务所 姜保良

专家点评

童德华 中南财经政法大学刑事司法学院、国家治理学院教授、博士生导师，中南财经政法大学廉政研究院副院长，刑事合规研究中心主任，中国法学会刑法学研究会常务理事

单位犯罪不是共同犯罪，但单位犯罪中往往存在多人参与作案的情形。如何正确认定单位犯罪和自然人犯罪，处理单位负责人员和直接责任人员，是体现罪责刑相一致原则的必然结论。本案中，被告人曹某某作为单位员工，在不法利益归于单位的情况下，通常只有受上级指示，才会从事走私活动，如果作为单独自然人犯罪主体，明显存在不合常识之处。司法机关根据辩护人意见，调整侦查方向，还原案件基本事实，即曹某一方面受到单位负责人指示帮助单位走私，另一方面是个人私下实施的走私行为，这一事实认定极为重要，它是合理确定被告人财产刑的事实依据。

相关法条

《中华人民共和国刑法》

第一百五十三条第一款、第二款 走私本法第一百五十一条、第一百五十二条、第三百四十七条规定以外的货物、物品的，根据情节轻重，分别依照下列规定处罚：

（一）走私货物、物品偷逃应缴税额较大或者一年内曾因走私被给予二次行政处罚后又走私的，处三年以下有期徒刑或者拘役，并处偷逃应缴税额一倍以上五倍以下罚金。

（二）走私货物、物品偷逃应缴税额巨大或者有其他严重情节的，处三年以上十年以下有期徒刑，并处偷逃应缴税额一倍以上五倍以下罚金。

（三）走私货物、物品偷逃应缴税额特别巨大或者有其他特别严重情节的，处十年以上有期徒刑或者无期徒刑，并处偷逃应缴税额一倍以上五倍以下罚金或者没收财产。

单位犯前款罪的，对单位判处罚金，并对其直接负责的主管人员和其他直接责任人员，处三年以下有期徒刑或者拘役；情节严重的，处三年以上十年以下有期徒刑；情节特别严重的，处十年以上有期徒刑。

第二十五条第一款 共同犯罪是指二人以上共同故意犯罪。

第三十一条 单位犯罪的，对单位判处罚金，并对其直接负责的主管人员和其他直接责任人员判处刑罚。本法分则和其他法律另有规定的，依照规定。

35 马某苗职务侵占案

——优化营商环境背景下，严厉打击侵犯企业合法权益行为与罪责刑相适应原则下律师的有效辩护

案件索引

一审：浙江省宁波市鄞州区人民法院（2022）浙0212刑初1302号（2022年12月19日）

基本案情

2015年1月至2021年12月，马某苗在担任宁波鹏某鸿达进出口有限公司（以下简称鹏某公司）、宁波鹏某王进出口有限公司（以下简称鹏某王公司）出纳期间，利用其掌控公司银行账户、U盾及密码的职务便利，私自将公司钱款1600余万元转移至其个人名下银行账户，并将赃款用于购车、购房、装修、旅游、游戏等。

2021年12月，马某苗的职务侵占行为被公司发现，后马某苗配合公司将购入的车辆（宝马牌、奥迪牌、特斯拉牌）及冰箱、洗衣机等财物陆续移交公司处理，并将购入的宁波市鄞州区云龙镇上某院某某号房产（包含车库）过户至公司指定关联人。

2022年8月30日，被告人马某苗在投案途中被民警抓获，归案后如实供述了上述事实，后鹏某王公司、鹏某公司对被告人马某苗表示谅解。

公诉机关认为，马某苗利用职务便利，将本单位财物非法占为己有，数额特别巨大，应当以职务侵占罪追究其刑事责任。2022年12月19日，浙江省宁波市鄞州区人民法院判决马某苗构成职务侵占罪，判处其有期徒刑四年六个月，并处罚金人民币10万元。

核心争议焦点

1. 优化营商环境背景下，如何平衡严厉打击侵犯企业合法权益行为与罪责刑相适应原则下律师的有效辩护。

2. 自首情节的审查认定，以及适用从轻或减轻处罚的依据。

3. 退赔被害人损失与取得被害人谅解对职务侵占案件中量刑的影响。

4. 结合案件事实，自愿认罪认罚的从宽幅度如何掌握。

控辩双方观点及思维分析

公诉机关认为，本案涉及资金巨大，犯罪跨度时间长达 7 年之久，具有恶劣情节。一方面，马某苗高校毕业就入职该公司，公司出于信任，所有的账户、U 盾都放在其手里，银行账户的密码也只有马某苗一人知道。马某苗一人可以直接使用公司账户上的钱款，不需要经过他人审批。虽然每年年底公司的会计都会对账，但马某苗通过找人制作假的对账单一直安全隐藏自己的行为。另一方面，公司在银行有笔以房产抵押的上千万元的授信贷款，马某苗利用贷款随借随用的特点，用公司账上的钱“拆东墙补西墙”。2020 年，公司领导要求马某苗使用公司账上钱款归还授信贷款拿回房本时，因为钱早已被其挥霍一空，故马某苗伪造假房产证交还给公司，并谎称贷款已结清。在公司领导发现抵押失败且账款不清后，马某苗甚至伪造了贷款结清证明。最终在公司和银行直接对接后，马某苗长达 7 年的职务侵占行为才得以案发。

辩护人认为，在依法惩治影响民营企业健康发展的民营企业内部人员的犯罪过程中，加大对民营企业内部人员实施的职务侵占、挪用资金、受贿等腐败行为的惩处力度，推动健全涉案财物追缴处置机制，为涉案民营企业挽回损失，是有效化解社会矛盾的基本要求。刑事司法和刑事政策的有机融合是处理案件的重要原则要求，2019 年 10 月 22 日《优化营商环境条例》公布，浙江省在优化营商环境工作中采取了连续多项举措，特别是在 2023 年，浙江省政府工作报告把持续优化营商环境作为“一号改革工程”，强调和落实“法治是最好的营商环境”。其中，严厉打击侵犯企业合法权益的行为，从严惩治破坏市场经济秩序犯罪，是为市场主体提供公平、规范的良好竞争环境的有效举措，而符合罪责刑相适应原则的有效辩护贴合了刑事诉讼中的严格依法办案需求，二者有机融合，为本案的处理提供了政策的依据。另外，在坚持公正司法的同时，还应该全面准确贯彻落实宽严相济刑事政策。坚持严格依法办案、公正司法，综合考虑主观恶性、犯罪性质情节、认罪认罚情况、退赃退赔情况、与被害企业和解等因素，全面准确贯彻落实宽严相济刑事政策，做到依法该严则严、当宽则宽。对于主观恶性大、情节恶劣的犯罪嫌疑人、被告人，应当依法从严处理；对于认罪认罚、主观恶性不大、情节较轻的人员，依法从宽处理。

辩护思路

辩护人努力从案件基础事实中，寻找法定的从轻、减轻处罚，酌定的从轻处罚，以及认罪认罚从宽等可以从轻、减轻、从宽的处罚情节，积极与办案机关沟通，争取为被告人申请从轻、减轻处罚。具体辩护思路如下：

第一，被告人马某苗具有自首情节。

根据证据卷显示，被告人马某苗在2022年8月30日第一次接受询问时，交代了其到派出所的原因："今早我和原单位同事林某彬在一起，说好一起来公安机关，就在宁波市鄞州区某小区门口碰到你们民警，你们就把我带过来了。"能够证实其确已准备去投案，或者正在投案途中被公安机关抓获的事实，应当视为自动投案。

另根据证人林某彬的笔录，在接到公安的通知后，2022年8月29日20时，付某（上海某酒业有限公司行政部经理）以微信的方式通知马某苗到派出所接受调查，马某苗通过微信回复"好的"。林某彬称："2022年8月30日上午，我给马某苗打电话没打通，于是我赶到马某苗住处（鄞州区某小区）。我赶过去途中，马某苗接了电话，意思是他在睡觉所以没接电话，随后我们和马某苗在某小区门口碰面，原来我们计划打车过去，但你们民警到了现场（某小区门口）并把马某苗带走。"其证言能够印证被告人马某苗已经在投案的途中。

从在案笔录中可以看到，到案后，被告人马某苗如实供述了其参与的所有涉嫌犯罪的事实，对相关涉嫌犯罪的情节供认不讳，包括对宁波文某会计师事务所出具的《财务咨询报告书》所载明的内容均没有异议。

第二，案发后，被告人马某苗能够积极配合公司处理问题，积极变现退赔了被害单位的损失。

在被公司发现后，被告人马某苗积极配合公司查询账目，包括在宁波文某会计师事务所参与审计账目时，其主动提交了公司尚未掌握的银行卡信息，支付宝、微信信息，为案件事实查清提供了最基础的材料证据。

被告人马某苗对款项的进账、出账等事实均多次向被害单位或相关负责人作了详细陈述，使得大部分的损失被追回，包括将其名下的房产、车辆、手表等高价值物品通过过户或变卖等方式转移给被害单位，实际上减少了被害单位的损失，具有良好的认罪悔罪表现。

在配合被害单位调查期间，被告人马某苗已经就自己的资产及家里的资产进行了力所能及的赔付。对于部分尚未补足的损失，因被告人马某苗被羁押，现暂时不能还款，但其表示后续会继续向公司进行还款。

被告人马某苗的父亲马某峰在被告人马某苗被羁押期间，向被害单位出具了《关于愿意替马某苗还款的承诺说明》，表明若马某苗还有未还完的款项，其愿意承担，进一步为被害单位的损失弥补提供了保障。

第三，马某苗能够认罪认罚，愿意接受司法机关给出的处罚意见。

第四，在案件办理中，辩护人积极联系了被害单位，并获得了被害单位的谅解。

总体而言，辩护人认为，被告人马某苗虽涉嫌职务侵占罪，但综合其犯罪性质、具有自首情节、能积极赔偿被害单位经济损失并取得谅解、真诚认罪悔罪的态度、与被害单位的特殊关系、履行罚金的能力等情节，在提出了依法对嫌疑人马某苗提出从轻、从宽处罚的同时，对其罚金刑也建议予以降低判罚的辩护意见。

辩护点睛

职务侵占罪，一般发生在企业与员工之间，且涉案员工与被害单位往往具有较强的特殊关系，而且，本罪的被告人一般在相应企业中具有重要的地位，发挥着一定的作用。因此，在对此种犯罪行为进行打击的同时，还应该关注到企业本身的合规经营、合规管理，以及对员工的约束。

在很多中小型民营企业中，有些财务工作人员一般是该公司领导熟悉或知根知底的人员。本案的马某苗正是这样的情况，其为公司领导多年朋友的子女。因此，在本案的处理中，辩护人也积极联系了马某苗的家属，与被害公司取得积极的沟通联系，并就退赔被害公司损失进行最大化弥补。最终，通过归还公司遭受的大部分损失，以及在马某苗家属签订了还款承诺书的情形下，取得了被害公司的谅解。

本案的发生，企业也有一定的责任，如管理上的不规范、企业制度存在漏洞等，都给违法犯罪行为人提供了可乘之机。被害公司将公司银行账户、U盾及密码等重要财务信息都交给马某苗管理，财务、出纳、会计的职能混同，马某苗的工作直接向经理汇报，公司财务情况仅通过半年度、全年度的书面财务报表和通过查阅银行的余额回执体现。因此，在进行公司账目的余额查阅时，马某苗通过PS手段，修改银行的回执单，躲避了公司对财务的监督，致使公司的流动资金客观上落入了马某苗的私人口袋。因此，在资金的监督上，除了职能分工，加强监督外，对于贷款结算、年度对账等行为，最好能有第三方工作人员参与其中，审核人员也需要具有一定的专业水准，能够识别虚假账目，在发现异常情况时，可以及时开展独立调查。

依据《刑法》第271条的规定，马某苗的行为应当以职务侵占罪追究刑事责任。按照规定，对于数额特别巨大的，处五年以上有期徒刑，可以并处没收财产。具体量刑上，涉案金额500万元即为数额特别巨大，应判决五年以上有期徒刑；500万元以上的，每加200万元增加一年刑期。本案中，马某苗侵占公司财产1600余万元，依据法律规定可被判处十年以上有期徒刑。从律师辩护的角度考虑，本案基本上存在所有法定、酌定的从轻、减轻、从宽处罚情节，其从轻、减轻、从宽处罚情节主要体现在以下方面：其一，被告人能主动到案并配合调查，有自首情节；其二，被告人及其家属能够积极配合退还并弥补被害单位损失，取得被害公司谅解；其三，被告人认罪认罚，具有从宽处罚的情节；其四，被告人系初犯。因此，被告人得以最终被判处有期徒刑四年六个月，并处罚金人民币10万元。

案发后，辩护人积极促成马某苗及其家属及时弥补被害单位的损失，并从中有效地做好了各方面的工作，努力修复社会关系，马某苗及其家属在其中也积极予以配合，因此，司法机关给予了较大幅度的从宽处罚。

审判观点

法院认为：被告人马某苗构成职务侵占罪，能够主动到案，并如实供述自己的罪行，是自首，依法可以减轻处罚，被告人马某苗取得了被害人谅解，又可酌情从轻处罚，被告人马某苗自愿认罪认罚，可以依法从宽处理。最终浙江省宁波市鄞州区人民法院作出了以下判决：一、被告人马某苗犯职务侵占罪，判处有期徒刑四年六个月，并处罚金人民币 10 万元。二、责令被告人马某苗退赔被害人单位的经济损失。

案例编写人 北京观韬中茂（宁波）律师事务所 刘 彬

专家点评

唐亚南 人民法院报理论部编辑

本案的主要亮点是“天理国法人情一体化裁判方法”。律师在辩护时，努力从案件基础事实中寻找被告人马某苗自首、取得被害人谅解、自愿认罪认罚等量刑情节，积极与办案机关沟通。审理法院运用“天理国法人情一体化裁判方法”，真正实现政治效果、法律效果和社会效果有机统一。法官在审判时，能否运用好天理国法人情，既是个人法律素养和业务水平的体现，也是让人民群众感受到公平正义的关键着力点。本案在程序公正和事实清楚，证据确实、充分的基础上，运用罪刑法定、罪责刑相适应原则进行审视，最终得出合情、合理、合法的裁判。对被告人马某苗减轻处罚，体现了法院在量刑时的人性化关怀。

相关法条

《中华人民共和国刑法》

第六十四条 犯罪分子违法所得的一切财物，应当予以追缴或者责令退赔；对被害人的合法财产，应当及时返还；违禁品和供犯罪所用的本人财物，应当予以没收。没收的财物和罚金，一律上缴国库，不得挪用和自行处理。

第六十七条 犯罪以后自动投案，如实供述自己的罪行的，是自首。对于自首的犯罪分子，可以从轻或者减轻处罚。其中，犯罪较轻的，可以免除处罚。

被采取强制措施的犯罪嫌疑人、被告人和正在服刑的罪犯，如实供述司法机关还未掌握的本人其他罪行的，以自首论。

犯罪嫌疑人虽不具有前两款规定的自首情节，但是如实供述自己罪行的，可以从轻处罚；因其如实供述自己罪行，避免特别严重后果发生的，可以减轻处罚。

第二百七十一条 公司、企业或者其他单位的工作人员，利用职务上的便利，将本单位财物非法占为己有，数额较大的，处三年以下有期徒刑或者拘役，并处罚金；数额巨大的，处三年以上十年以下有期徒刑，并处罚金；数额特别巨大的，处十年以上有期徒刑或者无期徒刑，并处罚金。

国有公司、企业或者其他国有单位中从事公务的人员和国有公司、企业或者其他国有单位委派到非国有公司、企业以及其他单位从事公务的人员有前款行为的，依照本法第三百八十二条、第三百八十三条的规定定罪处罚。

《中华人民共和国刑事诉讼法》

第十五条 犯罪嫌疑人、被告人自愿如实供述自己的罪行，承认指控的犯罪事实，愿意接受处罚的，可以依法从宽处理。

第二百零一条 对于认罪认罚案件，人民法院依法作出判决时，一般应当采纳人民检察院指控的罪名和量刑建议，但有下列情形的除外：

（一）被告人的行为不构成犯罪或者不应当追究其刑事责任的；

（二）被告人违背意愿认罪认罚的；

（三）被告人否认指控的犯罪事实的；

（四）起诉指控的罪名与审理认定的罪名不一致的；

（五）其他可能影响公正审判的情形。

人民法院经审理认为量刑建议明显不当，或者被告人、辩护人对量刑建议提出异议的，人民检察院可以调整量刑建议。人民检察院不调整量刑建议或者调整量刑建议后仍然明显不当的，人民法院应当依法作出判决。

第二百九十条 对于达成和解协议的案件，公安机关可以向人民检察院提出从宽处理的建议。人民检察院可以向人民法院提出从宽处罚的建议；对于犯罪情节轻微，不需要判处刑罚的，可以作出不起诉的决定。人民法院可以依法对被告人从宽处罚。

36 吕某民诈骗、虚假诉讼案

——关于循环转账行为的定性

案件索引

一审：河南省登封市人民法院（2021）豫0185刑初660号（2022年8月30日）

基本案情

一、事实情况

三和房地产开发有限公司（以下简称三和公司）系位于河南省开封市的一家房地产开发公司，法定代表人为丁某平。三和公司及丁某平长期向吕某民及其所有的融合担保公司进行融资，双方存在长年的债权债务关系，金额累计达7400万元。

2014年10月，三和公司因资金紧张，向社会低价销售房地产。此时，吕某民与丁某平协商，希望丁某平偿还其2000万元借款，丁某平应允。

2014年10月10日，王某伟与三和公司签订《商品房买卖合同》，王某伟购买三和公司开发的皇家花园小区23号、29号、36号、37号楼的部分房屋。三和公司于2014年10月10日开具购房款发票并注明楼栋号，共计2000万元。2014年11月7日、8日，吕某民使用其配偶张某云的银行账户接受王某伟的转账9笔，共计2000万元，上述资金进入吕某民所控制的张某云账户后，随即转至吕某民名下银行账户。与此同时，融合担保公司于财务记载中扣减三和公司或丁某平的欠款2000万元。

2014年11月12日，三和公司另一债权人曲某江（吕某民案案外人）提起借贷纠纷之诉，河南省郑州市中级人民法院作出（2014）郑民三初字第241

号民事调解书，确认丁某平欠曲某江借款本金2000万元及利息，开封市房地产开发有限公司、开封市中亨房地产开发有限公司对上述债务承担连带责任。

2015年3月，三和公司因资金链断裂，大量楼盘无法完成建设并交付，引发群体性事件。某区政府成立相关工作联合调查组，接管三和公司善后事宜。2016年3月31日，因三和公司对涉案房屋一房多卖，导致房屋无法交付，联合调查组将无法交付的房屋购房款及利息1180万元退还给王某伟。王某伟收到该款项后，全额转入吕某民账户，用于偿还其向吕某民的借款。

2015年9月16日，河南省郑州市中级人民法院根据丁某平与曲某江达成的民事调解书，指定河南省登封市人民法院执行。2015年11月15日，河南省登封市人民法院查封“皇家花园”小区36号楼、37号楼房产，查封期间自2015年11月6日起至2018年11月5日止。

2017年4月21日，王某伟以河南省登封市人民法院查封的皇家花园小区36号楼17套、37号楼9套房产系个人购买房产为由提出执行异议，河南省登封市人民法院经审理于2017年7月28日裁定驳回王某伟异议请求。

2017年10月，某区政府联合调查组出具情况说明，三和公司售房在先，法院查封在后，该公司原所售房屋之所以未能及时进行备案是因为楼市发生崩盘，公司无人管理主持工作，后该土地也被查封，已无法对已售房屋进行备案工作。

2019年3月7日，登封市公安局对王某伟以虚假诉讼罪立案。同年3月29日，对王某伟实施刑事拘留。该案法院于2020年6月16日作出二审终审裁定，认为王某伟明知其并非真实购房人而申请执行异议，构成虚假诉讼罪，判处其有期徒刑六年。

二、诉讼情况

2021年4月22日，吕某民被登封市公安局拘留，于2021年5月28日被登封市人民检察院以虚假诉讼罪批准逮捕，于2021年7月28日被登封市公安局以诈骗罪、虚假诉讼罪移送审查起诉，于2021年10月28日被登封市人民检察院以诈骗罪、虚假诉讼罪提起公诉。

公诉机关认为：（1）2014年4月至11月，被告人吕某民伙同王某伟（已判决）以非法占有为目的，通过银行流水循环转账形成2000万元虚假购房款资金流水，于2014年10月10日签订虚假购房合同、开具虚假购房发票骗取三和公司皇家花园小区6号楼、7号楼等数套2000万元房产后处置并从中获利，吕某民构成诈骗罪；（2）2017 年 4 月 21 日，王某伟（已判决）以登封市人民法院此前已经查封的皇家花园小区 6 号楼 17 套、7 号楼 9 套房产系个人购买房产为由提出执行异议，河南省登封市人民法院经审理于 2017 年 7 月 28 日裁定驳回王某伟的异议请求。王某伟不是上述房屋的实际购房人，王某伟提出执行异议的行为系受吕某民指使，吕某民构成虚假诉讼罪。

2022 年 8 月 30 日，河南省登封市人民法院对吕某民作出一审判决：吕某民构成虚假诉讼罪，判处有期徒刑三年，缓刑五年，并处罚金人民币 160 万元。

核心争议焦点

本案涉及两个罪名，根据两个罪名分别确认争议焦点如下：

对于诈骗罪而言，争议焦点在于被告人是否虚构了买卖房屋的事实。具体而言，房屋买卖合同是否真实有效，三和公司开具的购房发票是否真实有效，王某伟是否真实支付了购房款，循环转账的目的是不是使三和公司陷入王某伟已经实际支付购房款的错误认识，三和公司是否基于该错误认识交付房屋。

对于虚假诉讼罪而言，争议焦点在于谁是涉案房屋的真实买受人，王某伟是否向法院捏造了购房事实，由名义持有人提出执行异议是否符合法律规定。

控辩双方观点及思维分析

一、控方观点及思维分析

（一）关于诈骗罪

2014 年 10 月至 11 月，被告人吕某民伙同王某伟以非法占有为目的，通过银行账户循环转账形成 2000 万元虚假购房款资金流水，于 2014 年 10 月 10 日通过签订虚假购房合同、开具虚假购房发票骗取三和公司皇家花园小区 36 号楼、37 号楼等数套房产，价值 2000 万元，并处置卖掉，应以诈骗罪追究其刑事责任。

（二）关于虚假诉讼罪

2017年4月21日，被告人吕某民伙同王某伟（已判决）以河南省登封市人民法院查封的皇家花园小区36号楼17套、37号楼9套房产系王某伟购买房产为由提出执行异议，河南省登封市人民法院经审理于2017年7月28日裁定驳回王某伟的异议请求。被告人吕某民伙同王某伟（已判决）在民事执行过程中，以捏造的事实对执行标的提出异议，妨害司法秩序，严重侵犯他人合法权益，应以虚假诉讼罪追究其刑事责任。

二、辩方观点及思维分析

辩护人认为公诉机关对吕某民构成诈骗罪、虚假诉讼罪的两项指控均不成立。

（一）对于诈骗罪，辩护人认为房屋买卖合同真实有效、王某伟依据合同约定支付购房款、公诉机关对于购房发票虚假的指控毫无依据，吕某民不构成诈骗罪

首先，房屋买卖合同由三和公司与王某伟共同签署，合同真实有效。王某伟与三和公司签署了房屋买卖合同，合同在案卷中反映的内容与当事人的说法一致。一方面，公诉机关依据丁某平的证言否定房屋买卖关系的存在，而丁某平提出的理由均不能成立，原因如下：第一，丁某平声称自己不知道合同的签署过程，事实是丁某平已经授权销售部签订售房合同，并将公章和私章交由销售部管理和使用；第二，丁某平声称“除曲某江外，不可能有人一次性购买皇家花园小区的多套房子”，事实是除了王某伟、曲某江，还有其他购房者一次性购买了多套房屋，被告人提供了数份一次性购买多套房屋的售房合同作为反驳依据；第三，丁某平声称合同签订的售价低于成本价，事实是王某伟的购房合同单价过低系因三和公司考虑了房屋建设进度、交房风险及购房数量的结果，购房数量越多房价越低符合正常的商业逻辑。另一方面，公诉机关以合同瑕疵为由对合同效力予以否定，而这些瑕疵也并不影响合同效力：第一，公诉机关以购房合同没有注明合同编号为由否定合同效力，而该理由与客观证据相矛盾，王某伟的购房合同上显示了具体的合同编号，与其他购房者一致；第二，公诉机关以购房合同存在大量空白处，合同条款约定不明为由否定合同效力，该否定不具有合理性。购房合同明确约定了合同的关键条款并附有《房源明细表》，该表明确标注了待售房屋的编号，具体

待售房屋十分明确，与合同正文内容一一对应，不存在歧义，空白部分不足以影响合同效力，且其他购房者的购房合同亦采用了同样的填写模式。

其次，王某伟支付了涉案房屋的购房款，其取得涉案房屋系基于真实的买卖关系。本案行为的实质是王某伟使用从吕某民处借入的资金向三和公司支付房款，又根据丁某平的指示，代其向吕某民还款，无论王某伟的购房款来源和去向是何处，均不影响其向三和公司支付购房款的事实。丁某平的三次证言证实其明知王某伟代其向吕某民还款2000万元的事实，并无错误认识。循环转账看似发生在王某伟与吕某民二主体之间，实则由于三个主体间的两两约定，发生了三对债权债务关系的变化，因此，循环转账并不对前述事实的性质产生任何影响。辩护人提交的根据吕某民及系列账户统计作出的《商定程序报告》显示，吕某民与丁某平二人在2010年至2014年发生账款往来近亿元，截至案发时止，丁某平对吕某民仍负有巨额债务。吕某民和丁某平之间确有巨额债权债务未清偿，在购房日前后，吕某民减免了丁某平2000万元的债务，双方之间的《借款合同》、三和公司制作的记账明细均可以证明上述事实。另外，在案鉴证报告程序违法、方法错误、内容不实，不能采信。一方面，鉴证报告的检材存在缺失，报告正文引用的内容超出了附件范围，与此同时，还存在遗漏资金往来主体、遗漏重要资金账户流水等情况，据此反映出审计单位计算方法错误和结论失实等问题。另一方面，起诉书将《鉴证报告》作为司法鉴定意见出具，而出具该报告的会计师事务所没有出具司法鉴定意见的资质，只能作为一般的审计报告使用。即便作为审计报告，其中一位署名的鉴定人经法庭通知拒不出庭，另一位报告署名人既不参与报告的制作，也不对报告进行实质性审核，不能对报告内容负责，而报告的实际制作人没有注册会计师资质，程序严重违法，不能作为证据使用。

最后，公诉人仅仅在起诉书中提出发票虚假的观点，却未提出任何证据论证此观点。

（二）对于虚假诉讼罪，辩护人认为王某伟是涉案房屋的真实买受人，即便王某伟只是代持人，由代持人提出执行异议，也符合法律规定

一方面，王某伟是涉案房屋的真实买受人，不存在捏造事实的行为。如前所述，王某伟与三和公司签订了合同、支付了购房款，即便涉案房屋未办理备案手续，也不影响王某伟基于《商品房买卖合同》认为自己是涉案房屋的所有权人，涉案房屋未办理备案手续并非出于买受人王某伟的原因，而是

三和公司将房屋抵押所致。故不存在王某伟捏造自己是房屋买受人的事实。

另一方面，即使王某伟不是房屋的真实买受人，名义持有人（代持人）提出执行异议，也符合法律规定。根据二审裁定认定的事实“涉案房屋的实际买受人是吕某民”，王某伟捏造了自己是实际购房人的事实。辩护人认为，即便按照二审裁定认定的事实，由房屋代持人王某伟提出执行异议也符合法律规定。其一，执行异议申请的审查遵循权利外观主义，将不动产的登记权利人推定为所有权人，由《商品房买卖合同》的名义买受人提出执行异议符合该原则。其二，房屋代持协议产生的只是债权关系，是一种相对法律关系，其约束的仅仅是代持人和实际权利人，对外由代持人王某伟行使涉案房屋的权利符合法律规定。

辩护思路

一、关于诈骗罪

（一）房屋买卖合同由三和公司与王某伟共同签署，合同真实有效

其一，王某伟与三和公司签署了买卖合同，合同在案，且与当事人说法一致。

其二，丁某平关于房屋买卖合同的否认不能成立。公诉机关认定不存在真实房屋买卖关系的依据是丁某平的证言，而丁某平提及的三个理由均不能成立：（1）丁某平声称自己不知道合同的签署过程，事实是丁某平已经授权销售部签订售房合同，并将公章和私章交由销售部管理和使用；（2）丁某平声称“除曲某江外，不可能有人一次性购买皇家花园小区的多套房子”，而事实是除了王某伟、曲某江，还有其他购房者一次性购买了多套房屋，被告人提供了数份一次性购买多套房屋的售房合同作为反驳依据；（3）丁某平声称合同签订的售价低于成本价，而事实是王某伟的购房合同单价过低系因三和公司考虑了房屋建设进度、交房风险及购房数量的结果，购房数量越多房价越低符合正常的商业逻辑。

其三，公诉人对买卖合同进行否认的两个理由也不能成立：（1）公诉机关以购房合同没有注明合同编号为由否定合同效力，而该理由与客观证据相矛盾，王某伟的购房合同上显示的具体的合同编号，与其他购房者一致。

（2）公诉机关以购房合同存在大量空白处，合同条款约定不明为由否定合同效力，该否定不具有合理性。购房合同明确约定了合同的关键条款并附有《房源明细表》，该表明确标注了待售房屋的编号，具体待售房屋十分明确，与合同正文内容一一对应，不存在歧义，空白部分不足以影响合同效力，且其他购房者的购房合同亦采用了同样的填写模式。

（二）公诉人对发票虚假的指控毫无依据

公诉人仅仅在起诉书中提出发票虚假的结论，但未提供任何相应证据。其一，前往税务机关核实发票的真实性是十分便捷的，但案卷中依然缺少证明发票虚假的证据。其二，发票内容与购房合同一致，楼栋号、购房数量和开具日期均与客观事实一致。其三，公诉人将开票时间早于付款时间作为认定发票虚假的理由，在案言词证据显示三和公司经常先开票、后付款，而且开票时间早于付款时间也符合房地产交易的商业习惯。公诉机关的上述指控毫无依据。

（三）王某伟支付了涉案房屋的购房款，其取得涉案房屋系基于真实的买卖关系

首先，鉴证报告程序违法、方法错误、内容不实，不能采信。一方面，鉴证报告的检材存在缺失，报告正文引用的内容超出了附件范围，与此同时，还存在遗漏资金往来主体、遗漏重要资金账户流水等情况，据此反映出审计单位计算方法错误和结论失实等问题；另一方面，起诉书将鉴证报告作为司法鉴定意见出具，而出具该报告的会计师事务所没有出具司法鉴定意见的资质，只能作为一般的审计报告使用。即便作为审计报告，其中一位署名的鉴定人经法庭通知拒不出庭，另一位报告署名人既不参与报告的制作，也不对报告进行实质性审核，不能对报告内容负责，而报告的实际制作人没有注册会计师资格，程序严重违法。

其次，丁某平及三和公司、中亨公司等对吕某民负有巨额债务，数额远超 2000 万元。其一，鉴证报告不能对资金的法律性质作出评价，鉴证报告并未得出双方债务已清偿的结论，是公诉人的曲意解读。其二，吕某民和丁某平之间确有巨额债权债务未清偿，双方之间的《借款合同》、三和公司制作的记账明细均可以证明上述事实。其三，辩护人提供了根据吕某民及系列账户统计作出的《商定程序报告》。《商定程序报告》结论显示，二人在 2010 年至 2014 年间发生账款往来近亿元，截至案发时止，丁某平对吕某民仍负有巨额

债务。

最后，王某伟实际支付了购房款，吕某民实际抵充了债务，丁某平及三和公司无损失。其一，钱款来源不影响钱款性质，本案行为的实质是王某伟使用向吕某民借来的资金向三和公司支付房款，又根据丁某平的指示，代其向吕某民还款，无论王某伟的购房款来源和去向是何处，均不影响其向三和公司支付购房款的事实。其二，丁某平的三次证言证实其明知王某伟代其向吕某民还款2000万元的事实，并无错误认识。其三，循环转账并不对前述事实的性质产生任何影响。循环转账看似发生在王某伟与吕某民二主体之间，实则由于三个主体间的两两约定，发生了三对债权债务关系的变化。退一步说，即便没有上述资金的流转，只要三和公司、王某伟、吕某民三方对于两两之间权利义务的抵销进行约定，以吕某民对三和公司的债权抵销王某伟需要支付的房款，王某伟对吕某民承担2000万元债务，同样可以实现王某伟购房、三和公司抵债的目的。

二、关于虚假诉讼罪

（一）王某伟是涉案房屋的真实买受人，不存在捏造事实的行为

如前所述，王某伟与三和公司签订了买卖合同、支付了购房款，即便涉案房屋未办理备案手续，也不影响王某伟基于《商品房买卖合同》认为自己是涉案房屋的所有权人，涉案房屋未办理备案手续并非出于买受人王某伟的原因，而是三和公司将房屋抵押所致。王某伟未捏造自己是房屋买受人的事实。

（二）即便王某伟不是房屋的真实买受人，由名义持有人（代持人）提出执行异议，同样符合法律规定

王某伟虚假诉讼案二审裁判认定，“涉案房屋的实际买受人是吕某民”，王某伟捏造了自己是实际购房人的事实。辩护人认为，即便按照王某伟虚假诉讼案二审裁判认定的事实，由房屋代持人王某伟提出执行异议也符合法律规定。理由如下：其一，执行异议申请的审查遵循权利外观主义，将不动产的登记权利人推定为所有权人，由《商品房买卖合同》的名义买受人提出执行异议符合该原则。其二，房屋代持协议所产生的只是债权关系，是一种相对法律关系，其约束的仅是代持人和实际权利人，对外由代持人王某伟行使涉案房屋的权利符合法律规定。

辩护点睛

一、主动调查取证，破除思维惯性，还原循环转账中每笔转账对应的真实借贷关系

无论是在王某伟涉嫌虚假诉讼一案中，还是在吕某民涉嫌诈骗、虚假诉讼案中，司法机关认定犯罪的逻辑起点和主要抓手都是购房款是否真实支付。根据银行流水和转账凭证呈现的事实可知，购房款经过在吕某民和王某伟之间的多次流转，形成了王某伟向吕某民打款2000万元的流水，而该2000万元与王某伟向三和公司购买房产的金额一致。公诉机关以丁某平的笔录为依据，结合银行流水，认为王某伟、吕某民为了达到非法占有房产的目的，虚构了上述资金往来，让三和公司产生王某伟已经实际支付了购房款的错误认识，从而将涉案房屋出售给王某伟。

辩护人通过与当事人吕某民沟通，了解到双方之间存在长期借贷关系以及涉案房屋买卖的交易背景。辩护人认为，循环转账只是资金的流转形式，并不能证明每一笔转账的法律定性，在《商品房买卖合同》、购房发票均在案的情况下，确定几笔转账的法律定性就变得尤为关键。辩护人一方面通过购房合同和购房发票的真实性、合法性确认2000万元转账的法律定性，另一方面扩大调查吕某民与丁某平之间的债权债务往来情况，确认吕某民与丁某平之间债权债务往来的具体数额，以证明丁某平用王某伟的购房款偿还吕某民债务具有合理性。首先，吕某民与丁某平之间存在长期债权债务关系，二人在2010年至2014年间发生账款往来近亿元。截至本案发生时，丁某平依然对吕某民负有巨额债务。其次，丁某平通过《借款明细表》记录了自己与各债权人之间的账款往来和应付利息，并认可了2000万元系抵债的事实。2014年11月，王某伟将购房款打至吕某民银行账户时，丁某平在《借款明细表》中抵销了自己对吕某民所负的债务，三和公司将房产交付给王某伟。由此可知，丁某平、吕某民、王某伟三人对于“王某伟向吕某民支付的2000万元”的资金性质均有着清晰认知，即该笔款项系王某伟向丁某平支付的购房款，丁某平因需偿还吕某民2000万元的债务，向王某伟出具《委托打款证明》，要求王某伟将购房款打至吕某民账户，吕某民收到2000万元后抵销了丁某平2000万元的债务。最后，辩护人进一步提出“指示交付”的方式在实践中比比皆是，不应简单地根据资金流转形式确认其法律定性。即便没有上述资金

的流转，只要三和公司、王某伟、吕某民三方对于两两之间权利义务的抵销作出了约定，用吕某民在三和公司的债权抵销王某伟需要支付的房款，王某伟对吕某民承担2000万元债务，同样可以实现王某伟购房、三和公司抵债的目的。三和公司向王某伟交付房屋系基于自身债务的抵减，而非对房款的支付产生了错误认识。

所以，对于存在循环转账的案件，还原事实真相，破除思维惯性是必要的，除了对银行流水和交付凭证进行审查外，还应结合交易背景、交易习惯、当事人关系以及当事人陈述等因素综合判断借贷的真实情况。如果双方或者多方均对每笔转账的法律定性有着清晰认识，则不应仅根据循环转账的形式而推定其必然具有非法占有的目的。

二、聚焦庭审发问，质疑鉴证报告的合法性，排除鉴证报告结论

在案的《鉴定意见》显示，丁某平已经偿清了其与吕某民之间的全部债权债务。仔细阅看《鉴定意见》及其附件可以发现，《鉴定意见》存在几处明显问题：（1）鉴证报告的检材存在严重问题，附卷的银行流水范围小于鉴证范围、报告引用了委托人未提供的银行流水、报告结论的时间跨度大于委托人提供的银行流水跨度，以上三种情况直接导致报告结论的真实性无法核实，报告结论缺乏依据。（2）鉴证报告遗漏了应当计算在内的资金往来主体，鉴证报告在计算丁某平与吕某民之间的往来款时，遗漏了丁某平实际控制且与吕某民之间存在借款往来的重要主体。（3）鉴证报告遗漏了丁某平名下的重要资金账户。

基于上述问题，辩护人向法院申请鉴定人出庭，希望鉴定人当庭对上述问题进行解释说明。提交申请后，其中一名鉴定人称因离职不愿出庭作证，会计师事务所表示可以派出实际参与鉴定工作的张某、徐某、刘某出庭（均非署名会计师）。辩护人多次与法院沟通、二次书面申请未果。辩护人查询张某、徐某、王某的个人信息后发现，三人均不具有注册会计师资质，经进一步核实，该会计师事务所也不具有司法鉴定资质。

辩护人根据上述问题准备了详尽的发问提纲，针对会计师事务所中负责不同业务的人员制订了一系列问题。围绕鉴证报告的性质、会计师事务所的资质、相关会计人员的资质、鉴定范围的确定方法、鉴定机关通过资金流水确认资金法律性质的正当性，以及正文与附件之间的矛盾，设计了环环相扣的问题。庭上，辩护人通过侧面获取相关信息，并直击核心问题，耐心引导鉴定人还原鉴证报告的制作过程，通过署名会计师前后矛盾、自我否认和回

避态度，以及数位参与人员的资质缺失以及他们之间的言辞矛盾和相互推诿，向法庭展示了鉴证报告的错误、违法之处，将其排除在证据之外，为无罪辩护奠定了证据基础。

三、坚持无罪辩护，法院最终判决吕某民不构成诈骗罪

由于本案争议较大，法院一共组织了三次庭审，随着庭审进程的推进，律师将案件的事实争议与法律定性问题逐一呈现，法院、检察院对被告人吕某民行为的定性也逐渐产生变化。第一次开庭前，因同案犯王某伟已被判处有期徒刑六年，且王某伟的上诉被二审法院驳回，承办检察官对辩护人提出的定性争议未作表示。第二次开庭前，经与当事人家属合议，聘请了第三方会计师事务所对吕某民与丁某平之间的所有账款往来执行商定程序，还原了吕某民、丁某平二人之间的真实债权债务，二审开庭后，法官认为本案争议极大，建议检察官与当事人进行认罪认罚具结，并告知辩护人将在量刑上对争议焦点予以充分考虑。第三次开庭前，辩护人会见了当事人，了解当事人诉求，并建议家属向本案被害人取得刑事谅解书。最终，法院认定吕某民不构成诈骗罪，只构成虚假诉讼罪一罪，对其判处有期徒刑三年，缓刑五年。

辩护人一直坚持作无罪辩护，直至第二次开庭后，法院认为本案确实存在事实不清的情况，组织控辩双方进行沟通协商。结合关联案件的判决情况，辩护人与当事人及家属沟通后，采取了通过认罪认罚争取缓刑的诉讼方案。如果按照检察院的指控，吕某民诈骗数额2000万元达到了数额特别巨大情节标准，判处十年以上有期徒刑，吕某民系虚假诉讼罪的主犯，判处六年以上有期徒刑，数罪并罚后，将对吕某民判处十年以上十五年以下有期徒刑。本案通过实质性辩护取得了吕某民不构成诈骗罪的判决结果，并以认罪认罚为切入点，对虚假诉讼罪进一步争取适用缓刑，实现了全案的最佳辩护效果。

目前，很多学者认为认罪认罚是检察官主导下的量刑协商制度，但只要律师在案件办理过程中充分展现案件事实和法律定性上的问题，依然可以在量刑协商中获得话语权，实现辩护效果。

审判观点

法院认为：（1）关于公诉机关指控被告人吕某民构成诈骗罪的意见。经查，起诉书指控被告人吕某民以非法占有为目的诈骗三和公司2000万元。根据被告

人吕某民的供述和被告人家属提供的证据不足以证明被告人吕某民用自己与其爱人张某云、王某伟三人的银行卡进行转圈转账的目的是诈骗三和公司，亦无法证明其行为不是为了向三和公司要回借款而采取的以房抵债的方式。故关于该罪名及犯罪事实的指控，证据不足，法院不予支持。（2）被告人吕某民伙同王某伟（已判决）在民事执行过程中，以捏造的事实对执行标的提出异议，妨害司法秩序、严重侵犯他人合法权益，情节严重，其行为已构成虚假诉讼罪。公诉机关指控被告人吕某民犯虚假诉讼罪的罪名成立，依法予以支持。

案例编写人 上海博和汉商律师事务所 王思维 熊云凤

专家点评

周光权 清华大学法学院院长、教授、博士生导师，全国人大宪法和法律委员会副主任委员，中国犯罪学学会常务副会长

诈骗罪是具有特殊构造的“定式犯罪”，在房屋买卖合同真实有效，循环转账的目的不是使三和公司陷入错误认识并由此交付房屋的情形下，被告人的诈骗行为、被害人的错误，以及被告人的非法占有目的都无法得到证明，故其不构成犯罪。检察机关对此指控不当，法院判决无罪的理由充分，辩护人无罪辩护准备较为充分，思路清晰，值得高度肯定。

相关法条

《中华人民共和国刑法》

第二百六十六条 诈骗公私财物，数额较大的，处三年以下有期徒刑、拘役或者管制，并处或者单处罚金；数额巨大或者有其他严重情节的，处三年以上十年以下有期徒刑，并处罚金；数额特别巨大或者有其他特别严重情节的，处十年以上有期徒刑或者无期徒刑，并处罚金或者没收财产。本法另有规定的，依照规定。

第三百零七条之一第一款 以捏造的事实提起民事诉讼，妨害司法秩序或者严重侵害他人合法权益的，处三年以下有期徒刑、拘役或者管制，并处或者单处罚金；情节严重的，处三年以上七年以下有期徒刑，并处罚金。

37 黄某平滥用职权、受贿案

——存疑有利于被告原则的刑法适用

案件索引

一审：江苏省常州市金坛区人民法院（2018）苏0482刑初10号（2019年4月19日）

基本案情

一、事实情况

（一）滥用职权部分

2014年8月1日，江苏省常州市经济和信息化委员会（以下简称市经信委）、发改委、科技局、财政局联合发布《关于实施“三位一体”发展战略促进工业企业转型升级专项资金管理办法》（以下简称《办法》），决定对符合条件的企业进行补助。2015年12月23日，常州市经信委、发改委、科技局、财政局联合发布《关于组织申报2015年实施“三位一体”发展战略促进工业企业转型升级专项资金的通知》，对2014年的《办法》进一步明确。根据《办法》的规定及惯例，凡已享受国家级、省级专项资金的同一项目，原则上不再重复安排资金，如需重复安排，需层报至市人民政府，经市领导批准确定为重点企业、示范项目，且同一设备只能享受一次补助。“三位一体”专项资金申报材料由辖市（区）经信部门会同科技局、发改委、财政局初审，报市经信委汇总，再由市经信委会同发改委、科技局、财政局对项目审核确认。常州市金坛区经济和信息化委局投资与技术进步科是金坛区经信局“三位一体”资金申报初审的主要责任部门，被告人黄某平作为该局副局长，分管投资与技术进步科的工作。

江苏盐某物流股份有限公司（以下简称盐某物流公司）是金坛区的一家服务型企业。2014年5月，该公司注册成立江苏盐某包装有限公司（以下简称盐某包装公司），盐某包装公司主要从事纸质品包装袋的生产销售等业务。被告人黄某平明知盐某包装公司“80万吨食盐包装配送中心”项目曾获得省级专项资金补助，伙同投资与技术进步科科长丁某（另案处理）帮助盐某包装公司通过初审。2016年年初，盐某包装公司的申报顺利通过区经济和信息化局、市经信委等部门初审、审核，被确定为补助对象。2016年4月12日，盐某包装公司被盐某物流公司吸收合并，企业注销。2016年5月26日，484万元“三位一体”专项资金下发到盐某包装公司账户，该款最终被盐某物流公司使用。

另查明：被告人黄某平在得知检察机关正在调查盐某包装公司申报“三位一体”补助资金后，主动至常州市金坛区经济和信息化部门领导处汇报盐某包装公司的项目申报情况及个人涉案情况。

（二）受贿部分

2014年至2017年，被告人黄某平利用担任常州市金坛区经济和信息化局副局长的职务便利，为他人谋取利益，多次收受汤某、徐某等人贿送的人民币、香烟（票）、购物卡、烟酒等，款物合计价值人民币83880元。

另查明：被告人黄某平归案后能如实供述自己受贿的事实。而且，在一审法院审理期间，被告人黄某平退出全部受贿物品的折价款。

二、诉讼情况

2017年8月18日，因涉嫌滥用职权罪，黄某平被常州市金坛区人民检察院刑事拘留，2017年9月1日被逮捕，同年9月30日转取保候审。2017年11月16日，黄某平被金坛区人民检察院反渎职侵权局以滥用职权罪、受贿罪移送审查起诉。2017年12月29日，黄某平被金坛区人民检察院以滥用职权罪、受贿罪提起公诉。

江苏省常州市金坛区人民法院于2018年1月2日立案受理该案，并依法适用普通程序，组成合议庭，公开开庭审理了本案。2018年3月30日、7月25日，公诉机关先后两次以补充侦查为由建议对本案延期审理，法院均于当日决定延期审理。2018年4月28日、8月24日，经公诉机关提请恢复，本案恢复审理。2018年11月12日，本案中止审理，又于2019年4月15日恢复审理，并再次公开开庭进行了审理。

公诉机关认为：（1）被告人黄某平身为国家工作人员，伙同他人滥用职权，造成国家遭受重大财产损失，情节特别严重，应以滥用职权罪追究其刑事责任。鉴于黄某平具有自首情节，建议对黄某平滥用职权罪部分减轻处罚，判处其有期徒刑一年至二年。（2）被告人黄某平身为国家工作人员，利用职务上的便利，非法收受他人财物，数额较大，其行为已构成受贿罪。鉴于黄某平具有坦白情节，建议对其受贿罪部分从轻处罚，判处其有期徒刑六个月至一年，并处罚金。

核心争议焦点

1. 就滥用职权罪而言，其争议焦点在于被告人黄某平的行为是否构成滥用职权罪。具体而言，在盐某包装公司以其“新建年产 80 万吨多品种盐包装项目”申报常州市 2015 年实施“三位一体”发展战略促进工业企业转型升级专项资金过程中，黄某平是否存在滥用职权的行为以及其行为是否致使公共财产、国家和人民利益遭受了重大损失。

2. 就受贿罪而言，其争议焦点在于对被告人黄某平是否可以免予刑事处罚。具体而言，黄某平非法收受他人数额较大财物，并结合其犯罪情节和悔罪表现，判断是否属于《刑法》第 37 条规定的“犯罪情节轻微”。

控辩双方观点及思维分析

一、关于滥用职权部分

控方观点认为：被告人黄某平作为金坛区经济和信息化局副局长，在明知盐某包装公司不符合项目申报条件的情况下，违反规定处理公务，违规帮助该公司通过项目初审，致使该公司获得 484 万元财政补贴资金，造成了国家财产的重大损失，其行为已经构成滥用职权罪，且属于情节特别严重。鉴于被告人黄某平具有自首情节，建议以滥用职权罪予以减轻处罚，判处其有期徒刑一年至二年。

辩方意见认为：综合全案证据可知，虽然“三位一体”的相关文件中规定“已享受国家、省专项资金的同一项目，原则上不再重复安排”，但并未明确禁止重复安排，而且文件制定部门也明确表示，对重点企业、示范项目，符合文件相关要求的，即使已经享受了国家级、省级专项资金，也应予以支持。本案中，盐某包装公司的食盐、多品种盐智能包装车间属于“示范项目”，符合2014年《办法》的相关要求，黄某平不存在违反规定处理公务的行为，故不构成滥用职权罪。

二、关于受贿部分

控方观点认为：被告人黄某平身为国家工作人员，利用职务上的便利，为他人谋取利益，多次非法收受他人财物，款物合计价值人民币83880元，属于数额较大，其行为已构成受贿罪。鉴于被告人黄某平具有坦白情节，建议以受贿罪从轻处罚，判处有期徒刑六个月至一年，并处罚金。

辩方意见认为：辩护人对被告人黄某平的公职身份、职责权限和受贿定性均无异议，但认为公诉机关指控其在相关单位评审时收受21000元专家评审费以及1部华为手机（测试机）的定性有误，且证据不足，应从起诉书指控的整体受贿金额中予以扣除。同时，考虑到黄某平的犯罪情节、认罪态度和悔罪表现，可以认定其属于犯罪情节轻微，故依法可以免予刑事处罚。

辩护思路

一、关于滥用职权罪

考虑到滥用职权罪指控涉及罪与非罪认定的重大分歧，而分歧的根源在于对常州市经信委等部门联合制定的“三位一体”相关文件的正确理解与执行问题。换言之，如果认为“已享受国家级、省级专项资金的同一项目，原则上不再重复安排”等同于“禁止重复安排”，则被告人黄某平的行为属于违反规定处理公务，涉嫌滥用职权罪。反之，被告人黄某平的行为则属于正当履职，依法不构成犯罪。辩护人经仔细研究控方的证据材料，并与被告人黄某平反复核实案情后认为，在案证据之间明显存在矛盾，控方证据与指控的事实之间不能形成完整证据链条，无法形成唯一结论并排除合理怀疑，明显达不到法定的“证据确实、充分”的证明标准。司法实践中，“证据确实、充分”应当同时符合以下条件：一是定罪量刑的事实都有证据证明；二是据以定案的证据均经法定程序查证属实；三是综合全案证据，对所认定事实已排除合理怀疑。由此可知，据以定案的证据不仅要具有证据能力，也要具有证明力。根据存疑有利于被告原则和《刑事诉讼法》有关规定，证据不足，不能认定被告人有罪的，法院应当作出证据不足、指控的犯罪不能成立的无罪判决。基于上述考虑，辩护人最终选择“证据不足，指控罪名不能成立”的辩护策略，并开展了必要的取证和详细论证的工作。

在上述辩护方案的指引下，辩护人一方面自行调取了部分证据材料，另一方面积极申请人民法院向文件制定部门进行调查取证，以便为削弱控方指控和强化辩方观点夯实证据基础。同时，本着“大胆假设，小心求证”的工作原则，具体从“职权职责履行”“政府文件精神和初衷”“是否为同一项目”“是否为同一设备”“犯罪动机及犯罪故意”“是否存在经济损失”“主体吸收合并”“证据应否采信”等八个维度，逐一分析，层层论证。最终，法院以证据不足为由判决检察机关指控的滥用职权罪罪名不能成立，本案取得了实质无罪的辩护效果，这不仅最大限度地维护了被告人的合法权益，更为重要的是，还为当地司法机关处理关联案件和类似案件提供了参考。

二、关于受贿罪

考虑到本案的受贿罪指控并不涉及罪与非罪认定的重大争议，且被告人黄某平的身份、职权和部分受贿金额事实清楚、证据确凿，并征求被告人黄某平意见，在黄某平对受贿罪表示认罪认罚的基础上，辩护人决定采取证据辩护和量刑辩护相结合的辩护方案。

此处的“证据辩护”，是指依照证据规则对控方现有证据是否达到法定证明标准所开展的有关辩护工作。具体而言，辩护人主要从控方现有证据存在的问题、关键证据无法得到其他证据印证或者无法排除其他可能性等角度着手，提出部分受贿犯罪金额不能成立的辩护意见。比如，针对公诉机关起诉黄某平收受一部华为手机（测试机）的指控，辩护人经审查《价格认定结论书》发现，金坛区价格认证中心采取“市场法”进行价格认定，既未进行实物查验，也未进行市场调查，这明显与《价格认定行为规范》的要求不符，不能作为有效证据使用。因此，公诉机关对受贿罪的指控事实不清，证据不足。

此处的“量刑辩护”，是指通过提出若干法定、酌定的量刑情节，并以此论证应对被告人作出从轻、减轻或者免除处罚的裁判。具体而言，辩护人重点从自首、认罪认罚等法定情节以及一贯表现良好、曾因公致残、全部退赃、积极悔罪等酌定情节具体展开，并论证本案属于《刑法》第37条规定的“犯罪情节轻微不需要判处刑罚”情形，即符合“定罪免刑”的法定条件。换言之，被告人黄某平的行为虽然构成受贿罪，但由于犯罪情节轻微，又不需要判处刑罚，故综合全案可以对其免予刑事处罚。因此，辩护人结合在案证据和量刑情节向合议庭提出建议对其免予刑事处罚的辩护意见，并得到采纳。

辩护点睛

一、对公诉机关的滥用职权罪指控，始终坚持无罪辩护

辩护人坚持认为，控方对滥用职权罪的指控没有事实根据和法律依据，黄某平的行为不构成犯罪，并依法提出以下辩护意见：一是职权职责履行方面。本案中，黄某平所在单位仅有接收申报材料，并会同其他部门初审和汇总信息的职能，并无审核确认、核准报批和资金拨付等关键职权，黄某平作为分管副局长并无核准权和批准权，其本人实际上并无职权可以“滥用”，故其属于正常履职和依规履职。二是政府文件精神和初衷方面。2014年《办法》中虽规定凡已享受国家级、省级专项资金的同一项目，原则上不再重复安排，但并未明确禁止重复安排。事实上，常州市范围内有数家企业存在同一企业同一项目重复申报且没有市政府批示程序的情况。由此可知，对重点企业、示范项目，符合文件相关要求的，即使享受了国家级、省级专项资金，也可以再享受常州市专项资金补助。三是“是否为同一项目”方面。盐某包装公司申报的项目与盐某物流公司申报的项目根本不同，属于两个独立的项目，主要理由如下：（1）申报主体和所属产业均不同。两家公司作为不同的法人主体，申报了不同的补助项目，一个是市级，一个是省级；一个是工业项目，一个是服务业项目。（2）申报的项目不同。本案中，盐某包装公司申报的项目为“新建80万吨多品种盐包装项目”；而盐某物流公司申报的项目为“新建80万吨食用盐包装配送中心工程项目”。四是“是否为同一设备”方面。在案证据显示，本案不存在“同一设备”之说，更不存在“同一设备”申报两次之说，也同样不存在“同一设备”存在重复申报之说。五是犯罪动机与犯罪故意方面。本案中，无论是从客观条件，还是从主观认知的角度分析，黄某平均不具有违反规定处理公务和滥用职权的犯罪故意。六是“是否存在经济损失”方面。本案中，国家并不存在经济损失，主要理由如下：首先，盐某包装公司的项目申报在主体、程序、时效等方面均不存在违法违规之处。其次，盐某物流公司的项目申报不能等同于盐某包装公司的项目申报，两者在项目、主体、内容、产业等方面均不相同。最后，从政策文件规定看，

盐某包装公司的本次项目申报完全合规，换言之，下发的 484 万元“三位一体”专项资金系该公司的合法收入。

综上可知，黄某平主观上没有违反规定处理公务的犯罪故意，客观上不存在超越职权或者滥用职权之行为，也没有给国家造成经济损失，故黄某平属于依法依规履职，不存在任何违法犯罪的可能性。而且，案涉盐某包装公司系在符合申报条件和文件规定的前提下申报补贴，该公司之所以能够顺利通过初审、审核，并最终被确定为补助对象，系有关政府部门履行正常审核程序的结果。本案系公诉机关对相关事实认定不清和适用法律错误所致，辩护人提请法院合议庭依法纠正公诉机关的错误指控，并依法判决黄某平不构成滥用职权罪。

二、对公诉机关的受贿罪指控，采取“定罪免刑”辩护策略

如前所述，辩护人对于被告人黄某平构成受贿罪虽无异议，但认为起诉书认定的部分犯罪金额和公诉机关所提量刑建议确有不当之处。鉴于此，辩护人采取了“定罪免刑”的辩护策略。具体而言，一方面通过有效质证和精准辩护扣减指控犯罪金额，另一方面又通过展示量刑情节说服合议庭采纳“定罪免刑”的建议。同时，辩护人在为被告人黄某平辩护时，主张兼顾天理国法人情的理念，充分贯彻宽严相济的刑事司法政策。

值得一提的是，辩护人从案卷材料和黄某平的供述中发现，黄某平系部队转业干部，1999 年转业，先后在金坛区信访局等单位任领导职务，后于 2010 年 4 月被任命为金坛区经济和信息化局副局长。其本人从部队转业到地方后，一直表现良好，工作上兢兢业业，还于 2006 年因公致残。为了让合议庭更为直观地了解黄某平的一贯表现情况，辩护人依法调取了黄某平的《伤残国家机关工作人员证》复印件以及相关病历材料，并作为证据材料提交给合议庭参考。事实证明，上述证据材料起到了积极作用。一审法院在判决书中亦明确提及“被告人黄某平一贯表现良好，且因公致残”，并作为酌定情节予以考量。

三、证据辩护贯穿于庭审辩护的各个环节

证据是证明案件事实的唯一手段，是案件的基础，也是审判的核心。刑事诉讼坚持“以事实为根据，以法律为准绳”，其中，“以事实为根据”，就是“以证据为根据”。对于辩护人而言，证据辩护贯穿于刑事辩护的始终，无论是实体辩护还是程序辩护，无论是无罪辩护还是罪轻辩护、量刑辩护，都必

须以证据辩护为基础。

具体到本案，辩护人对公诉机关指控的滥用职权罪作无罪辩护时，不仅对控方证据进行了有力反驳和有效质证，而且还自行调取和申请法院调取了有利于被告人的证据，最终说服合议庭作出证据不足，指控的滥用职权罪罪名不能成立的无罪宣告。事实上，辩护人在为被告人黄某平涉嫌受贿罪的辩护中，仍然坚持证据原则，并通过以证据辩护和量刑辩护相结合的方式，最终为被告人争取到“定罪免刑”的裁判。

如前所述，辩护人在审查控方提交的《价格认定结论书》时，发现该证据存在以下重大问题：一是案涉华为手机为测试机，而非进入市场销售的手机，没有市场参照物，不具有可比性，不能以“金坛区零售价格”进行比对。二是《价格认定结论书》虽名义上采取“市场法”，但实际上却没有按照“市场法”的规则进行，理由有二：（1）没有选择3个或以上可比实物或参照物；（2）未进行实物查验，也未进行市场调查。因此，金坛区价格认证中心出具的《价格认定结论书》显然违反了《价格认定行为规范》，不能作为有效证据使用。事实证明，辩护人在指出《价格认定结论书》存在的问题后，合议庭经评议未采纳该份证据，并认为该起受贿指控的事实不清，证据不足。

审判观点

一审法院经审理认为：（1）公诉机关起诉指控被告人黄某平的行为构成滥用职权罪所提供的证据与其他证据相矛盾，属证据不足，该指控不能成立。法院对辩护人提出的相应辩护意见予以采纳。（2）被告人黄某平身为国家工作人员，利用职务上的便利，非法收受他人财物，数额较大，其行为已构成受贿罪。公诉机关起诉指控被告人黄某平犯受贿罪，罪名成立，应予采纳。但对于公诉机关指控被告人黄某平在相关单位评审时收受现金21000元以及收受华为手机构成受贿的指控，事实不清，证据不足。法院对辩护人提出的相应辩护意见予以采纳。考虑到被告人黄某平的犯罪情节、认罪态度和悔罪表现，可认定其属犯罪情节轻微，对其可以免予刑事处罚。

2019年4月19日，常州市金坛区人民法院对被告人黄某平涉嫌滥用职权罪、受贿罪一案作出一审判决，判决如下：一、被告人黄某平犯受贿罪，免予刑事处罚；二、被告人黄某平退出的受贿物品折价款人民币60080元予以没收，上缴国库。一审法院宣判后，检察机关未提出抗诉，黄某平也未提出上诉，一审判决已发生法律效力。

案例编写人 江苏圣典（常州）律师事务所 邢 辉

专家点评

陈伟 西南政法大学法学院教授、博士生导师，中国法学会刑法学研究会常务理事

在辩护思路上，本案辩护人围绕在案证据，结合法理、事理与情理，稳中求进、步步为营，兼顾无罪辩护、罪轻辩护、证据辩护与量刑辩护，充分体现了辩护的专业性、策略性与有效性。关于滥用职权罪是否成立，关键在于是否存在“滥用职权”与“致使公共财产、国家和人民利益遭受重大损失”。辩护人通过对“职权职责履行”“政府文件精神和初衷”“是否为同一项目”“是否为同一设备”“犯罪动机及犯罪故意”“是否存在经济损失”，以及主体吸收合并和证据应否采信等八个维度进行论证，层层推进，证明被告人的行为于法于规有据，现有指控证据达不到《刑事诉讼法》的要求，该行为不构成滥用职权罪。在受贿罪部分，即使对主要犯罪事实的成立争议较小，辩护人也积极寻找辩护空间：一是就具体的犯罪事实与数额的认定提出了异议，进一步减少了认定的犯罪数额；二是提出了其他影响量刑的法定与酌定情节，兼顾法理与情理的综合考量，最终为被告人争取到免予刑事处罚的结果。本案辩护人全面搜集和梳理相关证据，在滥用职权罪部分坚持无罪辩护，在受贿罪部分则积极争取免予刑事处罚，最大程度保障了当事人合法权益，充分展现了有效辩护的策略过程与实践运用。

相关法条

《中华人民共和国刑法》

第三百九十七条 国家机关工作人员滥用职权或者玩忽职守，致使公共财产、国家和人民利益遭受重大损失的，处三年以下有期徒刑或者拘役；情节特别严重的，处三年以上七年以下有期徒刑。本法另有规定的，依照规定。

国家机关工作人员徇私舞弊，犯前款罪的，处五年以下有期徒刑或者拘役；情节特别严重的，处五年以上十年以下有期徒刑。本法另有规定的，依照规定。

第三百八十五条 国家工作人员利用职务上的便利，索取他人财物的，或者非法收受他人财物，为他人谋取利益的，是受贿罪。

国家工作人员在经济往来中，违反国家规定，收受各种名义的回扣、手续费，归个人所有的，以受贿论处。

第三百八十六条 对犯受贿罪的，根据受贿所得数额及情节，依照本法第三百八十三条的规定处罚。索贿的从重处罚。

第三十七条 对于犯罪情节轻微不需要判处刑罚的，可以免予刑事处罚，但是可以根据案件的不同情况，予以训诫或者责令具结悔过、赔礼道歉、赔偿损失，或者由主管部门予以行政处罚或者行政处分。

第六十四条 犯罪分子违法所得的一切财物，应当予以追缴或者责令退赔；对被害人的合法财产，应当及时返还；违禁品和供犯罪所用的本人财物，应当予以没收。没收的财物和罚金，一律上缴国库，不得挪用和自行处理。

第六十七条 犯罪以后自动投案，如实供述自己的罪行的，是自首。对于自首的犯罪分子，可以从轻或者减轻处罚。其中，犯罪较轻的，可以免除处罚。

被采取强制措施的犯罪嫌疑人、被告人和正在服刑的罪犯，如实供述司法机关还未掌握的本人其他罪行的，以自首论。

犯罪嫌疑人虽不具有前两款规定的自首情节，但是如实供述自己罪行的，可以从轻处罚；因其如实供述自己罪行，避免特别严重后果发生的，可以减轻处罚。

《中华人民共和国刑事诉讼法》

第十五条 犯罪嫌疑人、被告人自愿如实供述自己的罪行，承认指控的犯罪事实，愿意接受处罚的，可以依法从宽处理。

《最高人民法院、最高人民检察院关于办理贪污贿赂刑事案件适用法律若干问题的解释》

第一条第三款 受贿数额在一万元以上不满三万元，具有前款第二项至第六项规定的情形之一，或者具有下列情形之一的，应当认定为刑法第三百八十三条第一款规定的“其他较重情节”，依法判处三年以下有期徒刑或者拘役，并处罚金：

（一）多次索贿的；

（二）为他人谋取不正当利益，致使公共财产、国家和人民利益遭受损失的；

（三）为他人谋取职务提拔、调整的。

第十二条 贿赂犯罪中的“财物”，包括货币、物品和财产性利益。财产性利益包括可以折算为货币的物质利益如房屋装修、债务免除等，以及需要支付货币的其他利益如会员服务、旅游等。后者的犯罪数额，以实际支付或者应当支付的数额计算。

第十三条 具有下列情形之一的，应当认定为“为他人谋取利益”，构成犯罪的，应当依照刑法关于受贿犯罪的规定定罪处罚：

（一）实际或者承诺为他人谋取利益的；

（二）明知他人有具体请托事项的；

（三）履职时未被请托，但事后基于该履职事由收受他人财物的。

国家工作人员索取、收受具有上下级关系的下属或者具有行政管理关系的被管理人员的财物价值三万元以上，可能影响职权行使的，视为承诺为他人谋取利益。

第十五条 对多次受贿未经处理的，累计计算受贿数额。

国家工作人员利用职务上的便利为请托人谋取利益前后多次收受请托人财物，受请托之前收受的财物数额在一万元以上的，应当一并计入受贿数额。

第十八条 贪污贿赂犯罪分子违法所得的一切财物，应当依照刑法第六十四条的规定予以追缴或者责令退赔，对被害人的合法财产应当及时返还。对尚未追缴到案或者尚未足额退赔的违法所得，应当继续追缴或者责令退赔。

《最高人民法院、最高人民检察院关于办理受贿刑事案件适用法律若干问题的意见》

一、关于以交易形式收受贿赂问题

国家工作人员利用职务上的便利为请托人谋取利益，以下列交易形式收受请托人财物的，以受贿论处：

（1）以明显低于市场的价格向请托人购买房屋、汽车等物品的；

（2）以明显高于市场的价格向请托人出售房屋、汽车等物品的；

（3）以其他交易形式非法收受请托人财物的。

受贿数额按照交易时当地市场价格与实际支付价格的差额计算。

前款所列市场价格包括商品经营者事先设定的不针对特定人的最低优惠价格。根据商品经营者事先设定的各种优惠交易条件，以优惠价格购买商品的，不属于受贿。

十二、关于正确贯彻宽严相济刑事政策的问题

依照本意见办理受贿刑事案件，要根据刑法关于受贿罪的有关规定和受贿罪权钱交易的本质特征，准确区分罪与非罪、此罪与彼罪的界限，惩处少数，教育多数。在从严惩处受贿犯罪的同时，对于具有自首、立功等情节的，依法从轻、减轻或者免除处罚。

38 项某故意伤害案

——证据存疑的命案中，如何同时实现被告人与被害人（亲属）权益的最大化

案件索引

一审：上海市普陀区人民法院（2021）沪0107刑初1457号（2023年3月2日）

基本案情

项某（女）与靳某有婚姻关系，但双方感情破裂早已分居，项某与孙某结识后，双方确认了恋人关系并同居。项某与靳某曾共同前往民政局办理离婚手续，但被告知因《民法典》实施，离婚需经过冷静期，双方遂商议待冷静期过后再办理离婚手续。其间，2021年4月16日，项某因涉嫌故意伤害罪被上海市公安局普陀分局刑事拘留，同年4月28日由该局执行逮捕。2021年5月，项某委托笔者作为其辩护人。2021年7月初，上海市普陀区人民检察院（以下简称普陀检察院）将本案移送至上海市人民检察院第二分院（以下简称上海二分检），经辩护后，上海二分检认为项某不应被判处无期徒刑以上之刑罚，将本案退回普陀检察院。

2021年12月14日，普陀检察院向上海市普陀区人民法院（以下简称普陀法院）提起公诉：项某与被害人孙某（男）系恋人关系，共同居住在本市××西路×室，2021年4月15日21时许，二人至项某朋友李某家中聚餐，因选择出行方式意见不一致发生争执，后在聚餐过程中二人均饮酒。次日凌晨，二人在回家途中再次发生争吵，项某驾驶电动自行车于凌晨1时30分许先行回到家中，后孙某自行回到家中，两人继续发生冲突，项某持家中厨房间一把水果刀捅刺孙某胸部，致其死亡。案发后，项某报警并在现场等待民

警到场，但到案后拒不供认上述犯罪事实。公诉机关建议判处被告人项某六年以上九年以下有期徒刑。2023年3月2日，普陀法院判决项某构成故意伤害罪，判处有期徒刑七年。

核心争议焦点

1. 本案项某的主观心态是故意还是过失，或本案实为意外事件？
2. 本案是否存在第三人作案的可能性？

控辩双方观点及思维分析

控方指控称：普陀检察院于2021年7月初将本案移送至上海二分检，其认为，项某的刑期应在无期以上，且项某的主观心态属于直接故意。上海二分检则在结合本案客观证据后，不认为项某应当被判处无期徒刑以上刑罚，将本案退回普陀检察院。在补充调取了项某的110报警录音这一证据后，普陀检察院认为，项某的主观心态是故意，最终以项某犯故意伤害（致人死亡）罪起诉。

被告人及辩护人辩称：（1）本案从侦查阶段到审查起诉阶段，辩护人及项某一直以“无罪、轻罪辩护＋赔偿谅解”为指导思路，即项某无罪，或至多构成过失致人死亡罪。（2）在110报警录音被披露后，辩护人积极说服项某认罪，审判阶段以“罪轻辩护＋赔偿谅解”为辩护方向。

辩护思路

本案办理时间历时近2年，主要辩护思路为以下四点：

第一，重大命案要具有悲天悯人的情怀，争取被告人的利益固然是辩护人义不容辞的责任，但在个案中，这种争取建立在是否能切实、真诚地理解被害方愿望和心态的基础上。本案被害人孙某，是单亲家庭中的独子，他母亲一人将其带大，故孙某的死亡让其母亲悲痛欲绝，公安局卷宗中有其母的一封信，其中要求对项某处以死刑，并给予最高额赔偿（后明确为500万元）。

第二，对证据的审查要有动态思维。正如前文所展现的，当案件被普陀检察院移送至普陀法院后，笔者在阅卷时发现检察官新增了一张光盘作为证据，而这份证据在整个侦查阶段和审查起诉阶段都是没有的，之前辩护人走的是“无罪、轻罪辩护 + 积极赔偿谅解”的路，但录音证据出现后，为被告人利益考量，辩护人迅速将辩护方向切换到“罪轻辩护 + 积极赔偿谅解”。

第三，任何辩护人都明白，在伤害类刑事案件中，拿到被害人（亲属）的谅解书至关重要，但如何落到实处？许多时候，拿到赔偿谅解书并不必然意味着被告人会被轻判，辩护人见过被告人拿到谅解书后没有被轻判，被告人家属去律协投诉律师的例子。本案辩护人经过长时间权衡，决定担起责任，推动项某卖房赔偿。

第四，要活学活用最新的法律法规，只要有利于犯罪嫌疑人、被告人的新规，不要有畏难情绪，要向有权作出决定的机关提出申请，这个案子不能成功，也许下个案子可以成功。本案辩护人最终让法院认可了项某在羁押期间表现好，并可作为从轻处罚的依据。

辩护点睛

具体来说，从侦查阶段到本案移送起诉，辩护人一直采用的是“无罪、轻罪辩护 + 积极赔偿谅解”的辩护策略，但项某 110 报警录音证据出来后，辩护人即转而采用“罪轻辩护 + 积极赔偿谅解”的辩护策略。因为此时再一味地坚持无罪或轻罪（过失致人死亡罪）辩护，几乎可以肯定不会获得好的裁判结果。

首先，积极地调查取证，与控方积极沟通是取得良好辩护效果的基础。许多律师在办理刑事案件过程中，回避去案发现场，更回避调查取证。在本案进入审查起诉阶段后，尤其是普陀检察院迅速将本案移送至上海二分检以后（意味着项某的刑期要在无期徒刑以上），辩护人两次奔赴案发现场，认为本案不仅欠缺口供（项某 4 次笔录都未曾承认过自己故意伤人），在客观证据层面，本案的现场勘查笔录固定、提取痕迹、物证记录不完整，无法客观反映案发现场情况，不能认定项某具有伤害故意；辩护人现场调查后，又发现床上有新的血迹，辩护人认为不能排除案发时项某的确持刀躺在床上而孙某主动扑上来的可能性。不仅如此，辩护人认为仅仅书面提出该份辩护意见是不够的，还应当争取与上海二分检的检察官当面沟通。在当面沟通后，检察官表示会认真考虑我们的意见，之后，本案即被退回普陀检察院，这是辩护人取得的阶段性成功，意味着项某的最高刑期降至有期徒刑十五年。

其次，在辩护领域同时实现了被告人与被害人（亲属）权益的最大化。辩护人克服了赔偿谅解的巨大困难，在赔偿谅解一度陷入死局的情况下，辩护人坚持“为了被告人，也为了被害人的母亲”的理念，主动承担起了处理项某房产的责任，并在历经多重困难后，最终成功联系到了公证员办理了公证委托，并使孙某母亲获得了90万元现金赔偿，进而获得了谅解书。具体来说，虽然项某一直否认自己的伤害故意，但项某认同孙某因自己的行为而失去了生命，她愿意将自己的房产（也就是案发场所）变现用于赔偿，被告人也表示，不管能否获得谅解，都要把房子赔偿出去。但变卖房产存在诸多实操中的困境：（1）房产证上有两个人的份额，项某占99%，与项某具有法定婚姻关系但早已分居的丈夫靳某占1%份额，靳某虽同意处理房产，但出示了项某在购房时借了靳某55万余元的相关证据（经辩护人梳理流水和其他证据，的确属实），靳某要求，必须保障其55万元债权才同意处理房产，否则不同意处理房产。（2）项某被羁押在看守所，几经周折后，辩护人才成功找到了愿意承接该项业务的公证员，并在检察官、法官、辩护人、靳某在场的情况下，成功办理了公证委托（项某全权委托靳某卖房）。（3）虽然辩护人提交了靳某对项某拥有55万元债权的相关材料，但法官仍对卖房款打入法院账户后，要将其中的55万元转给靳某心存疑虑。（4）时值疫情期间，看守所监管严格，辩护人会见项某都是采取视频方式，看守所拒绝公证员入内。（5）这套房产是俗称的“凶宅”，即使作出了委托公证，能否在法院开庭之前成功变卖，仍是未知数。针对以上问题，辩护人数次邀请靳某来律所洽谈，为其分析项某案情的进展及卖房与否的利弊，最终靳某同意只要能保证55万元债权，就尽力配合，并自愿承担6000元公证费。对于法官的疑虑，我们向法官披露了孙某母亲在疫情期间遭遇电信诈骗，损失40多万元的事实，孙某母亲也向辩护人表达了自己丧失独子后，急需钱款养老的意愿。最终，法官同意在购房款打到法院后，其中的55万元会由法院转给靳某。对于如何办理公证的问题，辩护人在与法官沟通后，递交了《关于向普陀区人民法院申请利用视讯设备进行公证的申请书》，申请辩护人、法官、检察官、公证员、靳某集体到法院，而项某在看守所，双方通过法院的视讯设备与看守所连线并办理委托公证。2022年9月7日，公证办理成功。其后靳某全力以赴寻找买家，最终以市场价基础打7折的价格将房屋卖出。2023年2月13日，孙某母亲前来法院签署了正式的谅解书，本案一审判决生效后，普陀法院执行庭将钱款转给了孙某母亲。

再次，将最新的司法解释规定运用于实务。2021年7月1日起施行的《最高人民法院、最高人民检察院关于常见犯罪的量刑指导意见（试行）》，正式将羁押期间表现好作为从轻量刑情节予以规定，并首次明确了调节幅度："……（十三）对于被告人在羁押期间表现好的，可以减少基准刑的10%以下。"在办理项某案件的过程中，辩护人尽力搜集了能够证成应当调取羁押表现的材料，并写作了《项某被控故意伤害罪一案辩护人申请上海市普陀区人民法院向普陀区看守所调取项某羁押表现材料的申请书》，其中提到"最早在2001年进行过相应尝试的就是上海地区的司法机关，上海市金山区公检法机关出台的《看守所在押人员兑现刑事法律政策的意见》，明确把在押人员羁押期间的表现作为量刑的参考，上述文件将在押人员严重扰乱监管秩序，辱骂管教、司法人员，殴打、侮辱在押人员等9类行为定为建议酌情从重处罚情节，将接受教育管理，多次受到表扬等定为建议酌情从轻处罚情节"。在递交该份申请后，辩护人又与法官沟通多次，最终获得法官认可，法官最后将项某的羁押表现纳入了量刑的裁判考量，并最终体现在判决书中。

最后，通过缜密的法律论证，为项某争取自首的认定。根据普陀检察院起诉书的指控，"项某到案后拒不供述上述事实"。如果辩护人不能为项某争取自首的认定，即使已经获取了谅解书，项某的法定刑最低也会在十年。所以，辩护人一方面多次会见项某，为其分析案情和法规，最终推动项某表示愿意当庭认罪；另一方面，辩护人根据《最高人民法院关于被告人对行为性质的辩解是否影响自首成立问题的批复》，认为项某到案时的笔录仅属于对行为性质的辩解，且现在项某自愿认罪，理应认定项某构成自首。法官最终采纳了辩护人的意见，给予了自首认定。

审判观点

法院认为：项某故意伤害他人身体，致一人死亡，其行为已构成故意伤害罪，应予处罚。普陀检察院指控成立。被告人项某具有自首情节，依法可减轻处罚。在法院审理期间，被告人项某自愿对被害人孙某家属进行赔偿，并取得了谅解，可酌情从轻处罚。辩护人基于上述量刑情节，提出被告人项某酒后冲动犯罪，主观恶性小；案发后第一时间报警，有自首情节；审判期间取得谅解，且在羁押期间表现良好等相关辩护意见，可予采纳。公诉机关当庭提出的量刑建议，可予采纳。最终，法院判决被告人项某犯故意伤害罪，判处有期徒刑七年。

案例编写人 北京金诚同达（上海）律师事务所 吴 湛 庄斌彤

专家点评

岳琴舫 中华全国律师协会副会长、湖北省律师行业党委副书记、湖北省律师协会会长

法不外乎情，本案的辩护过程充分展现了辩护律师专业灵活的辩护思路。更重要的是，本案辩护律师既实现了对被告人权益的维护，又协助被告人对被害方进行了最大限度的补偿，真正做到了"案结事了"。首先，随着本案证据情况的变化，辩护人通过与被告人的有效沟通，及时调整了辩护思路；其次，辩护人通过专业的辩护为被告人争取到了自首的减轻处罚情节和羁押期间表现良好的从轻处罚情节的认定；最后，辩护人克服重重困难，帮助被告人与被害方达成谅解。本案的上述有效辩护手段，兼顾了法与情，既维护了被告人的最大权益，也促进了刑事案件被告人与被害人双方矛盾的积极化解。

相关法条

《中华人民共和国刑法》

第二百三十四条 故意伤害他人身体的，处三年以下有期徒刑、拘役或者管制。

犯前款罪，致人重伤的，处三年以上十年以下有期徒刑；致人死亡或者以特别残忍手段致人重伤造成严重残疾的，处十年以上有期徒刑、无期徒刑或者死刑。本法另有规定的，依照规定。

《中华人民共和国刑事诉讼法》

第四十三条 辩护律师经证人或者其他有关单位和个人同意，可以向他们收集与本案有关的材料，也可以申请人民检察院、人民法院收集、调取证据，或者申请人民法院通知证人出庭作证。

辩护律师经人民检察院或者人民法院许可，并且经被害人或者其近亲属、被害人提供的证人同意，可以向他们收集与本案有关的材料。

《最高人民法院关于适用〈中华人民共和国刑事诉讼法〉的解释》

第十七条 基层人民法院对可能判处无期徒刑、死刑的第一审刑事案件，应当移送中级人民法院审判。

基层人民法院对下列第一审刑事案件，可以请求移送中级人民法院审判：

（一）重大、复杂案件；

（二）新类型的疑难案件；

（三）在法律适用上具有普遍指导意义的案件。

需要将案件移送中级人民法院审判的，应当在报请院长决定后，至迟于案件审理期限届满十五日以前书面请求移送。中级人民法院应当在接到申请后十日以内作出决定。不同意移送的，应当下达不同意移送决定书，由请求移送的人民法院依法审判；同意移送的，应当下达同意移送决定书，并书面通知同级人民检察院。

《最高人民法院、最高人民检察院关于常见犯罪的量刑指导意见（试行）》

（十三）对于被告人在羁押期间表现好的，可以减少基准刑的10%以下。

《最高人民法院关于被告人对行为性质的辩解是否影响自首成立问题的批复》

根据刑法第六十七条第一款和最高人民法院《关于处理自首和立功具体应用法律若干问题的解释》第一条的规定，犯罪以后自动投案，如实供述自己的罪行的，是自首。被告人对行为性质的辩解不影响自首的成立。

39 内蒙古某某公司非法占用农用地案

——占用林地修建牧场行为的定性

案件索引

审查起诉：内蒙古自治区乌海市乌达区人民检察院乌区刑检不诉〔2022〕44号不起诉决定书（2022年7月14日）

基本案情

2011年，内蒙古某县人民政府进行招商引资，王某（以内蒙古某某公司名义）牵头建设的牧场系该县招商引资的项目之一，县政府为该项目选址位于某县某村，并完成牧场通电通路工作。同年6月，王某与某县人民政府签订《战略合作协议书》，协议中约定，由某县人民政府负责提供养殖基地的建设用地，负责基地的通路和通电及协助办理项目的立项和审批等工作，为公司的业务发展提供相关优惠政策和创造良好的经营环境，由内蒙古某某公司负责建立现代化的养殖基地。

签订《战略合作协议》后，王某便开始建设牧场相关设施，雇用建筑公司进行施工，先后修建牛棚、青储窖、挤奶厅、办公室等相关配套设施。2011年11月，王某注册成立内蒙古某某公司，并担任该公司法定代表人，开始生产运营。

2012年1月，某县发展和改革局同意内蒙古某某公司建设示范牧场项目；2012年7月，某县某镇人民政府对该项目选址作出批复，同意内蒙古某某公司示范牧场项目；同时，某县环保局同意项目建设；某县建设规划局同意内蒙古某某公司示范牧场项目的选址。2012年7月26日，内蒙古某某公司向某县林业局提出牧场建设项目使用林地的申请。同年7月，内蒙古自治区林业检测规划院出具《建设项目征占用林地可行性报告》，该报告认为该项目不仅能很好地促进当地社会经济的发展，还会对当地的生态环境产生积极的影响；2012 年 8 月 1 日，某县林业局原则同意内蒙古某某公司使用上述林地；2012 年 11 月 22 日，原国家林业局同意内蒙古某某公司牧场建设项目使用上述林地；2013 年 2 月，某市环境保护局对该项目环境影响报告书作出批复，同意该项目建设；2020 年 10 月，内蒙古某某公司办理了设施农业用地备案手续。

2021 年 8 月，乌海市公安局对内蒙古某某公司涉嫌非法占用农用地案立案侦查。2022 年 1 月，乌海市公安局将内蒙古某某公司涉嫌非法占用农用地一案移送乌海市人民检察院审查起诉。

最终，经检察院审查，认为内蒙古某某公司没有犯罪事实，决定对内蒙古某某公司不起诉。

核心争议焦点

内蒙古某某公司占用林地建设牧场的行为是否构成非法占用农用地罪。

控辩双方观点及思维分析

控方认为：2011 年 6 月，内蒙古某某公司及原法定代表人王某为了建设奶牛养殖场，未经林业主管部门批准，在某县某村林地内，以内蒙古某某公司的名义雇用建筑公司平整土地、修建牛棚等建筑物，改变了被占用林地的用途，数量较大，造成林地大量毁坏。内蒙古某某公司及王某的行为已触犯《刑法》第 342 条之规定，涉嫌非法占用农用地罪。

针对以上指控，辩护人提出以下几点观点：

第一，王某平整林地时内蒙古某某公司尚未成立，因此内蒙古某某公司没有实施毁坏林地的行为，不应成为非法占用农用地罪的犯罪主体。

第二，占用林地是政府的行为，不应追究内蒙古某某公司的刑事责任。

本案有大量的证据证明，占用林地是某县政府的行为，不应追究内蒙古某某公司及其负责人的刑事责任。该项目是某县政府招商引资而来，政府承诺解决“三通一平”，即通水、通电、通路、平整土地，让企业在土地使用方面没有后顾之忧。

第三，王某等人建设牧场时不知相关土地性质为林地，认为土地使用是合法的，因此其没有非法占用农用地的主观故意。

根据在案证据，王某等人在施工时并不知道占用的土地是林地，因为按照政府的承诺，土地（由）某县人民政府提供，并保证“三通一平”，基于对政府的信任，其认为土地使用是合法的，所以才放心大胆地建设牧场，没有想到土地是非法占用的，因此王某等人在2011年建设牧场时没有非法占用农用地的主观故意。

第四，该项目属于设施农业用地，没有改变被占用土地的用途，内蒙古某某公司已按照相关规定办理了设施农业用地的所有手续。

1. 内蒙古某某公司的用地为生产设施用地和附属设施用地，属于农用地，没有改变被占用土地的用途。我国《畜牧法》第37条规定，国家支持农村集体经济组织、农民和畜牧业合作经济组织建立畜禽养殖场、养殖小区，发展规模化、标准化养殖。农村集体经济组织、农民、畜牧业合作经济组织按照乡（镇）土地利用总体规划建立的畜禽养殖场、养殖小区用地按农业用地管理。根据《内蒙古自治区自然资源厅、农牧厅关于规范和加强设施农业用地管理的通知》（以下简称《通知》）的规定，设施农业用地属于农用地，分为生产设施用地和附属设施用地。生产设施用地指直接用于农产品生产的设施用地，包括规模化养殖中畜禽蚕舍（含畜禽活动场地、挤奶厅等）、引种隔离等生产设施及绿化隔离带用地；规模化种植养殖中低于“农村道路”最高标准要求的园（场）区内通道、给排水设施用地。

附属设施用地是指直接服务于农业生产项目的辅助或配套设施用地，其中包括养殖类附属设施用地，即为养殖类设施农业生产配套的检验检疫监测、动物疫病虫害防控等技术设施以及必要的管理用房用地，生产看护房用地，与畜禽水产养殖直接关联的粪污处置、病死禽无害化处理等设施用地。附属设施用地规模根据种植养殖规模确定，牛、羊养殖附属设施用地没有上限规定。

根据以上规定，内蒙古某某公司的牧场项目用地为生产设施用地和附属设施用地，没有改变被占用土地的用途，依然为农用地。

2. 内蒙古某某公司已按照相关规定办理了设施农业用地的所有手续。根据《通知》之规定，设施农业用地实行用地协议备案制，由辖区某镇政府（街道办事处）备案，某镇政府（街道办事处）、村（嘎查）集体经济组织是设施农业用地的管理主体，县级自然资源和农牧部门负责设施农业用地的监管。

2014年，内蒙古某某公司与某县人民政府签订了土地流转协议，并支付了流转费用。2020年，内蒙古某某公司向某村村委会、某县某镇人民政府进行了设施农业用地备案。因此，内蒙古某某公司已按照相关规定办齐了设施农业用地的所有手续。

第五，2012 年 11 月 21 日，原国家林业局作出《使用林地审核同意书》，同意内蒙古某某公司示范牧场建设项目使用某县集体林地 84.3921 公顷。

从 2012 年 1 月至 2012 年 11 月，经过层层审批，内蒙古某某公司终于取得了原国家林业局发出的《使用林地审核同意书》，合法合规地使用某县集体林地。

辩护点睛

辩护律师根据企业与某县政府招商引资时签订的《战略合作协议书》内容：政府承诺提供土地，并保证“三通一平”，提出企业没有实施非法占用林地的行为；同时根据项目的具体建设情况，提出项目属于设施农业用地，企业占地没有改变被占用土地用途的辩护意见，从犯罪构成上否定了内蒙古某某公司构成非法占用农用地罪。

案例编写人 北京市康达律师事务所　郭利娜

专家点评

童德华　中南财经政法大学刑事司法学院、国家治理学院教授、博士生导师，中南财经政法大学廉政研究院副院长、刑事合规研究中心主任，中国刑法学研究会常务理事

本案具有很显著的代表性。实践中，个别地方政府为了追求当地经济发展，在招商引资过程中承诺提供土地及帮助办理相关手续。一些企业基于政府承诺，遂进场施工。这种行为是否具有刑事违法性，不能仅根据行政违法情况进行判定，还要考虑到该类行为有无严重的社会危害性。从犯罪本质而言，通常只要行为人的行为会被事后批准，就不应认为行为人的行为违反了土地管理秩序及相关法益。所以，本案中涉案单位的行为在没有改变土地使用用途的情况下，不宜认定为犯罪。从刑事政策上看，这也是地方营造良好营商环境应当考虑的重要问题。

相关法条

《中华人民共和国刑法》

第三百四十二条 违反土地管理法规，非法占用耕地、林地等农用地，改变被占用土地用途，数量较大，造成耕地、林地等农用地大量毁坏的，处五年以下有期徒刑或者拘役，并处或者单处罚金。

《中华人民共和国刑事诉讼法》

第一百七十七条 犯罪嫌疑人没有犯罪事实，或者有本法第十六条规定的情形之一的，人民检察院应当作出不起诉决定。

对于犯罪情节轻微，依照刑法规定不需要判处刑罚或者免除刑罚的，人民检察院可以作出不起诉决定。

人民检察院决定不起诉的案件，应当同时对侦查中查封、扣押、冻结的财物解除查封、扣押、冻结。对被不起诉人需要给予行政处罚、处分或者需要没收其违法所得的，人民检察院应当提出检察意见，移送有关主管机关处理。有关主管机关应当将处理结果及时通知人民检察院。

《中华人民共和国畜牧法》

第三十七条 各级人民政府应当保障畜禽养殖用地合理需求。县级国土空间规划根据本地实际情况，安排畜禽养殖用地。畜禽养殖用地按照农业用地管理。畜禽养殖用地使用期限届满或者不再从事养殖活动，需要恢复为原用途的，由畜禽养殖用地使用人负责恢复。在畜禽养殖用地范围内需要兴建永久性建（构）筑物，涉及农用地转用的，依照《中华人民共和国土地管理法》的规定办理。

⑩ 张某等骗取贷款、伪造国家机关证件案

——“倒贷”不存在骗取贷款、银行内部剥离不良资产不具有刑法意义上的损失

案件索引

一审： 河南省新乡市牧野区人民法院（2020）豫0711刑初297号（2021年5月23日）

二审： 河南省新乡市中级人民法院（2017）豫07刑终190号（2017年9月13日）

重审一审： 河南省新乡市牧野区人民法院（2017）豫0711刑初415号（2019年4月30日）

重审二审： 河南省新乡市中级人民法院（2019）豫07刑终286号（2019年7月11日）

再审： 河南省牧野区人民法院（2020）豫0711刑初297号（2021年5月23日）

基本案情

一、事实情况

河南天某纺织有限公司（以下简称天某纺织公司）系一家纺织生产企业，河南天某工业（集团）有限公司（以下简称天某集团公司）系管理性公司，上述二企业法定代表人均为张某。天某纺织公司因生产需要，多次向中国某发展银行新乡市分行营业部（以下简称某发展银行）、各商业银行贷款，累计上亿元。天某集团公司、张某均为担保人。

2002年至2012年期间，天某纺织公司、天某集团公司因年检需要出具

场地证明，但因二企业均是租赁农村土地，无土地使用证及房产证，经核实工商部门留存的年检材料，发现二企业在原工商部门进行年检时，使用了变造的国有土地使用证、房屋所有权复印件若干份，用于2009年至2012年天某集团公司及天某纺织公司在工商部门的年检、资本变更等事务。土地出租方新乡市天某工业总公司（农村集体组织）发现后随即报案，公安机关立案侦查。

2007年至2013年期间，天某纺织公司陆续在某发展银行贷款。2013年1月29日、2013年12月3日天某纺织公司使用变造的审计报告和虚假的购销合同分两次从某发展银行贷款3950万元，用于归还天某纺织公司以前的贷款。该3950万元贷款逾期后，2014年7月25日担保单位新乡市某食品有限公司（以下简称某食品公司）代其偿还银行贷款1000万元；2014年9月22日，某发展银行扣除天某纺织公司保证金267.5万元后，又于2014年12月23日通过竞拍将天某纺织公司的2682.5万元债权以234万元的价格转让给了中国某资产管理有限公司河南省分公司（以下简称某资产公司）。某资产公司于2020年5月22日向张某发出债权催收及处置通知书，主张债权26825000元。

公安机关调取的天某纺织公司借款合同、保证合同、审计报告、购销合同，证实确实存在贷款时审计报告不一致、购销合同虚假的事实。

二、诉讼情况

2014年7月1日，张某因涉嫌伪造国家机关证件被新乡市公安局卫北分局刑事拘留，于2014年8月7日因检察院不批捕被新乡市公安局卫北分局取保候审。因涉嫌犯伪造国家机关证件、骗取贷款罪，于2015年7月15日经新乡市牧野区人民检察院决定被取保候审。案件起诉至法院后，2016年1月27日被取保候审，2017年1月21日被监视居住，2017年3月14日被取保候审，2018年3月13日被监视居住，2018年9月12日被取保候审。案件再次起诉至法院后，于2020年11月24日被取保候审。

公诉机关认为：

1. 张某作为二公司的法定代表人，该二公司于2002年至2012年多次伪造国有土地使用证、房屋所有权证，用于2009年至2012年该二公司工商部门的年检、资本变更等事务，被告人张某伪造国家机关证件，其行为触犯了《刑法》第280条第1款，应当以伪造国家机关证件罪追究其刑事责任。

2. 张某采用变造审计报告、伪造购销合同等手段，自 2007 年至 2013 年陆续在某发展银行贷款。2013 年 1 月 29 日、2013 年 12 月 3 日，被告单位天某纺织有限公司法定代表人张某采用变造审计报告、伪造购销合同等手段分两次从某发展银行贷款 3950 万元，用于归还天某纺织公司以前的借款。天某纺织公司在某发展银行的 3950 万元贷款逾期后，2014 年 7 月 25 日担保单位某食品公司代其偿还银行借款 1000 万元；2014 年 9 月 22 日，某发展银行扣除天某纺织有限公司保证金 267.5 万元后，于 2014 年 12 月 23 日某发展银行河南省分行通过竞拍将天某纺织公司的 2682.5 万元债权以 234 万元的价格转让给了中国某资产管理有限公司河南省分公司，造成某发展银行新乡市分行营业部直接经济损失 2448.5 万元。张某作为天某纺织公司的法定代表人，采取欺骗手段取得银行贷款，给银行造成特别重大损失，其行为触犯了《刑法》第 175 条之一第 1 款及第 2 款，应当以骗取贷款罪追究被告单位天某纺织公司及被告人张某的刑事责任。

2019 年 4 月 30 日，河南省新乡市牧野区人民法院一审判决认为，被告单位天某纺织公司及被告人张某构成伪造国家机关证件罪、骗取贷款罪，判处有期徒刑三年，并处罚金 10 万元。

2019 年 7 月 11 日，河南省新乡市中级人民法院裁定驳回上诉、维持原判。

2019 年 11 月 26 日，河南省新乡市中级人民法院决定再审，并裁定撤销原判，发回重审。

2021 年 5 月 23 日，河南省新乡市牧野区人民法院再审一审判决被告单位天某纺织公司、张某无罪。

核心争议焦点

本案涉及两个罪名，根据两个罪名分别确认争议焦点如下：

一是关于伪造国家机关证件罪，争议焦点在于：

1. 是否有证据证明张某实施了伪造国家机关证件的行为？

2. 该伪造行为是否构成刑法意义上的犯罪？

二是关于骗取贷款罪，争议焦点在于：

1. 银行工作人员是否知晓续贷中的相关行为？

2. 银行不良资产的拍卖是否构成骗取贷款中的损失？

控方观点

一、关于伪造国家机关证件罪

张某作为天某集团公司、天某纺织公司的法定代表人，在2002年至2012年间多次伪造国有土地使用证、房屋所有权证，用于2009年至2012年在工商部门的年检、资本变更等事务，上述事实有以下证据可以证实：房屋所有权证外套4个、档案借条、收条、文档借阅登记本、土地使用证、房产证复印件、新乡市牧野区村村委会承包合同、补充协议、营业执照、收款收据、办事处证明、企业申请登记表、年检报告书、企业登记申请书、证人证言及张某的供述予以证实，应当以伪造国家机关证件罪定罪量刑。

二、关于骗取贷款罪

被告单位天某纺织公司及其法定代表人张某采用变造的审计报告、伪造购销合同等手段，自2007年至2013年陆续在某发展银行贷款3950万元，贷款逾期未还。上述事实，有以下证据予以证实：印章物证、贷款手续、审计报告、支付贷款资金通知单 、棉花购销合同、天某纺织公司董事会决议、银行交易明细、情况说明、承诺书、声明书、土地评估价值报告、4位证人的证言、张某的供述与辩解，上述证据足以认定被告单位天某纺织公司、张某构成骗取贷款罪，应当以骗取贷款罪定罪量刑。

辩护思路

辩护人认为：无论从犯罪构成，还是事实与证据方面，均不能认定张某构成犯罪。

一、张某不构成伪造国家机关证件罪

该事实的争议焦点中最主要的是两个方面：一是有无原始证据印证，二是是否具有社会危害性及情节认定。

关于有无原始证据，本案自始至终未见指控伪造的国有土地使用证和房屋产权证证件原件，本案是否伪造有原件，是无法确定的事实。并且，办案单位的补侦报告也说明了工商管理部门称企业年检是不需要提供原件的。而

企业档案中的复印件是否系伪造，复印件是真是假，也没有相关其他证据予以印证。同时，办案单位出具的一份“情况说明”，称无法鉴定土地证和房产证上印章的真伪，也就证明了无法确定复印件的真伪。而同案犯即该企业副总刘某，主管该企业年检事宜，张某也称是安排刘某办理年检事宜，但因证据不足，检察机关撤销对其的指控。刘某称从来没有伪造过任何证件，张某也从没有安排其伪造。在此情况下，仍指控张某伪造证件，显然是证据不足。

关于是否具有社会危害性及情节认定。涉案的房产证、土地证复印件仅是在工商年检中使用，没有造成任何社会危害性，也没有造成任何损害后果，更没有给利害关系人土地出租方造成任何的伤害。并且，根据2014年国务院出台的《注册资本登记制度改革方案》，企业不再需要每年进行工商年检，企业年检制度已被企业年度报告公示制度所取代。

因此，本案在张某不是亲自去伪造的证件、刘某不承认其去伪造的证件、伪造的证件没有原件，在策划、指使、承办、证件来源都无法证明且证据之间具有重大矛盾的情况下，认定张某构成伪造国家机关证件罪，显然证据不足，达不到确实、充分的证明标准。

二、张某不构成骗取贷款罪

（一）张某不存在骗取贷款的主观故意，配合银行续换贷的行为证实银行并未被骗

前述所称天某纺织公司骗取的两笔贷款，并不是真正意义上的贷款，而是以贷还贷，即续贷，俗称“倒贷”。该事实有相关证人予以证实。在这个前提下，以下一系列的行为都是顺理成章的：为了让天某纺织公司还上前期贷款，便于银行内部的资金平衡和考核，银行的工作人员联系了贷款用途的另一方当事人，协助天某纺织公司签订了购销合同，并安排第三人的账户进行“过桥资金”的转账；同样为了银行内部的资金平衡和考核的需要，让天某纺织公司配合完成了该笔贷款的剥离，转让给某资产公司。在以贷还贷的前提下，在某发展银行并不存在被骗，且某发展银行安排所有操作的情况下，天某纺织公司和张某不存在骗取贷款的故意和犯罪动机。

（二）不能认定银行遭受损失

公诉机关指控认定，银行损失是某发展银行转让给某资产公司的价格与天某纺织公司所欠贷款数额的差额部分，但这是不准确的。首先逾期贷款因

剥离而形成的损失，不是刑法意义上的直接经济损失，也并非不可挽回的直接经济损失。不良贷款的剥离系银行的政策性商业行为，属于对银行企业借贷积欠债务的处理，以减轻国有商业银行的负债包袱。因此，其不是天某纺织公司的直接行为所造成的损失，不宜认定为刑法意义上的损失。

某发展银行将该笔债权予以转让是银行单方行为，没有和天某纺织公司进行沟通，也没有询问天某纺织公司是否愿意回购该债权。因为本案的涉案债权最后是以234万元卖出的，天某纺织公司当时完全有能力回购，而不至于以后还要承担某资产公司起诉和索要全部债权数额的风险。

某发展银行没有穷尽一切办法，反而将天某纺织公司的贷款转为不良资产，并低价卖出，显失公平，也不能作为损失的依据。办案单位在2018年5月补充侦查所得的材料中，有某发展银行转让天某纺织公司项目时的档案材料，里面有一份某资产评估公司在2014年9月15日所作的《债权价值分析报告》，结论是：分析基准日为2014年7月31日，通过对债务人和担保人进行一般债权债务分析，债权预期可实现价值为1444.9万元（其中保证人代偿金额为300万元），占债权资产的比例为39%。还有一份某律师事务所在2014年9月25日出具的《法律意见书》，结论性意见是："债权合法有效，均处于诉讼时效期间，贵行实现债权具有可能性。"而某发展银行在2014年8月25日向上级银行及有关部门的"请示"中，也认为"预计从天某印染公司（注：天某纺织公司的关联公司）的土地、房屋变卖中能收回300万元""预计损失率为50%以上"。

从以上材料显示，如果某发展银行通过起诉的方式追索贷款，是有收回50%以上债权可能性的。某食品公司为天某纺织公司代为归还的1000万元贷款就是一个很好的例子。但是某银行却直接打包转让给了他人，因此不能以此认定为这就是某发展银行的损失。

（三）银行内部剥离不良资产的行为造成的后果不能作为骗取贷款的依据

天某纺织公司的续贷行为和某发展银行的剥离所致损失间不存在直接的因果关系，剥离工作是由某发展银行操作，天某纺织公司配合，并且也是完成其《金融企业不良资产批量转让管理办法》规定中批量转让必须有的10户以上的任务。而按照规定，所造成的逾期贷款余额损失，已经为国家政策豁免，因此不能归责于天某纺织公司造成的损失。

某发展银行的剥离及拍卖行为，价格上存在很大的或然性。本案卖出的价格是234万元，这个234万元是如何确定而来的？起拍价是多少？评估价格是多少？如何评估的？如何竞拍的？对此，并无相关证据证明其真实性、合法性。假如拍卖价是100万元，或者是2000万元，后果是完全不一样的。因此，以某发展银行剥离拍卖的行为导致的差额计算天某纺织公司造成的损失，没有法律依据，并且显失公正。

并且，所指控的天某纺织公司退赔某银行2448.5万元，与本案的民事事实不符。本案债权从民事的角度已经转让给了某资产公司，某发展银行已经没有受偿的权利，而且国家已经豁免了某发展银行的损失，即没有损失。

另外，既然本案债权已经转让给了某资产公司，某资产公司必然会向天某纺织公司追索债务，如果某资产公司通过诉讼并且执行了天某纺织公司和两个保证人追回了全部债权，本案却以造成某发展银行损失为由追究天某纺织公司及张某的责任，显然是不公平的，而且是矛盾的。

辩护点睛

一、认真研究案件，把握每一个程序，积极沟通，不放弃、不抛弃

本案从2014年7月开始，直至2021年5月底结案，历时7年。在这7年中，当事人和辩护律师的坚持尤为重要，认真把握每一个程序，与承办人积极沟通。从专业上认真分析研究，是本案的核心与关键。

（一）张某是否构成伪造国家机关证件罪

伪造国家机关证件罪是属于《刑法》第六章妨害社会管理秩序罪中的第一节扰乱公共秩序罪下的罪名。但是企业年检制度已经被有关部门取消。因此，本案天某集团公司、天某纺织公司在工商年检时使用的即便是虚假证件，也因已经不具有妨害性而不应予以追究。并且，工商管理部门也并没有认为天某纺织公司的行为构成妨害社会管理秩序，办案单位出具的“情况说明”，称工商部门拒绝提供证明材料，也就意味着工商部门作为管理方的态度。

《最高人民检察院法律政策研究室关于买卖伪造的国家机关证件行为是否构成犯罪问题的答复》中指出：“对于买卖伪造的国家机关证件的行为，依法应当追究刑事责任的，可适用刑法第二百八十条第一款的规定以买卖国家机关证件罪追究刑事责任。”从该答复中可以看出，对于伪造国家机关证件的

行为，是依法应当追究刑事责任的，同时还应当考虑相关情节、目的与动机。因此，最高人民检察院的该答复和《刑法》的基本精神是一致的。《刑法》第13条有但书规定，即“情节显著轻微危害不大的，不认为是犯罪”。

《治安管理处罚法》对于伪造、变造或者买卖国家机关、人民团体、企业、事业单位或者其他组织的公文、证件、证明文件、印章的，处10日以上15日以下拘留，可以并处1000元以下罚款；情节较轻的，还可以处5日以上10日以下拘留，并处500元以下罚款。也就是说，伪造证件，并不一定都由刑法规制，如果不是造成严重的社会影响和危害，行政处罚足可以达到处罚和教育的目的。对于仅仅是为了年检时使用（还不是初始登记注册），而没有其他的非法目的，也没有造成其他任何后果的情形，如果按照犯罪处理，追究其刑事责任，则会有悖于刑罚的谦抑性。

（二）张某是否构成骗取贷款罪

关于该起事实，主要研判张某有无骗贷的故意、和银行配合续换贷行为的性质认定以及涉案银行是否遭受损失，及银行内部剥离不良资产对于骗取贷款性质的影响。

某发展银行转让涉案债权的依据是财政部、银监会在2012年1月18日实施的《金融企业不良资产批量转让管理办法》，而该办法所称的“批量转让”，就是金融企业对一定规模的不良资产（10户/项以上）进行组包，定向转让给资产管理公司的行为；并且，要求样本资产不低于每批次资产的80%；而金融企业应在卖方尽职调查的基础上，采取科学的估值方法，逐户预测不良资产的回收情况，合理估算资产价值，作为资产转让定价的依据；而买方资产管理公司通过买方尽职调查，补充完善资产信息，对资产状况、权属关系、市场前景等进行评价分析，科学估算资产价值，合理预测风险。对拟收购资产进行本量利分析，认真测算拟收购资产的预期收入和成本，根据资产管理公司自身的风险承受能力，理性报价。制定不良资产收购管理制度，设立收购业务审议决策机构，建立科学的决策机制，有效防范经营风险。

也就是说，转让不良资产，本身就是一个经营行为，资产包好的，可以盈利的，资产公司才进行购买；不好的，没有价值的，资产公司则不会购买。特别是通过拍卖方式，价格会更低，因为拍卖的市场规则是底价竞拍，为了便于交易。因此，以某发展银行内部单方转让，以某资产公司的买入价来计算损失，显失公平且无法律依据。

二、坚持无罪辩护，树立坚定信心

本案从一审判决有罪，二审维持原判，当事人和律师立即提出再审申请，当地中级人民法院裁定再审，发回重审，最终判决张某、被告单位全案无罪。如果没有坚定的信念，本案是不可能有此判决的。如果再审法官不能坚持“努力让人民群众在每一个司法案件中感受到公平正义”，本案也不可能有此判决。

法学专家张明楷教授提出，刑法的目的与任务是保护法益，但是这并不意味着对任何侵犯法益的行为都必须规定或者认定为犯罪，要采取谦抑的法益保护原则。[①] 就本案而言，张某构成伪造国家机关证件罪的证据是不足的，本案认定的事实仅为天某公司在工商登记材料中使用了不真实的房产证复印件以此证明公司的住所地而已，然而该行为并没有给任何人或任何单位造成损害。

《刑法》设立骗取贷款罪，从立法角度上，是为了保护银行贷款资金的安全，防范贷款风险，而不是要惩罚一切不合规的贷款行为。骗取贷款罪要求的是行为人采取欺骗手段造成银行等金融机构陷入错误认识而发放贷款，从而使行为人获取贷款，并给银行或者其他金融机构造成重大损失或者具有其他严重情节。

而本案起诉书对于骗取贷款罪的指控，其实质是一个借新还旧的贷款行为。财务报表在贷款中只是形式而已。并且，本案银行为了内部绩效考核而剥离不良资产的行为，不能认定为已经给银行造成了损失。

本案最终判决被告人及单位无罪的关键在于认定了“无法排除银行工作人员为维护银行利益、防范银行风险而实施帮助、指导企业寻找购销合同相对人、借用第三方账户 、放贷后归还过桥资金行为的合理怀疑”，从而判决涉案企业和个人无罪，对于实践中大量存在的类似情况，具有重要价值和司法实践意义。

近年来，我国司法环境和司法理念不断改善，特别是最高人民法院先后出台了《关于依法平等保护非公有制经济促进非公有制经济健康发展的意见》《关于充分发挥审判职能作用切实加强产权司法保护的意见》《关于充分发挥审判职能作用为企业家创新创业营造良好法治环境的通知》等文件，强调了

① 参见张明楷：《刑法学》，法律出版社 2021 年版。

对于企业和企业家的保护，不因为瑕疵行为而归罪，进而促进增强企业家对人身、财产的安全感和干事创业的信心，而本案就是一个很典型的例子。本案的无罪判决，对于稳定企业、稳定市场投资环境有着重要意义。

本案从2014年7月立案侦办，历经一审判决有罪，二审发回重审，重审一审判决有罪再上诉，二审维持原判，再审指令重审，最终获判无罪，历经7年有余。本案的办案经历体现了罪与非罪的重大争议以及本案辩护律师、当事人对正义和真理持之不懈的坚持。笔者认为，在案件事实和证据的基础上，只有从专业的角度准确把握案件的性质，找准案件的突破口，并且有效地同相关部门进行沟通，坚持正确的意见，才能为当事人争取最大的自由和利益。

审判观点

法院生效裁判认为：被告单位天某纺织公司及被告人张某虽采用变造审计报告、伪造购销合同等手段两次从某发展银行贷款3950万元，但其贷款的目的是用于归还天某纺织公司之前的贷款。在本案中，现有证据无法证实被告单位和被告人变造审计报告、伪造购销合同的行为与某发展银行发放贷款及造成特别重大损失之间存在因果关系。且从证人张某、张某某、熊某某、孙某某、靳某某、许某某等人的证言中，无法排除银行工作人员为维护银行利益、防范银行风险而实施帮助、指导天某纺织公司寻找购销合同相对人、借用第三人账户、放贷后归还过桥资金行为的合理怀疑，故公诉机关对被告单位天某纺织公司及被告人张某构成骗取贷款罪罪名的指控，不予支持。公诉机关对于被告人张某犯伪造国家机关证件罪的指控，现有证据达不到确实、充分的证明标准，不予支持。故判决被告单位天某纺织有限公司无罪、被告人张某无罪。

案例编写人 北京大成（郑州）律师事务所 李红新

专家点评

陈伟　西南政法大学法学院教授、博士生导师，中国刑法学研究会常务理事

本案的辩护活动，充分体现了“以事实为根据、以法律为准绳”

的认定思路。本案涉及两个罪名，伪造国家机关证件罪和骗取贷款罪。就伪造国家机关证件罪而言，辩护人的辩护理由分为三个层次：第一，现有证据无法证明被告人伪造了国家机关证件原件；第二，对于在案的复印件，其真伪无法确定，且无证人证言证明被告人存在伪造国家机关证件的行为，无法证明被告人伪造了国家机关证件复印件；第三，即使被告人存在伪造复印件的行为，也不存在社会危害性，因此难以认定为伪造国家机关证件罪。上述三个层次以在案证据为依据，层层递进、步步为营，有理有据、条理清晰，具有较强的说服力。

就骗取贷款罪而言，辩护人敏锐地抓住成立本罪需要“以欺骗手段”“给银行或者金融机构造成重大损失”这两个要件，进而指出本案被告人的贷款是为配合银行偿还原有贷款的“倒贷”行为，不存在“欺骗手段”；同时指出，银行内部剥离不良资产行为所造成的后果，不是被告人造成的“重大损失”；且即使存在客观损失，也难以完全归咎于被告人。以罪刑法定原则为基础，紧紧围绕构成要件进行解读，透过形式抓住实质，对罪与非罪的辨析具有说服力。

另外，再审法院的改判理由值得关注，其专业素养值得肯定。在我国司法实践中，对刑法意义上的因果关系认定往往较具模糊性。本案的再审法院穿透案件事实，没有仅凭被告人存在变造审计报告、伪造购销合同等手段和银行存在客观损失就肯定因果关系的存在，体现了司法机关规范思维的实践发挥，使刑法理论运用于个案之后的公正价值得以实现。

相关法条

《中华人民共和国刑法》

第一百七十五条之一 以欺骗手段取得银行或者其他金融机构贷款、票据承兑、信用证、保函等，给银行或者其他金融机构造成重大损失的，处三年以下有期徒刑或者拘役，并处或者单处罚金；给银行或者其他金融机构造成特别重大损失或者有其他特别严重情节的，处三年以上七年以下有期徒刑，并处罚金。

单位犯前款罪的，对单位判处罚金，并对其直接负责的主管人员和其他直接责任人员，依照前款的规定处罚。

第二百八十条　伪造、变造、买卖或者盗窃、抢夺、毁灭国家机关的公文、证件、印章的，处三年以下有期徒刑、拘役、管制或者剥夺政治权利，并处罚金；情节严重的，处三年以上十年以下有期徒刑，并处罚金。

《中华人民共和国刑事诉讼法》

第二百条　在被告人最后陈述后，审判长宣布休庭，合议庭进行评议，根据已经查明的事实、证据和有关的法律规定，分别作出以下判决：

（一）案件事实清楚，证据确实、充分，依据法律认定被告人有罪的，应当作出有罪判决；

（二）依据法律认定被告人无罪的，应当作出无罪判决；

（三）证据不足，不能认定被告人有罪的，应当作出证据不足、指控的犯罪不能成立的无罪判决。

41 刘某军故意伤害案

——亲友证言的证明力不足导致关键证据存疑的，如何处理

案件索引

一审： 广东省惠州市惠阳区人民法院（2020）粤1303刑初91号（2020年7月13日）

二审： 广东省惠州市中级人民法院（2021）粤13刑终375号（2020年11月9日）

重审一审： 广东省惠州市惠阳区人民法院（2020）粤1303刑初880号（2021年4月25日）

重审二审： 广东省惠州市中级人民法院（2021）粤13刑终 297号（2021年12月29日）

基本案情

公诉机关指控：2016年10月3日1时许，被告人刘某军与肖某文（已判决）及杨某高（另案处理）等人在广东省惠州市惠阳区淡水街道办事处惠康东路建设大厦北侧路边夏某长经营的烧烤档吃夜宵时，肖某文酒后闹事打砸该烧烤档物品，致烧烤车冲撞到旁边正在吃夜宵的被害人万某。被害人万某在与肖某文理论时被踹倒后持啤酒瓶回击，引发双方斗殴，肖某文与被告人刘某军等人持刀具等工具将被害人万某、李某、包某等人砍伤，肖某文也被打伤送医治疗。经鉴定，被害人万某的损伤程度属重伤二级，被害人李某的损伤程度属轻伤二级，其余两位被害人的损伤程度属轻微伤。2016年11月9日，公安机关抓获被告人肖某文，被告人刘某军等人在逃。2019年9月5日，公安机关通过网上追逃抓获被告人刘某军。

2020年7月13日，广东省惠州市惠阳区人民法院对该案作出一审判决，

认为被告人刘某军因琐事持械故意伤害他人身体，致一人重伤、一人轻伤、二人轻微伤，其行为已构成故意伤害罪。鉴于本案是因被告人的同伴肖某文酒后打砸烧烤档物品，致烧烤车冲撞到被害人万某而引起双方打斗，被告人刘某军在受到对方攻击后才参与，其主观恶性较小，在共同犯罪中起次要作用，是从犯，依法可以从轻处罚。公诉机关指控被告人所犯罪名成立，但量刑建议偏高，不予采纳。本案是因同案人肖某文酒后闹事所引发，被害人一方并无明显过错，故辩护人关于被害人在本案中也存在过错的意见，不予采纳。根据本案证据，证人杨某证实被告人刘某军参与打架，同案人杨某高亦证实被告人刘某军持刀参与打斗，该二人同在现场目睹或参与整个过程，对被告人刘某军参与打斗的经过的陈述基本一致，真实可信，且被告人刘某军亦供称案发时其与肖某文等人在现场，因此，应当认定被告人刘某军参与了本案的事实。故被告人刘某军提出其没有参与打架，不认为构成故意伤害罪，以及辩护人提出本案存在疑点等意见，不予采纳。被告人刘某军犯故意伤害罪，判处有期徒刑四年。

2020 年 11 月 9 日，广东省惠州市中级人民法院以事实不清、证据不足为由发回重审。

2021 年 4 月 25 日，广东省惠州市惠阳区人民法院重新组成合议庭对该案进行审理并作出判决，认为被告人刘某军因琐事持械故意伤害他人身体，致一人重伤，一人轻伤，二人轻微伤，其行为已构成故意伤害罪。公诉机关指控被告人所犯罪名成立，证据确实充分。因本案发回重审后，公诉机关未提出新的犯罪事实指控，根据上诉不加刑原则，公诉机关的量刑建议适当，予以采纳。对于辩护意见，经查，证人杨某及杨某高证言均证实被告人刘某军持械参与打斗，并对被告人刘某军进行了辨认指认，并有证人王某琴等二人的证言及被害人的陈述，法医学人体损伤程度鉴定书等证据予以印证，足以认定被告人刘某军参与故意伤害的事实，故被告人刘某军及辩护人的意见于理无据，不予采纳。被告人刘某军犯故意伤害罪，判处有期徒刑四年。

上诉人刘某军提出上诉意见称：原审判决认定事实不清，证据不足，请求二审法院按照存疑有利于被告人的原则，依法改判其无罪，理由是：（1）重审时公诉机关并未出示新的直接有效的证据，此案仍是事实不清、证据不足。视频资料无法准确辨认和确认其是否参与打架斗殴，无法证明其在整个事件中的作用，不能用作关联证据。（2）其没有参与打架斗殴，当晚看到他们发生冲突就离开，对后面的事情并不知情。（3）杨某高与杨某是亲戚，是为包庇亲戚而故意撒谎，被害人及证人都指认肖某文是持刀乱砍的人，仅杨某高说砍人的是刘某军，打人的 3 个陌生男子是杨某高的朋友。肖某文的供述前后矛盾——在其晕倒的情况下如何确定是刘某军持刀砍人。（4）参与本案打斗的 3 名陌生男子尚未归案，许多事实存在疑问。被害人万某的证词表明，他虽然在现场，但并没有出手伤害他人。本案没有现场监控视频，无法客观准确地反映当时的事发过程及全面情况，不能形成证据链。

核心争议焦点

刘某军是否持刀参与本案打斗，并致被害人受伤？

控辩双方观点及思维分析

一、控方指控

1. 原审判决认定，上诉人刘某军犯故意伤害罪的事实清楚，证据确实充分。

2. 在案证据系侦查机关依法取得，并经原审法院当庭质证、认证，形成严密的证据体系，应当作为定案依据使用。二审期间，侦查机关出具情况说明一份，证实杨某和杨某高之前的证言真实，且与上诉人刘某军没有个人恩怨；补充的现场监控视频，虽然距离远，发生冲突后有 2 个人拿刀冲出来，证实至少有 2 个人拿刀追砍被害人，与证人证言和被害人陈述能够相互印证。

3. 上诉人刘某军到案后一直拒不认罪，原审法院采纳原公诉机关的量刑建议，对刘某军的量刑适当。

4. 原审判决审判程序合法，综上，建议二审法院驳回上诉，维持原判。

二、辩护人辩护意见

原审判决认定被告人刘某军构成故意伤害罪的事实不清，证据明显不足，请求二审法院依法对被告人刘某军作出无罪判决。理由是：

1. 本案仅有两名证人的证言与被告人刘某军相关，但两名证人均与本案有利害关系（与主要被告人肖某文有亲戚关系），其中杨某高的证言明显偏袒肖某文，证言虚假，不具有真实性和客观性，证人杨某的证言也不能排除偏袒肖某文、嫁祸刘某军的可能性，均依法不能作为定案的根据，现有证据不足以证明刘某军参与了打斗，不能认定其构成故意伤害罪。

2. 受害人万某是否因伤失血达到中度休克的事实明显存疑，不能证明受害人受伤程度达到重伤二级，鉴定意见不能作为定案的依据。

3. 本案原二审曾因证据不足发回重审，发回重审后公诉机关唯一补充的新证据《情况说明》无法起到证据补强作用，综合全案证据仍不能证明刘某军参与了犯罪。

综上，根据《刑事诉讼法》第200条第3项规定："证据不足，不能认定被告人有罪的，应当作出证据不足、指控的犯罪不能成立的无罪判决。"本案指控被告人刘某军犯故意伤害罪的证据明显不足，二审法院依法应改判刘某军无罪。

辩护思路

本案经过多次审理，其中，发回重审一审判决认定被告人刘某军犯故意伤害罪，判处有期徒刑四年。2021年8月3日，经惠州市司法局公共法律服务管理科指派，由广东伟伦律师事务所律师（即笔者）担任刘某军发回重审二审阶段的辩护人。

辩护人接受重审二审法律援助指派后，认真研究了在案证据，会见了被告人。在对证据的梳理中，发现：（1）一审判决认定被告人刘某军因琐事持械故意伤害他人身体，致一人重伤、一人轻伤、二人轻微伤，有罪证据仅有证人杨某高和证人杨某的证言，除此以外，包括被害人陈述在内，本案没有其他任何证据可以证实刘某军参与了打斗。（2）两名证人中的杨某高，其证言中关于案发经过的陈述与多名受害人相互印证的陈述明显不符，不客观、不真实，不能作为定案的证据使用。在多名受害人均指认肖某文是主要的打斗参与者的情况下，杨某高对肖某文的行为却陈述为"……那个被撞的人就把啤酒瓶子打碎了，手里拿着破碎的啤酒瓶子扎了肖某文的胳膊，肖某文就蹲在旁边，这时刘某军和他的朋友过来了"，明显弱化甚至有意隐瞒肖某文参与打斗，偏袒肖某文的用意十分明显。据被告人刘某军介绍，杨某高是肖某文的表弟，与本案有利害关系。两名证人中的杨某，系主要犯罪嫌疑人肖某文的外甥女，与本案亦具有利害关系，其证言系孤证，特别是考虑到与杨某同样具有利害关系的因素，所作证言依法同样不能作为定案的依据。因此，辩护人提出辩护意见，认为本案仅有两名证人的证言与被告人刘某军相关，但两名证人均与本案有利害关系（与主要被告人肖某文有亲戚关系），其中杨某高的证言明显偏袒肖某文，证言虚假，不具有真实性和客观性，证人杨某的证言也不能排除偏袒肖某文、嫁祸刘某军的可能性，均依法不能作为定案的根据，现有证据不足以证明刘某军参与了打斗，不能认定其构成故意伤害罪。因此，对于杨某高的虚假证言，不能作为定案证据采用。

此外，在分析研究证据的过程中，辩护人还发现，本案中认定重伤的关键证据《法医学人体损伤程度鉴定书》存在明显的问题，该意见称："综上分析判断，伤者万某伤后出现失血性休克，且休克程度已达中度，根据《人体损伤程度鉴定标准》之规定，其损伤程度属重伤二级。"但受害人万某"因失血达到中度休克"的客观事实却没有相应证据予以印证。第一，鉴定所依据的资料包括"门诊病例（一）（二）（三）、入院记录、手术护理记录、CT 报告单"，辩护人查阅了本案全部卷宗，上述材料并未附卷。第二，仅有"入院记录"摘录的内容包含："最后诊断：1. 失血性休克；……"除此以外，上述资料中没有任何一份资料记录了被害人万某因伤失血达到了中度休克的事实。鉴定意见在此基础上"凭空"提出"休克程度已达中度"，并以《人体损伤程度鉴定标准》第 5.12.2d 条款认定被害人万某受伤程度已达重伤二级的意见明显依据不足，依法不能作为定案的依据。为此，辩护人提出，受害人万某是否因伤失血达到中度休克的事实明显存疑，不能证明受害人受伤程度达重伤二级，鉴定意见不能作为定案的依据。

本案发回重审后，公诉机关又补充提交了新的证据——由某派出所出具的《情况说明》，试图证明刘某军参与了犯罪，但该份证据明显不具有合法性，且证明内容存在重大错误：（1）该份证据应属证人证言，但明显不符合证人证言的取证方式，不具有合法性；（2）该份证据明确的是"陈某贰""杨某高""杨某军"参与了打架斗殴，与本案被告人刘某军毫无关系；（3）侦查人员在该情况说明中转述两证人与刘某军无冤无仇是事实，但因其与主要被告人肖某文存在亲戚关系，不能排除其为了弱化甚至有意隐瞒肖某文参与打斗，偏袒肖某文而嫁祸于刘某军的可能性，故辩护人认为，公诉机关补充的新证据无法起到补强作用。为此，辩护人提出，本案原二审曾因证据不足发回重审，发回重审后公诉机关唯一补充的新证据《情况说明》无法起到证据补强作用，综合全案证据仍不能证明刘某军参与了犯罪。综上，根据《刑事诉讼法》第 200 条第 3 项规定："证据不足，不能认定被告人有罪的，应当作出证据不足、指控的犯罪不能成立的无罪判决。”本案指控被告人刘某军犯故意伤害罪的证据明显不足，二审法院依法应改判刘某军无罪。

最终，二审法院采纳辩护人的意见判决被告人无罪，同日刘某军被无罪释放。

辩护点睛

这是一起法援无罪案件。本案指控事实是有两名证人指证被告人刘某军参与斗殴，且两名证人均是与被告人一同到现场的肖某文一方的同伴，这给本案的辩护带来了较大的难度，同时，当时正值新冠疫情期间，律师办案也存在各种困难。而且，本案是“无利可图”的法援案件，在两次一审均认定被告人有罪的情况下，二审维持一审判决的可能性都是较大的。但凭借辩护人认真负责的敬业精神，以及精湛的辩护技巧，通过全案阅卷并对关键指控证据进行梳理，实现“蛛丝马迹寻疑点，剥茧抽丝得真迹”。最后，成功说服二审法院判决被告人无罪。

2022年3月8日，《最高人民法院工作报告》中指出：“2021年，全国各级法院共审结一审刑事案件125.6万件，判处罪犯171.5万人……依法共宣告511名公诉案件被告人和383名自诉案件被告人无罪。”经简单计算，2021年我国刑事案件的无罪判决率只有约为万分之五点二，无罪判决来之不易。

《刑事诉讼法》第200条第3项规定：“证据不足，不能认定被告人有罪的，应当作出证据不足、指控的犯罪不能成立的无罪判决。”这是关于疑罪从无原则的具体规定，也是本案无罪判决的重要依据。疑罪从无原则是刑法“有利于被告人”人权保障理念的具体体现，能有效保证不冤枉一个无辜的人。本案不仅体现律师专业立身、精准判断的能力，也体现了司法机关依法办案和敢于担当的精神，真正做到了努力让人民群众在每一个司法案件中感受到公平正义。

审判观点

法院认为：根据查明的事实，上诉人刘某军案发当晚到过惠州市惠阳区夏某长经营的烧烤档吃夜宵的现场，有相应的证据能够证实。但争议的焦点在于，上诉人刘某军是否持刀参与了本案打斗，并致被害人受伤。综合全案证据分析如下：

认定上诉人刘某军持刀参与本案打斗的证据，主要有证人杨某、杨某高的证言及其辨认笔录。

1. 证人杨某高是肖某文的亲戚，证人杨某是肖某文的外甥女，其二人作为肖某文的亲戚，没有提及肖某文持刀砍被害一方，而被害人李某、万某、包某陈述，证人夏某长等指证肖某文持刀砍被害一方，杨某所作的证言难免有包庇肖某文之嫌，真实性存疑。

2. 杨某高是案发 2 年半后才归案，其供述不仅称自己没有参与，且称肖某文被啤酒瓶刺伤后蹲在旁边，不但与本案其他证据相互矛盾，而且具有包庇肖某文的嫌疑，真实性存疑。

3. 其二人的证言不但真实性存疑，还与另外四名被害人的陈述矛盾，对于肖某文一方有多少人持刀砍被害人一方，以及刀是从哪里来的等问题，不仅没有讲清楚，有提及的说法也不一致。

4. 上诉人刘某军归案后只承认案发时与肖某文等人一起在现场消夜，归案后一直不承认有持刀砍被害人一方，发生斗殴后，他从宵夜档旁中国银行后面的巷子离开，回到旧货市场附近的出租屋中。四名被害人均仅陈述和指认肖某文是持刀砍他们的男子，均未陈述或指认上诉人刘某军有持刀参与本案打斗。

此外，根据证人证言和被害人陈述，尚有陈某贰等 2~3 名同案犯未到案。因此，现有证据除证人杨某和杨某高的证言及指认笔录外，没有其他客观证据能够证实上诉人刘某军持刀参与本案打斗，且无法排除其他同案犯参与故意伤害的合理怀疑。

综上所述，原审判决认定上诉人刘某军持刀具等工具将被害人万某、李某、包某等人砍伤的事实不清，证据不足，应当以证据不足、指控的罪名不能成立为由，宣告上诉人刘某军无罪。刘某军的上诉意见于法有据，予以支持。最终判决如下：一、撤销广东省惠州市惠阳区人民法院（2020）粤 1303 刑初 880 号刑事判决；二、上诉人（原审被告人）刘某军无罪。

案例编写人 广东伟伦律师事务所 周 涌 严俊杰

专家点评

童德华　　中南财经政法大学刑事司法学院、国家治理学院教授、博士生导师，中南财经政法大学廉政研究院副院长、刑事合规研究中心主任，中国刑法学研究会常务理事

多人参与打架斗殴是生活中的常见事件，对此类事件中犯罪责任人的认定，要重证据、重事实。当事实不清、证据存疑时，应遵循“疑问有利于被告人”原则。本案中，虽然有材料证明被告人实施了故意伤害的行为，且造成了重伤害的结果，但是，基于关键证人与被害人的特殊关系，从常理上看，不排除其夸大某些事实或者掩饰某些事实的可能性。在多人参与打斗的情况下，辩护人有效把握了起诉机关起诉罪名的特殊要求，提出了行为人实施打斗事实的证据有效性问题。此外，结果是认定故意伤害罪的主要依据，辩护人准确发现并提出了鉴定意见客观性不足的问题，为有效辩护的实现提供了最具实际意义的支持。审判机关坚持实质化审理，把握重点争议点，重证据，重事实，充分体现了办案机关遵循罪刑法定原则的办案宗旨。

相关法条

《中华人民共和国刑事诉讼法》

第二百条　在被告人最后陈述后，审判长宣布休庭，合议庭进行评议，根据已经查明的事实、证据和有关的法律规定，分别作出以下判决：

（一）案件事实清楚，证据确实、充分，依据法律认定被告人有罪的，应当作出有罪判决；

（二）依据法律认定被告人无罪的，应当作出无罪判决；

（三）证据不足，不能认定被告人有罪的，应当作出证据不足、指控的犯罪不能成立的无罪判决。

42 古某合同诈骗案

——合同诈骗罪的认定

案件索引

一审：四川省南充市顺庆区人民法院（2021）川1302刑初6号（2022年9月15日）

基本案情

2004年4月27日，四川玖福源房地产开发有限公司（以下简称玖福源公司）因资金缺乏，向古某借款200万元。为保障资金安全，双方签订了抵押借款合同，约定用该公司开发的“新天地文化广场”负一层铺面作为借款抵押。因系在建工程无法办理抵押登记，玖福源公司提出以签订房屋买卖合同的形式进行借款担保，后双方到房管部门进行了备案登记。玖福源公司与古某签订的《借款抵押合同》明确约定，若玖福源公司不能按时还款，则双方签订的房屋买卖合同产生法律效力，古某有权按照房屋买卖合同行使权利。

后玖福源公司未按约偿还借款，古某诉至法院，该案由一审法院作出（2010）顺庆民初字第2548号、2549号民事判决书，判令玖福源公司将相关房屋向古某交付；四川省南充市中级人民法院作出（2011）南中法民终字第943号、944号民事判决书，改判撤销一审判决，驳回古某诉讼请求；四川省高级人民法院提审后作出（2013）民提字第484号、第485号民事判决，判令撤销二审判决，维持一审判决。

玖福源公司就此向南充市顺庆区公安局报案，公安机关以涉嫌合同诈骗罪对古某立案。顺庆区人民检察院2020年12月诉至四川省南充市顺庆区人民法院，指控古某涉嫌合同诈骗罪，犯罪金额400余万元。

核心争议焦点

古某是否构成合同诈骗罪？

控辩双方观点及思维分析

一、控方指控观点

被告人古某在履行合同过程中，虚构事实、隐瞒真相骗取他人财物的行为构成合同诈骗罪。

检察机关指控称：2010年8月，被告人古某在得知玖福源公司文某联去世，玖福源公司财务混乱的情况下，将本已无效作废的收据，作为购房款证据提交法院，以其支付了购房款275万元为据，企图以诉讼的形式骗取玖福源公司财物。该案经过四川省南充市顺庆区人民法院一审、四川省南充市中级人民法院二审和四川省高级人民法院再审，最终由四川省高级人民法院判决玖福源公司将房产交付给被告人古某。

2017年7月14日，四川省南充市顺庆区人民法院根据被告人古某的申请，向南充市不动产登记中心发出协助执行通知书（2014）顺庆执字第489号、（2014）顺庆执字第490号，要求将被害人玖福源公司位于“文化花园广场商住楼”的B71～B81、C15～C18房屋过户给被告人古某，之后被告人古某将上述房屋办理了产权转移登记并过户于自己名下。

二、被告人及辩护人观点

1. 控方关于被告人古某构成合同诈骗罪的指控混淆了经济纠纷与刑事犯罪的界限，其指控事实不清、证据不足，依法不应当成立。

2. 被告人古某的行为不构成合同诈骗罪。被告人古某与玖福源公司签订、履行合同时均未虚构事实或隐瞒真相，系双方真实意思表示；被告人古某的出借款真实，玖福源公司收到借款且提供的担保物真实，民间借贷行为双方签订的多份合同真实有效；且被告人古某在主观上没有以非法占有为目的，其通过诉讼的方式来维护自身权益是合法、有效的民事法律行为。

3. 本案受害人玖福源公司的真实目的是通过刑事立案来阻却民事强制执行程序，以貌似合法的手段来掩盖其非法目的。

4. 本案证据不足，未达到刑事案件的证明标准，控方的指控完全违背案件基本事实，与本案证据不符、与法律规定不符，违背了刑法的谦抑性原则。

辩护思路

辩护工作思路和方案的制订需从全面分析案情、厘清法律关系、确立辩护方向、搜集并运用有效证据、逐步推进辩护策略五个方面展开，确保辩护的全面性和有效性。

一、全面分析案情

首先，我们对案件事实进行了全面梳理，结合公安机关的侦查材料、控方的起诉书、被告人的陈述以及相关证据，对案件的基本事实进行了深入了解和分析。重点关注古某与玖福源公司之间的合同履行过程、双方的真实意思表示、实际履行情况以及控方的指控依据。

通过全面的案情分析，我们发现：被告人古某与玖福源公司之间的借贷行为和合同履行均有真实的交易背景，双方签订的合同均为真实意思表示，不存在虚构事实或隐瞒真相的情况。

玖福源公司在履行合同过程中存在违约行为，未按约还款，导致古某通过诉讼维护自身合法权益。

玖福源公司通过刑事立案阻却民事强制执行，涉嫌利用刑事手段逃避债务。

二、厘清法律关系

本案的核心法律问题在于，如何区分经济纠纷与刑事犯罪，以及被告人的行为是否构成合同诈骗罪。根据《刑法》规定，合同诈骗罪的构成要件包括非法占有目的、虚构事实或隐瞒真相、骗取对方财物等。

通过对法律条文和司法解释的深入研究，我们明确了以下几点法律关系：

第一，合同诈骗罪的构成要件：必须有非法占有目的，并实施了虚构事实或隐瞒真相的欺诈行为，使对方基于错误认识交付财物。

第二，民间借贷行为的法律特征：双方基于真实意思表示签订借贷合同，并通过合法手段维护债权的行为，属于民事法律关系。

第三，本案被告人的行为特征：被告人古某在合同履行过程中没有虚构事实或隐瞒真相，借贷合同、抵押合同、房屋买卖合同等均为双方真实意思表示，且被告人通过诉讼维护自身权益，属于合法民事行为。

三、确立辩护方向

根据案情分析和法律关系的厘清，我们确立了以下辩护方向：

1. 强调本案属于经济纠纷，不构成刑事犯罪。辩护人将从法律和事实两方面入手，论证本案是典型的经济纠纷，控方对被告人古某构成合同诈骗罪的指控不成立。

2. 强调被告人无非法占有目的。通过详细分析被告人与玖福源公司的合同履行过程，证明被告人在主观上无非法占有目的，行为合法合规。

3. 质疑控方证据的充分性和合法性。对控方提供的证据进行详细分析并提出质疑，证明其证据不足以支持合同诈骗罪的指控。

4. 揭示受害人的真实目的，质疑办案机关的行为。揭示玖福源公司通过刑事立案逃避民事债务的真实目的，并质疑办案机关违法干预经济纠纷的行为。

四、搜集并运用有效证据

辩护过程中，证据的收集和运用至关重要。为此，辩护团队进行了广泛的调查和取证工作，包括：

1. 合同和相关文件：收集古某与玖福源公司之间签订的所有合同、借据、抵押合同、房屋买卖合同等，证明双方的真实交易背景和合法性。

2. 财务记录和银行流水：获取古某出借款项的银行流水、玖福源公司收到借款的财务记录等，证明借款的真实发生及其实际用途。

3. 诉讼材料：收集古某通过诉讼维护自身权益的相关材料，包括起诉书、法院判决书、执行文书等，证明古某通过合法手段维护权益的行为。

4. 证人证言：获取相关证人的证言，证明古某在合同履行过程中未实施欺诈行为，玖福源公司主动提出以房屋买卖合同形式担保的事实。

五、逐步推进辩护策略

（一）开庭前准备

提交书面辩护意见，详细阐述辩护理由和法律依据。

与被告人及其家属充分沟通，了解案情细节和被告人的辩护意见。

准备庭审中可能提出的问题和应对策略，确保辩护的充分性和有效性。

（二）庭审中的辩护策略

开庭陈述：简明扼要地陈述辩护观点和理由，强调本案属于经济纠纷，被告人无非法占有目的。

质证环节：对控方提供的证据进行详细质证，揭示其证据的不足和不符合法律规定之处。

提出有力证据：通过书面证据、证人证言等，证明被告人行为的合法性和合同履行的真实性。

强调法律原则：强调疑罪从无原则，要求法院依据法律规定和证据规则作出公正判决。

（三）庭审后的跟进工作

继续搜集可能对被告人有利的证据和材料，准备上诉或复议的相关材料。

与司法机关保持沟通，及时了解案件进展情况，确保辩护工作的持续性和有效性。

通过以上五方面的详细分析和辩护策略的制订，辩护人力求从法律和事实两方面全面论证被告人古某不构成合同诈骗罪，揭示本案真实的经济纠纷性质，质疑控方的指控和证据，维护被告人的合法权益。我们相信，基于上述辩护思路和方案的有效实施，能够为被告人古某争取到公正的判决。

辩护点睛

本案的辩护工作从案件事实和法律角度出发，通过严谨的法律分析和证据论证，成功地维护了被告人古某的合法权益，实现了法律效果和社会效果的统一。

一、社会效果

通过有效辩护，本案揭示了以刑事手段违法干预经济纠纷的问题，维护了市场交易的合法性和契约精神。辩护工作强调，相关机关错误地将经济纠纷定性为刑事犯罪，将严重损害社会信任和市场经济秩序。因此，本案的成功辩护有助于社会公众正确区分经济纠纷与刑事犯罪，增强公众对司法公正的信心，维护社会和谐。

二、法律效果

本案涉及罪与非罪的根本问题，作为辩护律师，不仅要吃透案件，更要在有理有据的情况下敢于进行无罪辩护，从而尽最大可能维护被告人的合法权益。最终，一审法院采纳了辩护人关于被告人不构成合同诈骗罪的观点，但认为古某构成虚假诉讼罪，最终判处有期徒刑一年，缓刑二年。

值得注意的是，一审判决后检察院未提起抗诉，但被告人及辩护人均认为不构成虚假诉讼罪，故提起了上诉，因上诉后被告人死亡，本案无法继续探究法律结果。

三、辩护意见的优点和特点

第一，事实清晰，逻辑严谨：辩护人详细分析合同履行过程，结合证据，层层剖析控方指控的事实基础和法律依据，逻辑严密，论证有力。

第二，证据充分，论据明确：辩护人通过大量真实、合法的证据，如合同文件、财务记录、诉讼材料等，证明被告人的行为符合民事法律关系特征，控方指控事实不清、证据不足。

第三，法律依据充分，论证深入：辩护人详细引用法律条文和司法解释，结合具体案情，深入论证被告人行为不构成合同诈骗罪，为案件的正确裁决提供法律依据。

第四，社会责任感强，关注公共利益：辩护人不仅关注被告人的个案权益，还着眼于维护市场交易秩序和法治环境，体现了辩护工作的社会责任感和公共精神。

四、辩护思路的意义和价值

推进司法公正：通过细致、全面的辩护工作，辩护人可以揭示案件真相，捍卫法律原则，推动司法机关作出公正裁决，防止冤错案件的发生，维护被告人的合法权益。

保护市场经济秩序：本案辩护工作强调经济纠纷应通过民事手段解决，防止刑事手段对市场经济活动的干扰，保护市场主体合法权益，促进经济健康发展。

促进法治社会建设：辩护人通过本案辩护，倡导依法治国、依法办事，推动社会公众对法治精神的认同和尊重，有助于法治社会的建设和完善。

综上所述，本案辩护工作以严谨的法律逻辑、充分的证据支持和深刻的法律分析，全面揭示被告人古某无罪的事实和法律依据。通过对疑罪从无原则的坚持和对经济纠纷与刑事犯罪界限的明确论证，辩护工作实现了法律效果和社会效果的统一，既维护了被告人的合法权益，也促进了社会的公平正义和法治建设，具有重要的意义和价值。

审判观点

被告人古某的行为构成虚假诉讼罪而非合同诈骗罪。（1）被告人古某与玖福源公司存在真实的债权债务关系，玖福源公司是否已还清被告人古某的借款，现有证据存疑，故不能认定被告人主观上具有非法占有的故意，被告人古某的行为不构成合同诈骗罪。（2）被告人古某的行为构成虚假诉讼罪，在案证据显示，被告人古某、玖福源公司是以签订买卖合同作为民间借贷合同的担保，被告人古某掩盖了其与玖福源公司实为借贷关系的真相，向三级法院提起民事诉讼，要求玖福源公司将房屋过户给自己，被告人古某的行为符合虚假诉讼罪的主客观构成要件，成立虚假诉讼罪。

法院最终判决：被告人古某犯虚假诉讼罪，判处有期徒刑一年，缓刑二年，并处罚金 3 万元。

案例编写人 四川泰宇律师事务所 陈思宇

专家点评

陈伟 西南政法大学法学院教授、博士生导师，中国刑法学研究会常务理事

合同诈骗罪的认定不能根据其字面含义，即不能认为任何与合同相关的、具有诈骗或欺诈形式的行为就构成本罪。需要明确的是，合同诈骗是指以非法占有为目的，在签订、履行合同的过程中，通过虚构事实、隐瞒真相、设定陷阱等手段骗取对方财产的行为。或者是合同一方当事人故意隐瞒真实情况，或故意告知对方虚假情况，诱使对方当事人作出错误的意思表示，从而与之签订或履行合同的行为。合同诈骗罪在《刑法》第3章“破坏社会主义市场经济秩序”中的“扰乱市场秩序罪”第8节之中，根据通说，其保护的法益为市场管理秩序和他人财产权。因此，判断是否成立本罪，需要从在案证据判断行为人是否破坏了市场管理秩序，是否有非法占有他人财产的目的。辩护人通过论证被告人无欺诈行为，同时排除了被告人的非法占有目的，表明本案被告人并无侵犯合同诈骗罪所保护法益的可能，有助于审判人员准确认定本案的性质。办理此类案件，不仅需要司法机关、辩护律师有扎实的刑法理论功底，还要对民事纠纷尤其是担保物权有充分的了解，才能准确认定案件性质，避免出现裁决不当的情形。

相关法条

《中华人民共和国刑法》

第二百二十四条 有下列情形之一，以非法占有为目的，在签订、履行合同过程中，骗取对方当事人财物，数额较大的，处三年以下有期徒刑或者拘役，并处或者单处罚金；数额巨大或者有其他严重情节的，处三年以上十年以下有期徒刑，并处罚金；数额特别巨大或者有其他特别严重情节的，处十年以上有期徒刑或者无期徒刑，并处罚金或者没收财产：

（一）以虚构的单位或者冒用他人名义签订合同的；

（二）以伪造、变造、作废的票据或者其他虚假的产权证明作担保的；

（三）没有实际履行能力，以先履行小额合同或者部分履行合同的方法，诱骗对方当事人继续签订和履行合同的；

（四）收受对方当事人给付的货物、货款、预付款或者担保财产后逃匿的；

（五）以其他方法骗取对方当事人财物的。

第二百二十四条之一 组织、领导以推销商品、提供服务等经营活动为名，要求参加者以缴纳费用或者购买商品、服务等方式获得加入资格，并按照一定顺序组成层级，直接或者间接以发展人员的数量作为计酬或者返利依据，引诱、胁迫参加者继续发展他人参加，骗取财物，扰乱经济社会秩序的传销活动的，处五年以下有期徒刑或者拘役，并处罚金；情节严重的，处五年以上有期徒刑，并处罚金。

第三百零七条之一 以捏造的事实提起民事诉讼，妨害司法秩序或者严重侵害他人合法权益的，处三年以下有期徒刑、拘役或者管制，并处或者单处罚金；情节严重的，处三年以上七年以下有期徒刑，并处罚金。

单位犯前款罪的，对单位判处罚金，并对其直接负责的主管人员和其他直接责任人员，依照前款的规定处罚。

有第一款行为，非法占有他人财产或者逃避合法债务，又构成其他犯罪的，依照处罚较重的规定定罪从重处罚。

司法工作人员利用职权，与他人共同实施前三款行为的，从重处罚；同时构成其他犯罪的，依照处罚较重的规定定罪从重处罚。

《最高人民法院关于在审理经济纠纷案件中涉及经济犯罪嫌疑若干问题的规定》

第十一条 人民法院作为经济纠纷受理的案件，经审理认为不属经济纠纷案件而有经济犯罪嫌疑的，应当裁定驳回起诉，将有关材料移送公安机关或检察机关。

43 邱某沐挪用公款案

——“数额巨大不退还”的认定

案件索引

一审：四川省井研县人民法院（2022）川 1224 刑初 29 号（2022 年 6 月 17 日）

基本案情

四川省某建筑工程有限公司（以下简称甲公司）为四川某集团有限公司下属全资子公司（国有全资，独立法人），甲公司下设分公司云南某工程公司（以下简称乙公司）。2012 年 4 月、6 月，甲公司先后中标并签订了云南省某县 A 项目和 B 项目两个项目施工合同。经甲公司同意，两个项目均由自然人何某借用甲公司资质承建，两个项目属联营项目，实行自筹资金、自主经营、自负盈亏，甲公司从中收取管理费用。

2014 年 1 月春节前，A 项目的劳务班组和供应商到甲公司堵门讨要工资和工程款，公司安排时任乙公司总经理的被告人邱某沐负责处理。邱某沐通知项目实际负责人何某到达现场，并陪同何某到成都市某建材有限公司（以下简称丙公司）林某某处借款 800 万元用于解决此事，被告人邱某沐在借条的担保人处签名并擅自加盖了乙公司公章。为感谢邱某沐的帮助，何某在四川省成都市金牛区某路边送给邱某沐现金人民币 2 万元。

2014 年 6 月该借款临近到期，林某某多次催债，因何某未收到项目甲方应付的工程款，无力偿还。何某遂向邱某沐提出以 A 项目向甲公司融资 1000 万元用于归还借款。邱某沐随即向公司提出融资建议，但因 A 项目属联营项目，不符合甲公司内部融资规定而被否决。

2014 年 7 月，为了避免承担擅自担保责任，被告人邱某沐谎称乙公司在云南省某市的自建项目 C 项目两地块需要融资，遂安排乙公司财务科制作申请融资 1000 万元的融资材料。同年 7 月 17 日，经甲公司经营班子会讨论、董事会决议，通过了 1000 万元的融资申请。随即被告人邱某沐向 C 项目的劳务方四川某建筑劳务公司（以下简称丁公司）法定代表人谢某某提前打招呼，并安排乙公司申请甲公司将 1000 万元以劳务费的方式支付给丁公司，丁公司从中收取 1% 管理费后，将其余款项 990 万元转给何某。何某将其中 800 万元用于归还林某某借款本息，其余部分归还了邱某沐的借款及个人使用。

2022 年 3 月 15 日，经云南省某市中级人民法院二审判决，确认甲公司享有 A 项目债权本息合计 17978723.92 元。甲公司与何某协商，同意该债权收取后优先用于归还被告人邱某沐挪用的 1000 万元款项。

2020 年 4 月 20 日，被告人邱某沐在甲公司纪委与其谈话时，主动交代了纪委尚未掌握的挪用 1000 万元的犯罪事实。

被告人邱某沐于 2021 年 9 月 29 日被四川省井研县公安局刑事拘留，同年 10 月 12 日被逮捕。

核心争议焦点

1. 将公款用于本单位非自营的挂靠项目是否应当认定为挪用公款罪。

2. 在非因犯罪嫌疑人（被告人）原因且可预见的、损害后果可以挽回的情况下，能否不认定为“数额巨大且不退还”。

控辩双方观点及思维分析

公诉机关认为，被告人邱某沐利用职务上的便利，挪用公款数额巨大，其行为触犯了《刑法》第 384 条第 1 款之规定，应当以挪用公款罪追究刑事责任。被告人邱某沐系自首，且自愿认罪认罚，建议对其判处有期徒刑三年，并适用缓刑。

被告人邱某沐及其辩护人对指控的事实及量刑建议没有异议且签字具结，在开庭审理过程中亦无异议。

辩护思路

本案中，辩护人接受委托后，依法会见了当事人。当事人虽系国有企业管理人员，但长期以来，建筑工程企业本身合规水平低、行事粗放，导致整个行业内人员法治意识普遍较差，再加之当事人疏于自律，责任意识淡漠，才引发严重后果，单从事实本身来看，单位内部的合规处理也存在问题，本身是可以补救、挽救的，但在长达7年的时间内却没有得到重视和纠正。

本案中实际上存在三个层级的辩护：首先是罪与非罪，其次是此罪与彼罪，最后是罪轻与罪重即量刑情节的辩护。

辩护点睛

在罪与非罪层面，辩护人着重从当事人个人的主客观方面来看，虽然其行为的发起是基于所属单位的安排，挪用公款的行为某种程度上也具有一定的职务属性，再加上所谓“联营”本身在法律上并不影响总包单位最终法律责任的承担，这一度成为本案辩护策略上作不构成挪用公款罪辩护的一个重要切入点。但可惜的是，当事人在履职过程中行为极其粗放，轻信他人之语，先是超越权限私自以分公司名义为联营方提供连带责任保证，而后又在明知联营项目不能获取公司内部融资的情形下，以其他自建项目名义申报并取得融资款，而后将该款交予联营方用于归还联营方个人债务等，即使个人债务经查证确系绝大部分用于联营项目支出，但是该行为所造成的国有资产流失风险极大，且难以控制。因此，最终经过辩护人与检察机关的多轮交锋，其行为仍然被认为是可以构成挪用公款罪的，若单纯基于承包关系而忽略个人债务以及挂靠方全奖全赔的自负盈亏特征，仅以挂靠关系就否定构成违法犯罪，可能会导致在同类案件中，国有资金被滥用且行为人不能受到罪责刑相一致的惩处。

在此罪与彼罪层面，首先，联营项目亦是被害单位的总包项目，并且在民商事审判中，作为总包方不论项目是否为挂靠，实际都不影响其对项目经济责任的承担，只是事后总包，可以基于与联营方所签订的联营合同进行追偿；其次，还需要说服检察机关认可当事人决定以自建项目套取的1000万元款项交予联营单位个体是一项为本单位利益的职务行为，那么基于该1000万元绝大部分是用于归还因支付农民工、材料商欠款而形成的联营方借贷来看，是有一定的事实基础的，但是存在极强的不确定性；再次，在前两个观点得到认可的基础上，充分考量当事人滥用公司公章，超越权限私自在联营方个人借贷合同上以公司名义提供担保的行为，辩护人认为，该行为也有刑法可追诉性，是比较典型的国有企业工作人员滥用职权罪，但是该罪名没有明确的法定刑升格标准，因此实践中司法机关一般难以就该方案予以采纳，一旦不适用法定刑升格，将导致本罪因已过追诉时效而无法起诉。

在量刑情节层面，辩护人基于前面两种辩护策略已经给检察机关造成了一定压力，并且通过取证让检察机关充分认识到，自该款项被挪用之日起截至案发仍未予归还并不仅仅是被告人和联营方的问题，公司在此 1000 万元被挪用之后实际上也与联营方达成了一致，并认可联营方以其项目回款优先用于偿还，但是公司基于自身财务原因，同时又因项目仍存在其他材料欠款，因此在回款已经覆盖 1000 万元的情况下，先将款项直接支配用于解决外部债权债务关系，而始终没有将回款用于弥补该 1000 万元，这也就是案发前款项实际已经可以归还，非因被告人原因导致该款不能退回的主要原因。而在处理本案时，项目甲方已经破产，被害单位已申报债权并参与重整，同时也取得了债权确定的生效裁判文书，同样可以覆盖 1000 万元的被挪用款，只是有待破产程序的推进而导致无法在判决前得到对应债权的分配，这一情形看似与司法解释的规定存在冲突，但实际上从有利于被告人的原则出发，在可以证实被挪用款项能够追回且不致损失的情况下，即使因客观原因未能在判决前收回，也不应当认定为“数额巨大且不退还”，由此将基准刑区间拉回到有期徒刑五年至十年。

在审判阶段，辩护人在分别与检察机关、审判机关沟通后，通过协商认罪认罚以及当事人全面认可指控事实与罪名，基于自首、认罪认罚、损失得以全额挽回等法定、酌定量刑情节，最终与检察机关达成认罪认罚具结，并由法院依法判决适用缓刑。

审判观点

四川省井研县人民法院认为：被告人邱某沐利用职务上的便利，挪用公款数额巨大且超过 3 个月未还，情节严重，其行为已构成挪用公款罪，公诉机关指控的罪名成立，量刑建议适当，予以采纳。被告人邱某沐犯罪后能自动到案，并如实供述自己的罪行，系自首，且自愿认罪认罚，可以减轻并从宽处罚。法院最终判决：被告人邱某沐犯挪用公款罪，判处有期徒刑三年，缓刑五年。

案例编写人 泰和泰律师事务所 郭啸海

专家点评

唐亚南　　人民法院报理论部编辑

作者对挪用公款一案的解析既具有专业性，又具有启发性，无疑为读者提供了一个深入了解和反思这一社会现象的重要途径。作者运用了丰富的法律知识和理论，使得读者能够更加深入地了解挪用公款这一行为的法律性质和法律责任，从而提高自己的法律意识。作者在解析案例时，不仅关注了案件本身，还深入挖掘了案件背景，这使得读者能够从更宏观的角度去审视这一现象，从而更好地理解其产生和发展的原因。挪用公款犯罪通常易引发严重的社会后果，如损害国家利益、破坏公共信任、影响社会稳定等。该案的审理过程往往需要揭示犯罪嫌疑人的社会危害性，因此对于社会管理和公共政策的研究具有重要价值。

相关法条

《中华人民共和国刑法》

第三百八十四条　国家工作人员利用职务上的便利，挪用公款归个人使用，进行非法活动的，或者挪用公款数额较大、进行营利活动的，或者挪用公款数额较大、超过三个月未还的，是挪用公款罪，处五年以下有期徒刑或者拘役；情节严重的，处五年以上有期徒刑。挪用公款数额巨大不退还的，处十年以上有期徒刑或者无期徒刑。

挪用用于救灾、抢险、防汛、优抚、扶贫、移民、救济款物归个人使用的，从重处罚。

第六十七条第一款　犯罪以后自动投案，如实供述自己的罪行的，是自首。对于自首的犯罪分子，可以从轻或者减轻处罚。其中，犯罪较轻的，可以免除处罚。

第七十二条　对于被判处拘役、三年以下有期徒刑的犯罪分子，同时符合下列条件的，可以宣告缓刑，对其中不满十八周岁的人、怀孕的妇女和已满七十五周岁的人，应当宣告缓刑：

（一）犯罪情节较轻；

（二）有悔罪表现；

（三）没有再犯罪的危险；

（四）宣告缓刑对所居住社区没有重大不良影响。

宣告缓刑，可以根据犯罪情况，同时禁止犯罪分子在缓刑考验期限内从事特定活动，进入特定区域、场所，接触特定的人。

被宣告缓刑的犯罪分子，如果被判处附加刑，附加刑仍须执行。

第七十三条 拘役的缓刑考验期限为原判刑期以上一年以下，但是不能少于二个月。

有期徒刑的缓刑考验期限为原判刑期以上五年以下，但是不能少于一年。

缓刑考验期限，从判决确定之日起计算。

《中华人民共和国刑事诉讼法》

第十五条 犯罪嫌疑人、被告人自愿如实供述自己的罪行，承认指控的犯罪事实，愿意接受处罚的，可以依法从宽处理。

第二百零一条 对于认罪认罚案件，人民法院依法作出判决时，一般应当采纳人民检察院指控的罪名和量刑建议，但有下列情形的除外：

（一）被告人的行为不构成犯罪或者不应当追究其刑事责任的；

（二）被告人违背意愿认罪认罚的；

（三）被告人否认指控的犯罪事实的；

（四）起诉指控的罪名与审理认定的罪名不一致的；

（五）其他可能影响公正审判的情形。

人民法院经审理认为量刑建议明显不当，或者被告人、辩护人对量刑建议提出异议的，人民检察院可以调整量刑建议。人民检察院不调整量刑建议或者调整量刑建议后仍然明显不当的，人民法院应当依法作出判决。

《最高人民法院、最高人民检察院关于办理贪污贿赂刑事案件适用法律若干问题的解释》

第六条 挪用公款归个人使用，进行营利活动或者超过三个月未还，数额在五万元以上的，应当认定为刑法第三百八十四条第一款规定的“数额较大”；数额在五百万元以上的，应当认定为刑法第三百八十四条第一款规定的“数额巨大”。具有下列情形之一的，应当认定为刑法第三百八十四条第一款规定的“情节严重”：

（一）挪用公款数额在二百万元以上的；

（二）挪用救灾、抢险、防汛、优抚、扶贫、移民、救济特定款物，数额在一百万元以上不满二百万元的；

（三）挪用公款不退还，数额在一百万元以上不满二百万元的；

（四）其他严重的情节。

44 蒋某某非法经营案

——农户“为了售卖猪肉，收购生猪在家进行屠宰”行为的定性问题

案件索引

一审：湖南省湘潭市雨湖区人民法院（2022）湘0302刑初175号（2022年7月13日）

基本案情

2021年4月至2022年1月期间，蒋某某同其妻子刘某某（另案处理）在家中屠宰生猪并进行销售。该案由湘潭市公安局雨湖分局在工作中发现，经过审查，2022年1月，湘潭市公安局雨湖分局对该案进行立案侦查，对蒋某某采取刑事拘留措施，并扣押其生猪制品299千克。经湘潭市动物疫病预防控制中心抽样检测：猪肉样品检测ASFV病毒核酸为阴性。其间，涉案销售金额共计39万余元。2022年3月下旬，蒋某某被移送至湘潭市雨湖区人民检察院审查起诉。2022年4月，湘潭市雨湖区人民检察院对其取保候审，后以蒋某某犯非法经营罪，向法院提起公诉。被告人蒋某某的家属代为退缴违法所得4万元。

核心争议焦点

蒋某某“为了售卖猪肉，收购生猪在家进行屠宰”的行为是否属于司法解释规定的“违反国家规定，私设生猪屠宰厂（场），从事生猪屠宰、销售等经营活动，情节严重”的情形，是否构成非法经营罪？售卖猪肉的金额是否属于非法经营金额？

控辩双方观点及思维分析

公诉机关指控称：被告人蒋某某违反国家规定，私设生猪屠宰厂（场），从事生猪屠宰、销售等经营活动，情节严重，其行为构成非法经营罪。本案系共同犯罪，被告人蒋某某在共同犯罪中起主要作用，系主犯；其到案后如实供述自己的罪行，并自愿认罪认罚，依法可以从轻从宽处罚，建议对被告人蒋某某判处有期徒刑三年，宣告缓刑四年，并处罚金。

被告人及辩护人辩称：本案是否构成非法经营罪是值得商榷的，现有司法解释的规定不能适用本案。被告人是为了零售猪肉而在家屠宰生猪，与司法解释规定的“私设生猪屠宰厂(场)，从事生猪屠宰、销售等经营活动”具有明显不同，只能认定为“未经定点从事生猪屠宰活动”，不应认定为非法经营犯罪，其销售猪肉行为本身是合法的，售卖猪肉的金额自然不能认定为非法经营的金额。被告人为了零售猪肉而收购生猪屠宰的行为不具有严重的社会危害性、刑事违法性和刑罚必要性。被告人已尽到了合理的注意义务，对私自屠宰行为不具有违法性的认知。认定本案构成犯罪，不具有良好的社会效果。

辩护思路

一、对农户“为了售卖猪肉，收购生猪在家进行屠宰”进行刑事打击是否有充分的法律依据

目前，对农户私自屠宰行为进行刑事打击的依据就是《最高人民法院、最高人民检察院关于办理危害食品安全刑事案件适用法律若干问题的解释》第17条的规定，根据该规定，“违反国家规定，私设生猪屠宰厂（场），从事生猪屠宰、销售等经营活动，情节严重的”，以非法经营罪定罪处罚。但是，农户为了零售生猪肉而进行私自屠宰的行为是否适用该规定呢？

根据国务院《生猪屠宰管理条例》的规定，“屠宰厂（场）”和“小型生猪屠宰点”以及“未经定点从事生猪屠宰活动”有着不同的界定和表述。也就是说，“屠宰厂（场）”是特定的专有名词，是依法取得行政许可专门从事生猪屠宰、销售等经营活动的，应具有一定的规模，不能将“私设屠宰厂（场）”直接扩大解释为“未经定点从事生猪屠宰活动”。需要进行刑事打击

的是“私设生猪屠宰厂（场）”这一严重扰乱市场经济秩序的行为，而不是“为了零售猪肉私自屠宰”的行为。农户购买生猪、售卖猪肉的行为均是合法的，不能将售卖猪肉的金额认定为非法经营的金额。

因此，农户“为了零售卖肉私自屠宰”的行为不符合上述司法解释的规定，对该行为进行刑事打击是没有充分法律依据的。

二、相关行为是否有严重的社会危害性，是否必须进行刑事打击

国家规定生猪集中定点屠宰，根本目的是防止大批量的生猪屠宰、生猪销售脱离监管，导致病死猪流入市场。但是，通过规范管理的方式，比如要求生猪喂养时贴上防疫耳标、出栏时由防疫部门出具生猪健康证明等行政管理手段可从源头上规避病死猪流入市场。目前，我国已经建立了生猪喂养、防疫的相关规范管理体系。农户为了零售猪肉而收购生猪进行屠宰的行为，不可能冲击正常的生猪屠宰市场经济秩序，不具有严重的社会危害性。即便要进行规制，通过行政处罚的方式也完全足够。对于没有严重社会危害性的，可以通过行政管理、行政处罚等手段管理、规制的行为，不具有刑事处罚的必要性。

三、这种刑事打击是否超过了一般群众的预期

在农村，随着生活水平的不断提高，逐渐形成了“屠夫”这样一种职业。一方面，由于邻里之间、熟人社会的天然监督制约机制，售卖病死猪肉等危害食品安全的可能性较小；另一方面，由于人民群众普遍的生活需要，长期以来，相关行政执法部门对于农村私自屠宰、公开售卖“白板肉”的行为并未进行过制止或者处罚，而是默许存在，并逐步进行了规范管理。在这种情况下，要求老百姓认识到这种行为具有违法性，并进行刑事打击，是强人所难，超出了老百姓的预期。

四、这种刑事打击是否具有社会效果

根据相关规定，政府应在农村地区规划设置“小型生猪屠宰点”。但是，据了解，很多地方都没有在农村设置“小型生猪屠宰点”。在相关部门不设置“小型生猪屠宰点”的情况下，又要求农村偏远地区必须要到遥远的定点屠宰厂（场）屠宰，否则便面临着牢狱之灾，这有违基本的法感情，也不是现代化的、法治化的国家治理方式。这一方面可能会让大量农民家庭失去人身自由和就业机会，被贴上了罪犯的标签；另一方面，又必然增大了农村屠宰生

猪的成本，导致农村地区吃肉难、吃肉贵，冲击农村的猪肉市场，引发不良的社会效果。

辩护点睛

本案的辩护紧紧围绕司法解释规定的“私设生猪屠宰厂（场）”这一概念展开。辩护人认为，根据《生猪屠宰管理条例》和《湖南省生猪屠宰管理条例》的规定，“屠宰厂（场）”是特定专有名词，和“小型生猪屠宰点”及“未经定点从事生猪屠宰活动”是不同的法律概念。对于“私设屠宰厂（场）”的理解，应当侧重于“私设”，需要进行刑事打击的是“私设”“屠宰厂（场）”的行为，而不是“私自进行屠宰”的行为。就像“开设赌场”必然会进行赌博活动，但进行赌博活动不一定是“开设赌场”一样的道理，“私设屠宰厂（场）”必然会进行私自屠宰、销售活动，但私自进行屠宰、销售活动不一定是“私设屠宰厂（场）”。司法解释明确规定为“私设生猪屠宰厂（场）”，这样的规定是对刑事打击范围的限制而不是扩张。“私设生猪屠宰厂（场）”应当理解为“没有取得国家关于设立生猪屠宰厂（场）的特许经营证，设立屠宰厂（场），专门从事生猪屠宰、销售活动”。农户为了零售猪肉而私自屠宰生猪，赚取的是售卖猪肉的钱，与所谓的“私设屠宰厂（场）”与正规屠宰厂（场）抢生意，赚取生猪屠宰、销售等费用具有明显不同，不具有社会危害性。

审判观点

一审法院认为：被告人蒋某某违反国家规定，私设生猪屠宰场，从事生猪屠宰、销售等经营活动，情节严重，其行为构成非法经营罪。公诉机关指控的事实和罪名成立，法院予以支持。被告人蒋某某到案后如实供述了自己的罪行，系坦白，依法可以从轻处罚。其自愿认罪认罚，依法可以从宽处理。公诉机关的量刑建议，法院予以调整。据此，法院部分采纳了辩护人的观点，对被告人适用了缓刑。

案例编写人 湖南勤人坡律师事务所 湘潭大学博士研究生 王玉好

专家点评

童德华　　中南财经政法大学刑事司法学院、国家治理学院教授、博士生导师，中南财经政法大学廉政研究院副院长、刑事合规研究中心主任，中国刑法学研究会常务理事

一般认为，非法经营罪破坏的法益是特许经营制度，但是，在优化营商环境的背景下，不能将许可经营等同于特许经营，否则将导致刑法滥用，并妨害市场经济的繁荣。为此，要严格限制立法兜底条款的适用。私人屠宰生猪，确实违反了行政管理法规，可以对其进行行政处罚。《生猪屠宰管理条例》的规制目的与特许经营的规制目的不一致，不能将其禁止行为作为非法经营行为。此外，屠夫在家宰杀生猪牟利的生活方式，历时较长，只要不存在食品安全问题，就属于具有社会相当性的行为，应排除其刑事违法性。从刑事政策侧面看，应努力实现更好的社会效果。

相关法条

《中华人民共和国刑法》

第二百二十五条第四项　违反国家规定，有下列非法经营行为之一，扰乱市场秩序，情节严重的，处五年以下有期徒刑或者拘役，并处或者单处违法所得一倍以上五倍以下罚金；情节特别严重的，处五年以上有期徒刑，并处违法所得一倍以上五倍以下罚金或者没收财产：

（四）其他严重扰乱市场秩序的非法经营行为。

第六十七条第三款　犯罪嫌疑人虽不具有前两款规定的自首情节，但是如实供述自己罪行的，可以从轻处罚；因其如实供述自己罪行，避免特别严重后果发生的，可以减轻处罚。

《中华人民共和国刑事诉讼法》

第二百零一条　对于认罪认罚案件，人民法院依法作出判决时，一般应当采纳人民检察院指控的罪名和量刑建议，但有下列情形的除外：

（一）被告人的行为不构成犯罪或者不应当追究其刑事责任的；

（二）被告人违背意愿认罪认罚的；

（三）被告人否认指控的犯罪事实的；

（四）起诉指控的罪名与审理认定的罪名不一致的；

（五）其他可能影响公正审判的情形。

人民法院经审理认为量刑建议明显不当，或者被告人、辩护人对量刑建议提出异议的，人民检察院可以调整量刑建议。人民检察院不调整量刑建议或者调整量刑建议后仍然明显不当的，人民法院应当依法作出判决。

《最高人民法院、最高人民检察院关于办理危害食品安全刑事案件适用法律若干问题的解释》

第十七条第一款 违反国家规定，私设生猪屠宰厂（场），从事生猪屠宰、销售等经营活动，情节严重的，依照刑法第二百二十五条的规定以非法经营罪定罪处罚。

第二十二条第一款 对实施本解释规定之犯罪的犯罪分子，应当依照刑法规定的条件，严格适用缓刑、免予刑事处罚。对于依法适用缓刑的，可以根据犯罪情况，同时宣告禁止令。

45 何某某等合同诈骗案

——浅谈合同诈骗罪的辩护策略和技巧

案件索引

一审：浙江省舟山市中级人民法院（2022）浙09刑初19号（2023年4月12日）

二审：浙江省高级人民法院（2023）浙刑终99号（2023年9月5日）

基本案情

被告单位A公司、B公司、C公司均系被告人于某实际控制的公司（以下统称于某系油品公司）。被告人何某某负责三家公司的轻循环油业务。被告单位D公司、E公司均系被告人郭某某实际控制的公司（以下统称郭某某系油品公司），被告人孙某某负责两家公司的仓储工作。此外，于某又系油品仓储公司E公司的实际控制人。于某、郭某某利用于某实控E公司的便利，以未获得货权转让情况下先行处置上游公司油品的违规操作模式开展上述各自实控油品公司的轻循环油贸易业务。2018年5月，于某实控的某集团公司通过破产重组，承接E公司对外约63亿元的担保负债以及前期重组费用、职工工资等，某石化公司收购E公司70%股权。2019年4月，E公司更名为大东公司，原E公司印章失效。因于某丧失对大东公司的控制权，为延续前述“先处置后付款”的操作模式，于某与郭某某合谋后，由于某伪造一枚大东公司公章，并将该公章交由A公司员工被告人沈某某保管、使用。2020年，A公司、B公司、C公司、D公司因前述擅自处置上游公司油品的操作模式，叠加经营失误、油价剧烈波动等因素，经营情况急剧恶化。2020年10月起，明知公司在持续巨额亏损下已无履约能力，作为各被告单位实控人的于某、郭某某仍指使沈某某利用伪造的公章，冒用大东公司名义与上游公司签订仓储合同、货权转移证明等，通过未取得货权情况下擅自售卖的方式骗取上游公司油品，又以虚构货权、隐瞒油品真实库存等方式与下游公司签订买卖合同，骗取下游公司货款或保证金，还以虚假货权为担保骗取托盘公司融资款，并将骗取的油品及货款用于拆东补西。被告人何某某作为A公司、B公司、C公司轻循环油业务的负责人，被告人孙某某作为C公司、D公司仓储工作负责人，根据于某、郭某某的指示参与上述诈骗犯罪。被告人沈某某作为于某实际控制公司的员工，根据于某的指示参与于某系油品公司的合同诈骗犯罪，又根据于某的指示帮助郭某某系油品公司实施合同诈骗犯罪。被告人朱某某、付某某、林某某、沈某某、舒某某作为大东公司工作人员，明知上述各被告单位未取得油品货权，仍通过对外掩饰沈某某真实身份、违规调表、倒罐等形式协助各被告单位掩盖真实仓储关系和库存情况，应对上下游公司盘库检查，并收取于某、郭某某给予的“年终奖”、好处费。被告单位A公司、B公司、C公司、D公司诈骗金额累计达近百亿元之巨。

2021年4月23日，本案第一被告人于某、第二被告人郭某某、第三被告人何某某一起向公安机关投案，本案案发。公安机关经过侦查后，将案件移交至浙江省舟山市人民检察院，检察院审查起诉。

核心争议焦点

关于何某某的犯罪及量刑，核心争议焦点为何某某在犯罪中的作用，其是否为公诉机关指控的直接负责的主管人员。

控辩双方观点及思维分析

公诉机关认为：应以合同诈骗罪追究各被告单位及被告人的刑事责任，本案数额特别巨大，且系共同犯罪。控方认为何某某系直接负责的主管人员。

被告人何某某及其辩护人认为[①]：何某某应为其他直接责任人员而非公诉机关指控的直接负责的主管人员，因为何某某系从犯，其行为均系职务行为，何某某并未参与关键的出库行为，主观恶性和犯罪作用相对较小，且何某某

① 笔者系本案被告人之一何某某的辩护代理人。为更加清晰、明确，此处仅罗列何某某及其辩护人的观点及分析。

在公司中的工作职务仅仅为业务副总，其职责中并不包含日常经营，而且何某某并不知道公司的具体财务状况，并非明知无履约能力。因此，辩护人认为，何某某应是其他直接责任人员，而非公诉机关指控的直接负责的主管人员。

辩护思路

辩护人重点从何某某在犯罪中的作用展开辩护。何某某应为其他直接责任人员而非公诉机关指控的直接负责的主管人员，且其系从犯，其行为均系职务行为，对于关键的出库行为何某某并未参与，主观恶性和犯罪作用相对较小。辩护人除了从何某某在犯罪中的作用这一角度出发展开辩护外，还从以下方面进行辩护：何某某系自首，如实供述、认罪认罚，家庭情况特殊，何某某合法财产不应被追缴，应在其固定年薪范围内承担责任等，以此请求法院能够从宽量刑。具体辩护要点如下：

一、被告人何某某系从犯，未参与全部犯罪环节

被告何某某系于某的下属，担任A公司负责业务工作的副总。被告人何某某的涉案行为是职务行为，他是在其他人创设的犯罪条件下，实施相应的行为。

何某某在共同犯罪中所处的地位不高，起次要作用，身处的环节较为固定，其工作具备可替代性，参与度较低。比如公章的制作与交接环节，何某某并未参与，且不明知公章为假。何某某对于假公章“自首时确认，之前有怀疑”的供述是完全符合实际情况和庭审查明的事实的。

另外，何某某入职时间最短、最晚，涉案金额也最少。并且，在何某某自己完全发现问题后，终止了与相关单位的业务合作，以避免增加受害人及损失数额。

除了担任A公司分管业务的副总之外，何某某另系上海某贸易有限公司的大股东和实际控制人，何某某并非把全部精力皆投入A公司之中，上海某贸易有限公司也牵扯了何某某很多的精力投入，其不可能也做不到把个人全部的精力都放在A公司经营当中。

二、何某某系自首

2021年4月23日，被告人何某某向刑侦大队投案。而后其供述也相对稳定，应当认定其构成自首。

三、何某某能如实交代自己的行为，且已认罪认罚

何某某从自首以来，签署第一次笔录开始，能够如实交代自己参与的主要犯罪事实，积极配合侦查机关、公诉机关的工作，系坦白，其已认罪认罚，对起诉书指控的犯罪事实没有异议。

四、何某某愿意尽其所能退出其担任A公司负责业务的副总时的个人薪资所得，以争取从宽处理

何某某在本案中不享有公司股权，不存在个人分红，其仅作为负责业务的副总领取固定薪资，对于其履行职务行为产生的犯罪事实，愿意尽其所能退还违法所得。

五、何某某部分被查封扣押的财产属于案发前合法取得的财产，不应作为追缴部分的财产进行处置

辩护人认为，以起诉书确定的2020年10月为犯罪起始时间节点，被告人何某某在该时间节点前从个人及其妻子名下所获得的财产系其合法取得的财产，不应作为追缴部分进行处置。即使是在该节点之后的财产，辩护人认为，应在考虑其固定年薪的情况下予以鉴别，在追赃挽损时合理剔除何某某的合法财产。

六、何某某独女年幼，其妻子因早年遭遇严重车祸，亦无法独立抚养女儿，家庭情况特殊，恳求法院能够从宽量刑

何某某的妻子曾两次遭遇车祸身体患有严重疾病，二人唯一的女儿刚满2周岁急需父亲照料，何某某的母亲年迈且患有阿尔兹海默病等多种疾病，家庭负担沉重。

综上，何某某客观上配合公司实施了合同诈骗行为，系从犯，何某某能够自首、坦白，认罪态度良好，其愿意退赃也说明其悔罪深刻，可以适用法律从轻减轻处罚。

辩护点睛

合同诈骗罪是指以非法占有为目的，在签订、履行合同的过程中，采取虚构事实或者隐瞒真相等欺骗手段，骗取对方当事人的财物，数额较大的行为。在面临合同诈骗罪指控时，辩护律师需要采用一系列策略和技巧来为被告人进行辩护，保障其合法权益。辩护方可以试图证明合同中的行为没有故意欺骗的意图，可能是由于误解、错误解释等原因；辩护方可以主张合同本身存在缺陷，例如合同格式不当、协议不平等、未经合法代表同意等，从而否认存在诈骗行为；辩护方可以试图证明被告人是在与其他人共谋下签署合同的，且并非有意参与诈骗活动；辩护方可以质疑控方提供的证据的可信度或真实性，包括书面文件、证人陈述等；辩护方可以辩称被告人在合同交易中的行为并未构成欺诈，可能是合同条款明确、交易条件公平等。但由于每个案件都有独特的情况和证据，因此要因案制宜，选取最佳的辩护策略。

结合本案实际，前 3 名被告人为实行正犯（实际控制人和直接负责的主管人员），后 7 名被告人为帮助犯（主要为油库工作人员）。笔者作为第三被告人的辩护人，重点从何某某在犯罪中的作用展开辩护外，还从何某某系自首，如实供述、认罪认罚，家庭情况特殊，何某某合法财产不应被追缴，应在其固定年薪范围内承担责任等方面进行辩护，以此请求法院能够从宽量刑。

经过有效辩护，成功将何某某这一第三被告人辩护为从犯（前二被告人为主犯），最终获刑七年，罚金 40 万元，与第四被告人（油库总经理）的刑期和罚金一致，取得了极好的辩护效果。

审判观点

一审法院认为：各被告单位及被告人在签订、履行合同的过程中，骗取对方当事人财物，数额特别巨大，各被告单位及被告人的行为均已构成合同诈骗罪，且系共同犯罪。公诉机关指控的罪名成立。何某某起次要作用，系从犯，依法应当减轻处罚。且何某某犯罪后自动投案，如实供述自己的罪行，系自首，可以从轻处罚。案发后，何某某退出全部违法所得，均可酌情从轻处罚。法院对何某某辩护人的相关辩护意见予以采纳。一审法院最终判决被告人何某某犯合同诈骗罪，判处有期徒刑七年，并处罚金人民币 40 万元。

何某某未提起上诉，同案被告人朱某某、沈某某提起了上诉，最终二审法院驳回其上诉，维持了原判。

案例编写人 浙江杭天信律师事务所 楼宇广

专家点评

马长生　湖南师范大学法学院教授、湖南省刑法学研究会名誉会长、湖南省刑事法治研究会名誉会长

本案系单位犯罪，涉案数额特别巨大，而何某某被公诉机关认定为直接负责的单位主管人员，列自然人被告人之第三，而其余7名被告人皆系从犯。辩护律师抓住了几个关键问题，即何某某系自首；何某某虽然担任副总经理，但并非涉案单位股东，而且入职最晚，且所涉职务是其主业之外的兼职，对单位私刻公章等违法行为并不知情，并非单位犯罪的主导人；何某某一直认罪认罚，且主动要求退赃；等等。法院全面考虑了何某某涉案的具体情况，最终适用了与第四名被告人同样的刑罚，实际上接受了辩护人并非主犯的辩护意见，无疑是一次成功的辩护。

相关法条

《中华人民共和国刑法》

第二百二十四条　有下列情形之一，以非法占有为目的，在签订、履行合同过程中，骗取对方当事人财物，数额较大的，处三年以下有期徒刑或者拘役，并处或者单处罚金；数额巨大或者有其他严重情节的，处三年以上十年以下有期徒刑，并处罚金；数额特别巨大或者有其他特别严重情节的，处十年以上有期徒刑或者无期徒刑，并处罚金或者没收财产：

（一）以虚构的单位或者冒用他人名义签订合同的；

（二）以伪造、变造、作废的票据或者其他虚假的产权证明作担保的；

（三）没有实际履行能力，以先履行小额合同或者部分履行合同的方法，诱骗对方当事人继续签订和履行合同的；

（四）收受对方当事人给付的货物、货款、预付款或者担保财产后逃匿的；

（五）以其他方法骗取对方当事人财物的。

46 毕某某诈骗案

——发行、销售虚拟货币是否构成诈骗罪的认定

案件索引

在审查起诉阶段，公安机关向检察机关撤回起诉，撤案文号：高公函撤（2022）21 号

基本案情

涉案人员杨某、刘某某、毕某某等十余人，通过区块链技术在境外互联网公链上发布了名为 TTM 的虚拟货币，为给 TTM 币引流，又研发了名为“怪兽云算力”的 App，在该 App 内以名为“TT 流通”的代币进行流通、消费、积分等，并引导代理商购买其研发的 TTM 虚拟货币矿机，再向社会投资人进行销售。因 TTM 虚拟货币贬值，社会投资人报案，本案案发。

核心争议焦点

毕某某等十余人发行 TTM 虚拟货币、“TT 流通”代币并进行销售，研发虚拟矿机的行为是否构成诈骗罪。

控辩双方观点及思维分析

公安机关认为，涉案人员发行无任何价值的虚拟货币和虚拟代币，并将 TT 流通积分包装为“中心化”的虚拟货币进行推广，吸收代理商作为节点进行销售，在之后上线交易的过程中，采取人为操控和修改代码的方式，抬高和降低 TT 流通的交易价格，从而非法牟利，该系列行为涉嫌诈骗罪。

辩护人认为，杨某、刘某某、毕某某等十余人发行TTM虚拟货币、“TT流通”代币、研发虚拟矿机并进行销售的行为，过程较为漫长，虽从时间上看，可以分为两个阶段，但对其行为应当予以整体评价。整体来看，行为人主观上不具备非法占有的故意，客观上没有实施隐瞒事实真相等欺诈的行为，不构成诈骗罪。

辩护思路

一、本案证明诈骗事实的证据尚不够充分，事实不清

根据我国刑法理论和实践的一般共识，诈骗罪的客观行为构造为：犯罪人虚构事实或者隐瞒真相→被欺骗的人产生认识错误→被欺骗的人在错误支配下交付财物→被害人受到财产损失→犯罪人非法占有财产。同时，要构成诈骗罪，主观上还必须是故意，并且具有“非法占有的目的”。

从起诉意见书载明的案件情况来看，12名涉案人员为了牟利和为自己发行的虚拟货币TTM币引流，研发了怪兽运算力App，在该App内发行无任何价值的“TT流通”，并将“TT流通”积分包装为“中心化”的虚拟货币进行推广，并吸收代理商作为节点进行销售，在之后上线交易的交易过程中，采取人为操控和修改代码的方式，抬高和降低TT流通的交易价格，从而非法牟利。

辩护人认为，证明诈骗事实的在案证据尚不够充分，事实不清：

1. 在案证据无法证明毕某某虚构事实或者隐瞒真相，让被欺骗者产生错误认识，从而在错误支配下处分财产，进而非法占有他人的财产。

（1）在“TT流通”的宣传中，杨某等人明确定义了“TT流通”的性质和作用，包括“TT流通”的线上消费、兑换矿机等功能，直到本案侦查机关立案侦查时，“TT流通”所宣传的功能和价值，除投资升值没有实现外，其他功能均已实现或者完全可能实现。这表明毕某某并未虚构事实或者隐瞒真相。

与此同时，被害人陈述表明，多名被害人在成为“TT流通”节点商之前已经是深谙虚拟货币运行的基本原理并参与了相应的实践，也就是具备了超出一般人对于虚拟货币的认知。在成为“TT流通”节点商之前，基于自身的关于虚拟货币的专业知识，被害人对“TT流通”亲自进行了反复认真的线下考察，其是出于自身的判断作出最终决定，因此，这些被害人关于“TT流

通”的认知并非认识错误，更遑论在错误支配下处分其财产。

（2）起诉意见书载明，本案的涉案金额为1657419.26个USDT（泰达币）价值人民币10702453.38元。从转入电子钱包的金额和笔数看，对应的受害人均系招募的代理商节点。相关受害人的询问证言证实，绝大部分受害人投资购买“TT流通”后，在市场流通的过程中，并没有以低于购买价的价格进行过低价抛售，也就没有卖出“TT流通”导致亏损兑现。在“TT流通”项目后期，当其市值贬值至1元人民币时，本案的涉案人员制订了不同的方案来偿付节点商：或以5元的价格回收了节点商钱包里的“TT流通”，或者让节点商自行购买当时客观上具有价值的TTM矿机，或者让节点商在App商城内充值作为代币购买实物、在线下实体店进行消费。

事实上，基于怪兽运算力App对“TT流通”设置的一系列奖励机制，截至公安机关立案侦查或受害人将“TT流通”兑换TTM矿机时止，事实上绝大部分受害人账户内所持有的“TT流通”的数量，远高于其实际投入资金购买的数量。比如，购买了1万个“TT流通”，通过系统内的奖励机制获取了额外数量的“TT流通”，在兑换矿机时，所持有和用于兑换矿机的数量是1.5万个甚至2万个“TT流通”。这一机制带来的直接后果就是用“TT流通”兑换矿机时，其兑换成本因“TT流通”数量的显著增加而被摊薄和稀释，从而使定价35000元人民币即7000个“TT流通”的矿机，看上去价格高昂，但若使用“TT流通”进行兑换，实际成交价格明显降低。

可以看出，无论是节点商充值的人民币还是USTD（以下简称泰达币）都获取了相应的对价或者得以充分偿付，部分节点商甚至因此获取了比较丰厚的利润。而截至案发，毕某某也没有因为“TT流通”的发行和运营获得过任何收益，更没有非法占有节点商的财物。因此，辩护人认为，在案证据无法证明毕某某在客观上非法占有了他人的财产。

2. 在案证据无法证明诈骗罪中的财产及其价格。

厘清财产犯罪中之财产属性及其数量、价格，是认定犯罪的另一关键问题。从起诉意见书来看，本案的涉案金额为1657419.26个泰达币。全案仅仅通过价格认定中心出具的价格认证书，就判定全部泰达币折合人民币10702453.38元。因此，在案证据无法证明泰达币的财产属性、折算可能性以及折算方法，更无法证明其具体价格。

3. 在案证据无法证明毕某某有诈骗他人的动机，更无法证明毕某某等人主观上具有非法占有的目的。

从在案证据来看，毕某某与杨某等人是为了共同推动TTM虚拟货币的发行、发展。2020年4月左右，在刘某某提出“TT流通”方案时，毕某某也仍然坚持“TT流通”只能是为了TTM“引流”。杨某13次稳定的供述和杨某案发之后的资金数量表明，他作为“TT流通”的投资人，有足够能力对抗TTM货币发行、发展过程中的各种资金风险，完全不需要借助他人的资金。杨某、毕某某等人显然并不具有通过发行“TT流通”来诈骗他人的动机。随后，毕某某对于刘某某组建团队发行并运营“TT流通”的情况并不明知，对于“TT流通”过程中产生的收益及其流向更不知情。在所涉案情中，毕某某没有因为“TT流通”获得过节点商交付的任何财产。因此，在案证据尚无法证明毕某某主观上具有非法占有的目的。

二、毕某某在涉案事实中只是为杨某等人提供帮助，作用较小

不难看出，本案核心是犯罪嫌疑人是否利用中心化的“TT流通”骗取被害人的财物。行为人的定罪量刑均宜以“TT流通”的出现、运行等相关行为展开，首先需要重点审查“TT流通”的提出者、宣传运营者以及技术支持者，即案件事实中的核心人物。

通过梳理在案证据发现，杨某系TTM和“TT流通”的投资人和负责人，刘某某系“TT流通”的直接发起者和总负责人，徐某某负责对接广西某某有限公司技术团队开发的“怪兽云算力”App，保证“TT流通”项目的落地；邓某担任市场部负责人，负责“TT流通”的市场推广；李某某担任宣传团队负责人进行宣传、讲解；崔某某担任“TT流通”的技术主管，负责技术层面上的把关，参与项目运营；王某某负责协调各方事务以及部分市场推广；但某某作为杨某老乡，在杨某安排下听从刘某某的指示，配合刘某某市场部推广“TT流通”；张某、马某某跟随刘某某进入团队，按刘某某的指示负责审核“怪兽云算力”实名注册用户以及操作系统后台分发“TT流通”，廖某为技术人员，负责技术开发及部分后台操作。可以说，全案中与“TT流通”相关的最为核心的人物是杨某和刘某某，使得“TT流通”从无到有，接着对“TT流通”进行虚假宣传的人是邓某、李某某，负责“TT流通”技术开发和维护的是徐某某和崔某某。相对于这些人，在案证据证明，毕某某是本案中的“三无”人员，即“无资金、无技术、无收益”。那么，毕某某做了什么？总结起来主要有以下事务：参与了TTM和“TT流通”发行、流通过程中的“外围工作”，包括：受杨某委托，初步审查报账单，最终由殷某某签字决定；

向杨某转交相关材料；按照杨某的要求通过微信向广西技术公司的陆某某支付过技术费用，但是这些行为显然属于对其他实行行为提供的帮助，作用相对较小。

综上，辩护人认为本案的事实不清，证据不足以证明毕某某构成诈骗罪。

辩护点睛

近年来，区块链技术和虚拟货币都是热点词汇，本案则是一起涉及虚拟货币发行的新类型涉刑案件，同时也是宜宾市公安机关办理的第一起涉及区块链技术、虚拟货币发行的跨区域刑事案件，涉案人员均系四川省内“币圈”玩家。案发时，虚拟货币在国内的定性和法律地位尚不明确，彼时，相关司法解释尚未出台，法律边界较为模糊，辩护难度较高。

刑辩律师在办理此类刑事案件时，应当具有全局性和宏观性的思维和视野，同时需要快速了解信息技术产物和相关概念。本案即是如此，方才找到辩护的突破点。本案从办案机关对涉案人员采取刑事拘留、逮捕的强制措施，至涉案人员全部获得取保候审，最终解除强制措施，将案件退回公安机关，历时整整 26 个月。辩护律师始终认为，诈骗犯罪必须具有非法占有的主观目的，而且这种非法占有需同商业牟利的主观心态相区别。本案的涉案人员是否构成诈骗犯罪的关键，是他们大费周章进行了多个行为，这一系列行为到底是一种以盈利为目的的商业运营手段，还是以非法占有为目的的实施犯罪行为的过程，其主观上追求的到底是通过商业运作达到牟利目标，还是非法占有他人财产的目的。要准确甄别这一主观动机，必须将涉案人员的整个系列行为过程贯穿始终来看待和分析，而不能将其拆分为多个阶段来分别解读、定性。

经过辩护律师反复与检察机关进行意见交换，最终，辩护意见得到采纳，本案由公安机关撤回案件，涉案人员均未移送起诉。

案件结果

公安机关向检察机关撤回起诉。

案例编写人 四川善嘉（宜宾）律师事务所 姚德华

专家点评

陈伟　　西南政法大学法学院教授、博士生导师，中国刑法学研究会常务理事

本案涉及区块链这一新兴技术，需要辩护人对区块链、加密货币具有较为深入的了解。本案的辩护思路较为清晰，围绕诈骗罪本身的成立和涉案人员在本案中的地位作用两个方面展开辩护。在对诈骗罪是否成立的问题上，辩护人围绕诈骗罪的成立要件和认定要点，依次证明被害人没有明确产生认识错误、未在错误认识之下处分财产、并未实际产生财产上的损失这些关键事实。同时，说明了被告人既无牟利动机又无非法占有之目的。最后，通过对比其他涉案人员在本案中的地位，证明毕某某在本案中处于帮助地位。基于上述辩护思路，取得了不错的效果。尤其值得肯定的是，辩护人将技术性较强的案件事实转化为契合犯罪构成要件的通行话语，进一步提升了辩护的说服力，为新型犯罪的刑事辩护提供了思路。

相关法条

《中华人民共和国刑法》

第二百六十六条　诈骗公私财物，数额较大的，处三年以下有期徒刑、拘役或者管制，并处或者单处罚金；数额巨大或者有其他严重情节的，处三年以上十年以下有期徒刑，并处罚金；数额特别巨大或者有其他特别严重情节的，处十年以上有期徒刑或者无期徒刑，并处罚金或者没收财产。本法另有规定的，依照规定。

47 尹某等诈骗案

——当商标所有权存在争议时授权给他人使用是否构成诈骗罪

案件索引

此案在审查起诉阶段，四川省成都市公安局温江区分局撤回移送审查起诉，并作出成温公（涌）撤案字〔2023〕21号撤销案件决定书

基本案情

犯罪嫌疑人张某、尹某分别为某林产工业集团有限公司的总裁和副总裁。

2020年10月30日，四川省成都市某区人民法院作出的执行裁定书，裁定主要内容为，将该集团所有的一百余项注册商标专用权抵偿给三位债权人，所有权自裁定书送达债权人时转移，债权人持该裁定书到登记机构自行办理过户登记手续。

2020年12月10日，张某、尹某二人将法院已经裁定转让给债权人的注册商标之一，授权给G某装饰材料有限公司生产该品牌地板，并向该公司负责人李某收取使用费12万元。

2020年12月20日，国家知识产权局出具《商标转让证明》核准案涉商标转让注册，受让人为法院执行裁定书载明的债权人。《商标转让证明》底部“注”部分载明，“受让人自标注之日起享有商标专用权”。

2022年6月，公安机关以张某、尹某涉嫌假冒注册商标罪，对二人进行传唤，并形成讯问笔录。

2022年7月8日，公安机关作出立案决定书，决定对李某（G某装饰材料有限公司负责人）被诈骗案立案侦查。

2022年7月13日，接办案民警通知后，尹某等人先后到公安机关配合调查。2022年9月27日，公安机关将本案移送检察院审查起诉。2023年6月16日，公安机关作出撤案决定。

核心争议焦点

当商标所有权存在争议时，行为人将其授权给他人使用的行为是否构成诈骗罪？

控辩双方观点及思维分析

公安机关认为：2020年12月10日，法院已经裁定将案涉商标转让给他人，该日期之后，犯罪嫌疑人张某、尹某无权将商标授权他人使用。同年12月20日，张某、尹某在明知商标已经被裁定转让给他人的情况下，隐瞒真相，仍将案涉商标授权给被害人李某使用，二人的行为均构成诈骗罪。

辩护人认为：本案不构成诈骗罪。主要理由如下：（1）两位犯罪嫌疑人无非法占有李某钱款的主观故意，所谓的被害人李某确实授权使用了注册商标，无财产被非法占有的客观结果；（2）法院裁定案涉商标转让的时间与债权人到登记机关办理登记过户手续的时间存在时间差，在此期间，原商标所有人使用商标的法律性质存在一定争议，对于受让人就案涉商标所享有权益可能造成的侵害，属于民商事纠纷的范畴。

辩护思路

本案涉及三方主体，即注册商标原所有人、受让人、被授权使用人，具体案情具有民刑交叉的性质。从案件侦查过程来看，最初对犯罪嫌疑人进行调查时，涉及的罪名是假冒注册商标罪，之后正式立案侦查时涉及的罪名是诈骗罪。因此，辩护人的主要思路是：厘清三方主体关系，明确不同法律责任性质，从犯罪构成要件进行重点分析论证。同时，虽然起诉意见书认定的罪名为诈骗罪，但不排除检察院变更罪名的可能性，因此既要论证本案不构成诈骗罪，也要论证不构成假冒注册商标罪。此外，针对阅卷过程中发现的一些重要细节，以及犯罪嫌疑人的特殊情况，充分利用国家禁止以刑事手段插手经济纠纷、保护民营企业等政策，争取好的结果。

一、论证本案不构成诈骗罪

首先，尹某等人授权姚某使用案涉商标时，商标尚在S某林产工业集团有限公司名下。依照《商标法》第42条第4款之规定，"转让注册商标经核准后，予以公告。受让人自公告之日起享有商标专用权。"在尹某等人的认识中，在办理过户登记前，自己仍可对案涉商标进行使用，使用方式包括授权他人使用，其并非基于非法占有的目的而行骗。即使从法律专业人员的视角来看，法院裁定生效之后，变更登记之前，原权利人对商标的使用并不属于非法，更不构成犯罪，只是基于诚信原则，应当将授权费向转移后的商标所有人支付。司法实践当中相类似，甚至更恶劣的情形也并未作为犯罪处理，如法院执行拍卖的房屋，房屋所有权已经属于新的购房者，但原所有人拒不腾退，有的行为甚至持续一年多，即使最终法院强行腾退，原所有人也并不构成非法侵入住宅罪或其他犯罪。如果在房屋产权变更登记前，房屋原所有人将房屋短租给他人使用，并且承租人也实际使用了，房屋原所有人也并不构成诈骗罪。其次，从常识常情常理来看，尹某不具有诈骗李某的动机。犯罪动机是认定构成犯罪的一个重要因素。本案中，尹某和李某是认识多年的朋友，以尹某的身份、地位、人品、财产状况，不可能为了非法占有12万元而实施诈骗犯罪行为。最后，所谓的被害人李某并未基于"受骗"而遭受财产损失，即犯罪嫌疑人非法占有李某钱款的危害结果并不存在。李某在支付12万元后实际取得了案涉商标的使用权，并且已经对授权的商标进行了使用，即使在后期的使用中有所损失，也属于民商事纠纷，与犯罪嫌疑人的授权行为不具有刑法上的因果关系。因为李某在取得案涉商标的使用授权时，并不明知商标已转移至他人所有的事实，不存在与犯罪嫌疑人"恶意串通损害第三人利益"的情形，属于善意第三人。根据最高人民法院发布的2015年中国法院十大知识产权案件中，"毕加索"商标许可使用合同案的裁判观点，如果李某在《品牌授权书》的授权范围内使用，完全可以享有被授权的权益。其后期在施工中有所损失，与其超出授权的地域范围、生产质量、商业竞争等各种因素相关，并非由犯罪嫌疑人的授权行为造成。

二、论证本案不构成假冒注册商标罪

在丧失商标所有权的情况下仍然授权他人使用的行为，即使不合法，也仅属于民商事纠纷的范畴，不应作为刑事犯罪处理。刑法具有谦抑性，具有二次规范性，民商事法律关系可以调整的，就不应纳入刑法调整的范畴。退一步讲，即使认定尹某和江某完全无权授权他人使用案涉商标，也属于民商事法律关系中的无权代理或表见代理，根据相关民商事法律规定以及司法实践，

对于无权代理人或表见代理人，并不作为犯罪处理。通过检索相关民商事案例，可以看到，一些情节更为严重的案件，都是作为民商事纠纷处理的，举重以明轻，本案更不构成犯罪。

三、分析本案不能排除以刑事手段不当插手经济纠纷的可能性

通过对在案证据的全面细致分析，发现部分证据的真实性存疑，部分证据之间存在较为严重的矛盾，公安机关的办案程序存在一定瑕疵。

辩护点睛

1. 在当事人已认罪认罚，并且已经退缴“赃款”的情况下，律师从证据、事实和法律出发，坚持作无罪辩护。

2. 律师从实体方面充分论证本案不构成犯罪，一方面，既论述了当事人无法满足起诉意见书所指控罪名的主观要件与客观要件，并且通过类案检索到比本案更严重的情形最后也是依照民商事纠纷处理，举重以明轻，那么本案更应当仅属于民商事纠纷；另一方面，律师还对司法机关后续可能会变更的罪名进行了针对性辩护，从而为当事人构筑起了全面且细密的防护盾与安全网。

3. 在程序方面，仔细研究证据，着手于受案证据的真实性以及证人与被害人所作询问笔录的时间先后顺序等细节，发现本案可能存在以刑事手段插手经济纠纷的可能性。

4. 充分运用刑事司法政策，包括少捕慎诉、禁止以刑事手段插手经济纠纷、保护民营企业家、保护科技人才等。

5. 最终取得辩护成功的结果：公安机关撤销案件，检察机关全额返还之前退缴的“赃款”。

案件结果

检察机关基本同意无罪观点，虽然未作出不起诉决定，但公安机关撤回移送审查起诉，并撤销案件，最终实现了无罪的结果。

案例编写人　四川卓安律师事务所　魏　军　陈曦雨

专家点评

马长生　湖南师范大学法学院教授、湖南省刑法学研究会名誉会长、湖南省刑事法治研究会名誉会长

本案在检察机关审查起诉阶段，在犯罪嫌疑人表示认罪认罚并退回“赃款”的情况下，代理律师坚持认为犯罪嫌疑人的行为不构成犯罪，依法据实对案件为什么不构成犯罪作了很有说服力的分析，最终由公安机关撤销了案件，从而既维护了涉案人的合法权益，又避免了继续诉讼浪费司法资源，还避免了由于犯罪嫌疑人因对法律的误解而“认罪认罚”所导致的错判。代理律师准确地指出本案犯罪嫌疑人的行为并未造成任何人的财产损失，即便有错，也属于民事纠纷，属于民事法律调整的行为，不构成犯罪。这一分析，切中案情之要害，具有画龙点睛的作用。

相关法条

《中华人民共和国刑法》

第二百六十六条　诈骗公私财物，数额较大的，处三年以下有期徒刑、拘役或者管制，并处或者单处罚金；数额巨大或者有其他严重情节的，处三年以上十年以下有期徒刑，并处罚金；数额特别巨大或者有其他特别严重情节的，处十年以上有期徒刑或者无期徒刑，并处罚金或者没收财产。本法另有规定的，依照规定。

《中华人民共和国刑事诉讼法》

第一百一十九条第一款　对不需要逮捕、拘留的犯罪嫌疑人，可以传唤到犯罪嫌疑人所在市、县内的指定地点或者到他的住处进行讯问，但是应当出示人民检察院或者公安机关的证明文件。对在现场发现的犯罪嫌疑人，经出示工作证件，可以口头传唤，但应当在讯问笔录中注明。

《中华人民共和国商标法》

第四十二条　转让注册商标经核准后，予以公告。受让人自公告之日起享有商标专用权。

48 郑某某等非法采矿案

——主管部门的明示可否成为行为人违法性认识错误的认定依据

案件索引

一审：青海省西宁市城西区人民法院（2021）青 0104 刑初 88 号（2022 年 6 月 30 日）

二审：青海省西宁市中级人民法院（2022）青 01 刑终 97 号之二（2023 年 7 月 21 日）

重审：青海省西宁市城西区人民法院（2023）青 0104 刑初 164 号（2023 年 8 月 24 日）

基本案情

一、事实情况

2004 年 4 月 9 日，青海省海西州政府招商引资，由郑某某实际控制的公司出资成立青海 J 公司，海西州政府授权青海 J 公司开发海西州境内煤炭资源。

2005 年 1 月 14 日，青海省国土资源厅会议决定将青海省天峻县江仓矿区二井田的探矿权出让给青海 J 公司。同年 3 月 25 日，青海 J 公司登记办理江仓煤矿区二井田探矿权。

2006 年 3 月，青海 J 公司向青海省国土资源厅申请办理采矿证时，青海省政府正在推进木里煤田江仓矿区企业整合，要求矿区企业先整合后办证，青海 J 公司办理采矿证一事被迫叫停。

2010 年 1 月 29 日，青海省人民政府及相关职能部门组成联动办公机构，协调解决木里江仓地区煤炭开发企业生产过程中所需的审批、核准手续及相关证照的办理问题，协助企业完成采矿权审批、项目核准、生产许可、安全许可、环境审查等审批程序。同年 8 月 19 日，原国土资源部向青海 J 公司批复江仓矿区二井田矿区范围，预留期为 3 年，并于 2013 年 8 月 19 日前持采矿登记申请资料到登记管理机关办理采矿登记手续。

2010 年 11 月 16 日，为执行一个矿区由一个主体开发的要求，青海省人民政府批复由青海省国有资产投资管理有限公司设立木里煤业集团，作为木里煤田矿区总体规划范围内煤炭资源的唯一开发主体，对江仓矿区在内的开发企业进行重组。

2012 年 9 月 6 日，木里煤业集团和青海 J 公司签订协议，约定木里煤业集团为江仓矿区二井田采矿权证的申办主体，由青海 J 公司承担全部申办费用。同年 12 月 31 日，原国土资源部同意江仓矿区二井田划定矿区范围批复持有人由青海 J 公司变更为木里煤业集团，有效期至 2013 年 8 月 19 日，后经青海省国土资源厅批复预留期延长至 2014 年 12 月。其间，木里煤业集团于 2014 年 7 月 31 日取得江仓矿区二井田采矿权证。

自 2004 年至 2014 年间，青海省经济委员会、木里煤业集团分别向青海 J 公司下达生产任务；公安部门批准向青海 J 公司核发火工品；自 2006 年 12 月 1 日至 2012 年 12 月 31 日，天峻县国土资源局将其国有土地出租给青海 J 公司用于采矿作业区、排渣场。在此期间，青海 J 公司共纳税 8 亿余元、缴纳矿产资源补偿费和土地租赁费近 5000 万元。

2006 年 10 月至 2014 年 7 月，郑某某在青海 J 公司未取得采矿许可证的情况下，制订生产计划并下达生产任务，组织和指派其他被告人在天峻县木里矿区江仓二井田开采煤炭资源，其间，因无证开采被主管部门作出责令停止开采、罚款等行政处罚，但从处罚执行情况来看，并未实质性地采取关停煤矿的措施。

2006 年 10 月至 2014 年 7 月，青海 J 公司共采挖煤炭 773 万吨，销售 763 万吨，销售收入 36 亿余元。

二、诉讼情况

郑某某因涉嫌非法采矿罪，于 2020 年 9 月 8 日被青海省公安厅刑事拘留，于同年 9 月 27 日被青海省人民检察院依法逮捕。该案于 2021 年 2 月 26 日被青海省公安厅向青海省人民检察院移送审查起诉，青海省人民检察院于 2021 年 3 月 3 日交由西宁市人民检察院审查起诉，西宁市人民检察院于 2021

年3月8日交由西宁市城西区人民检察院审查起诉，西宁市城西区人民检察院于2021年3月26日向西宁市城西区人民法院提起公诉。

公诉机关认为：青海J公司于2005年3月25日取得青海省天峻县江仓煤矿区二井田勘探勘查许可证。2006年10月至2014年7月，青海J公司在未取得采矿许可证的情况下，违反《矿产资源法》的规定，在青海省天峻县江仓煤矿区二井田，采用“以探代采”的方式，非法开采煤炭资源并予以销售。在此期间，青海省国土资源厅、天峻县国土资源局、刚察县国土资源局对其非法开采行为多次予以行政处罚，并责令其停止违法行为，但青海J公司始终未停止非法开采行为，造成矿产资源遭受严重破坏。经审计，2006年10月至2014年7月，青海J公司非法开采煤炭资源773万吨，销售763万吨，销售金额合计36亿余元。青海J公司原董事长郑某某明知青海J公司未取得采矿许可证，并因无证开采行为多次被行政主管部门予以行政处罚、责令停止开采，仍然积极组织实施非法采矿行为，系青海J公司实施非法采矿犯罪的直接负责的主管人员，应当以非法采矿罪追究其刑事责任。

本案系单位犯罪，青海J公司为被告单位，共涉及11名被告人。第一被告人郑某某系青海J公司的法定代表人、董事长，第二被告人系青海J公司的股东，其余被告人分别为青海J公司案涉期间历任总经理、总工程师、副总经理、生产副总经理、主管销售副总经理、江仓矿区二井田矿长。公诉机关指控所有被告人均系青海J公司实施非法采矿罪的直接负责的主管人员或直接责任人员。辩护人主要为第一被告人郑某某提供辩护。

2022年6月30日，青海省西宁市城西区人民法院对郑某某等人作出一审判决，法院认为：被告单位青海J公司违反《矿产资源法》的规定，未取得采矿许可证擅自开采煤炭资源，经责令停止开采后拒不停止开采，造成矿产资源遭受严重破坏，情节特别严重，被告人郑某某等人明知青海J公司未取得采矿许可证开采煤炭，仍积极组织或参与，其行为均构成非法采矿罪。被告人郑某某在单位犯罪中起决定、批准、纵容、指挥等作用，系直接负责的主管人员，对其判处有期徒刑三年六个月，并处罚金300万元。

郑某某不服一审判决，向青海省西宁市中级人民法院提出上诉。2023年7月21日，青海省西宁市中级人民法院作出二审裁定，以“事实不清、证据不足”为由撤销一审判决，将案件发回青海省西宁市城西区人民法院重新审理。

2023年8月24日，青海省西宁市城西区人民法院重新作出一审判决，法院认为：被告单位青海J公司主观上不具有非法采矿的故意，客观上并未实施擅自开采的行为，其行为不构成非法采矿罪；在青海J公司任职的被告人郑某某等人亦不构成非法采矿罪。判决被告单位及全部被告人无罪。

核心争议焦点

1. 被告单位在未取得采矿许可证之前，未隐瞒采矿事实，且在相关政府部门持续指导和监管下进行的企业整合、生产经营、用地审批、火工品审批、缴纳税费等行为是否为本案的违法性阻却事由？

2. 在相关政府部门的前述行为基础上，郑某某等人是否具有违法性认识的可能性？

控辩双方观点及思维分析

一、控方观点及思维分析

控方指控称：青海J公司于2005年3月25日取得青海省天峻县江仓煤矿区二井田勘探勘查许可证。2006年10月至2014年7月，青海J公司在未取得采矿许可证的情况下，违反《矿产资源法》的规定，在青海省天峻县江仓煤矿区二井田，采用“以探代采”方式，非法开采煤炭资源并予以销售。在此期间，青海省国土资源厅、天峻县国土资源局、刚察县国土资源局对其非法开采行为多次予以行政处罚，并责令其停止违法行为，但青海J公司始终未停止非法开采行为，造成矿产资源严重破坏，情节特别严重。青海J公司原董事长郑某某等人，明知青海J公司未取得采矿许可证，并因无证开采行为多次被行政主管部门予以行政处罚、责令停止开采，仍然积极组织实施非法采矿行为，其作为直接负责的主管人员，应当以非法采矿罪追究刑事责任。

二、辩方观点及思维分析

被告人及辩护人辩称：青海J公司在经营期间，被告人并没有刻意拒绝和回避办理采矿证，相反是持续性地准备并主动向有关部门递交申请材料，没有积极追求无证开采结果的发生。之所以在一开始没有取得采矿证，主要是因为青海省政府推行资源整合政策，要求以整合后联合开发企业的名义统一申领采矿证，导致青海J公司失去了自主申办的权利。其主观上不可能认识到自己的行为可能造成矿产资源破坏的结果，因此不具有非法开采的主观故意。此外，相关国土资源行政主管机关一系列积极的行为，都足以成为本案的违法性阻却事由，包括设置地磅、审批火工品、收取矿产资源补偿费、收取税费、出租土地给青海J公司用于采矿作业、作出明显敷衍了事的行政处罚、多年未将案件移送公安机关刑事立案等。该等积极行为都导致被告人及青海J公司无法认识到自身行为的刑事违法性。同时，其他各级政府部门都对公司下达生产任务，并予以各类荣誉表彰，通过煤业集团允许青海J公司在过渡期内开采原煤等，更让被告人及青海J公司认为自己的行为不可能具有刑事违法性，也不具有期待被告人等人作出控方要求行为的可能性。

辩护思路

辩护人认为，定罪量刑从来就不应该是机械的，不能因为在没有采矿证的情况下采煤就认定为非法采矿罪，也不能因为相关部门表面上进行过几次行政处罚，就认定符合了相关法律要求的前置性行政程序，必定是主客观四要件缺一不可的法律适用和事实认定过程。主观上是否可以不办理采矿证，甚至明知行为构成犯罪而实施；主体上是不是采矿权证的申办主体；客观上行为是否属于擅自开采，有没有回避主管部门的持续监管；客体上开采行为是否实质性地导致了矿产资源的破坏等，都是定罪量刑必须考量的因素。

因此，辩护人将理论知识与自身的办案经验相结合，运用“要件式辩护”思路，坚持为郑某某作无罪辩护。具体辩护思路总结如下：

1. 客观行为层面：青海J公司的开采是为了完成政府及木里煤业集团事前层层分解下达的产煤任务。同时，各级政府及其组成部门事中同意审批火药及要求上报产煤量，事后在年终给予考核表彰等明示或暗示的要求与鼓励，都使得青海J公司的行为不属于《刑法》第343条所规定的“擅自”开采行为。

2. 客体层面：首先，青海J公司在拿证之前已经具备了办理采矿许可的实质条件，没有影响国家矿产资源的正常开采管理秩序所要保护的核心法益。

其次，不同于偷采、盗采的黑煤窑，青海J公司的煤炭生产、销售活动并不是私下进行的，而是已经按照青海省政府的规划进入了煤炭行业以及区域经济的正常运行之中，产出的煤炭大多数卖给了青海本地企业，支援了当地的经济建设，本质上不会影响国民经济的健康运转，反而带动了当地经济发展和就业，也满足了国民经济与生活的用煤需求。

最后，青海J公司早就取得了江仓二井田的划定矿区范围批复，获得了该矿区排他性质的矿业权益，现实中没有超越矿区范围开采，不存在侵害第三人利益的可能。

3. 主观层面：郑某某及青海J公司没有积极追求无证开采结果的发生。由于青海省政府推行木里矿区资源整合政策，要求以整合后的主体统一申领采矿证，导致青海J公司失去了自主申办的权利，其主观上不可能认识到自己的行为可能造成矿产资源破坏的结果，因此不具有非法开采的主观故意。

4. 主体层面：2012年青海J公司配合政府资源整合的要求将探矿权无偿转给木里煤业集团后，根据双方签订的《木里煤田江仓矿区二井田采矿权证办理协议》以及政府资源整合的要求，木里煤业集团才是采矿证申办的义务主体，青海J公司无法自主申办，也不具有办理采矿证的责任。因此，对于2012年后的采矿行为，郑某某及青海J公司不是构成本罪的适格主体；尤其是在未将木里煤业集团的行为作为犯罪处理的情况下，直接追究青海J公司的刑事责任，严重违反了平等保护民营企业和企业家合法权益的政策要求。

5. 违法性认识层面：相关行政主管部门一系列积极的行为，导致郑某某及青海J公司无法认识到自身行为的刑事违法性；国土资源部门作出的行政处罚都并非针对无证开采行为，且行政主管部门明知青海J公司连续开采9年却没有移送司法机关，甚至青海省政府还曾多次表彰青海J公司，出于对行政机关的信任，本案也不具有期待郑某某等人作出控方要求行为的可能性。

6. 结果层面：根据《刑法》以及《矿产资源法》第39条的行政前置性规定，本罪作为典型的行政犯，其成立客观上必须要有破坏矿产资源的结果，即未能按照科学合理的开采方式进行开采而造成矿产资源的破坏。至于开采的矿产品价值只是确定量刑档数的依据，不能直接替代本罪要求的“破坏矿产资源”的结果要件。本案中，公诉机关不论一审、二审还是发回重审都没有举出任何证据证明郑某某及青海J公司的行为造成了矿产资源的破坏。

综合而言，认定犯罪必须主客观相一致，客观上无证采矿不能直接推导出主观上存在非法采矿的犯罪故意，本案的特殊情况更决定了行为人存在违法性认识错误的不可避免性。综合全案，青海J公司主观上不具有非法采矿的故意，客观上并未实施擅自开采的行为，其行为不构成非法采矿罪。

辩护点睛

一、积极调查取证，着力还原案件背后的真相

从开采煤矿的背景看，2003年至2004年间，郑某某等跟随当时的促进西部大开发浙商专门代表团在青海考察并决定在当地开采煤矿资源，在当地政府的鼓励和政策指导下，青海J公司对木里煤田进行了开采。

公诉机关指控的青海J公司非法采矿时间为2006年10月至2014年7月，从开始采矿至郑某某被拘留，公开开采行为的持续时间长达8年，政府包括当地公安机关知晓开采行为的存在更是接近15年。辩护人抓住了关键矛盾点："如果是非法采矿，为何能够在如此长的时间内不被刑事追责和实质性叫停?"带着这个矛盾和疑惑，辩护人自行调取及申请法庭调取了涉及四大类、32组、超百份证据。辩护人主动搜集的相关证据足以证明一个事实：几乎与行政处罚通知同时下达的还有具体的生产指标，省州县的领导也到矿上现场指导企业继续开采。这些都让郑某某认为公司最多只存在细微的行政违法问题，而绝不可能涉及刑事犯罪。

所以，辩护工作的首要任务是还原事实。为了还原事实真相，破除被动质证的司法惯性是必要的，积极搜集证据举证，抓住案件主要矛盾。

二、借助智库力量

早在一审开庭之前，辩护人就借助了智库的力量，征求了国内诸多一线专家的意见。其中不仅包括法律领域的专家，还包括采矿领域的专家，甚至是相关领域的立法专家。专家们的加持带给辩护人许多启发，不仅帮助辩护人明晰了立法背景和目的，还帮助理顺了实体层面的辩护思路，更在精神层面坚定了辩护人和当事人甚至家属作无罪辩护的信念。周光权教授就本案反映的部分问题专门撰写了相关学术论文，在法学领域的知名核心刊物《中外法学》上刊发。①

最终，由专家专业权威的意见加上翔实的举证资料构建的证据体系，汇

① 周光权：《非法采矿罪的关键问题》，载《中外法学》2022年第4期。

聚为辩护人在庭上长达 2 万余字的辩护意见。

三、尝试多举措促进事件解决

辩护人认为，律师只解决法律的问题是不够的，在重大案件的办理过程中，应该跳脱出案件本身，树立事件思维，厘清案件形成的症结所在，促进事件解决。比如通过求助郑某某所在的商会组织写信申诉、协调办理取保候审等。诸如此类的举措还有更多，为案件多管齐下，借助多方力量，力求推动事件的妥善解决。

四、在同案被告人悉数认罪认罚的情况下，始终坚持无罪辩护，终获无罪判决

本案 11 名被告人，一审开庭前有 10 位签署了认罪认罚具结书。无罪辩护的难度可想而知，辩护人同时顶着来自庭上其他认罪被告人及其辩护人，乃至郑某某家属质疑的压力。在庭上，面对其他被告人一开始清一色的认罪认罚，辩护人只能通过不厌其烦的发问，尽可能地引导各被告人当庭说出真相，以印证其搜集到的复印件证据所记载的内容。在一审判决中，包括郑某某在内的 11 名被告人被判处一年四个月至三年六个月不等的有期徒刑，并处罚金。

但是，被告人及辩护人并没有被一审的残酷现实打败，仍然坚持无罪并委托辩护人继续上诉。值得一提的是，同时提出上诉的还有 6 位签署了认罪认罚具结书的被告人，显然辩护人的无罪辩护已经实质上影响了绝大多数的同案犯。二审中，辩护人继续提交各类资料、提供搜集的证据，案件终在一年后以“事实不清、证据不足”为由发回重审。重审中，全部被告人均不认罪，辩护人作为全案从一审到二审、再到重审唯一始终坚持无罪辩护的律师，三年多的艰辛辩护历程，终获全案无罪的好结果，辩护意见也被无罪判决理由所采纳。

审判观点

法院认为：被告单位青海 J 公司经青海省海西州政府招商引资进入海西州进行矿产资源开发，在政府支持下取得江仓矿区二井田资源配置并取得探矿权、矿区范围持有人批复，之后按照政府“一个矿区一个开发主体”的整合要求将探矿权变更至整合后的木里煤业集团名下，并于2014年7月取得采矿许可证。青海J公司虽在未取得采矿许可证之前存在“以探代采”的行为，但作为二井田的实际矿业权利人，其采矿行为未超出探矿权、采矿权划定的矿区范围。同时，因政府要求采矿许可证由整合后的公司统一申办、矿区企业不得自行申办及企业整合、政策调整等原因，未能及时取得采矿许可证，但青海J公司未隐瞒开采煤炭的事实，企业整合、生产经营、用地审批、火工品审批、缴纳税费等均是在政府的指导和监管下进行，青海J公司的开采行为并非未经允许擅自开采。

青海J公司在开采过程中，没有故意拒绝办证或者回避办证，而是主动申请办理采矿许可证，但由于企业整合等客观原因，办证主体为整合后的公司，青海J公司没有自主申办采矿许可证的权利，故未能在2014年之前办理采矿许可证。青海J公司虽未取得采矿许可证，但政府职能部门以行政合同、文件纪要等方式默许其进行企业整合、煤炭资源开发，虽多次强调不得无证开采、以探代采，作出多次行政处罚，但并未实质性地采取关停煤矿的措施，后在2014年7月颁发采矿许可证，能够证实青海J公司具备办理采矿许可证的条件，且其开采行为系在政府及相关部门的“默许”下进行。政府及相关部门的行政行为使青海J公司产生合理信赖，主观上产生在当时的情形下“以探代采”的行为是合法的违法性认识错误，主观上不具有非法采矿故意。

综上，被告单位青海J公司主观上不具有非法采矿的故意，客观上并未实施擅自开采的行为，其行为不构成非法采矿罪；在青海J公司任职的被告人郑某某等人亦不构成非法采矿罪。

案例编写人　北京盈科（上海）律师事务所　蔡正华

专家点评

陈伟　西南政法大学法学院教授、博士生导师，中国刑法学研究会常务理事

法律的适用并不是机械的，《刑法》中具体条文的理解也是如此。刑法的适用应当是形式与实质的相互结合，不能仅仅因为存在形式符合性就将某一行为纳入犯罪之中。具体到本案，虽然被告单位没有及时获得采矿许可证，但是作为涉案矿产的实际权利人，其采矿行为未超出探矿权、采矿权划定的矿区范围，而且始终是在当地政府的指导和监管、默许甚至认可下进行的。就本案发生的整体过程来看，被告人不具有非法采矿的故意，也不存在《刑法》规定的擅自开采行为，将其认定为非法采矿罪有违罪刑法定原则。有效保护和引导民营企业，需要法治的有力保障。刑法不是专门用于惩治犯罪的工具，而是保障犯罪人权益的基本法，需要在惩治犯罪与权益保障之间进行兼顾。本案的最终处理把法理、事理与情理进行了相互融通，立足刑法的已有规定与事情发生的过程，从而对涉案行为人的刑事责任得出了合理合法的结论。

相关法条

《中华人民共和国刑法》

第三百四十三条第一款 违反矿产资源法的规定，未取得采矿许可证擅自采矿，擅自进入国家规划矿区、对国民经济具有重要价值的矿区和他人矿区范围采矿，或者擅自开采国家规定实行保护性开采的特定矿种，情节严重的，处三年以下有期徒刑、拘役或者管制，并处或者单处罚金；情节特别严重的，处三年以上七年以下有期徒刑，并处罚金。

第十六条 行为在客观上虽然造成了损害结果，但是不是出于故意或者过失，而是由于不能抗拒或者不能预见的原因所引起的，不是犯罪。

行政篇

49 傅某某、姚某诉某卫生健康委员会医院行政处罚案

——行政处罚决定中的查明事实之认定标准

案件索引

一审：江苏省南京江北新区人民法院（2022）苏 0192 行初 272 号（2022 年 11 月 7 日）

二审：江苏省南京市中级人民法院（2023）苏 01 行终 50 号（2023 年 3 月 29 日）

基本案情

2020 年 5 月 10 日，傅某某、姚某之子（以下简称患儿）于出生后 2 小时以“早产儿”收住南京市某医院（以下简称医院）新生儿医疗中心 308 病区。

2020 年 5 月 20 日，以目前诊断“早产儿、低出生体重儿、非创伤性新生儿颅内出血、先天性心脏病动脉导管未闭、乳糖不耐受症、新生儿肺炎、先天性肠旋转不良伴胃扭转”转入新生儿外科 304 病区继续治疗。

2020 年 6 月 1 日早上 7 时左右，304 病区护士颜某在给出生仅 20 天的患儿喂奶粉液时，将应通过鼻饲管泵入的奶粉液连接到患儿头皮留置针，导致奶粉液直接进入静脉。当班护士于当日早上 8 时许发现该情况后，立即与颜某确认。颜某确认错误后未及时上报，直至当日早上 9 时许才将此情况汇报至护士长徐某某，护士长徐某某通知了科室主任唐某某及医生蒋某某，科室主任唐某某到达后组织抢救，并向医务处进行了汇报。同日，上午医务处向院领导进行了汇报，医院于当日向某卫生健康委员会（以下简称某卫健委）进行了汇报。

在 2020 年 6 月 1 日上午 9 时许，医务处组织了医院 PICU 主任杨某、新

生儿内科主任程某与新生儿外科主任唐某某等共同对患儿进行抢救。

2020年6月1日11时许，医院医生蒋某某代表医院与傅某某沟通，未告知患儿被护士把奶粉液注入静脉（以下简称泵奶事件）中，而是以患儿“肺炎加重ARDS（急性呼吸窘迫综合征）可能”告知患儿需要转科进行继续治疗，并要求傅某某签署了《新生儿机械通气知情书》《特殊治疗知情同意书》《特殊检查知情同意书》《新生儿空氧混合CAPA治疗知情同意书》《医患沟通记录》等，同时下达了《病危（重）通知单》。

2020年6月1日14时许，患儿转入新生儿医疗中心新生儿内科306病区。随后指定一名来医院进修的医生杨某担任患儿的管床医生。后在某卫健委的调查过程中，从未对该医生进行过调查。而该科室主任程某系参与上午抢救的医生之一，完全了解事件的情况，在此情况下，指定院外进修医生作为患儿管床医生，庭审中称该医生后来离院，使得某卫健委在调查过程中完全无此人的询问记录，患儿当时的病程记录是否真实没有取得当事人的陈述。

2020年6月5日上午，医院通知傅某某、姚某来医院进行沟通，告知患儿在2020年6月1日的病危原因不是肺炎，而是护士颜某把奶粉液泵入了患儿静脉，并称只出现了呼吸心跳加快，没有其他异常情况。然而，直到2020年6月24日，因患儿病情严重，医院还在组织上海某医院、浙江某医院、重庆某医院及沈阳某医院的专家进行远程会诊。

2020年6月10日，傅某某、姚某在封存医院病历后发现，病历记录中有一份患儿2020年6月1日上午10时24分的血气检查单，上面显示的血氧饱和度为73%，医院故意回避和隐瞒该血气检查单的存在，且该检查单的血样是哪位医护人员抽的血都无人敢认。傅某某、姚某认为事件并非如医院所言的那样简单。

傅某某、姚某得知患儿泵奶事件后，一直希望知道该事件如何发生、发生后如何处理的真实情形，多次与医院沟通要求说明真相，多次向某卫健委提出对医院及涉事人员进行调查，均未果。2020年9月7日，傅某某向某卫健委申请公开“调查姚某之子事件详细情况”，某卫健委于2020年9月18日作出答复，决定不予公开。后傅某某就此信息公开案件提起了行政诉讼，但最终败诉。

2020年12月23日，傅某某向某卫健委信访反映了该事件。2021年1月5日，某卫健委对医院未遵守诊疗护理技术规范等调查终结并形成报告，于同月7日进行合议审查并于同月14日完成审查。2021年1月19日，某卫健委向医院作出《行政处罚事先告知书》，告知其未严格执行护理核心制度的行为构成未遵守诊疗护理规范开展诊疗活动、未按规定告知患者病情、未按规定填写病历资料及未按规定封存现场实物的行为，违反了《医疗纠纷预防和处理条例》第9条第1款①、第13条②、第15条第1款、第2款③、第25条第1款④，《医疗事故处理条例》第11条⑤、第13条⑥，《病历书写基本规范》第

① 《医疗纠纷预防和处理条例》第9条第1款规定，医疗机构及其医务人员在诊疗活动中应当以患者为中心，加强人文关怀，严格遵守医疗卫生法律、法规、规章和诊疗相关规范、常规，恪守职业道德。

② 《医疗纠纷预防和处理条例》第13条规定，医务人员在诊疗活动中应当向患者说明病情和医疗措施。需要实施手术，或者开展临床试验等存在一定危险性、可能产生不良后果的特殊检查、特殊治疗的，医务人员应当及时向患者说明医疗风险、替代医疗方案等情况，并取得其书面同意；在患者处于昏迷等无法自主作出决定的状态或者病情不宜向患者说明等情形下，应当向患者的近亲属说明，并取得其书面同意。紧急情况下不能取得患者或者其近亲属意见的，经医疗机构负责人或者授权的负责人批准，可以立即实施相应的医疗措施。

③ 《医疗纠纷预防和处理条例》第15条第1款、第2款规定，医疗机构及其医务人员应当按照国务院卫生主管部门的规定，填写并妥善保管病历资料。因因紧急抢救未能及时填写病历的，医务人员应当在抢救结束后6小时内据实补记，并加以注明。

④ 《医疗纠纷预防和处理条例》第25条第1款规定，疑似输液、输血、注射、用药等引起不良后果的，医患双方应当共同对现场实物进行封存、启封，封存的现场实物由医疗机构保管。需要检验的，应当由双方共同委托依法具有检验资格的检验机构进行检验；双方无法共同委托的，由医疗机构所在地县级人民政府卫生主管部门指定。

⑤ 《医疗事故处理条例》第11条规定，在医疗活动中，医疗机构及其医务人员应当将患者的病情、医疗措施、医疗风险等如实告知患者，及时解答其咨询；但是，应当避免对患者产生不利后果。

⑥ 《医疗事故处理条例》第13条规定，医务人员在医疗活动中发生或者发现医疗事故、可能引起医疗事故的医疗过失行为或者发生医疗事故争议的，应当立即向所在科室负责人报告，科室负责人应当及时向本医疗机构负责医疗服务质量监控的部门或者专（兼）职人员报告；负责医疗服务质量监控的部门或者专（兼）职人员接到报告后，应当立即进行调查、核实，将有关情况如实向本医疗机构的负责人报告，并向患者通报、解释。

3条[①]、第22条第2款第8项[②]、第28条第4款[③]之规定，依据《医疗纠纷预防和处理条例》第47条第2项、第4项、第7项、第9项[④]的规定，拟对其作出警告和罚款5万元的行政处罚。2021年1月21日，某卫健委内设机构法规处出具法制审核意见予以通过。1月25日，某卫健委作出涉案处罚决定书（宁卫医罚〔2021〕第0010号，以下简称10号行政处罚决定），对医院作出警告和罚款人民币5万元的行政处罚决定。

2021年2月23日，某卫健委对傅某某的信访事项作出《傅某某信访事项处理意见书》，告知了对医院的行政处罚结果。此外，关于该起事件，某卫健委还于2021年1月25日对戎某、唐某某、吕某某、李某某、蒋某某、仇某某、颜某，于2021年2月8日对田某，分别作出了行政处罚决定。

傅某某、姚某在拿到某卫健委作出的行政处罚案件材料后，才第一次看到了相关的调查情况，方才知晓医院的病例记录是不真实的，也才发现在调查过程中，很多真相并未查明，比如护士颜某在得知奶液被注入静脉后拖延汇报的一个小时中对患儿做了什么？患儿在此期间的状况怎样？可以证明患儿已经休克的血气分析报告单是谁抽的血，怎么证明抽的不是静脉血？医院提供的病例中有多少内容是不真实的，不真实的部分所对应的真实情况如何？聚焦患儿真实情况的这些事实是患儿家长最关心的。在此基础上，延伸的问题是：护士颜某

---

① 《病历书写基本规范》第3条规定，病历书写应当客观、真实、准确、及时、完整、规范。

② 《病历书写基本规范》第22条第2款第8项规定，病程记录的要求及内容：……抢救记录是指患者病情危重，采取抢救措施时作的记录。因抢救急危患者，未能及时书写病历的，有关医务人员应当在抢救结束后6小时内据实补记，并加以注明。内容包括病情变化情况、抢救时间及措施、参加抢救的医务人员姓名及专业技术职称等。记录抢救时间应当具体到分钟。

③ 《病历书写基本规范》第28条第4款规定，一般情况下，医师不得下达口头医嘱。因抢救急危患者需要下达口头医嘱时，护士应当复诵一遍。抢救结束后，医师应当即刻据实补记医嘱。

④ 《医疗纠纷预防和处理条例》第47条第2项、第4项、第7项、第9项规定："医疗机构及其医务人员有下列情形之一的，由县级以上人民政府卫生主管部门责令改正，给予警告，并处1万元以上5万元以下罚款；情节严重的，对直接负责的主管人员和其他直接责任人员给予或者责令给予降低岗位等级或者撤职的处分，对有关医务人员可以责令暂停1个月以上6个月以下执业活动；构成犯罪的，依法追究刑事责任：……（二）未按规定告知患者病情、医疗措施、医疗风险、替代医疗方案等；……（四）未按规定填写、保管病历资料，或者未按规定补记抢救病历；……（七）未按规定封存、保管、启封病历资料和现场实物；……（九）其他未履行本条例规定义务的情形。"

的行为是故意还是过失，是否构成犯罪？如果构成犯罪，某卫健委是否应当将颜某移交至公安机关？谁决定了不让将泵奶事件在第一时间告知患儿家长的？需要承担什么责任？共同参与隐瞒事件的人需要承担什么责任？是否合法？

需要说明的是，患儿家长之所以强烈要求查明事实真相，是因为患儿于事发后出现了“全面发育落后”的情况，虽然医院拒不认可，但于 2022 年 10 月 24 日该医院对患儿发育进程测量显示，已经 29.5 个月的孩子，发育相当于 12~13 个月。同月，患儿家长在另一家医院对患儿出具的 GESELL 智能测试报告单也显示“全面发育落后，仅相当于 11 月龄的孩子”。患儿家长认为，泵奶事件是导致患儿发育全面落后的原因。

傅某某、姚某对某卫健委作出的行政处罚结果不服，于 2022 年 2 月 24 日将某卫健委诉至法院，要求撤销某卫健委于 2021 年 1 月 25 日作出的涉案处罚决定书，并重新作出行政处罚。①

2022 年 7 月 26 日，江苏省南京市江北新区人民法院对案件进行了公开开庭审理，并于 2022 年 11 月 7 日作出一审判决，判决撤销某卫健委于 2021 年 1 月 25 日对第三人医院作出的 10 号行政处罚决定。

某卫健委不服一审判决，于 2023 年 1 月 12 日上诉至江苏省南京市中级人民法院。江苏省南京市中级人民法院于 2023 年 2 月 21 日进行了公开开庭审理，并于 2023 年 3 月 29 日作出终审判决：驳回上诉，维持原判。

核心争议焦点

1. 某卫健委作出的涉案处罚决定是否合法？

2. 除程序是否合法外，该行政处罚决定中的违法事实是否已经查明？

① 傅某某、姚某对除戎某案外的行政处罚案件均提出了起诉，本文仅以第三人为医院一案进行介绍。

当事人各方观点及思维分析

一、一审原告、二审被上诉人傅某某与姚某方观点及分析

（一）该方观点

某卫健委针对泵奶事件及后续处置环节的调查不全面，事实认定和适用法律错误。

1. 医院将奶粉液泵入小孩静脉，且发现后故意拖延1个多小时不汇报医生抢救，相关行为涉嫌犯罪或情节严重情形，而不是未遵守诊疗护理规范开展诊疗活动的一般违规，被告某卫健委调查不全面，事实认定和适用法律错误。

2. 医院党委书记、院长拍板决定并亲自主导指挥掩盖事件及事实，相关人员的行为是集体共同故意伪造、篡改病历资料，而不是未按规定填写病历资料，被告某卫健委调查不全面、不真实，事实认定和适用法律错误。

3. 医院还有多名涉事人员没有被查处，被告某卫健委调查不全面，存在不履行职责、徇私舞弊等违法违纪行为。

（二）理由及思维分析

关于泵奶事件，医院和某卫健委在知晓后，不仅不及时依法封存涉案设备，进行深入调查，还一同掩盖事实真相；涉案医护人员不及时准确记录事发情况，还互相推诿。患儿母亲作为一名医学博士，面对已经证明患儿休克的血气分析报告，无法理解医院所称“患儿正常，报告异常的原因是抽的动脉血”，而且查不出是谁抽的。患儿父母所复制的病例不真实，比如2020年6月1日9:38护理记录单记载：“患儿半卧位，心率快，精神萎靡，双眼睑水肿，予氧帐吸氧”；而2020年6月1日11:50抢救记录记载：“9点30分发现患儿心率211次/分，查体：神志清，精神反应一般”；2020年11月23日程某询问笔录记载：“我是大概9点34接到唐某某的电话，我就赶紧过去了。当时孩子正在进行吸氧，心率波动在195~210之间，神志不清，全身苍灰，刺激无反应，肌张力低，氧饱和度95%以上，初步考虑为过敏性反应，早期过敏性休克。”在同一时间内，对患儿的精神状态竟然有三种不同的记载。更为离谱的是，在另一起第三人为田某的案件中，田某当庭提交的监测患儿的数据与医院在行政处罚案件中提供的数据完全不同，使本来就不清楚的真相更加扑朔迷离。从某卫健委的调查来看，医院的违法行为是一次有组织有计

划的行为，从医院领导到医务处再到医生护士均有参与，但违法行为仅认定到医务处即终止，严重与事实不符。

二、一审被告、二审上诉人某卫健委观点及分析

（一）观点

1. 被告具有作出涉案处罚决定书的主体资格。

2. 被告作出涉案处罚决定书的程序合法，事实清楚，证据充分。

3. 原告在起诉状中提出的其他内容系信访诉求，与涉案处罚决定书的合法性无关，不属于本案行政争议处理范围。

（二）理由及思维分析

庭审中，某卫健委认为案件不应该移送公安机关，承认自己调查能力有限，但仍应由其调查。某卫健委认为，自己通过询问已经查明了真相，事实清楚，证据充分，程序合法。

三、第三人医院观点及分析

第三人当庭表示，确实是第三人工作人员错误导致，第三人也愿意承担相应责任。针对本次行政处罚，第三人没有提起行政复议，认可被告的处罚。

代理思路

行政处罚决定的合法性由实体的合法性和程序的合法性组成。在行政诉讼中，单纯的程序的违法性，特别是一些小的瑕疵难以构成行政处罚不合法的依据。基于此情形，本案的重点放在实体合法性的论证上，但并不是放弃了对程序合法性的论证，而是对程序的合法性论证重点放在了比较关键的问题而非小的瑕疵上。

一、从实体合法性上看

（一）违法事实认定不清

主要从对颜某行为性质的认定、告知义务的主体认定、血气报告单中的血气样本是否为静脉血的认定、是否构成伪造篡改隐匿病历的认定、是否对

直接负责的主管人员和其他直接责任人员进行了认定、是否违反医疗质量安全管理制度的认定等方面均未查明真相，导致本案的基本事实认定不清。

（二）证据缺乏真实性及客观性

该案的证据为书证、当事人陈述、现场检查笔录等。从构成上来看，以主观性证据为主，仅有的客观性证据书证即病历资料还是无法确定真实性的材料。但这个案件非常复杂，应当采用封存与案件有重大关联的泵奶器、输液管、留置针、血氧监护仪等物证，调取视频资料，进行技术鉴定（包括对电子病历的真实性鉴定、医疗事故技术鉴定）等方式来进行调查，而进行技术鉴定本身就是医疗事故认定中的一个通常手段，在这个案件中完全没有采用。这种结论既不可能真实准确，也不可能查明真相。

（三）违法情形认定和法律依据适用错误

第一，作为医疗案件，毫无疑问应当优先适用《基本医疗卫生与健康促进法》。第二，作为医疗事故问题，必须遵循《医疗事故处理条例》。第三，因为在整个调查过程中，有一些违法行为没有被认定，所以导致适用的法律不正确。第四，选择性适用条文，没有适用整条规定，而仅适用了比较轻的处罚内容。第五，引用的部分规定名称不准确，所引用的条款也不存在。比如，某卫健委作出的《江苏省医疗机构不良执业行为记分通知书》中适用了《江苏省医疗机构不良执业行为记分管理办法》第6条第4项的规定，但并没有名称为《江苏省医疗机构不良执业行为记分管理办法》的规定，规定全称为《江苏省医疗机构不良执业行为记分管理办法（试行）》；《江苏省医疗机构不良执业行为记分管理办法（试行）》中也没有第6条第4项。

二、从程序合法性上看

1. 在人员资格合法性问题上，将行政处罚卷宗中执法人员的执法证号与部门网站公示的证件号进行了核对，发现了其中的差别。包括执法人员的签字存在差异等情形。庭审中，原告方要求某卫健委提供执法人员的执法证件，但并未能够提供有效证据。

2. 鉴于某卫健委提供的资料全部为纸质资料，原告方提出查看全部原件。某卫健委则提出电子资料无原件。原告方又进一步提出作为电子资料，需要提供全部原始载体，某卫健委也未能提供。对这个问题的关注其实是对整个资料的真实性、合法性提出了质疑。

3. 作为重大行政执法决定，未按照《某卫生健康委员会重大行政执法决定法制审核规定》的要求进行处理。

4. 在本行政处罚案件中，执法人员的《合议记录》讨论了处罚意见，但最终没有采纳合议记录的意见，直接改变了处罚金额。整个处罚的过程也没有经过行政机关负责人集体讨论程序。

5. 把处罚材料与《卫生行政执法文书规范》进行严格核对，发现这些材料存在“未依法确定承办人员，立案报告不规范”“询问笔录中对不同被询问人的询问存在记载时间重叠、记载地点跨空间”“合议记录签名不全”“行政处罚事先告知书未放弃听证权、法规处审核时间未遵守法定要求”“无违法事实的《卫生监督意见书》”“直接送达的时间与签收时间存在 1 天的时间差”等问题，这些都反映了某卫健委在作出此案行政处罚的过程中存在程序不合法的情形。

代理点睛

此案是目前国内有报道的首起奶粉液注入静脉引发的医疗事故。在患儿家长寻求真相的过程中，遇到了很多困难，最终选择通过行政诉讼来解决。律师在代理过程中将核心问题与细节问题相结合，力争给法院还原事件的全貌。两级法院在审理过程中，既重点突出，又细致严谨，着力解决了目前在医疗纠纷行政处罚中对查明事实不重视、不真实、不准确，从而导致行政处罚不合法继而激化医患矛盾的问题；明确了所谓的“查明事实”必须是对应当给予行政处罚情形如何产生、何时、何行为等这类具体事实，不能将应当给予行政处罚的情形代替事实和作为认定被行政处罚人应当承担责任的理由。

此外，一审法院还在判决书中对原行政处罚撤销后如何处理提出了建议，一审法院指出，“某卫健委应当全面细致地收集涉案相关证据，通过听取当事人陈述、采集相关书证物证、进行专家咨询和专家论证、鉴定化验等方式确定事件的基本事实。在对整个事件进行认真调查的基础上，综合全案事实作出完整准确的调查结论，确定事件的性质、责任人员的范围、责任的划分、相互之间的因果关系等要素，再依照相关法律法规的规定进行处理”。如此客观、合理、公正的处理建议，不仅对某卫健委在医患纠纷处理中的错误做法进行了纠正，也为医患纠纷的正确处理指明了方向。在医患信息严重不对称的情形下，行政机关应当把事实真相展现给患方，才有可能减少医患纠纷。

审判观点

一、一审观点

本案中，被告某卫健委在作出涉案处罚决定书之前，对第三人医院的违法行为进行了调查询问，但在行政处罚决定书中查明的事实仅表述为“未严格执行护理核心制度的行为构成未遵守诊疗护理规范开展诊疗活动、未按规定告知患者病情、未按规定填写病历资料及未按规定封存现场实物”，关于南京市某医院如何未遵守诊疗护理规范开展诊疗活动、未按规定告知患者病情、未按规定填写病历资料、未按规定封存现场实物的具体行为内容，涉案处罚决定书中未予明确。同时，被告称在处理涉案医疗纠纷时系组成联合调查组进行调查，但在调查后既无调查结论对该起奶粉泵入新生儿静脉血管的事件进行定性，也未明确应当对该起事件承担行政责任的相关主体。被告还自述其在调查中曾进行过专家咨询，但并未对此举证证明。根据相关法律规定，行政处罚认定的违法事实必须清楚，主要证据必须充分。但被告作出的涉案处罚决定书一方面认定事实的证据主要是各当事人的陈述笔录，且各当事人之间的陈述有颇多出入，无法相互印证，形成完整的证据链。另一方面，未就事件的整体作出完整的评判认定，孤立、静止地看待各个涉案医护人员的具体行为，对相互之间的因果关系予以回避，从而对事件起因、责任人员的范围、责任的划分等情况明显表述不明，现有证据不足以支持其处罚认定。在此情况下，被告直接作出涉案处罚决定书，属于违法事实认定不清，依法应当予以撤销。

二、二审观点

某卫健委在作出10号行政处罚决定之前，就医院的案涉行为进行调查询问，并向相关人员进行了调查。但在医院泵奶事件发生之后，医院院方及相关医护人员对于事件的处理已经构成了一个有机的整体，某卫健委在调查过程中，应当对案涉事件的起因、后果、相关人员在整个事件中作出的行为及应当承担的责任予以查实并据以作出处理。某卫健委称在案涉事件的调查处理中，组织了联合调查组、咨询了相关专家的意见，但并未向一审法院提交相关证据。

二审法院对行政处罚决定书中查明的事实表述的认定同一审法院。

“未严格执行护理核心制度的行为构成未遵守诊疗护理规范开展诊疗活

动、未按规定告知患者病情、未按规定填写病历资料及未按规定封存现场实物”属于《医疗纠纷预防和处理条例》第 47 条规定应当给予行政处罚的情形，不能代替某卫健委经调查查明的相关事实和作为认定被行政处罚人应当承担责任的理由，一审判决认定 10 号行政处罚决定未对查明的事实予以明确系认定事实不清并无不当。此外，《行政处罚法》及《卫生行政处罚程序》对卫生行政机关受理与立案、调查取证、收集证据及作出行政处罚决定的程序均作出了规定，本案中，某卫健委对案涉事件进行调查及作出案涉行政处罚决定的程序亦存在诸多不符合《行政处罚法》及《卫生行政处罚程序》的相关规定之处，根据《行政诉讼法》第 70 条第 3 项之规定，违反法定程序的，依法应当予以撤销，故据此亦应当撤销 10 号行政处罚决定。

案例编写人 上海市金石律师事务所 宋长琳

专家点评

付仲　　四川省律师行业党委委员、党委办公室主任，四川省律师协会秘书长

作出行政处罚决定前，查明违法事实是对行政机关的强制性要求。本案中，某卫健委将应当给予行政处罚的情形代替查明的事实，且认定事实的依据无法形成完整的证据链，明显属于违法事实不清、证据不足。代理人敏锐地发现，案涉行政处罚决定的作出并未满足违法事实清楚、证据确实充分的前提条件，两审法院亦对该观点予以认可，作出撤销案涉行政处罚决定的判决。本案对于行政机关作出行政处罚决定的事实及证据要求进行了明确，对于行政机关如何作出合法的行政处罚决定具有较强的借鉴意义。行政机关查明违法事实，应当全面、客观、公正地调查，必须从实际出发，全面客观地收集一切与案件有关的证据材料，从而查清事实，依法实施行政处罚。

相关法条

《中华人民共和国行政诉讼法》

第七十条 行政行为有下列情形之一的，人民法院判决撤销或者部分撤销，并可以判决被告重新作出行政行为：

（一）主要证据不足的；

（二）适用法律、法规错误的；

（三）违反法定程序的；

……

（六）明显不当的。

第八十九条第一款第一项 人民法院审理上诉案件，按照下列情形，分别处理：

（一）原判决、裁定认定事实清楚，适用法律、法规正确的，判决或者裁定驳回上诉，维持原判决、裁定；

50 王某某诉某区政府改变原行政行为行政复议决定案

——工伤认定程序中的举证责任分配

案件索引

一审： 北京市第四中级人民法院（2023）京04行初196号（2023年8月10日）

基本案情

原告：王某某，原系A公司员工。

被告：区政府。

第三人：A公司（笔者均为该公司代理人）。

案外人：某区人社局。

2022年11月14日，王某某向某区人社局提出工伤认定申请，并提交了《工伤认定申请表》《劳动合同书》、A公司营业执照、2022年1月10日打卡记录截图、请假页面截图、受伤地点图片、诊断证明等工伤认定申请材料。同日，某区人社局作出《工伤认定申请材料接收单》。

2022年11月29日，某区人社局向A公司作出《调查询问通知书》，要求A公司派专人到工伤保险科接受调查询问，并提交王某某受伤的事故报告及相关证据等材料。

2022年11月30日，某区人社局对王某某进行询问并作出《询问笔录》，其中载明王某某陈述“2019年2月20日入职，在A公司负责销售工作”“2022年1月10日17时左右，下班打卡后准备出企业园区前往西北门时途经马路牙子边，踩空绊倒，腰部撞到树上，当时没有感觉疼痛，没有去医院。2022年1月11日早上起床穿鞋无法弯腰，然后腰痛得厉害……”“于

2022年1月11日跟单位说明受伤，需要请假，没有说明具体受伤经过”。

2022年12月8日，A公司向某区人社局提交营业执照副本复印件、授权委托手续、王某某社会保险缴费信息、王某某2022年1月考勤表、王某某在职证明、《劳动合同到期终止通知书》等证据材料。

2022年12月28日，某区人社局对A公司人事部门负责人进行电话询问并制作《询问笔录》，该笔录记载公司不知王某某2022年1月受伤的情况，王某某2022年1月只到岗了一天，没有与单位或同事说过受伤的事情。A公司认为，王某某所称2022年1月的受伤不具有真实性。因王某某的劳动合同期限将在2022年2月19日届满，公司在2022年1月14日向其作出《劳动合同到期终止通知书》，该通知书载明公司将依据《劳动合同法》及相关法律法规的规定，以及劳动合同的约定，依法与其终止劳动合同。王某某的薪资结算至2022年2月19日，公司将依法向其支付相应的经济补偿金。因王某某不满公司与其终止劳动合同，遂向公司提出高额经济补偿金，不配合公司办理离职手续。王某某在2022年3月至10月期间，以各种理由对A公司在某区人民法院提起诉讼案件一件、向某区劳动人事争议仲裁委员会申请劳动仲裁案件两件。

2023年1月17日，某区人社局作出《认定工伤决定书》，认为王某某受到的事故伤害，符合《工伤保险条例》第14条第2项之规定，属于工伤认定范围，予以认定为工伤。

A公司不服《认定工伤决定书》，于2023年2月13日向某区政府提出行政复议申请并提供了《认定工伤决定书》、某区劳动人事争议仲裁委员会2022年10月27日作出的裁决书及该案的相关材料等，请求某区政府撤销或变更某区人社局作出的《认定工伤决定书》。

2023年4月25日，某区政府作出《行政复议决定书》，认为某区人社局在并无任何证据佐证的情况下，认定王某某受到的伤害属于工作时间前后在工作场所内，从事与工作有关的预备性或者收尾性工作受到事故伤害，并据此作出《认定工伤决定书》，属主要事实不清，证据不足，应予纠正。故决定：（1）撤销某区人社局于2023年1月17日作出的《认定工伤决定书》；（2）责令某区人社局在收到《行政复议决定书》之日起在法定时限内对王某某的工伤认定申请事项重新作出处理。

王某某不服该《行政复议决定书》，于2023年5月5日将某区政府诉至北京市第四中级人民法院。

北京市第四中级人民法院于2023年6月5日依法组织各方进行庭前证据交换及质证，于2023年6月8日公开开庭审理了本案。原告王某某、被告某区政府副区长及委托代理人、第三人A公司的委托代理人到庭参加诉讼。

2023年8月9日，北京市第四中级人民法院作出行政判决书：认为根据《工伤保险条例》第18条、第19条的规定，工伤认定程序中申请人、社会保险行政部门、用人单位根据各自的职责和角色均承担一定的证明责任和核实义务。具体而言：（1）申请人承担着推进责任和初步证明责任，即申请人提交的申请材料能够初步证明劳动关系、因工受伤害事实等基本事实，从而达到启动工伤认定申请程序的目的。（2）工伤保险行政部门承担着调查核实的职责，应当对申请材料进行初步审核，决定是否受理；受理后对事故伤害情况进行调查核实，从而作出工伤认定结论。（3）用人单位应按照法律规定承担举证责任，即用人单位不认为是工伤的，应针对劳动者提供的证明材料提交证据予以反驳。在这一过程中，社会保险行政部门不仅要合理分配用人单位和劳动者的举证责任，并应根据需要依职权主动履行调查职责，同时应适用合理的证明标准审核认定双方提交的证据。

北京市第四中级人民法院认定：（1）对于王某某在工作时间、工作地点、因工作原因受伤的基本事实，其只提供了医院诊断证明，并未提供其他证据材料相互印证。故王某某提交的材料只能达到初步证明劳动关系存在、启动工伤认定程序的目的，并不能证明因工受伤的基本事实。（2）某区人社局在王某某并未提供证据证明因工受伤的情况下，应当按照《工伤保险条例》《北京市实施〈工伤保险条例〉若干规定》的规定，对案件基本事实进行深入调查，以确定王某某的伤情是否符合认定工伤的条件，完成所负调查核实的职责和所承担的举证责任。某区人社局没有对据以认定案件事实的主要证据进行全部调查取证，从而导致认定案件事实证据不足。而王某某提交的诊断证明书与其2022年1月10日摔倒构成工伤是否具有因果关系又存在诸多疑点。故某区人社局并未完成所负调查核实的职责和所承担的举证责任。（3）A公司作为用人单位应当承担不认为劳动者是工伤的举证责任。

进而认定，某区人社局并未尽到应有的调查取证职责，对本案证据材料存在的疑点未能全部查清并作出合理判断、对核心事实调查不足，缺乏主要证据，导致对案件事实认定不清。故某区政府认定某区人社局事实不清、证据不足具有事实依据和法律依据，举证责任分配合理，人民法院予以支持。某区人社局应在对本案事实进行充分调查、对相关证据材料存在的疑点作出合理判断的基础上，对王某某所受伤害是否符合工伤认定条件重新作出处理。

本案中，王某某请求撤销某区政府作出的《行政复议决定书》，恢复某区人社局作出的《认定工伤决定书》的诉讼请求没有事实根据和法律依据，人民法院不予支持。故判决驳回原告王某某的诉讼请求。

北京市第四中级人民法院向原告王某某、被告某区政府、第三人A公司送达行政判决书后，原告王某某服判息诉，未提出上诉。该判决生效后，某区人社局已对王某某的工伤认定申请事项重新作出处理。

核心争议焦点

在工伤认定决定行政复议程序中，如何分配和认定劳动者、用人单位、社会保险行政部门的举证责任。

当事人各方观点及思维分析

一、原告劳动者的主要观点及理由

王某某认为，某区人社局作出的《认定工伤决定书》合法，某区政府不应撤销其《认定工伤决定书》。

主要理由为：根据《工伤保险条例》第18条的规定，王某某在申请认定工伤程序中，已提交了《工伤认定申请表》及《劳动合同书》、A公司营业执照、2022年1月10日打卡记录截图、2022年1月11日提交请假条页面截图、受伤地点图片、诊断证明等工伤认定申请材料。符合法律规定的申请材料及认定工伤条件，已履行了举证责任。

二、被告某区政府的主要观点及理由

某区政府认为，某区人社局在并无任何证据佐证的情况下，认定王某某发生的伤害属于工作时间前后在工作场所内，从事与工作有关的预备性或者收尾性工作受到事故伤害，并据此作出《认定工伤决定书》，属主要事实不清、证据不足，应予纠正。

主要理由为：根据《工伤保险条例》第14条第2项、第19条第2款，《最高人民法院关于审理工伤保险行政案件若干问题的规定》第4条，《北京

市实施〈工伤保险条例〉若干规定》第 15 条的规定，王某某提交的证据以及某区人社局在调查中获取的证据均无法证明王某某系在工作时间前后于工作场所内受伤的事实。虽然《工伤保险条例》第 19 条第 2 款规定了用人单位在不认为是工伤的情况下应承担举证责任，但并不表示免除职工提供其于工作时间前后在工作场所内受伤的初步合理证据的义务，亦并不代表只要用人单位无法举证证明职工不是工伤时，社会保险行政部门就有权直接推定职工的受伤属于工伤。故王某某未能完成举示在工作时间前后于工作场所内受伤的初步合理证据的举证责任。某区人社局在工伤认定程序中未完成调查相关事实、核实相关证据的职责。

三、第三人 A 公司的主要观点及理由

A 公司认为，某区人社局在认定王某某构成工伤程序中，调查事实错误、证据不足。在案证据不能证明王某某 2022 年 1 月 10 日于工作时间前后在工作场所内受伤的事实，不能证明王某某的腰椎间盘突出系工伤所致。

主要理由为：第一，腰椎间盘突出症属于慢性疾病，摔倒并非造成腰椎间盘突出症的原因，二者之间无必然的因果关系。第二，王某某在申请工伤认定程序中所提供的证据不能证明其在下班途中存在摔倒的事实。第三，某区人社局未全面调查核实有关情况，王某某与 A 公司之间尚存在未决劳动争议纠纷。第四，王某某以相同的诊断证明书等证据，分别在劳动争议案件中证明其于 2021 年 1 月 25 日摔伤，在申请工伤认定中证明其于 2022 年 1 月 10 日摔伤，属“一证两用”。故王某某申请认定工伤的证据存在疑点，不足以证明发生工伤的相关事实。

四、案外人某区人社局的主要观点及理由

某区人社局认为，某区人社局作出的《认定工伤决定书》认定事实清楚，适用法律法规正确，程序合法。王某某受到的事故伤害符合《工伤保险条例》第 14 条第 2 项的规定，属于工伤认定范围，应予以认定为工伤。

主要理由为：根据《北京市实施〈工伤保险条例〉若干规定》第 15 条的规定，A 公司在某区人社局调查过程中并未提供证据证实王某某不是在企业园区内摔倒受伤，应承担举证不利的后果。王某某在申请工伤认定程序中所提交的证据，能够与王某某所述的受伤情况相印证。

代理思路

笔者为本案第三人A公司的代理人。笔者认为，引起本案行政复议程序、行政诉讼程序的根源在于某区人社局作出的认定工伤决定。故本节主要围绕该决定所依据的证据是否确实充分、认定的事实是否正确展开，其他问题在此不再赘述。

根据2017年修正的《行政复议法》第28条第3项[①]的规定："具体行政行为有下列情形之一的，决定撤销、变更或者确认该具体行政行为违法；决定撤销或者确认该具体行政行为违法的，可以责令被申请人在一定期限内重新作出具体行政行为：1. 主要事实不清、证据不足的……"

本案中，经笔者向A公司有关人员调查核实有关情况，了解到某区人社局没有充分的证据来证明其据以作出认定工伤决定的事实依据的存在。具体如下：

1. 王某某与A公司之间存在数起劳动仲裁案件。王某某申请工伤认定的时间，恰好在某劳动仲裁案件结果对其不利之后。同时，经笔者梳理材料并分析研判，发现王某某在申请工伤认定时提交的材料，与其在该劳动仲裁案件中提交的证据高度重合一致。且王某某在该劳动仲裁案件中以该等证据证明其系于2021年1月25日摔伤的事实，而在工伤认定程序中又以该等证据证明其系于2022年1月10日摔伤的事实，即存在"一证二用"的情形。

2. 王某某在2022年1月1日至2月19日期间，仅于1月10日到岗上班，其余时间均为请假状态。王某某所称其于该日下班出园区时摔倒一事，并未告知A公司相关负责人，亦无同事见到其摔倒。且王某某自述当日园区内道路情况与园区物业安保人员所述情况完全矛盾。

3. 根据王某某提交的证据，无法证明其在2022年1月10日摔倒的事实。即王某某不能提供其在工作时间前后于工作场所内受伤的初步合理证据。

4. 笔者咨询了专业医生并查阅了医学专业指定教材《外科学（第九版）》，并结合日常生活经验判断，腰椎间盘突出症系腰椎退行性疾病之一，其病因为椎间盘退变、损伤、妊娠、遗传因素、发育异常，其中椎间盘退变是根本原因，积累损伤是椎间盘退变的主要原因。因此，即便王某某所称2022年1月10日摔倒的事实为真实，但其摔倒与腰椎间盘突出症之间并无直

---

① 该法已于2023年9月1日修订，新法中已无此条。

接的因果关系。

5. 在王某某与A公司之间尚存在劳动争议未决案件的情况下，某区人社局仅仅是通过电话方式向A公司有关负责人进行询问，而未全面调查核实有关案件事实。

据此，经结合王某某与A公司之间的相关背景，以及对王某某提交的证据材料进行综合分析研判，笔者认为，王某某所申报工伤事实不存在，某区人社局作出的《认定工伤决定书》错误。因此，建议A公司向某区政府申请行政复议。

笔者认为，行政机关作出的具体行政行为，应当具备事实清楚、证据确凿这一核心要件。其一，行政机关作出的行政决定首先要有事实依据，即存在需要行使行政职权的客观事实。其二，事实应当是确实充分的。而这一要件的直接意义，是要求行政决定应当有确实可靠的证据。而证据应当是客观存在的、有关联性的和依法收集、认定的事实。正如胡建淼教授指出的，认定事实错误这类行政违法行为表现为多种情形，其中包括：（1）据以作出行政决定的事实不存在。（2）据以作出行政行为的事实不清。事实不清与事实不存在不同，事实不存在是指事实上的虚无，而事实不清是指可能事实是存在的，但事实的逻辑关系没有厘清。（3）没有充分的证据来证明行政行为据以作出的事实依据的存在。行政行为的事实要件要求，行政行为据以作出的事实不仅应当是存在的，而且应当是可以证明的。特别是在正式的行政程序与诉讼程序中，法律事实必须有赖于行政证据的证明。所以，没有证据或者证据不充分，同样构成认定事实错误。①

代理点睛

本案因劳动者王某某申请工伤认定引发，经历了王某某申请认定工伤程序、社会保险行政部门某区人社局工伤认定程序、用人单位A公司不服工伤认定结论申请行政复议程序、行政复议机关某区政府复议决定程序、王某某不服复议决定提起行政诉讼程序。

工伤认定系社会保险行政部门作出的一种具体行政行为，若劳动者或用人单位对工伤认定结论不服时，可以依法在法定时限内向行政复议机关申请

① 胡建森：《行政法学》，法律出版社2015年版，第663页。

行政复议或向人民法院提起行政诉讼。

本案的指导意义在于，本案系劳动者申请工伤认定引发的行政争议，工伤保险制度是劳动者因工伤依法获得经济赔偿和物质帮助的社会保障制度。工伤认定的准确性决定了工伤保险基金能否安全运行。本案历经了行政复议程序、行政诉讼程序，充分体现了行政争议领域两大救济程序各自特有的程序价值与实体价值，以及两大行政救济程序的衔接。

本案中，某区政府作为行政复议机关，发挥行政监督职能，通过行政复议程序依法对某区人社局对王某某作出的工伤认定决定的合法性与适当性进行了审查。某区政府通过行政复议对某区人社局进行监督，确保工伤认定的准确性，提高工伤认定的案件质量，促使社会保险行政部门管好、用好工伤保险基金，切实保障了工伤保险基金运行安全，更好地维护劳动者和用人单位的合法权益以及工伤保险基金的安全。

北京市第四中级人民法院作为国家审判机关，发挥司法监督、解决争议职能，通过行政诉讼程序依法对某区政府作出的行政复议决定的合法性进行了审查。北京市第四中级人民法院在本案判决中，明确了在工伤认定实务中，劳动者、用人单位分别应承担何种举证责任，社会保险行政部门应如何履行调查核实职责、如何把握证明标准等问题。

本案的价值在于，通过人民法院的生效裁判，为劳动者、用人单位、社会保险行政部门及其代理人或法律顾问，提供了明确的指引。为劳动者依法维护自身合法权利，为用人单位合法合规经营、保障员工权益，为社会保险行政部门依法行政、合理行政、正当程序，指明了方向，生动诠释了《工伤保险条例》等法律法规在实务工作中的法律适用。本案对执业律师从事企业法律顾问、工伤认定等相关实务工作中，起到了鲜活的示范作用。

审判观点

北京市第四中级人民法院关于对劳动者王某某、社会保险行政部门某区人社局、用人单位A公司，各方在工伤认定程序中应承担的举证、调查责任的审判观点如下：

一、关于劳动者王某某的举证责任

根据《工伤保险条例》第18条规定，提出工伤认定申请应当提交下列材料:（1）工伤认定申请表;（2）与用人单位存在劳动关系（包括事实劳动关系）的证明材料;（3）医疗诊断证明或者职业病诊断证明书（或者职业病诊断鉴定书）。工伤认定申请表应当包括事故发生的时间、地点、原因以及职工伤害程度等基本情况。

本案中，王某某申请工伤认定时提交了《工伤保险条例》第18条规定的申请材料，对于王某某与A公司存在劳动关系的事实，王某某提供了《劳动合同书》予以证明，双方对此无异议，人民法院予以认定。对于在工作时间、工作地点、因工作原因受伤的基本事实，王某某只提供了医院诊断证明，并未提供其他证据材料相互印证。故其提交的材料只能达到初步证明劳动关系存在、启动工伤认定程序的目的，并不能证明因工受伤的基本事实。

二、关于社会保险行政部门某区人社局的举证责任

根据《北京市实施〈工伤保险条例〉若干规定》第13条的规定，区社会保险行政部门受理工伤认定申请后，根据需要可以采取下列措施进行调查核实:（1）进入有关单位和事故现场;（2）查阅与工伤认定有关的资料，询问有关人员并制作笔录;（3）采用记录、复印、录音、录像等方式复制与工伤认定有关的资料。社会保险行政部门进行调查核实时，执法人员不得少于两人，并应当出示执法证件。

本案中，根据在案证据，某区人社局存在如下问题:

第一，未查清王某某在园区内受伤的具体地点、未查清王某某当时受伤的具体部位和伤情、未查清王某某受伤时有无在场人以及有无他人旁证、未到现场进行勘验、未向有关单位调取王某某受伤时的监控录像，仅向用人单位工作人员进行电话调查，未对能够证明案件基本事实的第一手证据充分调查取证。

第二，未查明王某某2022年1月10日17时许受伤后至其第二天到医院就诊期间王某某的活动轨迹、身处何处、具体伤情以及未第一时间就诊的原因。该时间段的案件事实与王某某是否符合工伤认定的构成条件直接相关，对该部分案件事实的查明直接影响着工伤认定的结论正确与否，因此，该部分案件事实应当属于案件的基本事实，相关证据也必然是据以认定案件事实的主要证据。

第三，在A公司明确表示双方存在纠纷，有仲裁未决案件的情况下，未

对双方仲裁情况进行深入调查，未能发现王某某以相同诊断证明书向仲裁机关主张2021年1月25日摔伤，在仲裁申请被驳回后又以同一诊断证明书向某区人社局申请2022年1月10日17时许受伤的事实，导致对这一疑点未作出合理判断。因此，诊断证明书与王某某2022年1月10日摔倒构成工伤是否具有因果关系存疑。某区人社局也未发现王某某的诊断证明书中存在的疑点，即2022年3月15日诊断证明书中载明“主诉：腰疼，摔伤1年”这一情况，亦未对此作出判断。

第四，某区人社局对某医院的医生进行了调查，同时对王某某的社保记录中2019年至2021年的就诊记录进行了调查，结论为该时间段内王某某无腰椎间盘突出旧伤记录，由此推断王某某无腰椎间盘突出旧伤，该症状为2022年1月10日摔伤所致。但某区人社局只调查了王某某社保记录中2019年至2021年两年的就诊记录，并不足以确定王某某无腰椎间盘突出旧伤。

三、关于用人单位A公司的举证责任

根据《工伤保险条例》第19条第2款规定，职工或者其近亲属认为是工伤，用人单位不认为是工伤的，由用人单位承担举证责任。《北京市实施〈工伤保险条例〉若干规定》第15条规定，职工或者其近亲属认为是工伤，用人单位不认为是工伤的，由用人单位承担举证责任。该用人单位不承担举证责任的，区社会保险行政部门可以根据职工或者其近亲属提供的证据，或者自行调查取得的证据，依法作出决定。

本案中，由于王某某所称受伤地点在A公司支配的办公范围之外，某区人社局在要求A公司提供相关证据材料，以及根据A公司的举证情况确定举证责任的同时，亦应考虑要求A公司提供证据是否会超出其举证能力及举证范围，不宜因用人单位未能完全承担举证责任，而规避自身承担的调查核实职责，也不应因此简单地作出工伤认定决定。

案例编写人　北京市亿达律师事务所　达锋涛　郑善勋

专家点评

湛中乐　　北京大学法学院教授、博士生导师，中国法学会行政法学研究会副会长

随着经济社会发展，新型用工模式层出不穷，职工发生工伤的情形纷繁复杂，加之行政复议与行政诉讼举证责任衔接不畅等原因，实践中工伤纠纷举证责任分配呈现碎片化倾向，导致工伤认定结论尺度不一、多有争议。工伤认定作为行政确认行为，与传统高权行为存在区别，不能简单套用“举证责任倒置”作为举证责任的分配原则。本案中，根据工伤认定程序中申请人、社会保险行政部门、用人单位各自职责和角色定位不同，宜配置差异化的证明责任和核实义务。在工伤认定程序中构建体系化、类型化的举证责任模式，对于统一工伤认定行政执法和司法裁判尺度，衡平劳动者和用人单位之间的权益，最大限度保证工伤认定结论的公正性和公信度均具有重要意义。

相关法条

《最高人民法院关于审理工伤保险行政案件若干问题的规定》

第四条　社会保险行政部门认定下列情形为工伤的，人民法院应予支持：

（一）职工在工作时间和工作场所内受到伤害，用人单位或者社会保险行政部门没有证据证明是非工作原因导致的；

（二）职工参加用人单位组织或者受用人单位指派参加其他单位组织的活动受到伤害的；

（三）在工作时间内，职工来往于多个与其工作职责相关的工作场所之间的合理区域因工受到伤害的；

（四）其他与履行工作职责相关，在工作时间及合理区域内受到伤害的。

《工伤保险条例》

第十四条　职工有下列情形之一的，应当认定为工伤：

（一）在工作时间和工作场所内，因工作原因受到事故伤害的；

（二）工作时间前后在工作场所内，从事与工作有关的预备性或者收尾性工作受到事故伤害的；

（三）在工作时间和工作场所内，因履行工作职责受到暴力等意外伤害的；

（四）患职业病的；

（五）因工外出期间，由于工作原因受到伤害或者发生事故下落不明的；

（六）在上下班途中，受到非本人主要责任的交通事故或者城市轨道交通、客运轮渡、火车事故伤害的；

（七）法律、行政法规规定应当认定为工伤的其他情形。

第十八条 提出工伤认定申请应当提交下列材料：

（一）工伤认定申请表；

（二）与用人单位存在劳动关系（包括事实劳动关系）的证明材料；

（三）医疗诊断证明或者职业病诊断证明书（或者职业病诊断鉴定书）。

工伤认定申请表应当包括事故发生的时间、地点、原因以及职工伤害程度等基本情况。

工伤认定申请人提供材料不完整的，社会保险行政部门应当一次性书面告知工伤认定申请人需要补正的全部材料。申请人按照书面告知要求补正材料后，社会保险行政部门应当受理。

第十九条 社会保险行政部门受理工伤认定申请后，根据审核需要可以对事故伤害进行调查核实，用人单位、职工、工会组织、医疗机构以及有关部门应当予以协助。职业病诊断和诊断争议的鉴定，依照职业病防治法的有关规定执行。对依法取得职业病诊断证明书或者职业病诊断鉴定书的，社会保险行政部门不再进行调查核实。

职工或者其近亲属认为是工伤，用人单位不认为是工伤的，由用人单位承担举证责任。

《北京市实施〈工伤保险条例〉若干规定》

第十三条 区社会保险行政部门受理工伤认定申请后，根据需要可以采取下列措施进行调查核实：

（一）进入有关单位和事故现场；

（二）查阅与工伤认定有关的资料，询问有关人员并制作笔录；

（三）采用记录、复印、录音、录像等方式复制与工伤认定有关的资料。

社会保险行政部门进行调查核实，执法人员不得少于两人，并应当出示执法证件。

第十五条 职工或者其近亲属认为是工伤，用人单位不认为是工伤的，由用人单位承担举证责任。该用人单位不承担举证责任的，区社会保险行政部门可以根据职工或者其近亲属提供的证据，或者自行调查取得的证据，依法作出决定。